Togha agus Rogha

Cnuasach Próis don Ardteistiméireacht

(Eagrán Oifigiúil)

DONNCHA Ó RIAIN

GILL AND MACMILLAN

Arna fhoilsiú ag
Gill and Macmillan Ltd
Goldenbridge
Baile Átha Cliath 8
agus cuideachtaí comhlachta ar fud an domhain

0 7171 1843 6

Clóchuradóireacht bhunaidh arna dhéanamh in Éirinn le

Seton Music Graphics, Bantry

Clár

Béaloideas

An Cearrbhach Mac Cába 3
Foclóir ar an Téacs
Staidéar ar an Scéal
Stór Focal
Ceisteanna

Conas mar a fuair Diarmaid an Ball Seirce 17
Foclóir ar an Téacs
Staidéar ar an Scéal
Stór Focal
Ceisteanna

Scéal na bhFathach 29
Foclóir ar an Téacs
Staidéar ar an Scéal
Stór Focal
Ceisteanna

Gearrscéalta

Na Quizmháistrí—Seán Mac Mathúna 47
Foclóir ar an Téacs
Staidéar ar an Scéal
Stór Focal
Ceisteanna

An Dúchasach Deireanach—Liam Mac Uistín 81
Foclóir ar an Téacs
Staidéar ar an Scéal
Stór Focal
Ceisteanna

Sionnach an Chlocháin—Seán Ó Curraoin 101
Foclóir ar an Téacs
Staidéar ar an Scéal
Stór Focal
Ceisteanna

An Buille—Liam Ó Flaithearta 113
Foclóir ar an Téacs
Staidéar ar an Scéal
Stór Focal
Ceisteanna

Grásta ó Dhia ar Mhicí—Séamas Ó Grianna 151
Foclóir ar an Téacs
Staidéar ar an Scéal
Stór Focal
Ceisteanna

Sleachta as Beathaisnéisí/Dírbheathaisnéisí/Úrscéalta

Béal Faoi (*Kilcullen*)—Enda O'Coineen 189
Foclóir ar an Téacs
Staidéar ar an Scéal
Stór Focal
Ceisteanna

A Thig Ná Tit Orm (caib. 8)—Maidhc Dainín Ó Sé 207
Foclóir ar an Téacs
Staidéar ar an Scéal
Stór Focal
Ceisteanna

Síobthaisteal chun an Chósta (*Rotha Mór an tSaoil*)—Micí Mac Gabhann 237
Foclóir ar an Téacs
Staidéar ar an Scéal
Stór Focal
Ceisteanna

L'Attaque (lgh. 7–17)—Eoghan Ó Tuairisc 253
Foclóir ar an Téacs
Stáidéar ar an Scéal
Stór Focal
Ceisteanna

ADMHÁIL

Glacann an foilsitheoir buíochas le seo a leanas as ucht cead a thabhairt giotaí ar leo a gcóipcheart ar athfhoilsiú sa leabhar seo:

Comhaltas Uladh: 'An Cearrbhach Mac Cába' (Niail O Dónaill agus Anraí Mac Giolla Chomhaill: *Scéalta Johnny Shéamaisín*); **An Cumann le Béaloideas Eireann**: 'Conas mar fuair Diarmaid an Ball Seirce' (Kenneth Jackson: *Scéalta ón mBlascaod*) agus 'Scéal na bhFáthach' (Lil Nic Dhonnchadha *Béaloideas 1*); **An Comhlacht Oideachais**: 'Na Quizmháistrí (Seán Mac Mathúna: *Ding agus Scéalta eile*); **Liam Mac Uistín**: 'An Dúchasach Deireanach' (*An tUltach*); **Cló Chonamara**: 'Sionnach an Chlóchain' (Seán O Curraoin: *Tinte Sionnaigh*); **Sairséal O Marcaigh**: 'An Buille' (Liam O Flaithearta: *Dúil*); **Cló Mercier**: 'Grásta Ó Dhia ar Mhicí' (Seamus Ó Grianna: *Cith is Dealán*); 'Béal Faoi' (Enda O Coineen: *Kilcullen*) agus Caibidil 1 and 2 *L'Attague* (Eoghan O Tuairisc); **Coiscéim agus an túdar**: *A Thig Ná Tit Orm* (sliocht) (Maidhc Dainín O Sé) **Foilseacháin Náisiúnta Teo**: 'Síobthaisteal chun an Chósta' (Micí Mac Gabhann: *Rotha Mór an tSaoil*)

Ba mhaith leis an bhfoilsitheoir buíochas a ghabháil le seo a leanas as ucht a thabhairt pictiúir dá gcuid a fhoilsiú:

Enda O Coineen; Cló Mercier; Foilseacháin Náisiúnta Teo; Lensmen; Maidh Dainín Ó Sé; Comhar; Liam MacUistín; Sairséal O Marcaigh.

BÉALOIDEAS

Foclóir ar an Téacs

1 **cearrbhach** = *a card-player, gambler*
4 **nó aon duine dá gcastaí air nach gcuireadh sé ceiliúr imeartha air** = *or any person he used to meet that he wouldn't invite to play*
7 **ar an dóigh sin [sa tslí sin] lig sé a chuid talaimh [talún] chun báine** = *in that way he let his land go fallow*
8 **de réir mar** = *according as*
8 **ag bisiú sa tsaol** = **ag dul chun cinn,** *making progress in life*
9 **ag dul ar gcúl [chúl]** = *falling behind, making no progress*
11 **ina sheilbh** = *in his possession*
12 **bodhránacht an lae** = **breacadh an lae,** *daybreak*
14 **ag freastal ar** = *attending to, helping*
15 **i bpriacal** = *in childbirth*
15 **ag cearrbhachas** = **ag imirt cártaí**
17 **a bhaistfeadh an leanbh** = *who would baptise the child* **(baistim** = *I baptise***)**
18 **an saothar [obair] ba lú dó a dhéanamh** = *the least he could do*
19 **ag tarraingt air** = **ag teacht ina threo,** *coming towards him*
19 **d'aithin sé** = *he recognised* **(aithním** = *I recognise***)**
19 **cruthaíocht** = *shape, appearance*
19 **d'aithin sé ar chruthaíocht an fhir óig gur strainséir a bhí ann** = *he recognised from the appearance of the young man that he was a stranger*
21 **bhreathnaigh sé é ó mhullach a chinn go barr a chos (ó bhun go barr)** = *he examined him from head to toe* **(breathnaím** = *I observe***)**
22 **chonacthas dó ina dheilbh agus ina ghné nach bhfaca sé aon fhear riamh chomh dóighiúil leis** = *it seemed to him that he had never seen a man before so handsome in shape and appearance* **(dealbh** = *shape***; gné** = *appearance***; dóighiúil** = *handsome***)**
23 **bheannaigh an Cearrbhach don strainséir** = *the Gambler saluted the stranger* **(beannaím do = I salute)**
27 **cad é mar tá a fhios agatsa?** = **conas atá a fhios agatsa?**
28 **mo ghnoithe [ghnó]**= *my business*

An Cearrbhach Mac Cába

Tógadh an scéal seo a leanas as an leabhar Scéalta Johnny Shéamaisín, *cnuasach de scéalta a scríobh Niall Ó Dónaill (Niall Johnny) síos ó bhéal Sheáin Uí Dhónaill (Johnny Shéamaisín).*

Rugadh Seán Ó Dónaill i Rinn na Feirste, Co. Dhún na nGall, agus is ann a chaith sé a shaol ach gur chuaigh sé ó am go ham ag obair go hAlbain, maraon lena lán de mhuintir Dhún na nGall. Bhí suim mhór aige sa seanchas riamh agus bhí clú agus cáil air mar sheanchaí. Fuair sé na scéalta óna thuismitheoirí agus ó mhuintir na háite. Chuaigh an seanchaí Niall Ó Baoill i bhfeidhm go mór air agus is iomaí scéal a fuair sé uaidh.

Bhí cró tí agus giota beag talaimh ag an Chearrbhach Mhac Cába, cosúil leis an chuid eile den chomharsain, ach má bhí féin, bhí sé beo bocht. Ní raibh aon bhealach dá dtéadh sé nach mbíodh paca cártaí leis ina phóca, nó aon duine dá gcastaí air nach gcuireadh sé ceiliúr imeartha air. Bhíodh sé ina shuí san oíche ag imirt agus ina luí sa lá ina chodladh, agus ar an dóigh sin lig sé a chuid talaimh chun báine. De réir mar bhí a chomharsa ag bisiú sa tsaol, is é rud a bhí seisean ag dul ar gcúl.

Bhí sé oíche amháin ag imirt gur chaill sé an phingin dheireanach dá raibh ina sheilbh. Tháinig sé chun an bhaile le bodhránacht an lae agus é briste, brúite, brónach, gan pingin ar a thús ná ar a dheireadh. Ar theacht a fhad leis an teach dó, fuair sé mná na comharsan cruinn ann ag freastal ar a bhean a bhí i bpriacal ó oíche. Rugadh mac óg di nuair a bhí sé as baile ag cearrbhachas.

D'iarr na mná ar an Chearrbhach sagart a fháil a bhaistfeadh an leanbh. Dúirt sé gurbh é sin an saothar ba lú dó a dhéanamh. D'imigh sé, agus níorbh fhada a chuaigh go bhfaca sé fear óg ag tarraingt air. D'aithin sé ar chruthaíocht an fhir óig gur strainséir a bhí ann. Bhreathnaigh sé é ó mhullach a chinn go barr a chos, agus chonacthas dó ina dheilbh agus ina ghné nach bhfaca sé aon fhear riamh chomh dóighiúil leis. Bheannaigh an Cearrbhach don strainséir agus bheannaigh an strainséir dó.

'Tá tú ag dul fá choinne sagairt a bhaistfeas do leanbh,' arsa an strainséir.

'Tá,' arsa an Cearrbhach, 'ach cad é mar tá a fhios agatsa cá bhfuil mé ag dul nó cad é mo ghnoithe?'

29 pill ar ais = *turn back* (pillim = fillim, *I return*)

31 cha phillim [ní fhillim] = ní fhillfidh mé, *I do not (will not) return*

33 ar an ábhar sin = *because of that*

36 creatlach = *a skeleton*

36 bhí sé dubh = bhí gruaig dhubh air

37 buí = gránna, *ugly*

37 meirgeach = *crusty, irritable*

38 neamhchosúil le chéile = *unlike each other*

42 ach ba mhaith liom fios a fháil cad é mar aithníos [aithníonn] tusa cá bhfuil mé ag dul = *but I would like to know how you know where I am going*

44 ní thig = ní thagann

45 neach = duine

45 gan fhios dom = *without my knowing*

45 casadh Dia ort = bhuail Dia leat, *God met you*

46 thairg sé do leanbh a bhaisteadh = *he offered to baptise your child* (tairgim = *I offer*)

46 d'fhéad (d'fhéadfadh) tú a chomhairle a ghlacadh = *you should have accepted his advice*

47 caras Críost = *a god-parent, friend*

50 ag fuireacht leo = ag fanacht leo, *waiting for them*

51 bhaist Dia an leanbh = *God baptised the child* (baistim = *I baptise*)

53 níor chóir duit = níor cheart duit, *you shouldn't*

54 gan achainí a iarraidh air = *without asking for a wish* (achainí = *wish, request*)

59 bua chearrbhach an domhain = *the gift of all the gamblers of the world* (bua = *gift*)

62 casadh an Bás dó [air] = bhuail an Bás leis, *Death met him*

67 bainfidh mé an méid airgid a chaill mé riamh, agus tuilleadh lena chois = *I will win all the money I ever lost, and more besides*

'Is mise Dia,' arsa an strainséir. 'Pill ar ais agus baistfidh mé do leanbh.'

'Cha phillim,' arsa an Cearrbhach. 'Más tú Dia, is olc an ceart atá tú a thabhairt dom. Nuair atá mo chomharsa ag bisiú sa tsaol, is é rud atá mise ag dul ar gcúl, agus ar an ábhar sin, ní bheidh baint agat le mo leanbh.'

Shiúil sé leis, agus níorbh fhada go bhfaca sé strainséir eile ag tarraingt air. Creatlach d'fhear mhór fhada a bhí ann. Bhí sé dubh, buí, meirgeach, agus ní raibh ann ach na cnámha agus an craiceann. Dar leis an Chearrbhach: 'Is neamhchosúil le chéile tusa is Dia.' Bheannaigh siad dá chéile.

'Tá tú ag dul fá choinne sagairt a bhaistfeas do leanbh,' arsa an strainséir.

'Tá,' arsa an Cearrbhach, 'ach ba mhaith liom fios a fháil cad é mar aithníos tusa cá bhfuil mé ag dul.'

'Is mise an Bás,' arsa an strainséir. 'Ní thig neach ar an tsaol agus ní fhágann neach an saol gan fhios dom. Casadh Dia ort romham agus thairg sé do leanbh a bhaisteadh. D'fhéad tú a chomhairle a ghlacadh. Pill anois agus beidh mise i mo charas Críost ag do leanbh.'

Phill an Cearrbhach agus an Bás gur tháinig siad a fhad leis an áit a raibh Dia ag fuireacht leo. Chuaigh an triúr go teach an Chearrbhaigh agus bhaist Dia an leanbh agus bhí an Bás ina charas Críost aige. Ansin d'imigh Dia.

Arsa an Bás leis an Chearrbhach: 'Níor chóir duit Dia a ligean uait gan achainí a iarraidh air.'

D'imigh an Cearrbhach i ndiaidh Dé, agus nuair a tháinig sé a fhad leis, d'fhiafraigh Dia cad é bhí sé a iarraidh.

'Tá mé ag iarraidh achainí ort,' arsa an Cearrbhach.

'Cad é an achainí í?' arsa Dia.

'Bua chearrbhach an domhain a thabhairt dom,' arsa an Cearrbhach.

'Gheobhaidh tú sin,' arsa Dia.

Phill an Cearrbhach ar an bhaile go sásta. Casadh an Bás dó ar an bhealach agus d'fhiafraigh an bhfaca sé Dia.

'Chonaic mé Dia agus fuair mé achainí,' arsa an Cearrbhach.

'Cad é an achainí í?' arsa an Bás.

'Achainí mhaith,' arsa an Cearrbhach, 'bua chearrbhach an domhain a bheith agam. Agus anois bainfidh mé an méid arigid a chaill mé riamh, agus tuilleadh lena chois.'

'Is dona d'achainí,' arsa an Bás. 'Lean arís é agus iarr achainí mhaith air.'

74 **bua dhochtúirí an domhain** = ***the gift of all the doctors in the world***
77 **lúcháir = áthas**
80 **an iarraidh seo = an t-am seo, *this time***
81 **treas = tríú, *third***
85 **thig [tagann] páistí na comharsan = the neighbours' children come**
86 **iarraim achainí do dhuine ar bith a leagfas lámh ar úll ann a lámh greamú den úll agus an t-úll greamú den chrann go dtí gur mian liomsa a scaoileadh** = ***I request that anybody who lays a hand on an apple will have his hand stuck to the apple and the apple stuck to the tree until I wish to release him***
94 **chan insím = ní insím, *I do not (will not) tell***
96 **is olc a fhóireas [fhóireann] sin domsa** = ***that doesn't help me very much***
96 **margadh** = ***a bargain***
97 **nuair a rachas [théann] tú i dteach ina bhfuil duine tinn, má bhímse i mo shuí ag cosa na leapa, déan a leigheas, agus má bhím ag ceann na leapa lig liom é, nó beidh tú féin agam ina áit** = ***when you go into a house in which a person is sick, if I am sitting at the end of the bed cure him, and if I am at the top of the bed let me have him, or I will have you in his place***
102 **i gceann a ghnoithe = i mbun a ghnó, *about his business***
103 **mar ba ghnách leis** = ***as was usual for him***
104 **agus tuilleadh lena chois** = ***and more besides***
105 **chuaigh a gháir níb fhaide ná chuaigh a chos agus bhí clú air go raibh bua dhochtúirí an domhain aige** = ***his fame spread farther than he went and he was famous for having the gift of all the doctors in the world* (gáir = *fame*; clú = *fame*)**

D'imigh an Cearrbhach arís gur tháinig sé a fhad le Dia agus gur iarr achainí eile air.

'Cad é an achainí í?' arsa Dia.

'Bua dhochtúirí an domhain a bheith agam,' arsa an Cearrbhach.

'Gheobhaidh tú sin,' arsa Dia.

Phill an Cearrbhach fá lúcháir, agus nuair a casadh an Bás air, d'inis sé dó fán achainí eile a fuair sé.

'Is dona an achainí í,' arsa an Bás. 'Lean arís é agus iarr achainí mhaith air an iarraidh seo.'

D'imigh an Cearrbhach i ndiaidh Dé gur iarr sé an treas achainí air.

'Cad é an achainí í?' arsa Dia.

'Tá crann úll ag fás sa gharraí agam,' arsa an Cearrbhach, 'agus nuair a bhím ar shiúl ag imirt san oíche, thig páistí na comharsan go ngoideann siad na húlla de. Iarraim achainí do dhuine ar bith a leagfas lámh ar úll ann a lámh greamú den úll agus an t-úll greamú den chrann go dtí gur mian liomsa a scaoileadh.'

'Gheobhaidh tú an achainí,' arsa Dia.

Ansin chuaigh an Cearrbhach chuig an Bhás agus dúirt leis go bhfuair sé achainí mhaith an iarraidh seo.

'Cad é an achainí í?' arsa an Bás.

'Chan insím sin do dhuine ar bith,' arsa an Cearrbhach.

'Maith go leor,' arsa an Bás. 'Tá bua dhochtúirí an domhain agat agus is olc a fhóireas sin domsa. Déanfaidh mé margadh fán achainí sin leat. Nuair a rachas tú i dteach ina bhfuil duine tinn, má bhímse i mo shuí ag cosa na leapa, déan a leigheas, agus má bhím ag ceann na leapa lig liom é, nó beidh tú féin agam ina áit.'

'Margadh é,' arsa an Cearrbhach.

D'imigh an Bás i gceann a ghnoithe agus d'imigh an Cearrbhach a dh'imirt cártaí mar ba ghnách leis. Bhain sé an méid arigid a chaill sé riamh agus tuilleadh lena chois, go dtí sa deireadh nach bhfuair sé duine ar bith le himirt leis. Ansin thosaigh sé a dhochtúireacht.

Bhí an Cearrbhach Mac Cába ag leigheas daoine tinne go dtí go raibh a shaibhreas déanta aige. Chuaigh a gháir níb fhaide ná chuaigh a chos agus bhí clú air go raibh bua dhochtúirí an domhain aige.

111 bhuail breoiteacht é = bhuail tinneas é, d'eirigh sé tinn
112 ag freastal air = ***attending to him***
112 ní raibh dul acu biseach [feabhas] a dhéanamh dó = ní raibh siad ábalta é a leigheas, ***they were not able to cure him***
113 tháinig a ghaolta agus chomhairligh siad dá bhean scéala a chur chuig an Chearrbhach Mhac Cába a theacht chuige = ***his relatives came and advised his wife to send a message to the Gambler Mac Cába to come to him*** **(gaol =** ***a relation*****; comhairlím = tugaim comhairle dó,** ***I advise*****; scéala =** ***news*****)**
115 ghléas siad long is foireann = ***they equipped a ship and crew***
119 chuir an Bás cár ar an Chearrbhach = ***Death made a grimace at the Gambler*** **(cár = a grin, grimace)**
121 an dtig leat m'fhear céile a leigheas? = ***can you cure my husband?***
123 is mairg a chuir go hÉirinn fá do choinne [i do chomhair] más anall a chur cáir air a tháinig tú = ***it's a pity to have sent to Ireland for you if you came over to make faces at him***
126 bhéarfaidh mé = tabharfaidh mé, ***I will give***
128 shantaigh an Cearrbhach an t-ór = ***the Gambler coveted the gold*** **(santaím = I covet)**
129 gasta = ***quick, clever, nimble***
132 luibh íce = ***a healing herb***
133 slán folláin = ***well and healthy***
134 long = ***a ship*** **(tuiseal ginideach: loinge)**
136 fuair greim sceadamáin ar an Chearrbhach = ***caught the Gambler by the throat***
138 ag iarraidh achainí ort = ***asking you for a wish***
140 teaghlach = ***a household, family***
140 tiomna = ***a will***
140 sa dóigh nach mbíonn siad ag troid mar gheall air = ***so that they do not fight over it***
145 ag comhrá ar a eachtra gur chaith sé an choinneal go dti an t-orlach = ***talking about his adventure until he burned the candle down to one inch*** **(eachtra =** ***incident, adventure*****)**
147 go colbha na leapa = ***to the bedside***
150 go fóill = ***yet***
150 iarraim spás ort = ***I ask you for time***

Bhí fear saibhir ina chónaí sa Spáinn agus bhuail breoiteacht é. Bhí dochtúirí na Spáinne ag freastal air, ach ní raibh dul acu biseach a dhéanamh dó. Tháinig a ghaolta agus chomhairligh siad dá bhean scéala a chur chuig an Chearrbhach Mhac Cába a theacht chuige. Ghléas siad long is foireann agus sheol siad go hÉirinn gur thug anonn an Cearrbhach leo chun na Spáinne.

Nuair a chuaigh an Cearrbhach isteach sa tseomra a raibh an fear tinn ina luí ann fuair sé an Bás ina shuí ag ceann na leapa. Chuir an Bás cár ar an Chearrbhach agus chuir an Cearrbhach cár air.

'An dtig leat m'fhear céile a leigheas?' arsa an bhantiarna.

'Ní thig liom,' arsa an Cearrbhach.

'Is mairg a chuir go hÉirinn fá do choinne,' ar sise, 'más anall a chur cáir air a tháinig tú.'

Thaispeáin sí cófra óir dó.

'Bhéarfaidh mé a bhfuil d'ór ansin duit má leigheasann tú é,' ar sise.

Shantaigh an Cearrbhach an t-ór. D'iarr sé uirthi ceathrar de bhuachaillí gasta a thabhairt isteach chuige. Nuair a tháinig siad d'iarr sé orthu breith ar cheithre postaí na leapa agus í a thiontú thart. Rinne siad sin agus d'fhág siad an Bás ina shuí ag cosa na leapa. Ansin thug an Cearrbhach luibh íce don fhear thinn agus d'éirigh sé amach chomh slán folláin is bhí sé riamh.

Thug na buachaillí an cófra óir chun na loinge don Chearrbhach, ach tháinig an Bás ina ndiaidh ar an bhealach agus fuair greim sceadamáin ar an Chearrbhach.

'Tá tú agam anois in áit an fhir a leigheas tú,' ar seisean.

'A charas Críost dílis,' arsa an Cearrbhach, 'tá mé ag iarraidh achainí ort mo ligean go hÉirinn go dtuga mé an t-ór do mo theaghlach agus go ndéana mé tiomna eatarthu sa dóigh nach mbíonn siad ag troid mar gheall air.'

'Gheobhaidh tú an achainí,' arsa an Bás, 'ach ní fada go mbí mise chugat arís.'

Sheol an Cearrbhach go hÉirinn lena chuid óir. An oíche a bhain sé an baile amach bhí sé ag caint agus ag comhrá ar a eachtra gur chaith sé an choinneal go dtí an t-orlach. Ansin thug sé orlach na coinnle go colbha na leapa leis agus chuaigh a luí. Nuair a bhí sé sínte sa leaba, fuair an Bás greim sceadamáin air.

'A charas Críost dílis,' arsa an Cearrbhach, 'níl mo thiomna déanta go fóill agam. Iarraim spás ort go raibh orlach na coinnle dóite.'

'Gheobhaidh tú sin,' arsa an Bás.

153 chuir an Cearrbhach séideog ar an choinneal agus chuir as é = ***the Gambler blew the candle and put it out***
154 sin orlach nach ndóitear [ndófar] go ceann seacht mbliana = ***that's an inch that will not be burned for seven years***
157 más fada an lá tig [tagann] an oíche sa deireadh = ***however long the day, night comes at last***
160 caithfidh tú = ***you must***
163 b'fhéidir go leigheasfadh sé m'íota = ***maybe it would cure my thirst***
165 ghreamaigh sí (a lámh) den úll = ***his hand stuck to the apple***
167 beidh tú ansin gur mian liomsa do scaoileadh = ***you'll be there until I wish to release you***
168 an treas [tríú] achainí = ***the third wish***
173 chuir a ghlac lena sceadamán agus thug tachtadh maith dó = ***he put his hand to his throat and gave him a good choking***
175 tá tú ag cur crua orm = tá tú ag dul dian orm, ***you are hard on me***
177 achainí bheo = ***a material wish***
177 urnaí = paidir, ***a prayer***
177 rud nár dhúirt [nach ndúirt] mé riamh go fóill ó thosaigh mé a chearrbhachas = ***a thing I never said yet since I started gambling***
180 sin paidir nach n-abraim [n-abróidh mé, ndéarfaidh mé] go deo = ***that's a prayer I will never say***
181 chím = feicim, ***I see***
181 is mian leat a bheith beo i mo dhiaidhse agus i ndiaidh an tsaoil = ***you wish to be alive for ever***
184 ag déanamh a shaibhris achan lá = ag cur lena chuid airgid gach lá, ***making his fortune every day***
186 ag caoineadh ar ghruaibhín an bhealaigh mhóir = ***crying on the verge of the road***
188 ní ligfear chun comaoine mé, cionn is nach bhfuil m'urnaí agam = ***I am not let go to communion, because I do not know my prayer***
190 cad chuige? = cén fáth?

Chuir an Cearrbhach séideog ar an choinneal agus chuir as í.

'Sin orlach nach ndóitear go ceann seacht mbliana,' ar
155 seisean.

Níor tháinig an Bás chuig an Chearrbhach go raibh na seacht
mbliana istigh. Ach más fada an lá tig an oíche sa deireadh.
Oíche cheann na seacht mbliana, nuair a bhí an Cearrbhach ina
luí ar a leaba, fuair an Bás greim sceadamáin arís air.

160 'Caithfidh tú teacht liom anois, a Chearrbhaigh,' ar seisean.

'A charas Críost dílis,' arsa an Cearrbhach, 'is mór an tart atá
tú a chur orm. Dá mbainteá úll as an gharraí dom sula dtuga tú
leat mé, b'fhéidir go leigheasfadh sé m'íota.'

Chuaigh an Bás amach go crann na n-úll, ach nuair a leag sé
165 a lámh air, ghreamaigh sí den úll agus ghreamaigh an t-úll den
chrann. D'éirigh an Cearrbhach amach de léim.

'Beidh tú ansin gur mian liomsa do scaoileadh,' ar seisean.

'Sin an treas achainí a fuair tú ó Dhia agus níor inis tú dom í,'
arsa an Bás. 'Lig saor anois mé agus ní thiocfaidh mé chugat go
170 ceann seacht mbliana eile.'

Lig an Cearrbhach lámh shaor leis an Bhás agus ní fhaca sé
arís é ar feadh seacht mbliana. I gceann an ama sin tháinig an
Bás agus chuir a ghlac lena sceadamán agus thug tachtadh
maith dó.

175 'A charas Críost dílis,' arsa an Cearrbhach, 'tá tú ag cur crua
orm. Tá mé ag iarraidh aon achainí amháin eile ort, agus chan
achainí bheo í. Lig dom paidir urnaí a rá, rud nár dhúirt mé
riamh go fóill ó thosaigh mé a chearrbhachas.'

'Gheobhaidh tú an achainí,' arsa an Bás.

180 'Sin paidir nach n-abraim go deo,' arsa an Cearrbhach.

'Chím,' arsa an Bás. 'Is mian leat a bheith beo ~~i mo dhiaidhse~~
~~agus i ndiaidh an tsaoil~~.'

D'imigh an Bás agus chuaigh seacht mbliana thart agus bhí
an Cearrbhach ag déanamh a shaibhris achan lá. Bhí sé lá
185 amháin ag siúl amuigh le pléisiúr dó féin agus chonaic sé gasúr
ina shuí ag caoineadh ar ghruaibhín an bhealaigh mhóir.

'Cad é tá ort?' arsa an Cearrbhach leis.

'Ní ligfear chun comaoine mé,' ar seisean, 'cionn is nach
bhfuil m'urnaí agam.'

190 'Cad chuige nach dtugann d'athair agus do mháthair d'urnaí
duit?' arsa an Cearrbhach.

193 dílleachta = ***an orphan***
194 trua = ***pity***
195 bhéarfaidh [tabharfaidh] mise d'urnaí duit = ***I will teach you your prayer***
196 an Phaidir = ***the Lord's Prayer***
d'éirigh an Bás ina sheasamh as cruthaíocht an ghasúir agus fuair greim sceadamáin air = ***Death rose out of the shape of the boy and grabbed him by the throat*** **(cruthaíocht** = ***shape, form*****)**
200 ag cleasaíocht = ***tricking***
201 thacht sé tirim é = ***he choked him to death*** **(tachtaim** = ***I choke*****; tirim = marbh,** ***dead*****)**
202 ifreann = ***Hell***
203 diabhal = ***a devil*** **(iolra: diabhail)**
203 go dtí nár fhág sé aon bhall seilbhe ar ifreann acu = ***until he left them no possessions in Hell*** **(ball seilbhe** = ***an article of possession*****)**
204 chruinnigh siad air agus dhíbir siad amach as ifreann é lena phaca cártaí = ***they gathered around him and banished him from Hell with his pack of cards*** **(cruinním** = ***I gather*****; díbrím** = ***I banish*****)**
205 geataí na bhflaitheas = ***the gates of Heaven***
206 druidte = dúnta, ***closed***
carraig = ***a rock***
209 Peadar na nEochracha = Naomh Peadar, ***Peter of the keys***
211 ar son na trua a bhí aige don dílleachta ar shíl sé nach raibh a urnaí aige = ***because of the pity he had for the orphan who he thought did not know his prayer***
214 spréite = ***spread***
216 a rachas an bealach = a théann an bealach, ***who goes that way***

'Tá m'athair agus mo mháthair marbh agus tá mise i mo dhílleachta,' arsa an gasúr.

Tháinig trua ag an Chearrbhach dó.

195 'Bhéarfaidh mise d'urnaí duit,' ar seisean.

Thosaigh an Cearrbhach ar an Phaidir agus an gasúr á rá ina dhiaidh. Nuair a bhí an Phaidir ráite aige, d'éirigh an Bás ina sheasamh as cruthaíocht an ghasúir agus fuair greim sceadamáin air.

200 'Ní bheidh tú ag cleasaíocht ormsa níos faide,' ar seisean, agus thacht sé tirim é.

Thug an Cearrbhach a phaca cártaí go hifreann leis. Bhí sé féin agus na diabhail ag imirt go dtí nár fhág sé aon bhall seilbhe ar ifreann acu. Ansin chruinnigh siad air agus dhíbir siad amach

205 as ifreann é lena phaca cártaí.

D'imigh an Cearrbhach leis go raibh sé ag geataí na bhflaitheas, ach bhí na geataí druidte air agus níor ligeadh isteach é. Shuigh sé amuigh ar charraig agus thosaigh a dh'imirt leis féin. Chuir sé trua ar Pheadar na nEochracha.

210 Fá dheireadh d'oscail Peadar an geata agus d'iarr air a theacht isteach ar son na trua a bhí aige don dílleachta ar shíl sé nach raibh a urnaí aige. Chaith an Cearrbhach uaidh na cártaí le lúcháir agus shiúil sé isteach ar gheata na bhflaitheas.

Tá cártaí an Chearrbhaigh Mhic Cába spréite ar charraig ag

215 geataí na bhflaitheas ón lá sin go dtí an lá inniu, agus tá siad le feiceáil ag duine ar bith a rachas an bealach.

Staidéar ar an Scéal

An mhaith is an t-olc: is minic sa bhéaloideas a bhíonn coimhlint eatarthu. Is téama coitianta é an t-olc i bhfoirm an Diabhail nó an Bháis agus duine i ngleic leo. Rinne an Cearrbhach margadh leis an mBás. Rinne Faust agus Séadna margadh leis an Diabhal.

Tá cosúlacht mhór idir an scéal seo agus *Séadna* leis an Athair Peadar Ó Laoghaire ó thaobh téama agus móitífeanna de. De réir dealraimh, is í an fhoinse chéanna atá ag an dá scéal. Faigheann an Cearrbhach trí achainí. Is é an tríú ceann ná go ngreamófaí go daingean aon duine a bhainfeadh leis an gcrann úll atá aige. Déanann sé margadh leis an mBás, agus baineann an scéal go mor leis an mbeirt acu, an Cearrbhach agus an Bás ag iarraidh bob a bhualadh ar a chéile. Fuair an tAthair Peadar bunábhar a scéil cháiliúil ó scéalaí, agus rinne sé forbairt air. I

Séadna bronntar trí achainí ar Shéadna, déanann sé margadh leis an Diabhal, agus tá eachtra an chrainn úll le fáil ann.

Is scéal suimiúil é seo mar, cé go bhfuil sé gearr, déantar léiriú de shaghas éigin ar an gCearrbhach. Is léir gur réice é, mar deirtear linn ag tosach an scéil go raibh sé beo bocht mar go raibh sé tugtha don chearrbhachas. Chaith sé na hoícheanta ag imirt cártaí agus na laethanta ina chodladh, i dtreo is go raibh a chuid talún ligthe chun báine le teann faillí. Is cinnte nach athair maith é. Rugadh mac dá bhean fad a bhí sé ag imirt cártaí, agus tugtar pictiúr dúinn den Chearrbhach ag teacht abhaile 'agus é briste, brúite, brónach', gan pingin rua ina phóca aige. Cé go bhfuil sé ina íochtarán, is dúshlánach an duine é. Níl urraim aige d'éinne, fiú amháin do Dhia féin. Deir sé sa scéal: 'Más tú Dia, is olc an ceart atá tú a thabhairt dom. Nuair atá mo chomharsa ag bisiú sa tsaol, is é rud atá mise ag dul ar gcúl, agus ar an ábhar sin, ní bheidh baint agat le mo leanbh.'

Ar ndóigh, léirítear anseo freisin an claonadh nádúrtha a bhíonn i nduine an milleán a chur ar an saol, cé gurb é féin is cúis lena chruachás. Is rógaire geanúil é an Cearrbhach gan dabht, agus is dócha go raibh gaol mór idir é mar charachtar agus lucht éisteachta an scéil seo. Má tá a lochtanna air, is cinnte go raibh a lochtanna féin orthu siúd, agus is furasta a thuiscint cén fáth a dtaobhódh siad leis, go mór mór agus é i ngleic leis an mBás. Bheadh siad ag súil go mbeadh an bua aige, mar chonaic siad a suáilcí agus a nduáilcí féin ann agus tá sé ag troid ar a son, é ag iarraidh constaicí móra an tsaoil a shárú agus gan de chosaint aige ach na tréithe daonna a bhí acu féin. Is dócha gur músclaíodh an mórtas cine iontu freisin, mar chonaic siad duine díobh féin ag tuirsiú leis an saol agus gan aige ach a ghliceas dúchasach féin.

Tá an diabhlaíocht sa Chearrbhach, ach tá an daonnacht ann freisin. Is é an chéad achainí a d'iarr sé ná bua chearrbhach an domhain a bheith aige. Is é sin, ní hamháin gur iarr sé rud ar a shon féin ach bhí sé sásta a shaol a chaitheamh mar a chaith sé go dtí sin é. Ní hé sin a rinne Oisín i 'Conas mar a Fuair Diarmaid an Ball Seirce'. Ní hé! Nuair nach raibh ach achainí amháin aige d'iarr sé grásta ó Dhia, mar bhí an uaisleacht ann. Ach is rud daonna é a rinne an Cearrbhach. Bí cinnte go ndéanfadh an lucht éisteachta an rud ceanann céanna. Is é an dara achainí a d'iarr an Cearrbhach ná bua dhochtúirí an domhain a bheith aige. Ar ndóigh, níor thaitin sé seo leis an mBás, agus is dócha gur bhain sé gáire as an lucht éisteachta. B'éigean don Bhás margadh a dhéanamh leis ansin. Is é an tríú achainí a d'iarr an Cearrbhach ná go ngreamófaí den chrann úll a bhí aige aon duine a bhainfeadh leis. D'iarr Séadna an rud céanna i scéal Uí Laoghaire. Feictear an daonnacht anseo, duine ag iarraidh ruda nach ar a leas in aon chor, nach bhfuil tairbhe dá laghad ag baint leis. Is rud nádúrtha é seo. Iarrtar é mar bíonn dúil sa scleondar i nduine agus bíonn súil aige go dtarlódh rud iontach dá bharr. Ar ndóigh, bheadh an lucht éisteachta ar bís ag tnúth le toradh na hachainí seo.

Cé go bhfuil an tsaint ann, mar a léirítear nuair a chuir sé dúil a chroí san ór Spáinneach, tá sé de thréith ag an gCearrbhach go mbíonn trua aige do dhaoine. Féach mar a ghlac sé trua don ghasúr a bhí ag caoineadh mar nach raibh an Phaidir aige. Thuigfeadh an lucht éisteachta é seo, agus léirítear go bhfuil maitheas bhunúsach sa Chearrbhach. Is íorónta gurb é an gníomh maith seo a lig don Bhás é a bhreith leis.

Tá an greann sa scéal seo. Is greannmhar mar a léirítear an Cearrbhach. Cé gur beag atá aige, tá sé beag beann ar an saol. Is greannmhar freisin chomh réchúiseach is atá sé agus é ag iarraidh an ceann is fearr a fháil ar an mBás, é ag bualadh bob i ndiaidh bob air. Is dócha gur bhain an pictiúr den Bhás greamaithe den chrann gáire as an lucht éisteachta, mar bheadh siad ag fanacht leis. Cé go raibh an bua ag an mBás sa deireadh, ba ag an gCearrbhach a bhí an bua sa deireadh thiar thall. Thóg sé a phaca cártaí go hIfreann, agus is beag a d'fhág sé ag na diabhail ansin, i dtreo is go mb'éigean dóibh é a dhíbirt as an áit. Ar ndóigh, lig Naomh Peadar isteach geataí na bhflaitheas é, de bharr na trua a bhí ag an gCearrbhach don ghasúr ar shíl sé nach raibh a urnaí aige.

Deirtear go bhfuil cártaí an Chearrbhaigh spréite ag geataí na bhflaitheas go dtí an lá inniu. Is minic sa bhéaloideas a dhéantar tagairt do chomhartha mar seo. Tá an seanchaí ag rá linn go bhfuil an fhírinne á insint aige agus go bhfuil an cruthú ann. Tá sé ag rá linn freisin nach bhfuil locht ar bith ar an gCearrbhach anois. Bhí sé ceart go leor cártaí a imirt in Ifreann, ach ní dhéanfadh sé sin an gnó ar Neamh. Ar aon nós, bhí an gháire dheireanach ag an gCearrbhach agus, ar ndóigh, is í sin an gháire is fearr.

Is dócha gur fíor a rá gur pearsantú é an scéal ar oilithreacht an duine tríd an saol seo. Moltar daonnacht an duine, bíodh locht air nó ná bíodh. Deireann an scéal seo linn go bhfuil maitheas i ngach duine agus neart dúchasach ann a ligeann dó réiteach a fháil ar gach cruachás.

Stór Focal

Cuir na nathanna agus na focail seo a leanas in abairtí a léireoidh a gceart-úsáid: *cosúil le; ar an dóigh sin; de réir mar; ina sheilbh; bodhránacht an lae; ag freastal; ag cearrbhachas; ó mhullach a chinn go barr a chos; dóighiúil; faoi (fá) choinne; neamhchosúil le; ag fuireacht le (ag fanacht le); tuilleadh lena chois; an iarraidh seo; margadh; mar ba ghnách leis; slán folláin; teaghlach; eachtra; is mian liom; dílleachta; ag cleasaíocht; Ifreann; an diabhal; lúcháir.*

Ceisteanna

Cén fáth ar tugadh 'an Cearrbhach' ar Mhac Cába?
Cén fáth a raibh an Cearrbhach ag dul ar chúl sa saol de réir mar a bhí a chomharsana ag bisiú?
Cén fáth a ndeachaigh an Cearrbhach ag lorg sagairt oíche?
Cad a dúirt Dia leis an gCearrbhach? Cén freagra a thug an Cearrbhach air?
Cad a dúirt an Bás leis an gCearrbhach nuair a bhuail sé leis an chéad uair?
Cad iad na trí achainí a d'iarr an Cearrbhach ar Dhia? An raibh an Bás sásta leis na hachainíocha a fuair an Cearrbhach ó Dhia? Cén fáth?
Cad iad na bobanna a bhuail an Cearrbhach ar an mBás?
Conas a bhuail an Bás bob ar an gCearrbhach sa deireadh?
Cad a tharla nuair a chuaigh an Cearrbhach go hIfreann?
Cad a tharla nuair a shroich an Cearrbhach geataí na bhflaitheas? Cén fáth ar lig Naomh Peadar isteach é faoi dheireadh?
Conas a léirítear an Cearrbhach mar charachtar sa scéal?
Léirigh an greann sa scéal.
'Is léir gur scéal béaloideasa é seo.' An ráiteas seo a phlé.
Déan comparáid idir an scéal seo agus 'Conas mar a Fuair Diarmaid an Ball Seirce', ó thaobh téama, struchtúir agus carachtrachta de.

Conas mar a fuair Diarmaid an Ball Seirce

Duine a raibh céim ard aige sa bhFiann ab ea Diarmaid ó Duibhne. Tugadh Diarmaid na mBan air, mar bhíodh na mná go léir i ngrá leis. Ba é an ball seirce a bhí air ba chúis leis seo. Sa scéal Fiannaíochta 'Tóraíocht Dhiarmada agus Ghráinne' d'éalaigh Diarmaid le Gráinne agus í ar tí Fionn a phósadh. Chuaigh Fionn agus na Fianna ar a dtóir, agus i ndeireadh na mbeart maraíodh Diarmaid.

Tógadh an scéal Fiannaíochta seo a leanas as Scéalta ón mBlascaod, *cnuasach de scéalta a scríobh Kenneth Jackson ó bhéal Pheig Sayers, an seanchaí.*

Rugadh Peig Sayers sa bhliain 1873 i mBaile Bhiocáire, i bparóiste Dhún Chaoin in iarthar Chiarraí. Phós sí nuair a bhí sí an-óg, agus is ar an mBlascaod Mór a chaith sí an chuid is mó dá saol. D'fhág sí an t-oileán sa bhliain 1942 agus chuaigh sí chun cónaithe i nDún Chaoin ar an mórthír. Is ann a d'éag sí sa bhliain 1958 agus is ann atá sí curtha. Seanchaí den chéad scoth ab ea Peig, agus ba bhreá léi riamh a bheith ag scéalaíocht. Tá rian na Fiannaíochta le feiceáil go soiléir ar a saothar, mar bhí suim mhór aici riamh sa litríocht sin. Thug sí Peig, *a beathaisnéis,* Machnamh Seanmhná *agus* Scéalta ón mBlascaod *dúinn, chomh maith le stór mor de scéalta, d'amhráin agus de sheanfhocail, atá i dtaisce anois ag Coimisiún Béaloideasa Éireann.*

Scoláire mór Sasanach ab ea Kenneth Jackson a chuir suim mhór sa Ghaeilge. Is é Robin Flower, Sasanach eile agus scoláire mór Gaeilge, a chuir Kenneth Jackson in aithne do Pheig Sayers.

Foclóir ar an Téacs

searc = grá, *love* (tuiseal ginideach: seirce)
ball seirce = *a love spot*
1 gasra de na Fianna = *a band (of warriors) of the Fianna*
1 ag fiach = ag seilg, *hunting*
2 conairt = *a pack of hounds*
3 gadhar fiaigh = cú seilge, *a hunting hound*
3 go gléasta = *in style*
4 thugadar fé ndeara = thug siad faoi deara, *they noticed*
4 ceo = *a fog*
6 níorbh fhios dóibh cé acu soir nó siar a gheobhaidís = ní raibh fhios acu cé acu soir nó siar a rachaidís (rachadh siad), *they didn't know whether they should go east or west*
8 is baolach go gcaithfimid = *I'm afraid we must*
11 cheana féin = *already*
11 ag cur is ag cúiteamh = *deliberation, weighing up the pros and cons, arguing*
12 treo = *direction*
12 níorbh fhada go bhfaca Fionn tigh [teach] an-dheas ag nochtadh tríd an gceo = *it wasn't long until Fionn saw a lovely house revealing itself through the fog* (nochtaim = *I reveal*)
14 cóngarach do = *near to*
15 téimis féna dhéin = *let us go towards it* (fé [faoi] dhéin = i dtreo, *towards*)
15 b'fhéidir . . . go bhféadfaimis fanacht ann nó go scaipfeadh an ceo = *maybe we could stay there until the fog clears* (scaipim = I scatter)
17 thoilíodar [thoiligh siad] le chéile = *they agreed with each other*
18 chuadar = *chuaigh siad*
18 le feiscint = le feiceáil, *to be seen*
18 griobalach = *a surly, churlish person*
19 críonna = sean, *old*
19 in imeall na tine = *at the edge of the fire*
19 luaith = *ashes* (tuiseal ginideach: luatha)
20 chomh luath is [agus] = *as soon as*
21 d'fháiltigh sé roimis féin = *he welcomed him* (fáiltím roimh = cuirim fáilte roimh, *I welcome*)
22 is cosúil leat go rabhais [raibh tú] ar seachrán = *it seems that you have gone astray* (ar seachrán = *astray, wandering*)
22 is fíor san = *that is true*
23 sliabh = *a mountain*
26 cuir cóir bhídh [bhia] ar = *give enough food to*
29 ar thaobh an fhalla = *ar thaobh an bhalla*
30 ag an mnaoi óig = ag an mbean óg
30 na fearaibh = na fir
31 sáite = *stuck*
31 greim feola = *a bit of meat*
32 thug sí seáp fén [faoin] mbord agus d'ardaigh léi a raibh de mhiasa agus de bhia ar an mbord ar a drom agus dhoirt sí ar an dtalamh é = *she rushed under the table and lifted what there was of dishes and food on the table on her back and spilt it on the ground* (thug sí seáp = thug sí ruathar, *she rushed*; doirtim = *I spill*)
35 máchail ort = *bad luck to you* (máchail = *a defect, disfigurement, injury*)
36 gan tusa dá chur bunoscionn orainn = *without you turning it upside down on us*
38 go leisciúil = *lazily*
39 ag tarrac = ag tarraingt

Conas mar a fuair Diarmaid an Ball Seirce

Bhí Fionn mac Cumhaill agus gasra de na Fianna leis ag fiach lá breá gréine ar Shliabh Mis; bhí a gconairt agus a ngadhair fiaigh go gléasta acu. Bhí tamall mór den lá caite acu ar an sliabh nuair a thugadar fé ndeara go raibh ceo dorcha ag titim. 'Tá eagla orm, a fheara,' arsa Fionn, 'go mbeidh an ceo so an-dhorcha.' Bhí an ceart aige, mar níorbh fhios dóibh cé acu soir nó siar a gheobhaidís. Bhíodar traochta ó bheith ag siúl. 'Is baolach,' arsa Fionn, 'go gcaithfimid fanacht ar an sliabh so anocht.' 'Ní maith an scéal é sin, a Fhinn,' arsa Conán, 'beidh tart agus ocras ár ndóthain orainn; tá ocras orainn cheana féin.' Bhíodar ag cur is ag cúiteamh le chéile féachaint cad é an treo gur mhaith dhóibh gabháil. Níorbh fhada go bhfaca Fionn tigh an-dheas ag nochtadh tríd an gceo. 'Is dóigh liom,' ar seisean, 'go bhfuil tigh anso cóngarach dúinn. Téimis féna dhéin, agus b'fhéidir go bhfaighimis bia agus deoch ann, agus go bhféadfaimis fanacht ann nó go scaipfeadh an ceo.' Thoilíodar le chéile, agus chuadar go dtí an tigh. Nuair a chuadar isteach ní raibh éinne le feiscint acu ach griobalach de dhuine críonna a bhí suite in imeall na tine, agus dath na luatha ar a chuid seanéadaigh. Chomh luath is a chonaic sé Fionn, d'fháiltigh sé roimis féin agus roimh a chuid fear. 'Suigh síos, a Fhinn,' ar seisean, 'is cosúil leat go rabhais ar seachrán.' 'Is fíor san,' arsa Fionn, 'bhíomair ag fiach ar an sliabh, is thit an ceo orainn; tá tart agus ocras orainn.' 'Má tá, ní bheidh,' arsa an seanduine. Labhair sé le bean óg a bhí thíos i seomra agus dúirt sé léi, 'Tar anso aníos, a iníon ó, agus cuir cóir bhídh ar Fionn mac Cumhaill agus ar a chuid fear.' Tháinig sí agus níorbh fhada an mhoill uirthi an bia d'ullmhú. Bhí caora ceangailte ar thaobh an fhalla. Nuair a bhí an bia ligthe amach ar an mbord ag an mnaoi óig shuigh na fearaibh go léir chun boird. Ní raibh an scian ach sáite ag gach fear acu chun greim feola a ghearradh, nuair a bhris an chaora an ceangal a bhí uirthi agus thug sí seáp fén mbord agus d'ardaigh léi a raibh de mhiasa agus de bhia ar an mbord ar a drom agus dhoirt sí ar an dtalamh é. 'Mhuise, máchail ort,' arsa Conán, 'bhí go maith againn féin leis an mbia seo agus gan tusa dá chur bunoscionn orainn.' 'Éirigh, a Chonáin,' arsa Fionn, 'agus ceangail an chaora.'

D'éirigh Conán go han-leisciúil agus rug sé ar cheann ar an gcaora agus thosnaigh sé ar í a tharrac isteach go dtí an bhfalla

40 **sa tslí go bhféadfadh sé í a cheangal** = *so that he could tie her up*

40 **dá mbeadh sé ag gabháil di go n-íosfadh sé a fhiacla ní fhéadfadh sé an chaora a cheangal** = **dá mbeadh sé ag iarraidh é a dhéanamh go deo ní éireodh leis an chaora a cheangal,** *if he were trying for ever he could not have tied the sheep*

43 **dá mhéad gaisce agus gníomh a bhí sa bhFéinn [sa bhFiann] ní raibh sé ar chumas aon duine acu an chaora a cheangal** = *however much prowess and action was in the Fianna, not one of them could tie the sheep* (**gaisce** = *prowess*; **gníomh** = *action*; **tá sé ar mo chumas** = **tá mé ábalta,** *I am able*)

45 **tréine** = **neart, láidreacht,** *strength*

46 **ná féadfadh [nach bhféadfadh]** = *that nobody can*

48 **rug sé ar leathchluais uirthi** = *he grabbed her by one ear*

52 **ná bíodh ceist oraibh má tá an méid sin déanta** = **tá an méid sin déanta agus sin sin; ná cuir ceist orm faoi conas a rinne mé é**

55 **ithidh agus ólaidh [ithigí agus ólaigí] bhur ndóthain anois, ní baol daoibh** = *eat and drink your fill now, there's no danger to you*

58 **pé catsúil a thug Diarmaid** = *whatever peep Diarmaid gave* (**catsúil** = *a sidelong glance*)

60 **taibhríodh dó** = **cheap sé,** *he dreamed of, he thought of*

62 **bhíos-sa cheana agat . . . agus ní bhead [ní bheidh mé] arís agat** = *you had me once and you will not have me again* (**is í an Óige atá ag caint, agus tá sí ag rá go raibh Diarmaid óg uair agus nach mbeidh sé arís**)

63 **b'éigean do Dhiarmaid** = *Diarmaid had to*

64 **nár thástáil dul dhon tseomra** = *who didn't chance (test) going to the room*

66 **go rabhadar [raibh siad] ina dtost** = *that they were quiet*

67 **tá ionadh ort mar gheall ar na nithe [rudaí] seo a chíonn [fheiceann] tú** = *you are amazed because of the things you see*

70 **an Bás** = *Death*

71 **an Neart** = *Strength*

72 **an Óige** = *Youth*

72 **is pláinéad ó neamh is ea í** = *she is an omen from Heaven*

74 **pé acu agaibhse is treise** = *whichever one of you is the strongest*

74 **an lámh uachtair** = *the upper hand*

76 **níl aon achainí a iarrfaidh sibh ná go bhfuil le fáil agaibh ón ógmhnaoi** = *there's no wish that you will ask for but it is to be got from the young woman* (**achainí** = *a wish*)

79 **aon bhean a chífeadh [fheicfeadh] é go dtitfeadh sí i searc agus i síorghrá leis** = *that any woman who would see it would fall in constant love with him*

81 **bhí gach duine acu agus a achainí féin aige á lorg** = *every one of them was looking for his own wish* (**ag lorg** = *looking for, seeking*)

82 **iall** = **a** *thong, strap*

sa tslí go bhféadfadh sé í a cheangal, ach dá mbeadh sé ag gabháil di go n-íosfadh sé a fhiacla ní fhéadfadh sé an chaora a cheangal. Dúirt Fionn le Diarmaid éirí agus an chaora a cheangal. Dá mhéad gaisce agus gníomh a bhí sa bhFéinn ní raibh sé ar chumas aon duine acu an chaora a cheangal. 'Sin í anois í,' arsa Fionn, 'agus cá bhfuil ár ngaisce agus ár dtréine, is ná féadfadh éinne againn an chaoirín a cheangal?' Ansan d'éirigh an seanduine a bhí in imeall na luatha, chuaigh sé mar a raibh an chaora; rug sé ar leathchluais uirthi, cheangail sé í. Is mór an t-ionadh a tháinig ar Fionn agus ar a chuid fear nuair a chonacadar an chaora ceangailte ag an seanduine críonna, is nárbh fhéidir le héinne acu féin í a cheangal. Nuair a bhí sí ceangailte, labhair an fear críonna. 'Ná bíodh ceist oraibh má tá an méid sin déanta. Faigh an bia ullamh arís', ar seisean leis an mnaoi óig. Nuair a bhíodar suite chun an bhoird, labhair an seanduine. 'Ithidh agus óláidh bhur ndóthain anois,' ar seisean, 'ní baol daoibh'. D'itheadar agus d'óladar a ndóthain.

Nuair a bhíodar sásta, tharraing gach fear acu a chathaoir siar ón mbord. Bhí doras an tseomra oscailte; pé catsúil a thug Diarmaid síos, chonaic sé an ógbhean álainn thíos sa tseomra, agus taibhríodh dó dul agus tamall cainte a bheith aige léi. Chomh luath is a chuaigh sé go dtí an doras labhair an bhean óg. 'Bhíos-sa cheana agat, a Dhiarmaid,' ar sise, 'agus ní bhead arís agat'. B'éigean do Dhiarmaid casadh agus suí síos mar a raibh sé. Níl aon fhear des na sé feara déag nár thástáil dul dhon tseomra, ach is é an chaint chéanna a deireadh an bhean óg leo. Nuair a chonaic an seanduine go rabhadar ina dtost, labhair sé le Fionn: 'A Fhinn mhic Cumhaill,' ar seisean, 'tá ionadh ort mar gheall ar na nithe seo a chíonn tú. Ná bíodh, a rí', ar seisean. 'An bhfuil a fhios agat,' ar seisean, 'cé hé mise?' 'Níl a fhios agam,' arsa Fionn. 'Mise an Bás,' ar seisean, 'agus is í an chaora san ar thaobh an fhalla, sin í an Neart; agus an bhfeiceann tú an bhean óg úd sa tseomra, sin í an Óige. Agus is pláinéad ó neamh is ea í a cuireadh anso romhaibhse. Agus anois, pé acu agaibhse is treise, gheobhaidh an Bás an lámh uachtair air. Agus níl éinne agaibhse ná go raibh óg, agus ní bheidh sibh óg go deo arís. Anois níl aon achainí a iarrfaidh sibh ná go bhfuil le fáil agaibh ón ógmhnaoi. Ansan d'éirigh Diarmaid Ó Duibhne agus chuaigh sé i láthair na mná óige, agus is é an achainí a d'iarr sé ná ball seirce a bheith ann; aon bhean a chífeadh é go dtitfeadh sí i searc agus i síorghrá leis. Fuair sé an achainí sin; agus bhí gach duine acu agus a achainí féin aige á lorg. Is é an achainí a d'iarr Oscar, iall a chur ina

83 súiste = *a mace*
83 marú na gcéadta a bheith aige = *to have the power to kill hundreds*
87 mallaithe = *fierce, wicked*
87 má bhíonn sé aige ná tabhair a fhios dó conas atá sé aige = *if he has it (the wish) don't let him know how he has it*
89 d'iarr Oisín na grásta ó Dhia = *Oisín asked for the favours (graces) from God*
91 ag scarúint = *parting*
91 i bhfeighil a suaimhnis = *taking their ease*
92 dhúisíodar = dhúisigh siad
94 go soilseach ag taitneamh anuas orthu = *brightly shining down on them*
96 d'éiríodar [d'éirigh siad] go friseáilte = *they got up refreshed*
97 Binn Éadair na sló = *Binn Éadair of the hosts*
97 mar is ann ba ghnáthaí leo a bheith = *because it was more usual for them to be there*

Diarmaid Ó Duibhne d'iarr sé na ball seirce a bheith ann. Aon bean a fheicfeadh é go dtitfeadh sí an seirce agus i síorghrá leis. Oscar. iall a chur ina súiste nó bhristí go deo

Conán. Ná marú na gcéadta a bheith aige

Oisín na grásta ó Dhia.

shúiste ná bhrisfí go deo. Is é an achainí a d'iarr Conán ná marú na gcéadta a bheith aige. Ach tháinig eagla ar Dhiarmaid roimh Chonán, agus dúirt sé leis an mnaoi óig, 'Má fhaigheann Conán an achainí seo ní fhágfaidh sé aon fhear beo ar an bhFéinn, mar fear mallaithe is ea é nuair a thagann fearg air; má bhíonn sé aige ná tabhair a fhios dó conas atá sé aige'. D'iarr gach duine acu a achainí féin agus d'iarr Oisín na grásta ó Dhia. 'Is maith san, a Oisín,' arsa an bhean óg. 'Anois,' a dúirt sí, 'beimid ag scarúint le chéile'. Shuigh na fearaibh síos i bhfeighil a suaimhnis. Thit a gcodladh go trom orthu. Nuair a dhúisíodar ní raibh tigh ná seanduine ná bean óg ná ceo ina dtimpeall ach an spéir go gorm agus an ghriain go soilseach ag taitneamh anuas orthu.

D'éiríodar go friseáilte, agus thugadar a n-aghaidh ar Bhaile Átha Cliath agus ar Bhinn Éadair na sló, mar is ann ba ghnáthaí leo a bheith.

Sin é mo scéalsa, is má tá bréag ann, bíodh; ní mise a chum ná a cheap é.

Staidéar ar an Scéal

Is ón mbéaloideas a tháinig na scéalta Fiannaíochta, agus mhair siad ó aois go haois i mbéal na ndaoine. Ós rud é gur bhain traidisiún na Fiannaíochta leis na daoine, ní raibh meas ag na huaisle air go dtí an dara haois déag, nuair a chuaigh litríocht na huaisle, an 'Rúraíocht', in éag. Ón dara haois déag amach scríobhadh síos na scéalta seo, a bhí le fáil i measc na ndaoine i bhfad roimhe sin.

Is gnáthdhaoine iad na Fianna. Ní ríthe ná huaisle iad. Is minic a chodlaíonn siad faoin spéir. Tarlaíonn na heachtraí faoin aer, agus feictear iad ar chnoc agus i gcoill ag seilg agus ag caitheamh aimsire. Ar ndóigh, tá áit faoi leith ag an dúlra sna scéalta agus sna dánta, agus ní haon ionadh é go dtugtar 'litríocht Bhealtaine go Samhain' ar litríocht na Fiannaíochta. Déantar tagairt go minic sna scéalta seo do na logainmneacha (ainmneacha áiteanna), agus sa leabhar cáiliúil sin *Agallamh na Seanórach* mínítear na logainmneacha agus tá eachtraí éagsúla ann faoi na Fianna.

Bíonn an draíocht agus an áibhéil go láidir san Fhiannaíocht, agus feictear an bharbarthacht freisin. Ó thaobh stíle de, feictear rian an bhéaloideasa sa litríocht seo. Is gné de stíl na Fiannaíochta an úsáid a bhaintear as na 'ruthaig', is é sin sruthanna focal ag tosú leis na litreacha céanna chun go mbeadh an seanchaí in ann iad a chur de ghlanmheabhair. Ar ndóigh, thug na ruthaig sos beag don seanchaí freisin. San Fhiannaíocht feictear freisin an mhóitíf choitianta sin, an 'cúntóir', a bhíonn go hiondúil i litríocht bhéaloideasa. Is minic a thagann duine i gcabhair ar na Fianna, duine a bhfuil cumhacht áirithe dhraíochta aige.

Chuaigh an Fhiannaíocht i bhfeidhm go mór ar litríocht na Gaeilge sa naoú haois déag agus sa chéad leath den bhfichiú haois. Feictear lorg na Fiannaíochta ar litríocht Pheig Sayers, mar seanchaí ab ea í.

Is scéal gearr é seo, a insítear i nGaeilge an lae inniu, agus is scéal fíor-thaitneamhach é gan dabht. Ó thaobh struchtúr de, ba dheacair locht a fháil air. Ó thús go deireadh tá leanúnachas cothrom ann agus luas ceart faoi. Níl an leadránacht ann a bhíonn go minic i scéalta Fiannaíochta, mar is beag de ghnéithe na Fiannaíochta atá ann chun bac a chur le gluaiseacht an scéil. Chomh fada is atá na gnéithe sin ann, cuireann siad go mór leis an scéal, ar dóigh go n-úsáidtear i gceart iad. Is aonad iomlán éifeachtach an scéal seo. Chun an fhírinne a rá, tá i bhfad níos mó de ghnéithe na Fiannaíochta le fáil sa síscéal úd 'Scéal na bhFathach', agus, ar ndóigh, cuireann siad go mór leis an leadránacht. Ach sa scéal seo níl dul thar fóir ar bith ann. Tá an áibhéil in easnamh. Ar ndóigh, tá an draíocht ann. Leoga, is é an draíocht bun agus barr an scéil, agus tá sé riachtanach chun an scéal a láimhseáil ó thús go deireadh. Ach úsáidtear go ciúin agus go cliste é. Níl áibhéil dá laghad ag baint leis.

Ag tosach an scéil tugtar pictiúr dúinn de na Fianna ag fiach ar Shliabh Mis. Deirtear go raibh a ngadhair seilge go gléasta, ag cur in iúl an grá mór a bhí ag na Fianna don bhfiach agus do gach a bhain leis an dúlra. Bhí siad tuirseach traochta nuair a thit an ceo dorcha. Ceo draíochta ab ea é, ar ndóigh, mar is tríd an ceo sin a nochtadh an teach. Deirtear go bhfuil an chinniúint ann, agus is fíor é, mar seoladh na Fianna go dtí an teach mistéireach úd chun go gcuirfí rud iontach diamhrach i gcrích.

Cuirtear fáilte rompu, agus ní thugtar leid dóibh go bhfuil rud ar bith bunoscionn go dtí go dtugann an chaora ruathar faoin mbord. Ní fada go raibh ionadh an domhain orthu, mar ní raibh ar chumas aon duine acu an chaora a chur faoi smacht agus í a cheangal. Cuireadh leis an ionadh seo nuair a rug an seanfhear ar an gcaora agus cheangail go héasca í.

Nuair a chuir Diarmaid suim sa bhean óg agus chuaigh chuici, labhair sí agus dúirt sí go rúnda go raibh sí aige tráth ach nach mbeadh arís. Dúradh an rud céanna le gach fear de na Fianna a chuaigh ina láthair. Níorbh fhada gur thuig siad cad a bhí i gceist aici, mar mhínigh an seanfhear gurbh í an Óige, gurbh í an chaora an Neart, agus gurbh é féin an Bás.

Is minic san Fhiannaíocht a fheictear an mhóitíf sin, an 'cúntóir'. Duine diaga is ea é a thagann i gcabhair ar na Fianna. Tugtar le tuiscint dúinn mar sin go raibh uaisleacht ag baint leis na Fianna, go raibh siad riamh ar thaobh an chirt, mar a bhí Arthur agus a ridirí tráth.

Thug an bhean óg achainí do gach duine de na Fianna. Tabhair faoi deara gur iarr Oisín grásta ó Dhia. Cuirtear in iúl dúinn anseo go raibh uaisleacht mhór ag baint leis. D'iarr Diarmaid an ball seirce,* agus ba bheag a thuig sé go mbeadh a chinniúint do-sheachanta uaidh sin amach. Maidir le Conán, d'iarr sé neart a chuirfeadh ar a chumas na céadta a mharú. Deir Diarmaid sa scéal gur dhuine mallaithe é Conán,* agus bhí

*NÓTA

Diarmaid ó Duibhne: Duine a raibh céim ard aige sa bhFiann ab ea Diarmaid ó Duibhne. Tugadh 'Diarmaid na mBan' air, mar bhíodh na mná go léir i ngrá leis. Ba é an ball seirce a bhí air ba chúis leis seo. Sa scéal 'Tóraíocht Dhiarmada agus Ghráinne' (nó 'An Tóraíocht') d'éalaigh Diarmaid le Gráinne agus í ar tí Fionn a phósadh. Chuaigh Fionn agus na Fianna ar a dtóir. Bhí Diarmaid faoi gheasa gan seilg mhuice a dhéanamh. Ag deireadh an scéil bhuail sé le Fionn amuigh ag fiach agus mharaigh torc draíochta é.

Conán Maol: Duine de Chlanna Morna ab ea Conán Maol. Bhí Fionn ina cheannaire ar Chlanna Baoiscne agus bhí Diarmaid dílis dó. Ach bhí aighneas mór idir Clanna Baoiscne agus Clanna Morna riamh i dtaobh cheannas na bhFiann. B'fhéidir gurbh é sin an fáth go raibh eagla mhór ar Dhiarmaid nuair a fuair Conán an bua iontach sin. B'fhéidir gur cheap sé go mbainfeadh Conán díoltas amach ar Fhionn agus ar Chlanna Baoiscne.

eagla air go maródh sé na Fianna dá dtiocfadh fearg air.

I dtaobh na buanna a bronnadh ar na Fianna, bhaineadh lucht éisteachta na scéalta Fiannaíochta taitneamh mór as an ngné seo den Fhiannaíocht. Bhíodh eolas acu ar na carachtair, agus nuair a bhíodh siad ag éisteacht le scéal bhídís ar bís, mar bhídís ag tnúth go dtarlódh rud áirithe de bharr go raibh bua faoi leith ag an gcarachtar. Bhí sé mar an gcéanna leis na geasa sa litríocht seo.*

Nuair a dhúisigh na Fianna, ní raibh an teach ann a thuilleadh, ach ar ndóigh thuig siad go raibh rud míorúilteach tar éis tarlú dóibh. Deirtear sa scéal gur thug siad aghaidh ar Bhinn Éadair, mar ba ghnách leo a bheith. Is gné suntasach den Fhiannaíocht go mbíonn na carachtair ábalta aistear iontach fada a chur díobh gan stró. Ní thugtar cuntas ar bith riamh ar an aistear seo. Bhí siad ar Shliabh Mis i gCo. Chiarraí nuair a tharla an eachtra.

Tabhair faoi deara freisin mar a chuirtear deireadh leis an scéal. Bheadh a fhios agat gur sheanchaí a d'inis an scéal seo, mar deir sí: 'Sin é mo scéalsa, is má tá bréag ann, bíodh; ní mise a chum ná a cheap é.'

*NÓTA

Na geasa san Fhiannaíocht: Draíocht atá i gceist anseo. Nuair a cuireadh duine faoi gheasa san Fhiannaíocht, ní raibh aon dul as aige. Bhí air a gheasa a chomhlíonadh nó ba chinnte go dtarlódh rud uafásach dó. Cuireadh geasa ar dhuine rud a dhéanamh nó gan rud a dhéanamh.

Stór Focal

Cuir na nathanna agus na focail seo a leanas in abairtí a léireoidh a gceart-úsáid: *ball seirce; ag fiach; gadhar fiaigh; go gléasta; ceo; ag titim; traochta; is baolach; ag cur is ag cúiteamh; cheana féin; cóngarach; griobalach; críonna; ar seachrán; is fíor; níorbh fhada an mhoill; seáp; bunoscionn; leisciúil; gaisce; ar chumas; catsúil; chomh luath is a; b'éigean dó; ina dtost; achainí; i láthair; mallaithe; ag scarúint le chéile; i bhfeighil a suaimhnis; go soilseach; go friseáilte; bréag.*

Ceisteanna

Cá raibh na Fianna nuair a thit an ceo orthu? Cad a bhí á dhéanamh acu?
An dóigh leat go raibh áthas ar na Fianna nuair a chonaic siad an teach? Cén fáth?
Cén fáth a raibh ionadh ar na Fianna nuair a rug an seanfhear ar an gcaora agus cheangail go héasca í?
Cén fáth nach raibh duine de na Fianna in ann an chaora a cheangal?
'Bhíos-sa cheana agat, a Dhiarmaid, agus ní bhead arís agat.' Cad a bhí i gceist ag an mbean óg?
Cérbh iad an bhean óg, an seanfhear agus an chaora i ndáiríre?
Cén achainí a fuair Diarmaid ó Duibhne?
Cén fáth a raibh eagla ar Dhiarmaid nuair a fuair Conán a achainí? Cad a rinne sé chun é féin agus na Fianna a chosaint ar Chonán?
Conas a léirítear sa scéal go raibh an uaisleacht in Oisín?
'Thit a gcodladh orthu.' Cad a tharla nuair a dhúisigh na Fianna ag deireadh an scéil?
Pléigh an scéal seo ó thaobh stíle de. Bíodh tagairt i do fhreagra don draíocht agus don áibhéil.
Cén t-eolas a fhaightear ar shaol na Féinne sa scéal seo?
'Is lú de ghnéithe na Fiannaíochta atá le feiceáil sa scéal seo ná sa sísceál "Scéal na bhFathach", agus is fearrde an scéal dá bharr.' Pléigh an ráiteas sin.
Déan an scéal seo a mheas mar scéal Fiannaíochta.
Déan comparáid idir an scéal seo agus 'An Cearrbhach Mac Cába' ó thaobh téama, struchtúir agus carachtrachta de.

Foclóir ar an Téacs

fathach = *a giant* (iolra: fathaigh)

2 go ngabhfadh sé = go rachadh sé, *that he would go*

2 ar aimsir = in aimsir, ag obair, *in service*

4 cé acu is fearr leat? = *which of them do you prefer?*

5 mo bheannacht = *my blessing*

6 mo mhallacht = *my curse*

6 ag gabháil do bheannachtaí = *going on with blessings*

8 as a hamharc = as a radharc, *out of her sight*

9 casadh dhó = casadh air, *he met*

12 réitigh sé leis = rinne sé margadh leis, *he settled with him*

13 i gcionn na mbeithíoch = i bhfeighil na mbó, *in charge of the cows, cattle*

15 sconsa = *a fence, ditch*

16 ar a bhfaca sé riamh = *at any cost*

17 ní raibh blas le n-ithe = *there was nothing to eat*

18 drochfhéar = *bad grass*

19 claí = *a ditch, fence*

19 bhreathnaigh [d'fhéach] sé soir ar fhéar na bhfathach agus leag sé an sconsa agus lig sé na beithígh soir ann = *he looked over at the giants' grass and he knocked the fence down and let the cattle in*

20 béiceadh = *a shout*

23 a Éireannaigh bhréagaigh bhradaigh = *you lying, thieving Irishman* (bréagach = *false, lying*; bradach = *thieving*)

23 níl a fhios agam cé is fearr dhom, thú a chur faoi mo chosa sa lathaigh [lathach] nó a chur de shéideoig dhon Domhan Thoir = *I don't know what is the best thing for me (to do), to stamp you in the mud or blow you to the Eastern World*

26 ní ag iarraidh cóir ná ceart a tháinig mé ort, ach ag iarraidh cóir agus ceart a bhaint díot = *I didn't come to you to ask for my rights but to take what is yours* (cóir = ceart, *right, justice*)

28 ag caraíocht = ag coraíocht, ag iomrascáil, *wrestling*

28 leac dearg = *a bare rock*

28 cé is fearr leat ag caraíocht ar leacracha dearga nó ag gabháil de sceana dearga ar easnacha a chéile? = *which would you prefer, to wrestle on the bare rock or have at each other's ribs with bare knives?* (easna = *a rib*)

30 d'fháisceadar [d'fháisc siad] faoi chéile = *they wrestled each other*

30 cor = *a twist, turn*

31 chuir sé go dtína dha ghlúin [ghlún] sa leic [leac] é = *he put him to his two knees in the rock*

31 agus an darna [dara] cor go básta dhó, agus an tríú cor go hascaillí = *and the second turn to his waist and the third to his armpits*

33 gaiscíoch = laoch, *a warrior*

Scéal na bhFathach

Tá an scéal béaloideasa seo a leanas, le Lil Nic Dhonnchadha, le fáil in imleabhar 1 (1927–28) den tréimhseachán Béaloideas. *Bhí páirt mhór ag Lil Nic Dhonnchadha i ngluaiseacht na Gaeilge le fada, agus bhí sí ina huachtarán ar Chonradh na Gaeilge tráth.*

Bhí seanbhean ann agus ní raibh aici ach aon mhac amháin, agus dúirt sé go ngabhfadh sé ar aimsir.‘ Déan lón dom!’ a deir sé lena mháthair, agus rinne sí cáca beag agus cáca mór dó, agus d’fhiafraigh sí: ‘Cé acu is fearr leat, an cáca beag agus mo bheannacht nó an cáca mór agus mo mhallacht?’

Dúirt sé gurbh fhearr an cáca beag agus a beannacht. Bhí sí ag gabháil do bheannachtaí gur imigh sé as a hamharc. Bhí sé ag síorimeacht leis, ag iarraidh máistir, agus casadh dhó, ar thitim na hoíche, fear agus d’fhiafraigh sé de cá raibh sé ag dul, agus dúirt sé go raibh sé ag iarraidh máistir mhaith. Thug sé leis ansin é agus réitigh sé leis.

Thug sé bricfeasta dó ansin ar maidin agus chuir sé amach é i gcionn na mbeithíoch. Shiúil sé leis ansin gur thaispeáin sé dó an talamh ina mbeadh na beithígh, agus bhí sconsa mór idir é féin agus na fathaigh agus dúirt sé leis, ar a bhfaca sé riamh, gan na beithígh a ligean in aice an sconsa. Ní raibh aon bhlas le n-ithe ag na beithígh ansin ach drochfhéar. Shiúil sé leis thíos ansin leis an gclaí agus bhreathnaigh sé soir ar fhéar na bhfathach agus leag sé an sconsa agus lig sé na beithígh soir ann. Is gearr go bhfaca sé chuige an fathach anuas agus gach aon bhéiceadh aige:

‘A Éireannaigh bhréagaigh bhradaigh, níl a fhios agam cé is fearr dhom, thú a chur faoi mo chosa sa lathaigh nó a chur de shéideoig dhon Domhan Thoir!’

‘Ní ag iarraidh cóir ná ceart a tháinig mé ort,’ arsa Seáinín, ‘ach ag iarraidh cóir agus ceart a bhaint díot!’

‘Cé is fearr leat ag caraíocht ar leacracha dearga nó ag gabháil de sceana dearga ar easnacha a chéile?’ arsa an fathach.

D’fháisceadar faoi chéile ansin agus an chéad chor a thug Seáinín dhó, chuir sé go dtína dhá ghlúin sa leic é, agus an darna cor go básta dhó, agus an tríú cor go hascaillí.

‘Is tú an gaiscíoch is fearr a chonaic mé riamh!’ arsa an fathach.

35 claíomh solais = *sword of light*
35 slaitín draíochta = *a magic wand*
36 m'eachín caol dubh a bhéarfadh ar an ngaoth Mhárta dhuit = *my little slender black steed that will bear you on the March wind* (each = *a horse, steed*)
37 ach mo cheann a ligean liom = ach gan mé a mharú, *but not to kill me*
42 cá bhféachfaidh mé an claíomh seo? = *where will I test this sword?*
43 ar an smután is gránna sa gcoill = *on the ugliest stump in the wood*
44 níl smután is gránna ann ná do chloigeann féin = *there's no stump uglier there than your own head*
46 bhí sé ag feadaíl ag dul suas agus ag gabháil fhoinn ag dul [ag teacht] anuas agus bhuail Seáinín arís é agus níor lig sé ar an gcolainn é = *the head was whistling going up and singing coming down and Seáinín hit it again and didn't let it on the body* (ag feadaíl = *whistling*; ag gabháil fhoinn = ag canadh; colainn = *a body*)
49 dá bhfaighinn ar an gcolainn arís, leath na bhFiann ní chuirfeadh anuas mé (tá an ceann ag caint anseo) = *if I got on the body again, half the Fianna would not knock me off*
51 ní raibh tada eile ar m'airese ach gan tú a ligean ann = *nothing else concerned me except not to let you (the head) there (back on the body)*
52 bhí sé réidh leis ansin = bhí sé críochnaithe leis ansin, *he was finished with him*
54 an raibh na beithígh ar thalamh an fhathaigh = *whether the cattle were on the giant's land*
56 ag spaisteoireacht = *strolling*
59 nach gcluineadh (gcloiseadh) sé trí bhéiceadh agus trí fhead agus trí gháir = *that he used not hear three shouts, three whistles, and three cries*
64 ar ndóigh bhí deifir mhór ar na beithígh an darna [dara] lá (chun an féar maith a ithe) = *of course there was a great hurry on the cattle the second day*
66 mhairbh Seáinín = mharaigh Seáinín, *Seáinín killed*
67 bhí an oiread sin bainne acu go mb'éigean dó cúipéir a fháil ag déanamh soithí = *they had so much milk that he had to get a cooper making containers* (cúipéir = *a cooper*; soitheach = *a vessel, container*)
71 ní chluinim = ní chloisim
73 atáid = atá siad
75 ag tíocht = ag teacht
75 ag béiceadh le feirg [fearg] faoi gur mhairbh [mharaigh] Séainín a bheirt dearthár = *shouting with anger because Seáinín had killed his two brothers*

'Tabharfaidh mé mo chlaíomh solais agus mo shlaitín draíochta agus m'eachín caol dubh a bhéarfadh ar an ngaoth Mhárta dhuit, ach mo cheann a ligean liom!'

'Cá bhfuil siad?' a deir Seáinín.

'San áit sin thall. Seo dhuit an eochair agus osclóidh sí dhuit í!' arsa an fathach.

Chuaigh sé anonn agus fuair sé iad.

'Cá bhféachfaidh mé an claíomh seo?' arsa Seáinín.

'Ar an smután is gránna sa gcoill!' arsa an fathach.

'Níl smután ar bith is gránna ann ná do chloigeann féin!' arsa Seáinín.

Bhuail sé é agus chuir sé an cloigeann in aer. Bhí sé ag feadaíl ag dul suas agus ag gabháil fhoinn ag dul anuas agus bhuail Seáinín arís é agus níor lig sé ar an gcolainn é.

'Ach dá bhfaighinn ar an gcolainn arís, leath na bhFiann ní chuirfeadh anuas mé!'

'Ní raibh tada eile ar m'airese ach gan tú a ligean ann,' arsa Seáinín. Bhí sé réidh leis ansin.

Chas sé leis a chuid beithíoch abhaile san oíche, agus bhí bainne acu, agus ní raibh a fhios ag an máistir an raibh na beithígh ar thalamh an fhathaigh.

D'éirigh an máistir amach ansin ag spaisteoireacht san oíche, agus nuair a tháinig sé isteach d'fhiafraigh Seáinín de an raibh aon scéal nua aige. Dúirt sé go raibh; nach raibh aon oíche ó tháinig sé anseo ariamh nach gcluineadh sé trí bhéiceadh agus trí fhead agus trí gháir, agus nár chuala sé anocht ach dhá fhead agus dhá bhéiceadh agus dhá gháir.

'Ó, b'fhéidir gur as an mbaile a chuaigh sé!' arsa Seáinín.

D'ith sé a bhricfeasta ar maidin agus chuaigh sé amach an darna lá agus ar ndóigh bhí deifir mhór ar na beithígh an darna lá. Síos leo agus chuadar ag ithe ar thalamh an fhathaigh. Mhairbh Seáinín fathach eile an darna lá. Tháinig sé abhaile agus bhí an oiread sin bainne acu go mb'éigean dó cúipéir a fháil ag déanamh soithí. D'éirigh an máistir amach ag spaisteoireacht san oíche, agus nuair a tháinig sé isteach d'fhiafraigh Seáinín an raibh aon scéal aige.

'Ní chluinim anocht ach aon fhead amháin, aon bhéiceadh amháin agus aon gháir amháin!' a deir sé.

'Ó, b'fhéidir gur as an mbaile atáid!' a deir Seáinín.

Bhí go maith. Chuaigh sé síos an tríú lá, agus chuadar soir agus chonaic sé fathach mór ag tíocht, ag béiceadh le feirg faoi gur mhairbh Seáinín a bheirt dearthár.

82 d'ionsaíodar [d'ionsaigh siad] a chéile = *they attacked each other* (ionsaím = *I attack*)

82 anró = cruatan, *hardship*

84 muinéal = muineál, *neck*

86 a bhéarfadh naoi n-uaire ar an ngaoth Mhárta sula mbeireadh [mbéarfadh] an ghaoth ina dhiaidh orthu = *that would bear you nine times on the March wind before the wind would catch them*

92 níorbh fhéidir soithí a fháil le haghaidh [i gcomhair] an bhainne = *(enough) vessels could not be got for the milk*

96 ní chluinfidh tú = ní chloisfidh tú

96 an fhaid is bheas tú beo = fad a bheidh tú beo, *as long as you live*

100 ní thiocfaidís i bhfoisceacht 'go mbeannaí Dia' don sconsa mór le faitíos [eagla] roimh na fathaigh = *they would not come anywhere near the big fence for fear of the giants* (i bhfoisceacht = i ngiorracht, *near to, within*)

102 scanraíodar go mbeadh na beithígh marbh = *they were afraid that the cattle were dead* (scanraíodar = bhí scanradh orthu, bhí eagla orthu)

105 an chúirt = áras na bhfathach, *the giants' dwelling*

108 feilméara = feirmeoir

112 ghléas sé é féin i gceann de chulthaí breátha na bhfathach = *he dressed himself in one of the giants' beautiful suits* (gléasaim = *I dress*)

113 ní aithneofá é = *you wouldn't recognise him* (aithním = *I recognise*)

113 ghabh sé ag marcaíocht ar an eachín caol dubh = *he went riding on the slender black steed*

115 lóistín = *lodgings*

116 níl áit ar bith le haghaidh [i gcomhair] do leithéidse [do shórtsa] d'fhear uasal sa teachín bocht seo = *there's no place in this poor house for a noble man of your sort*

'A Éireannaigh bhréagaigh bhradaigh,' arsa an fathach, 'níl a fhios agam cé is fearr dhom, thú a chur faoi mo chosa sa lathaigh nó a chur de shéideoig dhon Domhan Thoir!'

80 'Ní ag iarraidh cóir ná ceart a tháinig mé ort, ach ag iarraidh cóir agus ceart a bhaint díot!' arsa Seáinín.

D'ionsaíodar a chéile agus fuair sé an-anró uaidh, agus an chéad chor a thug Seáinín dhó chuir sé go dtí na glúine ar an leic é, agus an darna cor go básta agus an tríú cor go muinéal.

85 'Seo dhuit mo chlaíomh solais, mo shlaitín draíochta agus m'eachín caol dubh a bhéarfadh naoi n-uaire ar an ngaoth Mhárta sula mbeireadh an ghaoth ina dhiaidh orthu!' arsa an fathach.

Mhairbh Seáinín an fathach seo freisin.

90 Chas sé leis na beithígh abhaile ansin agus an triúr fathach marbh aige, agus bhí sé trom tuirseach an tríú hoíche tar éis an fathach mór a mharú. Níorbh fhéidir soithí a fháil le haghaidh an bhainne an oíche sin. D'éirigh an máistir amach tar éis a bhéile agus nuair a tháinig sé isteach:

95 'Ní chluinim fead, béiceadh ná gáir anocht!' a deir sé.

'Ní chluinfidh tú fead, béiceadh ná gáir an fhaid is bheas tú beo. Deamhan fathach acu nach bhfuil marbh agamsa le trí lá!' arsa Seáinín.

Chuaigh an máistir agus an mháistreás amach leis, an ceathrú

100 lá, agus ní thiocfaidís i bhfoisceacht 'go mbeannaí Dia' don sconsa mór le faitíos roimh na fathaigh. Chonaiceadar na beithígh ag dul soir i ngarraí na bhfathach agus scanraíodar go mbeadh na beithígh marbh. Bhí faitíos orthu ansin ach chuadar chomh fada leis an sconsa faoi cheann cúpla lá; agus chuaigh

105 Seáinín go dtí an chúirt agus bhí sí lán le ór agus le airgead agus le gach uile shórt is fearr dá bhfaca tú riamh, agus bhí an chúirt agus a raibh ann ag Seáinín ansin.

Bhí iníon an-bhreá ansin ag an bhfeilméara go raibh Seáinín ag obair aige, agus dúirt an feilméara leis an iníon a phósadh.

110 'Ní phósfaidh mé aon duine go dté mé abhaile go dtí mo mháthair go bhfeice mé í!'

Ghléas sé é féin i gceann de chulthaí breátha na bhfathach agus ní aithneofá é, bhí sé ina fhear chomh breá sin. Ghabh sé ag marcaíocht ar an eachín caol dubh go ndeachaigh sé go dtína

115 mháthair. D'iarr sé lóistín uirthi. Níor aithin sí é.

'Ó,' a deir sí, 'níl áit ar bith le haghaidh do leithéidse d'fhear uasal sa teachín bocht seo!'

118 cheal nach n-aithníonn tú Seáinín? = *surely you recognise Seáinín?*
120 tháinig mé faoi do choinne agus caithfidh tú tíocht liom = *I came for you and you must come with me* (faoi do choinne = i do chomhair, *for you*; caithfidh tú = *you must*)
121 saibhreas = maoin, *wealth*
123 ní thiocfad = ní thiocfaidh mé
126 i dtigh diabhail uathu, thú féin agus do chuid cearca = *a curse on them, yourself and your hens*
127 ná náirigh mé = *don't shame me*
128 chroch sé leis í ar a chúla = thóg sé leis í ar a chúl
129 d'fhéadfá a rá = *you could say*
132 ag iarraidh air i gcónaí an iníon a phósadh = *constantly asking him to marry the daughter*
134 go siúla mé tuilleadh = *until I walk (travel) some more*
135 chonaic me sna páipéirí nuaíochta go bhfuil iníon rí sa Domhan Thoir le sloigeadh ag Ollphéist a leithéide seo de lá agus b'fhéidir go sábhálfainn í = *I saw in the newspapers that a daughter of a king in the Eastern World is to be swallowed up by a monster on such a day and maybe I would save her* (páipéirí nuaíochta = nuachtáin, páipéir nuachta; sloigim = slogaim, *I swallow*; ollphéist = *a monster sea-serpent*; sábhálaim = *I save*)
138 imithe ag an Ollphéist = marbh ag an Ollphéist
139 mura [muna] bhfaigheadh an Ollphéist iníon gach seachtú bliain bhrisfeadh sé tithe an rí agus réabfadh sé an tír = *if the monster didn't get a daughter every seventh year it would break the houses of the king and ravage the country* (réabaim = *I pillage*)
141 ghlan = chuaigh
143 cailleachín = *a little old woman*
143 i gcionn na gcearc = i bhfeighil na gcearc, *in charge of the hens*
146 mairnéalach = *sailor*
146 soitheachín = bád beag, *little vessel*
146 go mb'fhéidir go bhfaigheadh sé an oiread agus a dheasódh í ón rí = *that maybe he would get as much as would fit her out from the king* (deasaím = *I prepare, fit out*)
148 má shábháiltear iníon an rí, gheobhaidh tú an oiread agus a dhéanfadh long duit = *if the king's daughter is saved, you will get as much as will make a ship for you*
150 bhí an Ollphéist le tíocht lá arna mhárach agus bhíodar [bhí siad] cruinnithe anoir agus aniar as chuile áit ag breathnú ar an Ollphéist féachaint an sábhálfaí í = *the monster was to come the next day and they were gathered from east and west out of every place watching out for the monster to see if she (the king's daughter) would be saved* (le tíocht = le teacht; lá arna mhárach = an lá ina dhiaidh sin; cruinnithe = bailithe, *gathered*; chuile áit = gach uile áit, *every place*; ag breathnú = ag féachaint)
154 ní raibh a fhios ag duine ar bith go raibh a leithéid le Seáinín ann ach ag an gcailleachín, agus shíl sí sin gur mairnéalach beag suarach a bhí ann = *nobody at all knew that there was such a person as Seáinín there except the little old woman, and she thought that he was a miserable little sailor*

'Cheal nach n-aithníonn tú Seáinín?' arsa Seáinín.
'Ní aithním,' ar sise, 'ní tú atá ann!'
120 'Ó, is mé,' a deir sé. 'Tháinig mé faoi do choinne agus caithfidh tú tíocht liom. Tá saibhreas go deo agam, is cúirt chomh breá is atá sa domhan.'
'Ní thiocfad!' a deir sí.
'Caithfidh tú tíocht!' arsa Seáinín.
125 'Ó, caithfidh mé na cearca a thabhairt liom!'
'Ó, i dtigh diabhail uathu, thú féin agus do chuid cearca! Fág ansin iad agus ná náirigh mé!'
Chroch sé leis í ar a chúla go dtángadar go dtí an chúirt, agus d'fhéadfá a rá go raibh teach breá ansin aici. Chuaigh sé siar
130 agus thug sé aniar an feilméara agus a bhean agus a chlann agus bhí ithe is ól acu go ceann seacht n-oíche agus seacht lá, agus bhí an feilméara ag iarraidh air i gcónaí an iníon a phósadh, agus bhí a mháthair á iarraidh air freisin mar bhí an iníon an-bhreá.
'Ní phósfaidh mé í', arsa Seáinín, 'go siúla mé tuilleadh.
135 Chonaic mé sna páipéirí nuaíochta go bhfuil iníon rí sa Domhan Thoir le sloigeadh ag Ollphéist a leithéide seo de lá agus b'fhéidir go sábhálfainn í!'
Bhí beirt iníon eile imithe ag an Ollphéist roimpi seo, agus mura bhfaigheadh an Ollphéist iníon gach seachtú bliain
140 bhrisfeadh sé tithe an rí agus réabfadh sé an tír. Bhí go maith. Ghlan Seáinín leis ar maidin ar a eachín caol dubh go ndeachaigh sé dhon Domhan Thoir. Tháinig sé isteach ansin go dtí teach geata a bhí ann agus cailleachín ann a bhíodh i gcionn na gcearc agus fuair sé lóistín.
145 D'fhiafraigh sí de cén sórt duine é agus dúirt sé gur mhairnéalach é, gur briseadh a shoitheachín agus go mb'fhéidir go bhfaigheadh sé an oiread agus a dheasódh í ón rí.
'Ó, má shábháiltear iníon an rí,' a deir sí, 'gheobhaidh tú an oiread agus a dhéanfadh long duit!'
150 Bhí an Ollphéist le tíocht lá arna mhárach agus bhíodar cruinnithe anoir agus aniar as chuile áit ag breathnú ar an Ollphéist féachaint an sábhálfaí í.
Bhí fathach eile ann a tháinig ag ceapadh go sábhálfadh sé féin í. Ní raibh a fhios ag duine ar bith go raibh a leithéid le
155 Seáinín ann ach ag an gcailleachín, agus shíl sí sin gur mairnéalach beag suarach a bhí ann.

159 d'fhiafraigh (sé) di céard a thabharfadh sí dhon té [duine] a shábhálfadh í = *he asked her what she would give to the person who would save her*

161 gheofá leath a bhfuil ag m'athair agus leath a ríochta dá sábhálfá mise = *you would get half of what my father has and half his kingdom if you saved me* (ríocht = *kingdom*)

163 scaoil sé na beilteanna di = *he loosed the belts from her*

164 sháigh sé = *he stuck, set down*

167 chualaíodar = **chuala siad**

167 bhí an fharraige briste ina cnoc ag an Ollphéist ag tíocht ón siúl a bhí aici = *the sea was broken into a hill by the monster coming, because of its movement*

169 féachaint an mbéarfadh sí ar an mbean uasal = *to see if it would catch the noblewoman*

170 d'ionsaigh Seáinín í leis an gclaíomh solais gur bhuail sé an eascann agus gur chuir sé ar siúl í = *Seáinín attacked it with the sword of light and hit the reptile and sent it moving* (ionsaím = *I attack*; claíomh solais = *sword of light*; eascann = *reptile, eel*)

172 le feirg = **le fearg**

174 rug sé i ngreim ascaille uirthi go rabhadar [raibh siad] ag teannadh leis an bhfathach mór agus chuaigh Seáinín de léim ar an eachín agus scuab leis = *he grabbed her under the arm and they were moving towards the great giant and Seáinín jumped on the little steed and off he went* (ascaill = *armpit*; ag teannadh leis = *pressing towards, moving towards)*

177 stróic a chuid éadaigh ag ceapadh go raibh sé ag troid leis an eascann = *he tore his clothes to make out that he was fighting with the serpent* (ag ceapadh = ag ligint air, *pretending*)

179 dúirt sé ar a bhfaca sí ariamh gan inseacht nach é féin a shábháil í = *he said that she was not to say under any circumstances that he had not saved her* (ar a bhfaca sí ariamh = *at any cost, under any circumstances*)

180 nuair a bhí siad ag teannadh suas leis an gcruinniú bhíodar [bhí siad] ag craitheadh [croitheadh] lámh leis agus ag béiceadh go raibh sí sábháilte = *when they were pressing up towards the crowd they were shaking hands with him and shouting that she was saved* (cruinniú = *gathering*)

186 gheobhaidh mé an oiread agus a dheasós [dheasóidh] mo shoitheachín = *I will get as much as will fit out my little boat*

187 scread mhaidine ort agus do shoitheachín! Gheobhaidh agus luach seacht soitheach! = *a curse on you and your little boat! You will get that and the value of seven ships!* (luach = *value*; soitheach = *vessel, ship*)

189 le tíocht = **le teacht**

misneach = *courage*

191 thit gach rud amach [tharla gach rud] an lá sin mar a thit an lá roimhe = *the same things happened that day as the day before*

194 go dtabharfadh an rí leath a ríochta dó = *that the king would give him half his kingdom*

Bhí an bhean uasal thíos ar an trá. Bhí sí ceangailte de chathaoir ar an trá le héadan na farraige móire. Shiúil Seáinín chuici i gculaith bhreá duine uasail, agus d'fhiafraigh di céard a
160 thabharfadh sí dhon té a shábhálfadh í.

'Gheofá leath a bhfuil ag m'athair agus leath a ríochta dá sábhálfá mise,' a deir sí.

Scaoil sé na beilteanna di agus shiúil sé féin agus í féin síos agus suas ar an trá agus sháigh sé an chathaoir leathmhíle ón
165 bhfarraige.

'Suigh ansin,' ar seisean.

Is gearr ansin go gcualaíodar an fheadaíl, agus bhí an fharraige briste ina cnoc ag an Ollphéist ag tíocht ón siúl a bhí aici. Thriomaigh sí í féin—píosa di—suas ar an trá féachaint an
170 mbéarfadh sé ar an mbean uasal. D'ionsaigh Seáinín í leis an gclaíomh solais gur bhuail sé an eascann agus gur chuir sé ar siúl í. Bhí sí ag feadaíl, ag imeacht le feirg, go raibh an fharraige ina cnoic aici, bhí sí chomh mór sin. Shiúil sé suas go dtí an bhean uasal agus rug sé i ngreim ascaille uirthi go rabhadar ag
175 teannadh leis an bhfathach mór agus chuaigh Seáinín de léim ar an eachín agus scuab leis. Ní fhaca sí é níos mó. Ghearr an fathach a lámha agus a chosa; stróic a chuid éadaigh ag ceapadh go raibh sé ag troid leis an eascann. Tháinig sé go dtí an bhean uasal ansin agus dúirt sé ar a bhfaca sí ariamh gan inseacht nach
180 é féin a shábháil í. Nuair a bhí siad ag teannadh suas leis an gcruinniú bhíodar ag craitheadh lámh leis agus ag béiceadh go raibh sí sábháilte. Thángadar abhaile ansin agus bhí ithe agus ól acu go lá. Tháinig Seáinín i dteach chailleachín na gcearc san oíche agus d'fhiafraigh cén scéal a bhí aici.
185 'Tá sí sábháilte!' a deir sí.

'Ó, gheobhaidh mé an oiread agus a dheasós mo shoitheachín!' arsa Seáinín. 'Scread mhaidine ort agus do shoitheachín! Gheobhaidh agus luach seacht soitheach!'

Lá arna mhárach arís bhí an Ollphéist le tíocht. Bhí an bhean
190 uasal thíos ar an trá arís roimh an Ollphéist agus chonaic sí ag tíocht Seáinín, agus bhí misneach mór aici nuair a chonaic sí ag tíocht é. Shiúil sé chuici, agus thit gach rud amach an lá sin mar a thit an lá roimhe.

An tríú lá tháinig sé agus scaoil sé í agus nuair a dúirt sí go
195 dtabharfadh an rí leath a ríochta dó:

196 cheal nach dtabharfá thú féin do dhuine a shábhálfadh tú? = *surely you would give yourself to a person who would save you?*

198 tuige? = **cén fáth?**

199 dhíbir sé arís í = *he drove it away again* (**díbrím** = *I drive away*)

200 shílfeá go gcuirfeadh sí na cnoic óna chéile leis an bhfeirg [bhfearg] a bhí ag imeacht uirthi = *you would think it wold part the mountains from each other with the anger that was on it*

202 rug sé i ngreim ascaille uirthi go rabhadar [go raibh siad] ag teannadh leis an bhfathach mór = *he grabbed her under the arm and they were pressing towards the great giant*

203 chuaigh sé de léim ar an eachín, ach níor lig sí uaithi é gur sciob sé a bhróg anuas dá chois = *he jumped on his little steed but she didn't let him go until she had snatched his shoe from his foot*

205 bhailigh sé leis agus ní fhaca sí aon amharc air ina dhiaidh sin = *he went, and she didn't see him after that* (**amharc** = **radharc**, *sight*)

206 is beag nár ghearr an fathach mór a lámh uilig de ag ligean air gurb é féin a shábháil í = *the great giant nearly cut off all his arm, pretending that he had saved her*

208 sábháilte = *saved*

208 bainis = *wedding feast*

210 tháinig an chailleachín abhaile, ag cur cóir ar an teachín agus ar an mairnéalach = *the little old woman came home, attending to the little house and the sailor*

217 nach bpósfadh sí aon duine ach an té [duine] a ngabhfadh an bhróg seo air = *that she wouldn't marry anyone but the person this shoe would fit*

218 bhain an fathach mór na rúitíní agus píosaí móra dá chosa de féin leis an gclaíomh, ag ceapadh go ngabhfadh an bhróg air, ach ní ghabhfadh = *the great giant cut off his ankles and big pieces from his legs with the sword, thinking that the shoe would go on him, but it wouldn't* (**rúitín** = *ankle*)

221 cuireadh tuairisc an raibh aon duine eile thart a ngabhfadh an bhróg air = *enquiries were made whether there was anyone else around that the shoe would fit* (**cuirim tuairisc** = *I enquire*)

222 chuile dhuine = **gach uile dhuine**, *every single person*

223 chinn orthu = **theip orthu**, *they failed*

225 de chaiple = **de chapaill**

225 ina choinne = **ina chomhair**, *for him*

225 in éindí [éineacht] leo = *with them*

227 scéala = *news*

228 abair léi nár mhór di féin a thíocht [theacht] ina teachtaire i mo choinne = *tell her that she must come herself as a messenger for me* (**ní mór dom** = *I must*; **teachtaire** = *messenger*)

230 dúradar [dúirt siad] nach dtiocfadh sé mura dtéadh [muna rachadh] sí féin ina teachtaire ina choinne = *they said that he would not come unless she went herself as a messenger for him*

'Agus cheal nach dtabharfá thú féin do dhuine a shábhálfadh tú?' arsa Seáinín.

'Thabharfainn,' a deir sí. 'Tuige nach dtabharfainn?'

Bhí an tseantroid ag Seáinín agus an Ollphéist agus dhíbhir sé
200 arís í, agus shílfeá go gcuirfeadh sí na cnoic óna chéile leis an bhfeirg a bhí ag imeacht uirthi. Shiúil Seáinín go dtí an bhean uasal agus rug sé i ngreim ascaille uirthi go rabhadar ag teannadh leis an bhfathach mór, agus chuaigh sé de léim ar an eachín, ach níor lig sí uaithí é gur sciob sí a bhróg anuas dá
205 chois. Bhailigh sé leis agus ní fhaca sí aon amharc air ina dhiaidh sin. Is beag nár ghearr an fathach mór a lámh uilig de ag ligean air gurb é féin a shábháil í.

Bhí sí sábháilte ansin ag an bhfathach mór, agus bhí bainis agus ithe agus ól acu, agus bhíodar le pósadh an oíche sin.
210 Tháinig an chailleachín abhaile, ag cur cóir ar an teachín agus ar an mairnéalach.

'An bhfuil scéal agat?' arsa Seáinín.

'Tá sí sábháilte ag an bhfathach mór. Beidh sí á phósadh anocht!' arsa an chailleachín.

215 Chuaigh sí chun na bainise agus d'fhan an mairnéalach thuas. Nuair a bhíodar le pósadh, tharraing an bhean uasal an bhróg chuici agus leag sí ar an mbord í, agus dúirt nach bpósfadh sí aon duine ach an té a ngabhfadh an bhróg seo air. Bhain an fathach mór na rúitíní agus píosaí móra dá chosa de féin leis an
220 gclaíomh, ag ceapadh go ngabhfadh an bhróg air, ach ní ghabhfadh. Cuireadh tuairisc an raibh aon duine eile thart a ngabhfadh an bhróg air. Bhí chuile dhuine ag iarraidh a chur air, ach chinn orthu. Dúirt an chailleachín ansin go raibh mairnéalachín beag suarach aici féin. Cuireadh cóiste agus
225 ceithre cinn de chaiple ina choinne agus an chailleachín in éindí leo.

'Cuireadh scéala chugat a dhul siar!' a deir sí.

'Abair léi nár mhór di féin a thíocht ina teachtaire i mo choinne!' arsa Seáinín.

230 D'imigh leo agus dúradar nach dtiocfadh sé mura dtéadh sí féin ina teachtaire ina choinne.

'Creidim gur fíor sin!' ar sise.

Ghléas sí í féin i gculaith álainn agus chuaigh, agus bhí Seáinín gléasta i gculaith álainn freisin agus tháinig sé go dtí an
235 chúirt. Ar an bpointe a dtáinig sé, chuir sé an bhróg air agus bhí

236 murach nárbh fhiúntach leis é go ndéanfadh sé moirtéal dá chloigeann ar an mballa = *only that it wouldn't be worthy (decent) of him he would make mortar of his head on the wall*
238 crochadh amach as an mbealach é agus tugadh cúpla cic dhó = *he was carried out of the way and given a few kicks*
239 bainis = **féasta,** *a wedding feast*
240 ag fiach = **ag seilg,** *hunting*
240 ag foghlaeireacht = *fowling*
242 chuile shórt = **gach uile shórt,** *every kind*
243 go gcaithfeadh sé tíocht [teacht, dul] go bhfeicfeadh sé a mháthair = *that he would have to go to see his mother*
246 cloigeann = **ceann,** *head*
247 drioball = **eireaball,** *tail*
248 bhain Seáinín an ceann agus an drioball in éineacht di = *Seáinín cut off its head and tail together*
249 mhairbh sé í = **mharaigh sé í,** *he killed it*
253 ní raibh agam ach bróga páipéir agus stocaí bainne ramhair = *I only had shoes of paper and stockings of thick milk* **(Níl ciall ar bith leis seo; is críoch nósmhar é a fheictear go minic i scéal mar seo.)**

sí ceart aige. Dúirt sé leis an bhfathach murach nárbh fhiúntach leis é go ndéanfadh sé moirtéal dá chloigeann ar an mballa. Crochadh amach as an mbealach é agus tugadh cúpla cic dhó.

Phósadar ansin agus bhí bainis seacht n-oíche agus seacht lá
240 acu. D'fhan Seáinín ansin leathbhliain ag fiach agus ag foghlaeireacht. Dúirt an rí go dtabharfadh sé a leathríocht dó agus leath de chuile shórt eile. Dúirt Seáinín go raibh cúirt aige féin chomh breá agus go gcaithfeadh sé tíocht go bhfeicfeadh sé a mháthair a bhí léi féin sa chúirt. Shiúil siad leo ansin anoir.
245 D'éirigh an Ollphéist chucu ansin, nuair a bhíodar leathbhealach, anoir sa bhfarraige, agus chuir sí a cloigeann ar thaobh den bhád agus a drioball ar an taobh eile.

Bhain Seáinín an ceann agus an drioball in éineacht di agus mhairbh sé í. Shiúil siad leo ansin go dtángadar go hÉirinn go
250 cúirt na bhfathach. Bhí bainis seacht n-oíche agus seacht lá acu—aige féin agus ag a mháthair agus a raibh thart air, agus ag an máistir a bhí aige nuair a d'imigh sé.

Bhí mé féin ag an mbainis agus ní raibh agam ach bróga páipéir agus stocaí bainne ramhair!

Staidéar ar an Scéal

Is scéal béaloideasa é seo a bhfuil blas na Fiannaíochta air. Tá sé an-chosúil leis na scéalta Fiannaíochta ó thaobh stíl na scéalaíochta agus móitífeanna de. Feictear an áibhéil, an draíocht, an t-athrá, an bharbarthacht, agus mar sin de. Déantar tagairt don Fhiann ann, fiú amháin. Chomh maith leis sin tá téama bunúsach uilíoch á phlé sa síscéal seo—an fear óg ar thóir spré—mar atá i 'Dick Whittington', 'Jack and the Beanstalk', agus scéalta eile nach iad. Sna scéalta seo bíonn constaicí millteacha le sárú; ach bíonn críoch shona leis na scéalta seo, mar sa deireadh thiar thall ní hamháin go sáraíonn an fear na constaicí úd ach pósann sé iníon álainn an rí.

Ag tosach an scéil, cuirtear tomhas ar an ógánach. Fiafraíonn a mháthair de: 'Cé acu is fearr leat, an cáca beag agus mo bheannacht nó an cáca mór agus mo mhallacht?' Bíonn tomhasanna mar é go hiondúil i litríocht den chinéal seo. Bhí spéis ag na daoine ina leithéid, agus chuir siad le clisteacht an scéil. Is dócha gur iarracht é ar dhoimhneacht a chur sa scéal agus ar shuim an lucht éisteachta a mhéadú.

Úsáidtear an t-athrá go minic sa scéal. Is teicníc scéalaíochta é seo, agus feictear é go minic sa bhéaloideas. D'fhéadfadh an seanchaí a rá gur mharaigh Seáinín na fathaigh in aon turas. Ach ní dhéantar é seo. Deir an chéad fhathach: 'A Éireannaigh bhréagaigh bhradaigh, níl a fhios agam cé is fearr dhom, thú a chur faoi mo chosa sa lathaigh nó a chur de shéideog dhon Domhan Thoir!' agus deir sé a thuilleadh fós. Tugtar cur síos ar an troid idir an bheirt acu, agus geallann an fathach: 'Tabharfaidh mé mo chlaíomh solais agus mo shlaitín draíochta agus m'eachín caol dubh a bhéarfadh ar an ngaoth Mhárta duit, ach mo cheann a ligean liom!' Ach féach go ndeir an tríú fathach an rud ceanann céanna. Tabhair faoi deara go ngeallann sé na rudaí céanna agus go n-úsáidtear an chaint chéanna nuair a chuirtear síos ar an troid. Ar an dóigh chéanna is ionann an chaint ó Sheáinín sa dá eachtra.

Úsáidtear an t-athrá arís sa chomhrá idir an feirmeoir agus Seáinín agus iad ag caint faoi mharú na bhfathach. D'fhreagair Seáinín: 'Ó, b'fhéidir gur as an mbaile atáid!' nuair a dhéanann an feirmeoir tagairt do thrí bhéiceadh, do thrí fhead agus do thrí gháir na bhfathach. Is nós é seo sa scéalaíocht, go dtarlaíonn rud trí huaire agus go gcuirtear síos air trí huaire. Ar an dóigh chéanna sábhálann Seáinín iníon an rí trí huaire.

Do léitheoir an lae inniu cuireann an cur síos céanna agus an t-athrá go mór le leadránacht an scéil. Ach ba cheart a thuiscint nach sa scéal amháin a chuir na daoine a suim ach san insint. Mar sin, bheifeá ag súil le hornáideacht labhartha. Bhraith cáil an tseanchaí ar chomh cliste agus a d'inis sé an scéal. Thug an comhrá saoirse don seanchaí a scileanna agus a chlisteacht a chur in iúl, agus thaitin an chaint díreach leis an lucht éisteachta. Ba bhreá leo an chaint chéanna a chloisteáil arís agus arís eile. Leoga, bhíodh siad ag súil leis.

Féach, freisin, go ndéanann an seanchaí tagairt do na páipéir nuachta. Deir sé: 'Chonaic mé sna páipéirí nuaíochta go bhfuil iníon rí sa Domhan Thoir . . .' Dá mbeadh an scéal seo á insint ag seanchaí sa lá atá inniu ann, is dócha go mbeadh tagairt don teilifís nó don raidió: déarfadh sé, 'Chuala mé ar an teilifís go bhfuil iníon rí sa Domhan Thoir . . .' Chuir sé seo go mór leis an ngreann. Ba bhreá leis an lucht éisteachta a leithéid a chloisteáil.

Tá an áibhéil, an draíocht agus an bharbarthacht fite fuaite sa scéal. Féach an cur síos ar mharú an fhathaigh. Téann an scéalaí thar fóir leis an áibhéil. Tá an bharbarthacht soiléir. Baineann an t-ógánach an ceann den fhathach. Ach, féach go leanann an ceann ag caint! Tabhair faoi deara freisin an gléas draíochta a fuair Seáinín ón bhfathach: an claíomh solais, an slat draíochta, agus an eachín caol dubh.

Maidir leis an bhfathach aonair, deirtear sa scéal: 'Ghearr an fathach a lámha agus a chosa; stróic a chuid éadaigh ag ceapadh go raibh sé ag troid leis an eascann'; agus 'Is beag nár ghearr an fathach mór a lámh uilig de ag ligean air gurb é féin a shábháil í'; agus 'Bhain an fathach mór na rúitíní agus píosaí móra dá chosa de féin leis an gclaíomh, ag ceapadh go ngabhfadh an bhróg air . . .'

Feictear an bharbarthacht agus an áibhéil go minic sa bhéaloideas, agus is minic a théann an cur síos thar fóir. Tabhair faoi deara an cur síos ar mharú na hOllphéiste ag deireadh an scéil: 'chuir sí a cloigeann ar thaobh den bhád agus a drioball ar an taobh eile. Bhain Seáinín an ceann agus an drioball in éineacht di agus mhairbh sé í.'

Is gné shuntasach eile den bhéaloideas í an dóigh a chuireann duine aistear fada de agus gan cuntas ar bith ar an aistear úd. Tá sé mar a bheadh daoine ábalta dul ó áit go háit gan stró. Ní ligtear don turas an scéal a mhallú. Chuaigh Seáinín go dtí an Domhan Thoir; ach ní deirtear sa scéal ach: 'Bhí go maith. Ghlan Seáinín leis ar maidin ar a eachín caol dubh go ndeachaigh sé dhon Domhan Thoir.' Deirtear freisin: 'Ghabh sé ag marcaíocht ar an eachín caol dubh go ndeachaigh sé go dtína mháthair'; agus 'Shiúil siad leo ansin go dtángadar go hÉirinn go cúirt na bhfathach.' Feictear é seo go minic san Fhiannaíocht. Tabhair faoi deara, freisin, an chaint chéanna.

I rith an scéil, agus arís ag deireadh, déantar tagairt do bhainis seacht lá agus seacht n-oíche. Is nós uilíoch é seo, agus feictear go coitianta i síscéalta é.

Gné faoi leith de litríocht na Fiannaíochta is ea na 'ruthaig': sruth focal ag tosú leis na litreacha céanna. Thug seo seans don scéalaí píosaí áirithe a chur de ghlanmheabhair agus sos beag dó féin anois is arís. Níl na ruthaig in úsáid sa scéal seo, ach feictear rian den teicníc nuair a deir an fathach: 'A Éireannaigh bhréagaigh bhradaigh . . . ' Ar ndóigh, deirtear é dhá uair sa scéal.

Is suntasach go bhfuil níos mó de ghnéithe na Fiannaíochta le feiceáil sa scéal seo ná sa scéal Fiannaíochta 'Conas mar a Fuair

Diarmaid an Ball Seirce'. Ach, ar ndóigh, is ón mbéaloideas a tháinig an Fhiannaíocht, agus bíonn na gnéithe seo níos láidre i scéalta áirithe. Is fíor, áfach, go bhfuil an scéal seo leadránach de bharr go bhfuil an áibhéil agus an t-athrá chomh láidir sin ann.

Stór Focal

Cuir na nathanna agus na focail seo a leanas in abairtí a léireoidh a gceart-úsáid: *beannacht; mallacht; i gcionn; ag feadaíl; ag gabháil fhoinn; ag spaisteoireacht; deifir; an oiread sin; i bhfoisceacht; faitíos; ag marcaíocht; lóistín; saibhreas; mairnéalach; lá arna mhárach; suarach; ríocht; bainis; tuairisc; i mo choinne; fiúntach; cloigeann ; ag fiach; ag foghlaeireacht; ar a bhfaca tú riamh.*

Ceisteanna

Cén sórt oibre a bhí á dhéanamh ag Seáinín nuair a bhí sé in aimsir?
Cén fáth ar leag Seáinín an claí agus ar lig sé na ba isteach ar thalamh na bhfathach?
'Is tú an gaiscíoch is fearr a chonaic mé riamh.' Cad a tharla a thug ar an bhfathach a leithéid a rá le Seáinín?
Cad a fuair Seáinín ón gcéad fhathach?
Cad a fuair Seáinín i gcúirt na bhfathach?
Cén fáth a ndeachaigh Seáinín go dtí an Domhan Thoir?
Cad a gheall iníon an rí do Sheáinín dá sábhálfadh sé í?
Cad a rinne an fathach mór dó féin, é ag ligint air gur mharaigh sé an Ollphéist?
Conas a mharaigh Seáinín an Ollphéist sa deireadh?
Léirigh an áibhéil agus an draíocht sa scéal. An gceapann tú go mbeadh an scéal níos fearr gan iad?
'Is mó de ghnéithe na Fiannaíochta atá le feiceáil sa scéal seo ná sa scéal Fiannaíochta "Conas mar a Fuair Diarmaid an Ball Seirce".' Pléigh an ráiteas sin.
Déan cur síos ar thréithe Sheáinín. Cérbh iad na tréithe ba láidre a bhí ann?
Cén fhianaise atá sa scéal seo gur scéal béaloideasa é?
'Tá eachtraí sa scéal seo nach bhfuil inchreidte.' Déan an ráiteas sin a phlé.

GEARRSCÉALTA

Foclóir ar an Téacs

1 tráth dá raibh = *in days gone by* (tráth = uair amháin, *once*)
1 tigín = teaichín, *a little house*
2 rua = dearg, *red*
3 go neamhspleách = *independently*
3 aghaidheanna glasa an domhain = *the green faces of the world*
4 síoth = síocháin, *peace*
5 chloisinn an abhainn ag siosadh léi = *I used to hear the river rustling along* (ag siosadh = ag siosarnach, *rustling, hissing*)
6 sa samhradh thagadh spealadóir ag baint an fhéir sna goirt, ag fuascailt a bheo ghlais chun an aeir = *in the summer the mower used to come, cutting the hay in the fields, releasing its green life to the air* (spealadóir = *a scytheman, mower*; gort = *a cultivated field*; ag fuascailt = *releasing, freeing*; beo = *life*)
7 sa gheimhreadh sheasainn sa sneachta faoi sholas na gealaí agus dhéanainn iontas de mo thigín deas rua = *in the winter I used to stand in the snow under the light of the moon and wonder at my little house* (gealach = ré, *the moon*; déanaim iontas [ionadh] de = *I make wonder of*)
10 teolaí = *warm, comfortable*
10 fáilteach = *welcoming*
11 fásra = *growth, vegetation*
11 fiailí a thugadh daoine áirithe orthu, plandaí a thugaimse orthu = *certain people used to call them weeds, but I called them plants* (fiaile = *a weed*)
12 thagadh na bláthanna ach thachtaí go luath iad = *the flowers used to come but they used to be choked early* (tachtaim = *I choke*)
13 chloisinn na feochadáin ag bualadh na fuinneoige á rá liom go maireann an rud atá láidir = *I used to hear the thistles beating the window telling me that the strong survive* (feochadán = *a thistle*; mairim = *I live, survive*)
15 b'fhear síochána mé, ní chuirinn isteach ar mo thimpeallacht = *I was a man of peace, I did not upset my environment* (síocháin = *peace*; timpeallacht = *environment*)
16 b'é an dála céanna ag an teach é = *it was the same with the house*
17 timpeallacht nádúrtha = *a natural environment*
18 greannmhar = *odd, funny*
20 leisceoir = *a lazy person*
21 leiciméir = *an idler*
22 is fíor nach maith liom obair, an tsíocháin ionam faoi deara é sin is dócha, mar is ionann obair agus damáiste éigin a dhéanamh do do thimpeallacht = *it's true that I don't like work: my love of peace is the cause of that, I suppose, because work is the same as doing some damage to your environment* (is fíor = *it's true*; faoi deara é = is cúis leis, *the cause of it*; is ionann = *it's the same*; damáiste = dochar, *damage*)
25 as láthair = *absent*
25 breoiteacht = tinneas, *sickness*
26 go rialta tuirsiúil = *regularly and monotonously*
26 ní chuiridís isteach ar ghnó na scoile ach aon uair amháin ina saol = *they used to upset the business of the school only once in their lives* (cuirim isteach ar = *I upset, bother*; gnó na scoile = *the business of the school*)

Na Quizmháistrí

Tógadh an scéal seo a leanas as Ding agus Scéalta Eile *le Seán Mac Mathúna. Rugadh Seán Mac Mathúna i dTrá Lí, Co. Chiarraí. Chaith sé tamall le múinteoireacht ach d'éirigh sé as chun dul i mbun scríbhneoireachta go lánaimseartha. Scríobhann sé i mBéarla agus i nGaeilge, agus tá ardmheas ar a shaothar. Is ball de Aosdána é, agus tá a lán dá chuid scéalta foilsithe san iris* Comhar.

Tráth dá raibh bhí tigín agamsa, tigín deas rua cois na habhann. Díon, agus fallaí rua air, fuinneoga glana ag féachaint go neamhspleách ar aghaidheanna glasa an domhain. Bhí síoth ann, éin ag ceol ann agus solas na gréine ag
5 briseadh trí na crainn. Istoíche i mo leaba dom chloisinn an abhainn ag siosadh léi. Sa samhradh thagadh spealadóir ag baint an fhéir sna goirt, ag fuascailt a bheo ghlais chun an aeir. Sa gheimhreadh sheasainn sa sneachta faoi sholas na gealaí agus dhéanainn iontas de mo thigín deas rua; ó a dhuine, is é a bhí
10 teolaí fáilteach.

Bhí mo ghairdín lán d'fhásra. Fiailí a thugadh daoine áirithe orthu, plandaí a thugaimse orthu. Thagadh na bláthanna ach thachtaí go luath iad. I mo shuí sa chistin dom chloisinn na feochadáin ag bualadh na fuinneoige á rá liom go maireann an
15 rud atá láidir. B'fhear síochána mé, ní chuirinn isteach ar mo thimpeallacht. B'é an dála céanna ag an teach é, bhí sé salach dar le daoine, ach dar liomsa timpeallacht nádúrtha a bhí ann.

Bhíos ag obair i scoil ghreannmhar; bhí na máistrí ar fad greannmhar leis. Quizmháistrí a thugtaí orthu. Dá bhfeicfidís
20 mise ag déanamh gáire déarfaidís 'Féach thall an leisceoir, a leithéid de leiciméara!' Ní ceart gáire a dhéanamh i scoil ghreannmhar. Is fíor nach maith liom obair, an tsíocháin ionam faoi deara é sin is dócha, mar is ionann obair agus damáiste éigin a dhéanamh do do thimpeallacht. Bhí 383 bhligeard i mo
25 scoil freisin. Ní bhíodh na Quizmháistrí as láthair le breoiteacht riamh. Gach aon lá bhídís ar scoil go rialta tuirsiúil. Ní chuiridís

27 **sin é an lá a dtagadh aingeal an bháis ag cigireacht** = ***that is the day the angel of death used to come inspecting***
29 **ceanúil** = ***affectionate***
29 **buille mire amháin sa chliabh agus ar feadh soicind amháin bheadh ar na bligeaird bhochta féachaint ar an Quizmháistir, saothar anála air, a lámha cailciúla ag glámadh an aeir sula dtitfeadh sé as a sheasamh go mall righin, go sínfí comhthreomhar leis an urlár go deo é** = ***one frenzied blow in the chest and for one second the poor blackguards would have to look at the Quizmaster, struggling for breath, his chalky hands grasping the air before he would fall slowly, to be stretched parallel with the floor for ever*** **(buille mire** = ***a frenzied blow*****; saothar anála** = **easpa anála,** ***breathlessness*****; go righin** = **go mall; comhthreomhar** = ***parallel*****)**
34 **de ghnáth** = ***usually***
34 **go n-aimseodh na mná glantóireachta é** = ***until the cleaning women would find him*** **(aimsím** = ***I locate, find*****)**
35 **rachfaí láithreach go dtí Brutus Iscariot, an t-ardmháistir, agus déarfaí 'taom croí eile, seomra a 5A'** = ***Brutus Iscariot would be gone to immediately and it would be said, 'another heart attack, room 5A'*** **(taom croí** = ***a heart attack*****)**
38 **b'fhurasta na bligeaird a smachtú ar shochraid mháistir, mar b'fhearr leo é a leanúint go dtí an reilig ná é a leanúint tríd an dara díochlaonadh** = ***it would be easy to control the blackguards at a master's funeral, because they would prefer to follow him to the graveyard than to follow him through the second declension*** **(b'fhurasta** = ***it was easy, it would be easy*****; smachtaím** = ***I control*****; reilig** = **a graveyard; an dara díochlaonadh** = ***the second declension*****)**
41 **cuir i gcás** = ***for instance***
42 **coimeádaí** = ***a warden***
43 **d'fháiltigh Brutus roimhe agus ruaig sé chun an tseomra ranga láithreach é** = ***Brutus welcomed him and drove him to the classroom immediatly*** **(fáiltím** = ***I welcome*****; ruaigim** = **cuirim an ruaig ar,** ***I chase*****)**
46 **pluiméir** = ***a plumber***
46 **lucht bainte uaigheanna** = ***gravediggers***
46 **Fínnéithe [Finnéithe] Jehovah** = ***Jehovah's Witnesses***
47 **buachaill aimsire** = ***a messenger boy***
47 **scanraithe** = **eaglach,** ***frightened***
48 **le déanaí is é an tseift atá aige ná na hispíní a chrochadh ar bhaschrann an dorais agus teitheadh leis** = ***the plan he has lately is to hang the sausages on the knocker of the door and run away*** **(seift** = ***a plan, scheme*****; baschrann [boschrann] an dorais** = ***the doorknocker*****; teithim** = ***I run away*****)**
49 **mar gheall ar** = ***because of***

isteach ar ghnó na scoile ach aon uair amháin ina saol. Sin é an lá a dtagadh aingeal an bháis ag cigireacht. Tá aingeal an bháis ceanúil ar Quizmhháistrí. Buille mire amháin sa chliabh agus ar
30 feadh soicind amháin bheadh ar na bligeaird bhochta féachaint ar an Quizmhháistir, saothar anála air, a lámha cailciúla ag glámadh an aeir sula dtitfeadh sé as a sheasamh go mall righin, go sínfí comhthreomhar leis an urlár go deo é. Is ann a d'fhágfaí de ghnáth é go n-aimseodh na mná glantóireachta é. Ach dá
35 mbeadh na bligeaird ceanúil ar an Quizmhháistir rachfaí láithreach go dtí Brutus Iscariot, an t-ardmháistir, agus déarfaí 'taom croí eile, seomra a 5A.'

B'fhurasta na bligeaird a smachtú ar shochraid mháistir, mar b'fhearr leo é a leanúint go dtí an reilig ná é a leanúint tríd an
40 dara díochlaonadh.

Is furasta post Quizmhháistir a líonadh. Cuir i gcás Cerberus: traenáladh é mar choimeádaí do phríosún in aice na scoile, ach tháinig sé isteach an geata mícheart. D'fháiltigh Brutus roimhe agus ruaig sé chun an tseomra ranga láithreach é. Is mar sin a
45 fuair Brutus cuid mhaith dá mháistrí, aon duine a thagann go dtí an doras: pluiméirí, lucht bainte uaigheanna, agus Fínnéithe Jehovah. Tá buachaill aimsire an bhúistéara scanraithe roimh Bhrutus. Le déanaí is é an tseift atá aige ná na hispíní a chrochadh ar bhaschrann an dorais agus teitheadh leis. Is mar
50 gheall ar Bhrutus nach dtagann cigirí chun na scoile.

Sean MacMathúna

51 scáth = *a shadow* (iolra: scáthanna)
51 sháraigh Kronstein iad = *Kronstein surpassed them* (sáraím = *I surpass*)
52 tanaí = *thin*
53 thomhais mé é lá, gan fhios dó = *I measured it one day without his knowing* (tomhaisim = *I measure*)
54 ag spíodóireacht = ag spiaireacht, *spying*
55 dorchla = *a corridor*
55 bhíodh air é a tharraingt go spadánta ina dhiaidh amach trí cheo na cathrach = *he used to have to drag it sluggishly after him out through the city fog* (go spadánta = *sluggishly*; ceo = *a fog*)
57 nár le Kronstein a scáth in aon chor ach le rud a fuair bás fadó = *that his shadow didn't belong to Kronstein at all but to something that died long ago*
58 mí-ádh = tubaiste, *a misfortune*
58 b'é rún Kronstein bocht ná gurbh é an fear tanaí a d'éalaigh as an bhfear ramhar é = *it was poor Kronstein's opinion that he was the thin man that escaped out of the fat man* (rún = *a secret, an opinion*; éalaím = *I escape*; ramhar = *fat*)
60 bhí sceon air go mbéarfaí air agus go sáfaí ar ais í = *he was terrified that he would be caught and shoved back again* (sceon = eagla; beirim ar = *I catch*; sáim = *I stick*)
61 níor bhac sé leis na máistrí eile = *he didn't bother with the other masters*
61 ina aonar = leis féin, *alone*
62 i ndorchla na gcloch = *in the corridor where the stones were*
62 chítí ansin é = *he used to be seen there* (chím = feicim, *I see*)
62 ina cholgsheasamh = *standing erect*
63 a mhéara cnámhacha = *his bony fingers*
64 gach aon ghreim á chogaint dhá uair is fiche sula slogfadh sé é = *every bite being chewed twenty-two times before he would swallow it* (ag cogaint = *chewing*; slogaim = *I swallow*)
65 bródúil = *proud*
66 sláintiúil = *healthy*
67 chun mo chás a thuiscint ní mór na Quizmháistrí a thuiscint = *to understand my position the Quizmasters must be understood*
68 ceithre throigh go leith = *four-and-a-half feet*
69 thomhais mé é = *I measured him*
70 fústrach = *fussy*
70 dícheallach = *industrious*
70 bheith ar a n-airdeall = bheith ar a n-aire, *to be watching out*
71 nó gheobhaidís buille smige sa ghabhal = *or they would get a blow of a chin in the crotch* (smig = *chin*; gabhal = *crotch*)
72 teoiric = *a theory*
74 thugas [thug mé] faoi deara = *I noticed*
75 cnaipe íochtair mo bheiste [veiste] = *the lower button of my waistcoat*
75 thuigeas = thuig mé, *I understood*
75 ag dul i laghad = *getting smaller*
76 míniú = *an explanation*
81 ag taoscadh a scamhóg le casachtach = *draining his lungs with coughing* (scamhóg = *lung*)
81 nuair a chasainn air = nuair a bhuailinn leis, *when I used to meet him*
82 cnead = *a groan*
82 comhbhách = sympathetic
82 mar aitheantas ar a chás = *as a recognition of his position*
83 ag cásamh = *grumbling, complaining*

Bhí scáthanna fada ag na máistrí go léir ach sháraigh Kronstein iad. Bhí sé an-tanaí ach bhí scáth trí throigh is fiche ar fad aige. Bhí a fhios sin agam mar thomhais mé é lá, gan a fhios dó. Ar maidin bhíodh a scáth roimhe amach ag spíodóireacht sa dorchla ach sa tráthnóna bhíodh air é a tharraingt go spadánta ina dhiaidh amach trí cheo na cathrach. Deireadh na máistrí nár le Kronstein a scáth in aon chor ach le rud a fuair bás fadó. Deirtí gur mí-ádh mór seasamh air. B'é rún Kronstein bocht ná gurbh é an fear tanaí a d'éalaigh as an bhfear ramhar é; bhí sceon air go mbéarfaí air agus go sáfaí ar ais é. Níor bhac sé leis na máistrí eile agus thógadh sé a lón ina aonar i ndorchla na gcloch. Chítí ansin é ina cholgsheasamh i measc na gcloch ogham, a mhéara cnámhacha ag goid aráin doinn as páipéar ar a ghlúine agus gach aon ghreim á chogaint dhá uair is fiche sula slogfadh sé é. Bhí sé an-bhródúil as an gcogaint mar bhí sé sláintiúil.

Chun mo chás a thuiscint ní mór na Quizmháistrí a thuiscint. Tóg Cú Chulainn anois. Ceithre throigh go leith a bhí sé mar thomhais mé é an chéad lá a tháinig sé ar a *thricycle*. Firín fústrach dícheallach ba ea é; b'éigean do na máistrí arda bheith ar a n-airdeall i gcónaí nó gheobhaidís buille smige sa ghabhal. Ach bhí teoiric agam faoi Chú Chulainn. Lá dá rabhamar sa chiú i gcomhair ár bpeann luaidhe agus rubar saor, bhí Cú Chulainn romham. Thugas faoi deara nár tháinig sé ach suas go dtí cnaipe íochtair mo bheiste. Thuigeas ansin go raibh sé ag dul i laghad; ach ní raibh Cú Chulainn sásta leis an míniú seo; anois ní labhraíonn sé liom, ach caitheann sé hataí arda an t-am ar fad.

Bhí Suffrinjaysus ag obair taobh liom. Chuala go minic sa dorchla amuigh é, ag tarraingt a bhróga F.C.A. ina dhiaidh, nó ag taoscadh a scamhóg le casachtach. Ní labhraínn leis nuair a chasainn air ach dhéanainn cnead chomhbhách leis mar aitheantas ar a chás. Bhíodh sé i gcónaí ag cásamh a

84 **deacrachtaí** = ***difficulties***
84 **tais** = ***moist***
84 **ainnise** = ***misery***
85 **leis na cuirtíní druidte** = ***with the curtains drawn***
86 **bhí tinte ag dhá cheann an tseomra agus boladh déagóirí allasacha á théamh acu** = ***there were fires at both ends of the room and the smell of sweating teenagers being heated by them*** **(boladh** = ***a smell*****; déagóirí** = ***teenagers*****)**
88 **imníoch** = ***anxious***
89 **chaitheadh sé teoragáin Euclide chun na mbligeard faoi mar a chaití Críostaithe fadó san airéine** = ***he used to throw Euclid's theorems at the black-guards just as Christians used to be thrown into the arena long age*** **(teoragán** = ***a theorem, theory*****)**
90 **dhein [rinne] an urraim a thug an t-aos óg dó athbheochan ar a chorp tnáite** = ***the respect the young people gave him revived his exhausted body*** **(athbheochan** = ***revival*****; tnáite = traochta)**
92 **nocht sé an chuid ab fhearr de féin sa teach tábhairne mar a ndéanfadh sé trácht ar gháire agus ar ghrian a óige** = ***he revealed the best part of himself in the pub, where he would talk about the laughter and happiness of his youth*** **(nochtaim** = ***I reveal*****; teach tábhairne** = ***a public house*****; trácht** = ***talk, mention*****)**
94 **caoinbhéasach** = ***gentle-mannered***
94 **grástúil** = ***gracious, merciful***
96 **sámh** = ***composed***
97 **ciallmhar** = ***intelligent***
97 **ionadh** = ***amazement***
97 **níor dhein sé [ní dhearna sé] aon rud as an tslí riamh** = ***he never did anything out of the way***
98 **ar nós** = ***such as, like***
99 **breoite = tinn**
100 **as a mheabhair** = ***out of his mind***
102 **bhuailfeadh spadhar é** = ***he would get a fit***
104 **ghealfadh a chiall as poll éigin air = bhuailfeadh splanc céille é,** ***a spark of sense would hit him*** **(gealaim** = ***I brighten*****)**
106 **as béal a chéile** = ***together***
107 **ba cheart léasadh maith a thabhairt dom más fíor sin** = ***you should give me a big hiding if that's true*** **(léasadh** = ***a thrashing*****)**
108 **leis sin thabharfadh an cúigear baitsiléir faoi, agus ghabh-faidís de dhoirne agus de bhróga air, á thuargaint chun talaimh [talún]** = ***with that the five bachelors would have a go at him, and would lay into him with fists and boots, battering him to the ground*** **(dorn** = ***a fist*****; ag tuargaint** = ***battering, hammering*****)**
110 **nuair a leafgaí é chiceálfadh an dearthár ba shine, a bhí ina abhac, sa ghabhal é** = ***when he would be knocked down, his oldest brother, who was a dwarf, would kick him in the crotch***
111 **caillim aithne** = ***I lose consciousness***
112 **gáir aoibhnis** = ***a cry of pleasure***
112 **ar ball = tar éis tamaill**
112 **chomh ciallmhar sámh le haon duine beo** = ***as intelligent and composed as anyone alive***
114 **is chuici sin atáim [atá mé] = ba mhaith liom labhairt fúithi**
114 **an-quizmháistreás í** = ***she is a great quizmistress***
115 **tuismitheoirí** = ***parents***
116 **agus gur fháisc sí air** = ***and that she grabbed it*** **(fáiscim** = ***I squeeze*****)**

dheacrachtaí, a shúile tais ag an ainnise. Quizmháistir matamaitice ba ea é. Mhúineadh sé i seomra leis na cuirtíní druidte i gcónaí. Bhí tinte ag dhá cheann an tseomra agus boladh déagóirí allasacha á théamh acu. Agus Vick; mar bhí Suffrinjaysus imníoch faoina shláinte. Sheasadh sé agus a thóin le tine agus chaitheadh sé teoragáin Euclide chun na mbligeard faoi mar a chaití Críostaithe fadó san airéine. Ach dhein an urraim a thug an t-aos óg dó athbheochan ar a chorp tnáite. Nocht sé an chuid ab fhearr de féin sa teach tábhairne mar a ndéanfadh sé trácht ar gháire agus ar ghrian a óige. Ach ní raibh sé caoinbhéasach ná grástúil. Is é a deirimse i gcónaí ná gabháil de bhuidéal pórtair i gcúl a chinn don té nach bhfuil grástúil.

B'é Vercingetorix *enigma* na scoile; bhí sé chomh sámh ciallmhar ann féin gur chuir sé ionadh ar na máistrí eile. Níor dhein sé aon rud as an tslí riamh, ar nós gáire a dhéanamh, bheith breoite, nó bás a fháil. Ach thuigeas cén fáth nach raibh sé as a mheabhair. Gach Aoine bheadh Vercingetorix ag ceartú na mílte cóipleabhar Laidine ina pharlús. Cois na tine bheadh a chúigear deartháir ag imirt pócair. I lár na hoibre dó bhuailfeadh spadhar é; d'éireodh sé ina sheasamh. Ar feadh soicind amháin ghealfadh a chiall as poll éigin air.

''Íosa Críost, ná habair liom gur múinteoir fós mé.'

'Ó, sea,' a déarfadh na deartháireacha as béal a chéile.

'Bhuel ba cheart léasadh maith a thabhairt dom más fíor sin.'

Leis sin thabharfadh an cúigear baitsiléir faoi, agus ghabhfaidís de dhoirne agus de bhróga air, á thuargaint chun talaimh. Nuair a leagfaí é chiceálfadh an deartháir ba shine, a bhí ina abhac, sa ghabhal é. Chaillfeadh Vercingetorix aithne le gáir aoibhnis. Nuair a d'éireodh sé ar ball bheadh sé chomh ciallmhar sámh le haon duine beo.

Ach Iníon Pharnassus; is chuici sin atáim. An-quizmháistreás í. Deirtear gur chuir a tuismitheoirí cailc ina láimh nuair a bhí sí ceithre lá d'aois agus gur fháisc sí air. Táim i ngrá le hIníon Pharnassus. Bím i gcónaí ag fáil cailce uaithi chun go

118 braithim = ***I feel***
118 lúidín = ***the little finger***
118 ag déanamh moille = ***delaying***
118 dearna = ***palm***
119 ag brú rialóirí uirthi = ***pressing rulers on her***
120 dá bharr sin = ***because of that***
121 le fírinne a insint = ***to tell the truth***
122 ag tomhas = ***measuring***
124 nuair a d'inis mé di go raibh modh nua ceaptha agam chun aistí a cheartú bhí sí lán-toilteanach mar is an-mháistreás í = ***when I told her I had thought of a new method for correcting essays, she was very willing, because she is a great mistress*** **(spéis = suim,** ***interest*****; modh =** ***a method*****; lán-toilteanach =** ***fully willing*****)**
127 i rannpháirteachas oideolaíoch = ***discussing the science of teaching***
128 mise ag taispeáint neadacha néata na n-ainmfhocal ina ndíochlaonta dise, ise ag caintiú ar a bhinne agus a bhí ceol na mbriathra ina réimniú = ***I showing to her the neat nests of the nouns in their declensions, she talking of how sweet was the music of the verbs in their conjugations*** **(ainmfhocal =** ***noun*****; díochlaonadh =** ***declension*****; briathar =** ***verb*****; réimniú =** ***conjugation*****)**
131 mórtasach = bródúil, ***proud***
132 fásra = ***growth, vegetation***
132 tháinig púic uirthi = ***a scowl came on her***
134 driseog = ***a bramble*** **(iolra: driseoga)**
134 le hais an dorais = in aice an doras, ***beside the door***
135 ruaigeas [ruaig mé] na cuileanna [na cuileoga] an fhuinneog amach = ***I drove the flies out the window***
136 dheineas = dhein mé, rinne mé, ***I made***
136 ag glinniúint = ***scrutinising***
137 eagar aimhréidh mo pharlúis = ***the confused state of my parlour (sitting-room)*** **(aimhréidh =** ***dishevelled*****)**
138 ag lorg boige éigin ina ceannaithe mar ba déirc liom a haird = ***looking for some softness in her features, because her attention was a charity to me***
140 cad 'na thaobh? = cén fáth? ***why?***
140 fiailí = ***weeds***
140 gránna = ***ugly***
141 mhíníos di = mhínigh mé di, ***I explained to her***
141 duine síochánta = ***a peaceful person***
142 dochar = ***harm***
142 chuireas [chuir mé] ar a súile di = ***I made it clear to her***
143 nár cheart fiaile a thabhairt ar aon phlanda mar gur ghéill an chaint sin d'oireachas plandúil nach raibh ann in aon chor = ***that it wasn't right to call any plant a weed, because that talk conceded to a plant order that wasn't there at all*** **(géillim =** ***I concede*****; oireachas =** ***status, rank, order*****)**
145 cad 'na thaobh ná cuireann tú caoi ar do thigh? = cén fáth nach gcuireann tú caoi ar do theach?, ***why don't you put some order on your house?***
146 puth deannaigh = ***a puff of dust*** **(deannach =** ***dust*****)**
147 is féidir leis na rudaí i mo thimpeallacht brath orm ná faighidh [nach bhfaighidh] siad bascadh uaimse = ***the things around me can depend on me that they will not get a bashing from me*** **(ag brath ar =** ***depending on*****; bascadh = a** ***bashing*****)**

mbraithfinn a lámh, mo lúidín ag déanamh moille ina dearna the. Bímse i gcónaí ag brú rialóirí uirthi. Ní thugaim rialóirí d'aon duine ach í. Dá bharr sin, tá a lán rialóirí de gach saghas agam féin, lán an chófra díobh le fírinne a insint. Bím i gcónaí ag tomhas rudaí.

Lá amháin d'inis mé di go raibh tigín deas rua agam cois na habhann. Níor chuir sí aon spéis ann. Ach nuair a d'inis mé di go raibh módh nua ceaptha agam chun aistí a cheartú bhí sí lán-toilteanach mar is an-mháistreás í. Maidin earraigh ghluaiseamar linn beirt cois na habhann, i rannpháirteachas oideolaíoch; mise ag taispeáint neadacha néata na n-ainmfhocal ina ndíochlaonta dise, ise ag caintiú ar a bhinne agus a bhí ceol na mbriathra ina réimniú.

Bhíos mórtasach as mo thigín rua a bhí ag seasamh amach as an bhfásra go léir. Ach tháinig púic uirthi nuair a bhí uirthi gabháil trí mo phlandaí. Leath an pus uirthi nuair a chonaic sí na driseoga le hais an dorais. Thugas isteach í, dhustálas cathaoir di, ruaigeas na cuileanna an fhuinneog amach, níos cupán di, agus dheineas tae. Sheas sí i lár an urláir ag glinniúint ar eagar aimhréidh mo pharlúis. Shuíos os a comhair amach agus d'fhéach mé suas uirthi ag lorg boige éigin ina ceannaithe mar ba déirc liom a haird.

'Cad 'na thaobh ná glanann tú na fiailí gránna sin as do ghairdín?' Mhíníos di gur dhuine síochánta mé, nach ndéanfainn dochar d'aon chuid den domhan. Chuireas ar a súile di nár cheart fiaile a thabhairt ar aon phlanda mar gur ghéill an chaint sin d'oireachas plandúil nach raibh ann in aon chor.

'Cad 'na thaobh ná cuireann tú caoi ar do thigh?' agus bhuail sí buille coise ar an urlár; d'éirigh puth deannaigh.

D'fhéachas timpeall ar na gréithe agus na sean-stocaí: 'Is féidir leis na rudaí i mo thimpeallacht brath orm ná faighidh siad bascadh uaimse.'

150 fad a bhí sí gafa ag na smaointe seo, thaispeánas [thaispeáin mé] di an modh réabhlóideach a bhí agam chun aistí a cheartú = ***while she was taken up with these thoughts I showed her the revolutionary method I had for correcting essays*** **(gafa =** ***captured, taken*****)**

152 faoi seach = ***respectively***

153 cuíosach maith = ***fairly good***

153 cuíosach dona = ***fairly bad***

153 rugas [rug mé] ar bheart cóipleabhar a bhí ann le blianta agus ag stampáil liom go láidir chuireas [chuir mé] daichead de na rudaí lofa díom i gceann noiméid amháin = ***I grabbed a batch of copybooks that were there for years and, stamping away strongly, I got through forty of the rotten things in one minute*** **(chuir mé díom =** ***I got through*****)**

156 ní dóigh liom go raibh Iníon Pharnassus ró-thógtha le m'aireagán ná mo thigh, mar ghabh sí a leithscéal agus d'fhág sí an áit = ***I don't think the Daughter of Parnassus was too impressed with my invention or my house, because she excused herself and left the place*** **(tógtha =** ***impressed, taken up with*****)**

159 an lá dár gcionn = an lá ina dhiaidh sin

159 ó, chugatsa sin, a sheanchroch shúigh = ***that's meant for you, you sooty old crane (a hook over the fire)*** **(Seanráiteas é seo a úsáid-eann duine nuair a chloiseann sé duine eile ag tabhairt faoi ach ligeann sé air nach bhfuil sé ag tagairt dó féin)**

161 chun machnamh a dhéanamh = chun smaoineamh, ***to think***

162 go gcaithfinn brú ar mo phrionsabail = ***that I would have to repress my principles*** **(ag brú =** ***pressing*****)**

162 sula mbeadh Iníon Pharnassus deas liom bheadh orm roinnt athchóirithe a dhéanamh ar mo throscán tí, agus b'fhéidir roinnt dustála leis = ***before the Daughter of Parnassus would be nice to me I would have to do some rearranging of the furniture, and maybe some dusting as well*** **(athchóirithe =** ***rearrangement*****; troscán tí =** ***house furniture*****; dustáil =** ***dusting*****)**

165 táim [tá mé] leochaileach i mo mheon maidir le prionsabail = ***I'm sensitive in my mind as regards principles*** **(leochaileach =** ***fragile, tender, sensitive*****; meon = aigne,** ***mind, mentality*****)**

167 ba mhar a chéile é = ***it was the same***

167 bhraitheas [bhraith mé] m'fhealsúnacht á hionsaí, ach sheas sé an fód = ***I felt my philosophy being attacked, but it stood its ground*** **(braithim =** ***I feel*****; fealsúnacht =** ***philosophy*****; ag ionsaí =** ***attacking*****)**

169 ag iniúchadh = ag scrudú, ***examining***

169 mí-eagar = ***disorder***

169 fo-éadaí salacha thall = ***dirty underclothes there***

170 abhus = ***here***

170 leapacha gan cóiriú déanta riamh orthu = ***beds that were never made***

171 clúmh liath = ***downy mildew***

171 bia imithe ó mhaith = bia lofa, ***food gone bad***

172 luaithreach = ***ashes***

150 Fad is a bhí sí gafa ag na smaointe seo, thaispeánas di an modh réabhlóideach a bhí agam chun aistí a cheartú. Ceithre stampa rubair a bhí agam; scríofa orthu faoi seach bhí: go maith, go dona, cuíosach maith, cuíosach dona. Rugas ar bheart cóipleabhar a bhí ann le blianta agus ag stampáil liom go láidir 155 chuireas daichead de na rudaí lofa díom i gceann nóiméid amháin, á gcaitheamh uaim sa chúinne. Ní dóigh liom go raibh Iníon Pharnassus ró-thógtha le m'aireagán ná mo thigh, mar ghabh sí a leithscéal agus d'fhág sí an áit.

An lá dár gcionn ní thabharfadh sí aon chailc dom. 'Ó, 160 chugatsa sin, a sheanchroch shúigh,' arsa mise liom féin. Abhaile liom chun machnamh a dhéanamh. Shuíos i mo chistin agus shocraíos go gcaithfinn brú ar mo phrionsabail. Sula mbeadh Iníon Pharnassus deas liom bheadh orm roinnt athchóirithe a dhéanamh ar mo throscán tí, agus b'fhéidir roinnt 165 dustála leis. Ach lámh ní fhéadfainn a thógáil; teip ghlan. Táim leochaileach i mo mheon maidir le prionsabail. An lá dár gcionn ba mhar a chéile é; bhraitheas m'fhealsúnacht á hionsaí ach sheas sé an fód. Ní rabhas ábalta faic a dhéanamh aon lá ach dul ó sheomra go seomra ag iniúchadh mí-eagair mo thí: fo-éadaí 170 salach thall, seanbhróga abhus, leapacha gan cóiriú déanta riamh orthu, clúmh liath ar sheanéadaí, bia imithe ó mhaith, luaithreach tobac i ngach áit.

173 go ceann coicíse = *for a fortnight*
175 le scáth roimh bhrocamas mo thí = *with fear of the dirt of my house* (**brocamas** = *refuse, dirt*; **scáth** = **eagla**, *fear, timidity*)
176 a thúisce agus a chuireas [chuir mé] an eochair sa doras bhraitheas í = *as soon as I put the key in the door I noticed it* (**a thúisce agus** = *as soon as*; **braithim** = *I feel, notice*)
177 snas urláir = *floor-polish*
177 réabas [réab mé] isteach de gheit agus is ansin a leath an radharc orm = *I rushed in startled, and it is then that the scene opened out to me*
179 snas lonrach = *a bright shine*
179 nite = *washed*
179 troscán aistrithe ar shlí dheas ealaíonta = *furniture changed in a nice, artistic way* (**aistrithe** = *moved*; **ealaíonta** = *artistic*)
180 ag glioscarnach = *glistening*
181 sraith = *row* (**iolra: sraitheanna**)
181 boladh = *a scent*
182 chailleas [chaill mé] mo mheabhair = **chaill mé mo chiall**, *I lost my reason*
183 ata le cúram = *puffed out with care*
183 bráillíní stáirseáilte = *starched sheets*
183 bhí sé ar fad chomh tochraiste néata gléasta le banríon = *every bit of it was as neatly done up as a queen* (**tochraiste** = *put together well*)
185 d'fholcas [d'fholc mé] mo lámha is m'aghaidh i gcumhracht na n-éadaí = *I bathed my hands and face in the fragrance of the clothes* (**folcaim** = *I bathe*; **cumhracht** = *fragrance, perfume*)
186 thógas [thóg mé] cúpla liú áthais = *I let out a couple of shouts of happiness*
186 thug sé m'óige chun mo chuimhne = *it brought back memories of my youth* (**cuimhne** = *memory*)
187 oigheann = *an oven*
189 bhíodar [bhí siad] slán = *they were safe*
190 duine díobh a dhein é [a rinne é], ní foláir, ag díol an chomhair liom as mo charthanacht = *it must be that one of them did it, paying me back for my friendship* (**ní foláir** = *it must be*; **ag díol mo chomhair** = *paying me back for services rendered*; **carthanacht** = *friendship, charity*)
192 rith sé liom = *it dawned on me*
193 bhíos [bhí mé] cinnte = *I was certain*
193 ag feadaíl le sástacht = *whistling with satisfaction*
194 ghabhas [ghabh mé] thairsti sa dorchla = **chuaigh mé thairsti sa dorchla**, *I went past her in the corridor*
194 bhí geanc uirthi = *she had her nose in the air* (**geanc** = *a snub nose*)
195 stuaim = *dignity, seriousness*
197 is fearr ainliú leat uaireanta = *it's better to go carefully sometimes*
199 go raibh an glantóir tar éis a bheith ann arís = *that the cleaner had been there again*
201 fógraí clóbhuailte = *printed notices*
202 ba mhór mar a chuir siad le maise mo thí = *they added greatly to the decoration of my house* (**cuirim le** = *I add to*)
204 i gcomhair béile = **le haghaidh béile**, *for a meal*
205 oilithreacht = *pilgrimage*
205 ag cuimilt = *rubbing*

Lean sé mar sin go ceann coicíse. Bhris ar m'fhealsúnacht ach bhí gach géag i mo chorp faoi ghlas, mé ceangailte sa chathaoir
175 le grá, agus le scáth roimh bhrocamas mo thí.

Ar an Aoine is ea a tharla sé; a thúisce agus a chuireas an eochair sa doras bhraitheas é: snas urláir. Réabas isteach de gheit agus ansin a leath an radharc orm: urláir chomh glé le plátaí, snas lonrach ag baint na súl asam, fallaí nite, troscán
180 aistrithe ar shlí dheas ealaíonta, gréithe ag glioscarnach ina sraitheanna néata sa drisiúr, boladh rósanna ón seomra folctha. Ach chailleas mo mheabhair nuair a chonac an leaba. Blaincéid ghlana, piliúir ata le cúram, bráillíní stáirseáilte; bhí sé ar fad chomh tochraiste néata gléasta le banríon. Thugas léim amháin
185 air agus d'fholcas mo lámha is m'aghaidh i gcumhracht na n-éadaí. Léimeas arís air is thógas cúpla liú áthais. Thug sé m'óige chun mo chuimhne agus boladh an aráin san oigheann. Go hobann stopas. Seo liom ar fud an tí ag scrúdú na bhfuin-neog agus na ndoirse. Bhíodar slán agus ní raibh aon duine sa
190 tigh ach mé féin. Tá a lán cairde agam. Duine díobh a dhein é, ní foláir, ag díol an chomhair liom as mo charthanacht. Ansin rith sé liom gurbh í Iníon Pharnassus a rinne é. Is ea, bhíos cinnte. Ghluaiseas liom ar fud mo thí ag feadaíl le sástacht.

Lá arna mhárach ghabhas thairsti sa dorchla. Bhí geanc uirthi
195 le stuaim ach thugas an-fhéachaint uirthi. Bhí cluiche ar siúl againn, cluiche an ghrá, a mhic. Níor iarras aon chailc uirthi mar is fearr ainliú leat uaireanta. Chuireas fios ar quizeanna nua do na bligeaird.

An tráthnóna sin is orm a bhí an t-ionadh nuair a chonac go
200 raibh an glantóir tar éis a bheith ann arís. Bhí dhá mhála ghorma sa seomra folctha agus fógraí clóbhuailte orthu: 'Níochán bán, Níochán daite.' Bhíos an-sásta, ba mhór mar a chuir siad le maise mo thí. Sa chistin bhí gréithe snasta leagtha amach i gcomhair béile. Bhí an áit go pioctha néata. Ghabhas trí
205 na seomraí d'oilithreacht ag cuimilt mo lámh den adhmad

206 ag gliúcaíocht orm féin sa scáthán = ***peering at myself in the mirror***
206 ag bolú na cumhrachta = ***smelling the fragrance***
207 is mé a bhí buíoch d'Iníon Pharnassus go dtí gur thugas [thug mé] mo bhuidéilín uisce beatha faoi deara = ***it is I who was thankful to the Daughter of Parnassus until I noticed my little bottle of whiskey*** **(buíoch =** ***thankful*****; tugaim faoi deara =** ***I notice*****)**
208 ar a laghad = ***at least***
210 ag tomhas = ***measuring***
210 bhíos [bhí mé] idir codladh is dúiseacht = ní raibh mé ábalta dul a chodladh, ***I couldn't go asleep***
211 ní bheinn ró-thógtha le pótaire mná = ***I wouldn't have much time for a hard-drinking woman*** **(pótaire =** ***a heavy drinker*****)**
212 lascas [lasc mé] liom abhaile = ***I rushed home***
212 a thuilleadh = ***more***
213 ba chuma liom faoin mbia = ***I didn't care about the food***
214 matal = ***mantelpiece***
214 úsáid na luaithreáin = ***use the ashtrays***
215 bhíos [bhí mé] bródúil as an áit = ***I was proud of the place***
216 shocraíos [shocraigh mé] láithreach ar dhul chuici lá arna mhárach agus é a rá lena béal = ***I decided immediately to go to her next day and say it to her face***
218 an lá dár gcionn = an lá ina dhiaidh sin, ***the next day***
219 taom croí = ***a heart attack***
220 bhí Brutus Iscariot ar na céimeanna agus é ar buile = ***Brutus Iscariot was on the steps and he was hopping mad***
222 a leithéid d'am le bás a fháil, agus sinn ag druidim le scrúduithe = ***what a time to die and we coming up to examinations***
223 b'éigean do Bhrutus = ***Brutus had to***
225 go buacach scléipeach = ***buoyant and full of fun***
226 geit arís = ***another shock***
227 ag crónán = ***humming***
228 is ar éigean a thóg sé ceann díom = ***he hardly noticed me*** **(tógaim ceann de = tugaim faoi deara,** ***I notice*****)**
229 ní dúirt sé faic = ***he said nothing***
231 go neamhchúiseach = ***unconcernedly***
233 fastaím = ***nonsense***
236 dhírigh sé a lámh in airde = ***he pointed up his hand***
236 comhla = ***valve, trapdoor***
237 lochta = ***an attic, loft***
237 ar leathadh = ar oscailt, ***opened***
237 poll an duibheagáin = ***hole of the abyss***
241 geallaimse duit = ***I promise you***
242 dréimire taca = ***a stepladder***
242 sháigh mé mo cheann suas sa dorchadas = ***I stuck my head up into the darkness*** **(sáim =** ***I stick*****)**
245 ní gá duit aon rud a fheiceáil = ***there's no need for you to see anything***
245 is chuige sin a bhím ann = ***it's for that that I'm here***
247 limistéar = ***an area, territory***
247 aduain = ***strange, eerie***
247 ag gliúcaíocht tríd an dorchadas = ***peering through the darkness***

snasta, ag gliúcaíocht orm féin sa scáthán, ag bolú na cumhrachta. Is mé a bhí buíoch d'Iníon Pharnassus go dtí gur thugas mo bhuidéilín uisce beatha faoi deara. Bhí ar a laghad ceithre leathghloine imithe as. Tá a fhios agam mar bím i gcónaí
210 ag tomhas rudaí. An oíche sin bhíos idir codladh is dúiseacht mar ní bheinn ró-thógtha le pótaire mná.

Tráthnóna lá arna mhárach lascas liom abhaile. Bhí a thuilleadh uisce beatha imithe agus roinnt bia. Ba chuma liom faoin mbia. Bhí nóta ar an matal: 'Úsáid na luaithreáin.' Bhí lán
215 an chirt aici. Bhíos bródúil as an áit; ach an t-uisce beatha. Shocraíos láithreach ar dhul chuici lá arna mhárach agus é a rá lena béal.

Ach an lá dár gcionn fuair Semper Virens, an Quizmháistir Gaeilge, taom croí, seomra 4B. Nuair a bhíodar ag tabhairt an
220 choirp amach as an scoil bhí Brutus Iscariot ar na céimeanna agus é ar buile.

''Íosa Críost, a leithéid d'am le bás a fháil, agus sinn ag druidim le scrúduithe.' B'éigean do Bhrutus leathlá a thabhairt don scoil agus ghlan idir bhligeaird agus Quizmháistrí an geata
225 amach go buacach scléipeach.

Abhaile liom go háthasach go dtí mo thigh. Geit arís; bhí fear istigh sa chistin, naprún air, é ag glanadh gréithe agus é ag crónán os íseal dó féin. Is ar éigean a thóg sé ceann díom.

'Cé hé tusa in ainm Dé?' agus ionadh orm. Ní dúirt sé faic.
230 'Cá bhfuairis an eochair chun teacht isteach i mo thighse?'

'Níor thángas isteach,' ar seisean go neamhchúiseach. 'Bhíos anseo i gcónaí.'

'Dhera, fastaím, cad tá á rá agat?' mar ní rabhas sásta leis an bhfreagra seo.
235 'Téanam,' ar seisean agus sheol sé amach go dtí an halla mé. 'Féach,' ar seisean agus dhírigh sé a lámh in airde. Bhí comhla an lochta ar leathadh; ní raibh faic le feiceáil ach poll an duibheagáin.

'Tháinig tú anuas as san?'
240 'Tháinig. Táim i mo chónaí ansin thuas le fada. Áit an-deas é, geallaimse duit.'

Rugas ar an dréimire taca agus sháigh mé mo cheann suas sa dorchadas.

'Ní fheicim faic,' arsa mise.
245 'Ní gá duit aon rud a fheiceáil. Is chuige sin a bhím ann. Tá sé ciúin ansin. Ní chuirfidh aon rud isteach ort.' D'fhéachas ar limistéar aduain seo mo thí, ag gliúcaíocht tríd an dorchadas.

248 tirim = *dry*
249 tá an-fhothain agat ansin = *you have great shelter there*
250 pheilt [feilt] = *felt*
250 slinn = *a slate*
251 seascair = compordach, *snug*
251 coca féir = *haystack*
252 conas a mheileann tú do chuid aimsire? = *how do you kill the time?*
253 ag machnamh = ag smaoineamh, *thinking, contemplating*
254 ní fearra dhuit rud a dhéanfá = *nothing could be better for you*
254 táim [tá mé] féin an-tugtha don mhachnamh céanna = *I'm very much given to the same contemplation*
257 déanaim amach gur fhéach sé go mí-chéatach orm = *I make out that he looked at me bad-humouredly*
258 b'fhéidir gurbh iad mo chosa faoi deara é = *maybe my feet were the cause of it*
260 bheinn buíoch díot = *I would be thankful to you*
262 tá an-jab ar fad á dhéanamh anseo agat = tá obair iontach á dhéanamh agat anseo, *you are doing great work here*
264 ní gá a bheith buíoch ach a bheith cúramach = *there's no need to be thankful but to be careful*
265 ceirt = *a rag*
265 ag lascadh = *whipping, lashing*
265 ornáidí = *ornaments*
268 againn araon = *we both have*
269 ag déanamh mórtais as mo pháláisín = *taking pride in my little palace*
271 cailís = *a chalice*
272 tá sé tugtha faoi deara agam go mbíonn daoine a bhfuil doimhneas ag roinnt leo mar sin = *I have noticed that deep people are like that* (doimhneas = *depth*)
273 ní thugaid [ní thugann siad] aon aird ar an saol ach nuair is mian leo = *they pay no attention to anything except when they want to*
275 feochadán = *a thistle*
275 ag bagairt a gcinn corcra orm sa ghaoth = *shaking their purple heads at me in the wind* (ag bagairt ar = *threatening*)
279 thugas [thug mé] taitneamh don luisne the a leath ar a haghaidh = *I took pleasure in the hot blush that spread on her face*
281 bhrús [bhrúigh mé] roinnt rialóirí uirthi ach dhiúltaigh sí dóibh = *I pressed some rulers on her but she refused them*
283 ag insint di go raibh tigín deas rua áirithe, agus sméideas [sméid mé] uirthi, ina pháláisín ceart = *telling her that a certain little red house, and I winked at her, was a proper little palace* (sméidim = *I nod, wink*)
284 ag casachtach = *coughing*
285 siotgháire = *a snigger*
285 ar mo leabhar = *on my oath, I swear*
287 thuirling mo dhuine arís = *your man came down again*
288 tá bród orm = *I'm proud*

''Bhfuil sé tirim?'

'Ó, tá an-fhothain agat ansin, an dtuigeann tú. Tá idir
250 adhmad, pheilt, agus shlinn idir tú agus an aimsir. Tá sin thuas
chomh seascair le coca féir.'

'Conas a mheileann tú do chuid aimsire?'

'Ag machnamh.'

'Ní fearra dhuit rud a dhéanfá. Táim féin an-tugtha don
255 mhachnamh céanna.'

Chuamar ar ais go dtí an chistin. Líonas gloine fuisce amach
dom féin. Déanaim amach gur fhéach sé go míchéatach orm
nuair a chonaic sé ag ól mé; nó b'fhéidir gurbh iad mo chosa
faoi deara é.

260 'Bheinn buíoch díot ach do chosa a choimeád ar an talamh.'
Bhaineas mo chosa den bhord.

'Tá an-jab ar fad á dhéanamh anseo agat, a dhuine, agus táim
buíoch díot,' arsa mise.

'Ní gá a bheith buíoch ach a bheith cúramach,' ar seisean
265 agus d'imigh sé ar fud an tí le ceirt, ag lascadh pictiúr, ornáidí,
agus fuinneoga.

'Tá tigín deas agat,' ar seisean.

'Againn araon,' arsa mise leis, ach chuala an comhla ag
dúnadh. Bhí sé in airde arís. Shiúlas timpeall an tí arís ag
270 déanamh mórtais as mo pháláisín. Bhí sé chomh glan leis an
gcailís. Dheineas tae agus ghlaos ar mo dhuine ach níor thug sé
aon fhreagra orm. Tá sé tugtha faoi deara agam go mbíonn
daoine a bhfuil doimhneas ag roinnt leo mar sin. Ní thugaid aon
aird ar an saol ach nuair is mian leo é. D'ólas mo chuid tae agus
275 d'fhéachas an fhuinneog amach ar mo chuid feochadán, ag
bagairt a gcinn corcra orm sa ghaoth. Is deas an rud an
comhluadar.

An lá ina dhiaidh sin, bhaineas seomra Iníon Pharnassus
amach. Thugas taitneamh don luisne the a leath ar a haghaidh
280 nuair a chonaic sí mé. Labhair sí go crosta liom ach thuigeas go
mbíonn an múinteoir maith crosta i gcónaí. Bhrús roinnt rialóirí
uirthi ach dhiúltaigh sí dóibh. Ansin labhraíos léi as cúinne mo
bhéil, ag insint di go raibh tigín deas rua áirithe, agus sméideas
uirthi, ina pháláisín ceart. Thosaigh sí ag casachtach agus chuala
285 siotgháire ón rang. Ar mo leabhar bhí sí ag crith nuair a thug sí
an doras dom.

Nuair a bhíos ag déanamh tae thuirling mo dhuine anuas arís.
Scrúdaigh sé an tigh agus tá bród orm a rá go raibh sé sásta.

289 i mo chuideachta = *in my company*
289 buartha = *disturbed*
291 foighne = *patience*
291 chífir = **feicfidh tú**, *you will see*
292 bhíos ag fáil [ag éirí] ceanúil ar mo dhuine = *I was beginning to like your man*
293 fíorchomhairle gan éileamh = *sound advice without being asked* **(comhairle** = *advice*)
293 i bhfeighil mo shuaimhnis = **ar mo shuaimhneas**, *relaxed*
294 ag faire = *watching out for*
296 dícheallach = *diligent, doing one's best*
296 b'éigean dó cúpla riail faoi éadaí agus béilí a dhéanamh ar mhaithe leis an áit = *he had to make a couple of rules about clothes and meals for the good of the place*
298 thuirling = *he came down*
299 jab = **obair**
299 conas a dhéanfá é = *how you would do it*
300 ar dtús = *firstly*
300 ar leibhéal níos airde ná na bligeaird = *at a level higher than the blackguards*
304 go díreach = *exactly*
305 quizeanna a chur orthu = **ceisteanna a chur orthu**
307 dhein = **rinne**
307 Modh Foshuiteach caite de *laudo* = *the past subjunctive mood of* **laudo**
308 fréamh cearnach = *the square root*
308 agus mar sin de = *and so on*
310 agus cad a dheineann [dhéanann] tú mura [muna] mbíonn na freagraí acu? *and what do you do if they haven't got the answers?*
311 téir [téigh] i muinín na béice = *trust in the shout*
311 leis sin, lig sé béic mhillteanach a chuir siar go falla [balla] mé = *with that, he let a terrible shout that put me back to the wall*
314 sin a bhfuil = *that's all there is to it*
316 go searbh = *bitterly, sarcasticly*
316 bhuaileas mo cheann fúm le náire mar bhí an ceart ag mo dhuine ach ní thabharfainn le rá dó gur admhaíos é = *I put my head down with shame, because your man was right, but I wouldn't have him say that I admitted it* **(admhaím** = *I admit*)
318 thuirling sé anuas arís = *he came down again*
320 ag sclábhaíocht = *slaving*
321 gheit an chaint mé = *the talk startled me*
321 as duibheagán éigin gheal mo réalta eolais orm = *out of some abyss my guiding star shone on me*
323 rugas = **rug mé**
324 b'ionadh liom a fhuaire agus a bhí sé = *I was amazed at how cold it was*
325 nach bhfuil sé in am agat lá saor a thógáil ar mhaithe leis an machnamh? = *isn't it time for you to take a free day for the good of contemplation?*
327 leithscéal = *an excuse*
328 breoiteacht = **tinneas**, *sickness*

Thóg sé gloine uisce beatha i mo chuideachta. Bhíos buartha faoi Iníon Pharnassus agus d'inis mé do mo dhuine fúithi.

'Foighne, a mhic, agus chífir istigh sa tigh seo fós í.'

Bhíos ag fáil ceanúil ar mo dhuine. Fíorchara ba ea é; thug sé fíorchomhairle gan éileamh uaidh. Chaitheas cúpla lá mar sin i bhfeighil mo shuaimhnis ag faire Iníon Pharnassus, ag éisteacht le torann a bróg sa dorchla amuigh. Ag an am céanna bhí mo dhuine dícheallach ar fud an tí. B'éigean dó cúpla riail faoi éadaí agus béilí a dhéanamh ar mhaithe leis an áit.

Thuirling sé Dé Domhnaigh arís agus thosaigh sé do mo cheistiú faoi jab an Quizmháistir agus conas a dhéanfá é.

'Caithfidh tú ar dtús seasamh ar leibhéal níos airde ná na bligeaird,' arsa mise.

Thóg sé seanbhosca oráiste amach go lár na cistine agus chuaigh sé in airde air. 'Mar seo?'

'Sea, go díreach,' arsa mise. 'Caithfidh tú quizleabhar a bheith i do láimh agat agus quizeanna a chur orthu.'

'Cén saghas quizeanna?'

'Ó, aon saghas in aon chor: Cé dhein an domhan? Modh Foshuiteach caite de *laudo*, fréamh cearnach 27, agus mar sin de.'

'Agus cad a dheineann tú mura mbíonn na freagraí acu?'

'Béic, a mhic, téir i muinín na béice.' Leis sin, lig sé béic mhillteanach a chuir siar go falla mé. Bhí an-mheas agam ar an mbéic sin.

'Sin a bhfuil,' arsa mise.

'Dhera, d'fhéadfadh aon amadán é sin a dhéanamh,' ar seisean go searbh. Bhuaileas mo cheann fúm le náire mar bhí an ceart ag mo dhuine ach ní thabharfainn le rá dó gur admhaíos é.

Tráthnóna Dé Luain thuirling sé anuas arís.

'Is mór é m'ionadh fear cliste intleachtúil mar thusa a fheiceáil ag sclábhaíocht in aghaidh an lae.'

Gheit an chaint mé. As duibheagán éigin gheal mo réalta eolais orm.

'Sin í an chaint, a mhic, is tú mo chara,' agus rugas ar láimh air. B'ionadh liom a fhuaire agus a bhí sé.

'Nach bhfuil sé in am agat lá saor a thógáil ar mhaithe leis an machnamh?'

'Tá an ceart agat ach cad é an leithscéal a bheadh agam?'

'Breoiteacht.'

'Níl cead agat bheith breoite sa Quizscoil.'

330 **fiú amháin taom croí?** ***not even a heart attack?***
332 **ní mhaitear dó é =** ***he is not forgiven*** **(maithim do =** ***I forgive*****)**
333 **ag cuimhneamh = ag smaoineamh,** ***thinking, remembering***
337 **ba dhiail an smaoineamh é =** ***it was a terrific idea***
337 **ach bhí leisce orm =** ***but I was reluctant***
338 **d'aithneofaí thú agus bheadh an phraiseach ar fud na mias ansin =** ***you would be recognised, and then everything would be in a right mess*** **(aithním =** ***I recognise*****; praiseach =** ***porridge, a mess*****; mias =** ***a dish*****)**
340 **bréagriocht =** ***disguise***
342 **bhí amhras orm =** ***I was doubtful, suspicious***
343 **bhraithfidís uathu mé =** ***they would notice me gone***
344 **bain triail as =** ***have a go***
347 **dáiríre? =** ***seriously?***
347 **níor mhiste leat? =** ***you wouldn't mind?***
348 **bhíos [bhí mé] meallta ar fad ag an seans seo chun dul suas sa lochta agus machnamh a dhéanamh i gceart =** ***I was completely taken with the idea of this chance to go up to the attic and contemplate*** **(meallta =** ***enticed*****; machnamh =** ***contemplation, thinking*****)**
349 **d'fháisc sé geallúint asam agus chuamar a luí =** ***he forced a promise out of me and we went to bed*** **(fáiscim =** ***I squeeze*****)**
352 **cibeal =** ***hubbub***
352 **ag sodar =** ***trotting***
353 **agus é á thabhairt go tiubh do na cóipleabhair =** ***and he applying it heavily to the copybooks***
358 **táid [tá siad] marbh anois =** ***they are dead now***
359 **is cuma; bíodh siad mar** ***souvenir*** **ag na tuismitheoirí =** ***it doesn't matter; let the parents have them as a souvenir***
359 **pé scéal é =** ***anyhow***
360 **caithfear an áit a ghlanadh =** ***the place must be cleaned***
361 **brúite =** ***battered***
361 **cluasach =** ***dog-eared***
361 **ruaim chaife, beoir, agus luaith tobac orthu =** ***the stain of coffee, beer and tobacco ash on them***
363 **lúbtha =** ***bent***
363 **ualach na gcóipleabhar =** ***the weight of the copybooks***
364 **dála an scéil =** ***by the way***
366 **i dtreo na scoile =** ***in the direction of the school***
366 **gach aon tuisle as =** ***every sort of a stumble out of him***
366 **mar a dúrt [dúirt mé], bhí amhras orm ach bhí sceitimíní orm tabhairt faoin lochta =** ***as I said, I was doubtful but very happy to have a go at the attic***
368 **sháigh mé mo cheann suas sa dorchadas =** ***I stuck my head up into the darkness*** **(sáim =** ***I stick*****)**
368 **bhí sé mar a bheadh coill istoíche ach bhí sé tirim seascair, agus fothain ann ó chúraimí an tsaoil =** ***it was like a wood at night, but it was dry and snug, and there was shelter there from the cares of life*** **(seascair = compordach,** ***snug*****; cúram =** ***care, responsibility*****)**
370 **bhaineas [bhain mé] súsa mo dhuine amach agus chromas [chrom mé, thosaigh mé] láithreach ar an machnamh =** ***I took out your man's rug and I started immediately to contemplate*** **(cromaim =** ***I stoop*****)**

330 ‘Fiú amháin taom croí?’

‘Níl cead agat ach taom croí amháin a bheith agat. An té a mbíonn dhá cheann aige ní mhaitear dó é.’

Bhí mo dhuine ag cuimhneamh. Go hobann bhuail sé na bosa le chéile.

335 ‘Sea, tá sé agam,’ ar seisean. ‘Fanse sa bhaile agus rachadsa i d’áit.’

Ba dhiail an smaoineamh é ach bhí leisce orm.

‘D’aithneofaí thú agus bheadh an phraiseach ar fud na mias ansin.’

340 ‘B’fhéidir nach n-aithneofaí, táim go maith chun bréagriocht a dhéanamh.’

Bhí amhras orm.

‘Bhraithfidís uathu mé.’

‘B’fhéidir ná braithfeadh. Bain triail as. Cuimhnigh air:

345 d’fhéadfá seachtain a thógáil. Rud eile, d’fhéadfá dul suas sa lochta agus machnamh a dhéanamh i gceart.’

‘Dáiríre?’ arsa mise. ‘Níor mhiste leat?’

‘Níor mhiste.’ Bhíos meallta ar fad ag an seans seo chun dul suas sa lochta agus machnamh a dhéanamh i gceart. D’fháisc sé

350 geallúint asam agus chuamar a luí.

Ní raibh an ghrian ina suí ar maidin nuair a dhúisigh an cibeal sa chistin mé. Amach liom ag sodar. Cé bhí romham ach mo dhuine, mo stampa rubair ina láimh aige agus é á thabhairt go tiubh do na cóipleabhair.

355 ‘Cad tá ar siúl agat?’

‘Táim ag ceartú.’

‘Tá siad siúd ann le blianta. Cuid de na daoine a scríobh iad siúd táid marbh anois.’

‘Is cuma; bíodh siad mar *souvenir* ag na tuismitheoirí. Pé scéal

360 é caithfear an áit a ghlanadh.’ D’fhéachas ar na cóipleabhair, iad brúite cluasach, ruaim chaife, beoir, agus luaith tobac orthu.

Ag leathuair tar éis a hocht d’imigh sé an doras amach, é lúbtha faoi ualach na gcóipleabhar.

‘Dála an scéil cad is ainm duit?’ ar seisean.

365 ‘Anthropos, an tUas. Anthropos,’ arsa mise.

Ghlan sé leis i dtreo na scoile, gach aon tuisle as. Mar a dúrt, bhí amhras orm ach bhí sceitimíní orm tabhairt faoin lochta. Sháigh mé mo cheann suas sa dorchadas. Bhí sé mar a bheadh coill istoíche ach bhí sé tirim seascair, agus fothain ann ó

370 chúraimí an tsaoil. Bhaineas súsa mo dhuine amach agus

371 ba ghearr go rabhas [raibh mé] ar bhruach *nirvana* nach mór = *it wasn't long until I was nearly on the edge of nirvana (heaven, ecstasy)*
372 spioradálta = *spiritual*
375 chun fáiltiú roimhe = *to welcome him*
375 is amhlaidh = *it's a fact*
375 bhí an oiread sin cóipleabhar aige nach bhfaca sé mé = *he had so many copybooks that he didn't see me*
378 rugas [rug mé] ar chorn de na cóipleabhair agus raideas [raid mé] isteach sa chúinne iad mar ba ghnách liom = *I grabbed a fistful of the copybooks and threw them into the corner as I usually did*
380 bhí sé ar buile = *he was furious*
381 caithfear an áit a choimeád glan = *the place must be kept clean*
384 ar thug aon duine aon rud aisteach faoi deara? = *did anybody notice anything strange?*
386 bhíos [bhí mé] chomh gafa san ag an machnamh gur dhearmadas [dhearmad mé] é. Nuair a bhíomar ag ithe theip glan orm scéal ar bith a chrú as = *I was so preoccupied with the contemplation that I forgot it. When we were eating I failed completely to milk any news at all out of him* (dearmadaim = *I forget*; scéala = *news*; ag crú = *milking*)
391 is maith liom babhta comhrá uaireanta = *I like a bout of conversation sometimes*
394 braithim an-mhaith ina dhiaidh = *I feel very good after it*
395 sámh = suaimhneach, *peaceful*
397 saothar = obair, *work, effort*
398 thairg sé an lochta dom i gcomhair na hoíche = *he offered me the attic for the night* (tairgim = *I offer*)
400 lán d'fhuadar = *full of activity*
401 níl an leaba cóirithe = *the bed is not made* (cóirithe = *dressed, arranged*)
401 gan trácht ar an tae = *not to mention the tea*
403 ag socrú rudaí thall is abhus fad is a bhí seisean ag ceartú ar a dhícheall—le m'aireagán ceartaithe = *settling things here and there while he was correcting at his best—with my correcting invention*
404 de thionóisc = de thaisme, *accidentally*
408 tá's agam = tá a fhios agam
408 go bagrach = *menacingly*
410 trína chéile = *confused*

chromas láithreach ar an machnamh. Ba ghearr go rabhas ar bhruach *nirvana* nach mór. Sea, bhí lá breá spioradálta agam agus gan mo lámh a thógáil.

Tháinig mo dhuine isteach tráthnóna. Chuireas mo cheann
375 síos chun fáiltiú roimhe ach is amhlaidh a bhí an oiread sin cóipleabhar aige nach bhfaca sé mé. Thángas anuas agus ionadh orm.

'Conas a chuaigh an lá?' arsa mise agus rugas ar dhorn de na cóipleabhair agus raideas isteach sa chúinne iad mar ba ghnách
380 liom. Bhí sé ar buile. Chuir sé ar ais iad.

'Caithfear an áit a choimeád glan,' ar seisean go crosta.

'An ndúirt aon duine faic leat?'

'Ní dúirt.'

'Ar thug aon duine aon rud aisteach faoi deara?'

385 'Níor thug. Nach bhfuil an tae ullamh fós agat?'

Bhí an ceart ar fad aige. Bhíos chomh gafa san ag an machnamh gur dhearmadas é. Nuair a bhíomar ag ithe theip glan orm scéala ar bith a chrú as.

'An bhfaca Brutus Iscariot thú?'

390 'Chonaic.'

Is maith liom babhta comhrá uaireanta.

'Bhí an-lá agam sa lochta.'

'Go maith. Sin í an áit, an lochta.'

'Braithim an-mhaith ina dhiaidh.'

395 'Braitheann tú sámh ionat féin, déarfainn.'

'Ó, sea, agus gan aon obair.'

'Ó, gan saothar ar bith, sin é é, a mhic.'

Bhí an-chaint mar sin againn. Thairg sé an lochta dom i gcomhair na hoíche. Is mé a bhí buíoch.

400 Tráthnóna lá arna mhárach bhí mo dhuine lán d'fhuadar arís.

'Féach,' ar seisean. 'Níl an leaba cóirithe fós agat, gan trácht ar an tae.'

Seo liom ar fud an tí, ag socrú rudaí thall is abhus fad is a bhí seisean ag ceartú ar a dhícheall—le m'aireagán ceartaithe. De
405 thionóisc chonac ceann de na cóipleabhair.

''Íosa Críost, cad tá á dhéanamh agat?' arsa mise leis. 'Tá cóipleabhair le Kronstein anseo agat.'

'Tá's agam é sin,' ar seisean go bagrach, 'd'iarr mo chara Kronstein orm cabhrú leis.'

410 'Do chara?' arsa mise agus mé trína chéile i gceart. Ghabhas tríothu ar fad.

413 a gcuid aistí á bpróiseáil le m'aireagánsa = ***their essays being processed with my invention***
413 ní ró-mhaith a thagann seo liom = ní ró-mhór a thaitníonn seo liom, ***I don't care for this very much***
416 imithe bán = ***gone crazy***
417 chiúnaigh sin mé = ***that quietened me***
417 is maith an rud an buíochas, go mór mór más duine cruthaitheach tú = ***gratitude is a good thing, especially if you are a creative person***
419 tromluí = ***a nightmare***
419 taibhríodh dom = samhlaíodh dom, ***I dreamed, imagined***
419 go raibh leite á stealladh isteach sna súile orm = ***that porridge was pouring into my eyes***
421 smaointe trioblóideacha = ***troublesome thoughts***
423 ghabhas [ghabh mé] tríd an mbeart cóipleabhar a bhí aige = ***I went through the bundle of copybooks he had***
424 aimsithe = ***found***
425 cladhaire na leathbhróige = ***double-dealing rogue***
425 prioc leat in airde = ***get up there quick***
425 ní chloistear broim an dreoilín i gcrann cuilinn = ***a sparrow breaking wind is not heard in a holly tree***
427 bhí cuma cheart mhíshásta air ag éalú suas dó, ach chúb sé chuige nuair a chonaic sé an cochall a bhí orm = ***he had a proper dissatisfied appearance on him sneaking up, but he bent to it when he saw the anger that was on me*** **(ag éalú =** ***escaping, sneaking*****; cúbaim =** ***I bend*****; cochall = fearg,** ***anger*****)**
433 níl aon bhaint agat leis an áit sin a thuilleadh = ***you have nothing to do with that place any more***
433 chuir a chaint m'aigne ar seachrán = ***his talk put my mind wondering***
436 bródúil = ***proud***
437 an fhoireann teagaisc = an fhoireann mhúinteoireachta, ***the teaching staff***
438 seomra foirne = ***staff-room***
441 tá breall ort = ***you're making a fool of yourself***
442 anbhá = ***panic***
445 ní foláir nó tá sé breoite inniu = ***he must be sick today***
448 de gheoin nimhe = ***with a terrible cry***
449 a bhacaigh = ***you beggar*** **(bacach =** ***a beggar*****)**
450 b'éigean dom teitheadh = ***I had to run away*** **(ag teitheadh =** ***fleeing*****)**
450 feallaire = ***a deceiver***
451 bithiúnach = ***a robber***
451 aisteoir = ***an actor***
451 a thug siad orm agus mé ag éalú ó na hollphéisteanna = ***they called me and I escaping from the monster serpents***
452 ghearras [ghearr mé] liom trí na goirt abhaile mar mheasas [mheas mé] go raibh scáth Kronstein i mo dhiaidh = ***I cut through the fields home because I thought Kronstein's shadow was after me*** **(measaim =** ***I think*****)**
453 réabas [réab mé] isteach = ***I rushed in***

'Agus Suffrinjaysus agus Cú Chulainn? M'anam 'on diabhal,
a gcuid aistí á bpróiseáil le m'aireagánsa. Ní ró-mhaith a
thagann seo liom.'

415 Tháinig mo dhuine chugam. 'Féach, a chara, tá na máistrí
imithe bán le d'aireagán. Tá an Quizscoil buíoch díot.'
Chiúnaigh sin mé. Is maith an rud an buíochas, go mór mór
más duine cruthaitheach tú.

Bhí tromluí orm an oíche sin sa lochta; taibhríodh dom go
420 raibh leite á stealladh isteach sna súile orm. Ar feadh an lae ina
dhiaidh sin bhí smaointe trioblóideacha ag éirí chugam.

Ar a cúig a chlog bhíos roimhe sa halla. Stopas é agus
ghabhas tríd an mbeart cóipleabhar a bhí aige. Bhí an ceart
agam, bhí Iníon Pharnassus aimsithe aige.

425 'Seo, a chladhaire na leathbhróige, prioc leat in airde, ní
chloistear broim an dreoilín i gcrann cuilinn.'

Bhí cuma cheart mhíshásta air ag éalú suas dó, ach chúb sé
chuige nuair a chonaic sé an cochall a bhí orm. Táim go
huafásach nuair a bhíonn fearg orm.

430 'Fan thuas ansin amárach, táim ag dul ar ais ag obair.'

Sháigh sé a cheann síos. 'Ach, ní féidir liom bheith as láthair,
nó ceapfaidh siad go bhfuil mé breoite,' arsa mo dhuine.

'Níl aon bhaint agat leis an áit sin a thuilleadh.' Chuir a
chaint m'aigne ar seachrán.

435 Ar maidin bhíos i mo shuí go breá luath, na cosa nite agam,
na bróga snasta agus mar sin de. Is mé a bhí bródúil asam féin
ag dul ar scoil dom. Bhí an fhoireann teagaisc ar fad romham sa
seomra foirne. Phreab Brutus Iscariot anall chugam.

'Sea, cad is féidir liom a dhéanamh duit, a dhuine uasail?'

440 'Faic,' arsa mise, 'táim tagtha ar ais chun mo rang a thógáil.'

'Tá breall ort, níl aon aithne anseo ort.'

'Mise Anthropos,' arsa mise agus anbhá orm.

'Cá bhfuil an máistir Anthropos?' arsa Brutus. Chruinnigh na
máistrí i mo thimpeall.

445 'Ní foláir nó tá sé breoite inniu, an fear bocht, tá sé ag obair
ró-chrua,' arsa Suffrinjaysus.

'Tá an ceart agat,' arsa Iníon Pharnassus.

'Mise Anthropos,' arsa mise de gheoin nimhe.

'Ní tú, a bhacaigh,' ar siad agus rug siad orm agus chaith siad
450 an doras amach mé. B'éigean dom teitheadh. 'Feallaire,
bithiúnach, aisteoir' a thug siad orm agus mé ag éalú ó na
hollphéisteanna. Ghearras liom trí na goirt abhaile mar mheasas
go raibh scáth Kronstein i mo dhiaidh. Réabas isteach i halla mo

454 thug an siúl a bhí fúm suas an dréimire mé = ***the speed I was going at took me up the ladder***
455 tharraing sé an comhla i mo dhiaidh = ***he pulled the door after me***
457 cheana féin = ***already***
458 ag sodar = ***trotting***
459 chun athchóiriú a dhéanamh ar mo chúrsaí = ***to rearrange my affairs***
460 ***aggiornamento*** **=** ***bringing up to date***
460 b'fhacthas dom go rabhas in áit shábháilte thuas sa lochta mar bhí an saol lán de ghangaid, formad agus anró = ***it seemed to me that I was in a safe place up in the attic, because life was full of bitterness, envy, and hardship***
463 cad eile a bheadh uait? = cad eile a bheadh ag teastáil uait? ***what else would you want?***
463 de réir a chéile = ***gradually***
464 mos tirim na bhfrathacha = ***the dry smell of the rafters*** **(mos =** ***a scent, smell*****)**
464 mairbhití = ***languid***
466 mhúscail an rud mé = dhúisigh an rud mé, ***the thing woke me***
466 scréach iarainn = ***a screech of iron***
467 d'fhág sé mo chroí ina staic = ***I was rooted to the spot***
468 cláirín = ***a sharpening board***
468 faobhar = ***an edge***
468 speal = ***a scythe***
468 líon an fhuaim an lochta, do mo thachtadh = ***the sound filled the attic, choking me***
469 chuala spóladh tur na lainne ag treascairt mo phlandaí, ag bearradh a mbeatha den saol seo = ***I heard the cold shuttling of the blade knocking down my plants, cutting their life from this world*** **(tur =** ***cold, unsympathetic, dry*****; lann =** ***a blade*****)**
471 luíos [luigh mé] siar is bhraitheas [bhraith mé] mo mhisneach do mo thréigean = ***I sat back and felt my courage deserting me*** **(braithim =** ***I feel*****; ag tréigean = ag tréigint,** ***deserting*****)**
473 comhluadar = cuideachta, ***company***
475 chuir sé de mo threoir mé = ***it confused me*** **(treoir =** ***a direction*****)**
475 chuas [chuaigh mé] ag lámhacán ar fud an lochta gur aimsíos [aimsigh mé] scoilt = ***I went crawling about the attic until I found a split***
476 chuireas [chuir mé] leathshúil leis an scoilt is ba bheag nár dhóigh an radharc an tsúil ionam = ***I put one eye to the split and the sight nearly burned the eye in me***
478 tolg = ***a sofa***
478 thairis sin = ***moreover***
479 craiceann = ***skin***
479 ní gnáthchraiceann ach craiceann bán na fothana = ***not ordinary skin but white sheltered skin*** **(fothain =** ***shelter*****)**
480 salachar = ***filth***
480 nimh = ***poison***
480 peaca = ***a sin***
481 cochall = fearg, ***anger***
481 bhí díoscán i m'fhiacla mar bím go huafásach nuair a bhíonn cochall orm = ***my teeth were grinding, because I am terrible when I am angry***
482 d'fhéadfainn smidiríní a dhéanamh de na frathacha agus na cúplaí ach amháin nach maith le mo dhuine torann sa lochta = ***I could have made bits of the rafters and couples except that your man wouldn't like the noise in the loft***

thí. Bhí mo dhuine ag feitheamh ag bun an dréimire taca. Thug
455 an siúl a bhí fúm suas an dréimire mé. Tharraing sé an comhla i
mo dhiaidh agus chuir an glas air.

'Fan thuas ansin anois,' ar seisean. 'Táim déanach cheana
féin agat,' agus d'fhág sé an tigh ag sodar.

Chaitheas an lá ar fad ag machnamh chun athchóiriú a
460 dhéanamh ar mo chúrsaí, saghas *aggiornamento*. B'fhacthas dom
go rabhas in áit shábháilte thuas anseo sa lochta mar bhí an saol
lán de ghangaid, formad agus anró. Bhí díon os mo chionn, sop
fúm agus greim le n-ithe: cad eile a bheadh uait? De réir a chéile
d'imir mos tirim na bhfrathacha agus an dorchadas mairbhití ar
465 mo shúile agus thiteas i suan trom.

Amach sa tráthnóna mhúscail an rud mé, scréach iarainn
taobh leis an tigh. D'fhág sé mo chroí ina staic. B'shiúd arís é,
cláirín ag cur faobhair suas ar speal. Líon an fhuaim an lochta,
do mo thachtadh. Ansin stop sé agus chuala spóladh tur na
470 lainne ag treascairt mo phlandaí, ag bearradh a mbeatha den
saol seo. Luíos siar is bhraitheas mo mhisneach do mo
thréigean.

An oíche sin bhí comhluadar ag mo dhuine. Is maith liom
comhluadar ach bean a bhí ann an uair seo. Chuala a gcaint
475 íseal agus a ngáire. Chuir sé de mo threoir mé. Chuas ag
lámhacán ar fud an lochta gur aimsíos scoilt. Chuireas leath-
shúil leis an scoilt is ba bheag nár dhóigh an radharc an tsúil
ionam. Bhí Iníon Pharnassus ar mo tholgsa. Ach thairis sin,
chonaic mé craiceann, ní gnáthchraiceann ach craiceann bán na
480 fothana. Ó, an salachar agus an nimh agus an peaca. Tháinig
cochall orm, bhí díoscán i m'fhiacla mar bím go huafásach nuair
a bhíonn cochall orm. D'fhéadfainn smidiríní a dhéanamh de na
frathacha agus na cúplaí ach amháin nach maith le mo dhuine

484 b'éigean dom cur suas lena gcneadanna aoibhnis go dtí gur fhuascail mo chodladh mé = *I had to put up with their groans of pleasure until sleep gave me relief* (cnead = *a groan, gasp;* fuasclaím = *I free, relieve*)

486 chnagas [chnag mé] ar an gcomhla aréir = bhuail mé cnag ar an doras aréir

488 deoch uisce, mura miste leat = *a drink of water, if you don't mind*

490 n'fheadar. An dteastóidh uait do mhúinín a dhéanamh ina dhiaidh? = *I wonder. Will you want to go to the toilet after it?*

492 dheineas = dhein mé, rinne mé

494 cathain a bheidh dreas comhluadair againn le chéile? = *when will we have a bit of company together?*

495 tar éis machnaimh = *after thinking*

497 ghabhas [ghabh mé] mo bhuíochas leis = *I thanked him*

498 tá sé mar sin, deas má bhíonn tú díreach leis = *he's like that: nice if you are straight with him*

499 faic le déanamh = *nothing to do*

499 seirbhíseach ag freastal orm, ag tuilleadh airgid dom = *a servant waiting on me, earning money for me*

501 na míolta críonna = *the wise insects*

torann sa lochta. Luíos siar agus b'éigean dom cur suas lena
485 gcneadanna aoibhnis go dtí gur fhuascail mo chodladh mé.

Chnagas ar an gcomhla aréir. Tar éis tamaill bhain sé an glas de, sháigh sé a cheann suas.

'Deoch uisce, mura miste leat, a dhuine uasail, tá sé tirim anseo.'

490 'N'fheadar. An dteastóidh uait do mhúinín a dhéanamh ina dhiaidh?'

'Ó, ní theastóidh, dheineas m'uimhir a dó tar éis na gréithe a dhéanamh anocht.' Thug sé chugam é.

'Cathain a bheidh dreas comhluadair againn le chéile?'

495 Tar éis machnaimh ar seisean: 'Má bhíonn tú go maith, tar éis an tae amárach.'

Ghabhas mo bhuíochas leis agus d'imigh sé.

Tá sé mar sin, deas má bhíonn tú díreach leis. Is ea, tá an-saol agam go deo—faic le déanamh, seirbhíseach ag freastal
500 orm, ag tuilleadh arigid dom. Sin é an saol. Tá comhluadar anseo i rith an lae—na míolta críonna. Éistim leo ag ithe soicindí tura mo shaoil.

Staidéar ar an Scéal

Ó thosach feiceann an léitheoir go bhfuil rud éigin aisteach ag baint le himeachtaí agus le carachtair an scéil seo. Ag tosach, tá alt deas séimh ag cur síos ar theach an scéalaí, Anthropos:* 'Tráth dá raibh bhí tigín agamsa, tigín deas rua cois na habhann . . . Bhí síoth ann, éin agus ceol agus solas na gréine . . . is é a bhí teolaí fáilteach.' Ní fhéadfadh aon rud a bheith níos compordaí nó níos gnáthaí. Ansin leanann an scéal ar aghaidh mar seo: 'Bhí mo ghairdín lán d'fhásra. Fiailí a thugadh daoine áirithe orthu, plandaí a thugaimse orthu. Thagadh na bláthanna ach thachtaí go luath iad. I mo shuí sa chistin dom chloisinn na feochadáin ag bualadh na fuinneoige . . . B'fhear síochána mé, ní chuirinn isteach ar mo thimpeallacht.'

Is ansin a thuigeann an léitheoir go bhfuil cúrsaí as riocht anseo. Má tá cruthú uaidh, tagann sé go tapa: 'B'é an dála céanna ag an teach é, bhí sé salach dar le daoine, ach dar liomsa

*Nóta: ciallaíonn an focal *ánthropos* neach daonna (a human being) sa Ghréigis.

timpeallacht nádúrtha a bhí ann.' Fear aisteach atá ag caint anseo, a bhfuil dearcadh aonair aige. Bíonn an léitheoir ag súil le cur síos greannmhar ar gach a bhaineann leis an duine seo. Agus síos tríd an scéal go léir tá an dearcadh neamhghnách seo, agus, ar ndóigh, tá an greann go láidir ann.

Tá an cur síos ar an scoil agus ar fhoireann na scoile thar a bheith greannmhar. Ní dhéanann na múinteoirí gáire riamh. Dar leo, is rud scanallach é bheith ag gáire. Tá gach rud rialta i saol 'cailciúil' na Quizmháistrí. Fiú amháin nuair a fhaigheann siad bás titeann siad as a seasamh 'go mall righin'. De ghnáth fágtar ar an talamh iad go dtí go dtagann na mná glantóireachta. Féach cad a dúirt Brutus Iscariot, an t-ardmháistir, nuair a fuair Semper Virens, an Quizmháistir Gaeilge, taom croí: ''Íosa Críost, a leithéid d'am le bás a fháil, agus sinn ag druidim le scrúduithe.'

Tá gach rud bunoscoinn sa scoil seo gan dabht. D'fhostaigh Brutus Iscariot an t-oideasaí suntasach sin Cerberus, a traenáladh 'mar choimeádaí do phríosún', nuair a tháinig sé isteach an geata mí-cheart lá. Is mar sin a fuair Brutus cuid mhaith dá fhoireann scoile. Pé duine a thagann go dtí an scoil ghreannmhar seo, tá baol ann go mbrúfar post mar quizmháistir air. Fiú amháin buachaill aimsire an bhúistéara, crochann sé na hispíní ar bhoschrann an dorais ar eagla go mbéarfaí air. Is áit aisteach é seo gan dabht, agus idir coimeádaithe príosúin, lucht bainte uaigheanna, pluiméirí agus araile ann. Agus tá gach duine díobh pas beag aisteach ar a bhealach féin: Kronstein, a raibh 'scáth trí throigh is fiche ar fad aige' agus a chaith an t-uafás ama ag cogaint a chuid bia; Cú Chulainn, a tháinig ar scoil ar a *thricycle* agus a bhí chomh beag sin go raibh baol ann go mbuailfeadh sé na múinteoirí eile sa ghabhal lena smig; Suffrinjaysus, a bhí de shíor ag casachtach agus ag tarraingt a bhróga FCA ar an urlár—agus cad faoi Vercingetorix, *enigma* na scoile, a bhí chomh 'sámh ciallmhar' sin? Ní thagadh a chiall chuige ach nuair a bhualadh spadhar é agus go ndéarfadh sé lena dheartháireacha gan a rá leis go raibh sé ina mhúinteoir fós. Tar éis dá dheartháireacha léasadh uafásach a thabhairt dó, thagadh 'a chiall cheart' chuige agus bheadh sé réidh chun a bheith ina Quizmháistir maith arís.

Agus tá Iníon Pharnassus—an bhean a bhfuil Anthropos i ngrá léi—sa scoil freisin. Deir Anthropos fúithi: 'Deirtear gur chuir a tuismitheoirí cailc ina láimh nuair a bhí sí ceithre lá d'aois agus gur fháisc sí air.' Bhíodh sé 'i gcónaí ag fáil cailce uaithi' agus 'ag brú rialóirí uirthi'. Is cinnte go bhfuil an greann sa chur síos ar an scoil aisteach seo, agus ar na múinteoirí atá níos aistí fós.

Nuair a dhéanann Anthropos cur síos ar a chúrsaí pearsanta nó ar an bhfear a tháinig ón lochta, ní thréigeann sé an greann. Bhí sé ag tnúth le hIníon Pharnassus. Nuair a thoiligh sí teacht go dtí an teach, áfach, níor thaitin an áit léi ar chor ar bith. 'Ach tháinig púic uirthi nuair a bhí uirthi gabháil trí mo phlandaí. Leath an pus uirthi nuair a chonaic sí na driseoga le hais an dorais.' Cé gur mhínigh sé nár mhaith leis cur isteach ar an dúlra agus nach ndéanfadh sé dochar d'aon chuid den domhan, níor bhog sí. '"Cad 'na thaobh ná cuireann tú caoi ar do thigh?" agus bhuail sí buille coise ar an urlár; d'éirigh puth deannaigh.' Chun Iníon Pharnassus a shásamh, rinne sé iarracht slacht a chur ar a theach. Ach lag-iarracht a bhí ann, agus d'éirigh sé as ar ball beag. Ní féidir gan gáire a dhéanamh nuair a shamlaíonn tú an bhean teasaí ina suí i lár an tsalachair agus mo dhuine os a comhair amach ag cur síos go réidh ar a fhealsúnacht phearsanta.

Tá an greann sa chur síos ar ar tharla nuair a chuir an fear ón lochta slacht ar an teach. Ba bheag nár thit Anthropos as a sheasamh nuair a bhraith sé an snas urláir. Agus ní fhágtar an greann ar leataobh tríd an scéal go léir. Fiú amháin nuair a éiríonn le fear an lochta a thoil a chur i bhfeidhm ina iomlán air, cuirtear cruachás Anthropos in iúl go greannmhar: '"Deoch uisce, mura miste leat, a dhuine uasail, tá sé tirim anseo." "N'fheadar. An dteastóidh uait do mhúinín a dhéanamh ina dhiaidh?"'

Ar leibhéal amháin is scéal magúil greannmhar é seo. Tugann Anthropos gach rud faoi deara ar a bhealach fonóideach féin. Feicimid an saol trína shúile, rud a chuireann go mór le greann an scéil. Tá níos mó ná sin ann, áfach. Tá téama dáiríre ann, cé go bhfuil sé curtha os ár gcomhair go deas éadrom. Is é seo an choimhlint idir saol na samhlaíochta agus saol an ghnímh. Seasann Anthropos don duine intleachtúil a choimeádann siar ó chúrsaí an tsaoil seo, mar a déarfá, agus a bhaineann taitneamh as amaidí an tsaoil. Déanann sé machnamh ar na rudaí a tharlaíonn timpeall air, ach tá sé deighilte amach ón ngnáthshaol réalach, cé go gcaithfidh sé maireachtáil ann. Ligeann sé a mhaidí le sruth, agus ní fheiceann sé an droch-chás ina bhfuil sé féin. Seasann fear an lochta don duine fuinniúil, gníomhach. Tá gliceas agus éifeacht ag baint leis. Déanann sé rudaí. Faigheann sé an lámh in uachtar, toisc nach bhfuil Anthropos in ann é féin a chorraí. Nuair a ghoilleann caint na mná ar Anthropos, déanann sé iarracht slacht a chur ar a theach. Tá sé ró-dhéanach: níl fuinneamh in aon rud ach ina intinn. Nuair a fheiceann sé go bhfuil an bhean gafa ag an bhfear ón lochta ní mhaireann a fhearg ach seal, cé go raibh sí ar a aigne de shíor go dtí sin. Sa deireadh tá a chás go dona ar fad, cé go ligeann sé air go bhfuil cúrsaí go breá.

Is é atá taobh thiar den ghreann ná an smaoineamh go bhfuil baol uafásach ann don duine samhlaíoch intleachtúil nach dtéann i ngleic leis an saol réalach ina thimpeall. Mar a deirtear: muna mbeireann tú ar an ngnó, béarfaidh an gnó ort.

Tá cuma nua-aimseartha ar an scéal seo. Tá na focail simplí agus an scéal féin greannmhar. Ach tá ábhar mór doimhin á phlé chomh maith. Sa tslí ina meascann an t-údar dearcadh fonóideach Anthropos, amaidí na Quizmháistrí agus an t-ábhar dáiríre le chéile, cuirtear stíl agus saothar Bhriain Uí Nualláin (Flann O'Brien) i gcuimhne dúinn.

Stór Focal

Cuir na nathanna agus na focail seo a leanas in abairtí a léireoidh a gceart-úsáid: *fásra; plandaí; fiailí; feochadáin; go neamhspleách; teolaí fáilteach; greannmhar; leisceoir; síocháin; as láthair; damáiste; go rialta tuirsiúil; ag cigireacht; ceanúil; saothar anála; go mall righin; taom croí; sochraid; reilig; cuir i gcás; buachaill aimsire; le déanaí; seift; mar gheall ar; gan fhios dó; ag spiaireacht; go spadánta; in aon chor; mí-adh; sceon; ina aonar; dorchla; bródúil; sláintiúil; dícheallach; ag dul i laghad; an t-am ar fad; i gcónaí; imníoch; teach tábhairne; caoinbhéasach; ciallmhar; as a mheabhair; spadhar; léasadh; ag déanamh moille; de gach saghas; le fírinne a insint; lán-toilteanach; mórtasach; leath an pus uirthi; dochar; síochánta; cad 'na thaobh; i mo thimpeallacht; modh réabhlóideach; faoi seach; cuíosach maith; cuíosach dona; leithscéal; an lá dár gcionn; machnamh; troscán; mí-eagar; luaithreach tobac; faoi ghlas; a thúisce agus; ar fud; ag feadaíl; fógraí clóbhuailte; ag gliúcaíocht; ag bolú; ar a laghad; idir codladh is dúiseacht; lá arna mhárach; ba chuma liom; luaithreán; láithreach; ag druidim; b'éigean dom; ag crónán; os íseal; is ar éigean; go neamhchúiseach; ar leathadh; limistéar; seascair; ag machnamh; go mí-chéatach; b'fhéidir; ní gá; comhluadar; ag bagairt; taitneamh; ag casachtach; bród; buartha; i bhfeighil mo shuaimhneas; comhairle; dícheallach;*

ar mhaithe le; in aon chor; go searbh; ag sclábhaíocht; b'ionadh; ag cuimhneamh; leisce; bhí an phraiseach ar fud na mias; amhras; dáiríre; ag sodar; go tiubh; is cuma; dála an scéil; i dtreo; sceitimíní; ar bhruach; mar ba ghnáth liom; ar buile; faic; gan trácht ar; go bagrach; trína chéile; cruthaitheach; aireagán; tromluí; cladhaire; a thuilleadh; ar seachrán; foireann teagaisc; bródúil; ní foláir nó; ag feitheamh; cheana féin; de réir a chéile; misneach; de mo threoir; ag lámhacán; cochall; seirbhíseach.

Ceisteanna

Déan cur síos ar theach agus ar ghairdín Anthropos. Cén dearcadh a bhí aige i dtaobh a thimpeallachta?
'Bhíos ag obair i scoil ghreannmhar.' Léirigh chomh greannmhar is a bhí an scoil inar oibrigh Anthropos.
'Cad 'na thaobh ná cuireann tú caoi ar do thigh?' Cén freagra a thug Anthropos ar an gceist seo? Ar chuir sé caoi ar a theach? Cén fáth?
'Ar an Aoine is ea a tharla sé; a thúisce agus a chuireas an eochair sa doras bhraitheas é: snas urláir.' Cad a cheap Anthropos nuair a chonaic sé a theach go deas néata? An bhfaca sé aon rud a chuir imní air?
Cad a dúirt an strainséir faoin lochta?
Léirigh an gaol a bhí idir Anthropos agus Iníon Pharnassus agus a d'éirigh dóibh.
Léirigh go soiléir buntéama an scéil seo.
An dtaitníonn an scéal leat? Cuir fáthanna le do fhreagra.
Cad é teagasc an scéil seo? An oireann an teideal don scéal?
Cén tábhacht a bhaineann leis an alt tosaigh?
'Tá goimh (searbhas) i ngreann an scéil seo.' Do thuairim uait faoin ráiteas sin.
Déan cur síos ar an saghas duine é Anthropos agus an dearcadh a bhí aige ar an saol. Cén fáth a bhfuil Anthropos mar ainm air?
Cé acu is mó a bhfuil bá agat leis, Anthropos nó an fear ón lochta? Cuir fáthanna le do fhreagra.
'An chodarsnacht idir an saol mar atá dáiríre agus saol na samhlaíochta: is buntéama é seo sa scéal.' Tabhair cuntas ar a éifeachtaí is a léirítear an chodarsnacht sin sa scéal seo.
Léirigh chomh mór is atá Anthropos agus an fear ón lochta i gcodarsnacht lena chéile mar charachtair.

Foclóir ar an Téacs

an dúchasach deireanach = ***the last native***

2 **is méanar dúinne atá faoi shíorchoimirce ESSEL** = ***it is wonderful for us who are under the constant protection of ESSEL*** **(is méanar** = ***it is fortunate, wonderful*****; coimirce** = ***protection*****)**

3 **déanaigí bhur ndícheall ar son na Corparáide** = ***do your best on behalf of the Corporation*** **(dícheall** = ***best effort*****)**

5 **glóir [glór] aithnidiúil** = ***familiar voice***

6 **stán sé** = **d'fhéach sé go géar,** ***he stared***

6 **gráin** = ***hatred***

6 **callaire** = ***a loudspeaker***

7 **nuair a shéid an gléas suas máirseáil na Coparáide bhrúigh sé faoi an eascaine a bhí ar bharr a ghoib aige** = ***when the apparatus struck up the march of the Corporation, he controlled the curse that was on the tip of his tongue*** **(gléas** = ***apparatus, instrument*****; bhrúigh sé faoi** = ***he controlled*****; gob** = **béal,** ***mouth*****)**

8 **d'fhéadfadh an callaire fuaimeanna a ghlacadh isteach agus a sheoladh amach san am céanna, agus ba mhairg don té a léireodh os ard a chuid míshástachta leis an gcóras** = ***the loudspeaker could take in and send out sounds at the same time, and heaven help the person who showed dissatisfaction out loud with the system*** **(fuaim** = ***sound*****; ba mhairg don té** = ***woe betide the person*****; léirím** = ***I show*****)**

12 **an gnáthbholadh olúil** = ***the usual oily smell***

13 **gann** = ***scarce***

14 **gurbh éigean don Chorparáid uisce tacair a dhéanamh as an ola a bhí le fáil go flúirseach ar fud an leath úd den domhan a bhí faoina cheannas** = ***that the Corporation had to make artificial water out of the oil that was to be found plentifully around that part of the world that was under its control*** **(uisce tacair** = ***artificial water*****; go flúirseach** = ***plentifully*****; ceannas** = ***supremacy, leadership*****)**

17 **thug sé iarracht ar a rásúr leictreonach a chur ar siúl** = ***he made an effort to get his electronic razor working***

18 **an diabhal rud** = ***the cursed thing***

19 **bhí sé ag súil go mairfeadh sé seachtain eile** = ***he was hoping that it would last another week*** **(mairim** = ***I live, survive*****)**

19 **b'fhéidir go raibh an tréimhse caithimh do chrua-earraí laghdaithe arís d'fhonn an síorcheannach agus an síorídiú, ar a raibh an córas bunaithe, a chothromú** = ***maybe the period of wear for hardware goods had been reduced again, to even out the constant buying and constant wear on which the system was based*** **(tréimhse caithimh** = ***period of use*****; crua-earraí** = ***hardware goods*****; laghdaithe** = ***lessened;*** **d'fhonn** = **chun,** ***in order to*****; síorídiú** = ***constant wearing*****; bunaithe** = ***based*****; ag cothromú** = ***levelling out*****)**

22 **sracfhéachaint ghéar** = ***a sharp glance***

An Dúchasach Deireanach

Liam Mac Uistín a scríobh an scéal seo a leanas, a foilsíodh san iris An tUltach. *Rugadh é i mBaile Átha Cliath, agus fuair sé céim Ghaeilge i gColáiste Ollscoile Bhaile Átha Cliath. Tá a lán scéalta scríofa aige do dhaoine óga:* An Táin, Deirdre, Mír agus Éadaoin, Clann Tuireann, *srl. Tá drámaí scríofa aige don stáitse, don teilifís, agus don raidió, agus léiríodh roinnt mhaith acu i dtíortha éagsúla san Eoraip, i gCeanada, san Astráil, agus san Nua-Shéalainn. Ghnóthaigh a chuid scríbhinní duaiseanna san Oireachtas, agus roghnaíodh ceann acu le haghaidh greanaithe sa Ghairdín Náisiúnta Cuimhneacháin i mBaile Átha Cliath.*

'Dúisigí! Tá sé a seacht a chlog ar maidin an tríochadú lá seo de Mhárta, 2077. Is méanar dúinne atá faoi shíorchoimirce ESSEL. Dúisigí agus déanaigí bhur ndícheall ar son na Corparáide!'

Ar chloisteáil an ghlóir aithnidiúil dó d'oscail FZD1248 a shúile agus stán sé le gráin ar an gcallaire a bhí ar crochadh ar an mballa. Nuair a shéid an gléas suas máirseáil na Corparáide bhrúigh sé faoi an eascaine a bhí ar bharr a ghoib aige. D'fhéadfadh an callaire fuaimeanna a ghlacadh isteach agus a sheoladh amach san am céanna, agus ba mhairg don té a léireodh os ard a chuid míshástachta leis an gcóras.

D'éirigh sé agus nigh sé é féin. Bhí an gnáthbholadh olúil as an uisce. Bhí uisce fíorghlan chomh gann sin in ESSEL anois gurbh éigean don Chorparáid uisce tacair a dhéanamh as an ola a bhí le fáil go flúirseach ar fud an leath úd den domhan a bhí faoina cheannas.

Thug sé iarracht ar a rásúr leictreonach a chur ar siúl. Níor oibrigh sé. Ní raibh sé ach seachtain ó cheannaigh sé an diabhal rud agus bhí sé ag súil go mairfeadh sé seachtain eile. B'fhéidir go raibh an tréimhse caithimh do chrua-earraí laghdaithe arís d'fhonn an síorcheannach agus an síorídiú, ar a raibh an córas bunaithe, a chothromú. Thug sé sracfhéachaint ghéar ar an

23 **mana =** ***a motto, slogan***
23 **greanta =** ***engraved***
23 **ní bhíonn in aon rud ach seal =** ***nothing is lasting*** **(seal = tamall,** ***a while*****)**
24 **chuimhnigh sé nach raibh a chion earraí ceannaithe aige fós don mhí sin =** ***he remembered that he hadn't his share of goods for the month bought yet***
25 **chaithfeadh sé =** ***he would have to***
25 **bualadh isteach = dul isteach**
26 **dá dteipfeadh air a chion a cheannach thabharfadh lucht an Bhiúró Slándála cuairt air leis an gceist a fhiosrú. Dá mbeidís míshásta lena mhíniú d'fhéadfaidís é a aistriú ón bpríomhchathair go dtí áit éigin iargúlta ar nós Londain, áit a raibh an saol garbh go leor de réir gach tuairisce =** ***if he failed to buy his share, the people from the Security Bureau would pay him a visit in order to investigate the question. If they were unhappy with his explanation they could transfer him from the capital city to some backward place like London, where life was rough enough according to all accounts*** **(an Biúró Slándala =** ***the Security Bureau*****; leis [chun] an cheist a fhiosrú =** ***to investigate the matter*****; ag aistriú =** ***changing*****; iargúlta = backward; garbh =** ***rough*****; de réir gach tuairisc =** ***according to all accounts*****)**
32 **chuir an smaoineamh sin creatha fuachta air =** ***that thought gave him cold shivers***
33 **Peking = Beijing (seanfhoirm an ainm)**
33 **go mór mór =** ***especially***
34 **ar ndó, bheadh air fanacht le bliain eile sul má bheadh sé [sula mbeadh sé] in aiosghrúpa na bhfear a raibh cead acu dul ag pósadh =** ***of course he would have to wait another year before he would be in the age group of the men who had permission to marry*** **(ar ndó = ar ndóigh,** ***of course*****; aoisghrúpa =** ***age group*****)**
35 **ansin féin bheadh sé dlite air bean ar chomhuimhir leis féin a roghnú =** ***even then he would be lawfully bound to choose a woman with the same number as himself*** **(dlite =** ***lawfully compelled*****; ag roghnú =** ***choosing*****)**
37 **bhí bealach leis (chun) an riail sin a shárú =** ***but there was a way to surmount that rule*** **(ag sárú =** ***getting the better of*****)**
37 **bhí sé sáraithe cheana ag duine nó beirt dá lucht aitheantais =** ***one or two of his acquaintances had already surmounted it (the rule)*** **(cheana =** ***already*****; lucht aitheantais =** ***acquaintances*****)**
38 **rachadh sé i gcomhairle lena chara a bhí i mbun ríomhaire na bpóstaí =** ***he would go and consult his friend who was in charge of the marriage computer*** **(dul i gcomhairle le =** ***to consult*****; i mbun = i bhfeighil,** ***in charge of*****; ríomhaire =** ***computer*****)**
39 **bhuailfeadh sé bob ar an gcóras agus i dteach diabhail le BZD1248 cibé ar bith í féin =** ***he would play a trick on the system and to hell with BZD1248, whoever she is*** **(buailim bob ar =** ***I play a trick on*****)**

mana a bhí greanta ar an rásúr: 'NÍ BHÍONN IN AON RUD ACH SEAL'. Ansin chuimhnigh sé nach raibh a chion earraí ceannaithe aige fós don mhí sin. Chaithfeadh sé bualadh isteach sa stór ar a bhealach abhaile ón oifig. Dá dteipfeadh air a chion a cheannach thabharfadh lucht an Bhiúró Slándála cuairt air leis an gceist a fhiosrú. Dá mbeidís míshásta lena mhíniú d'fhéadfaidís é a aistriú ón bpríomhchathair go dtí áit éigin iargúlta ar nós Londain, áit a raibh an saol garbh go leor de réir gach tuairisce.

Chuir an smaoineamh sin creatha fuachta air. Níor theastaigh uaidh Peking a fhágáil, go mór mór ó thit sé i ngrá le BZD1250. Ar ndó, bheadh air fanacht bliain eile sul má bheadh sé in aoisghrúpa na bhfear a raibh cead acu dul ag pósadh. Ansin féin bheadh sé dlite air bean ar chomhuimhir leis féin a roghnú. Ach bhí bealach leis an riail sin a shárú. Bhí sé sáraithe cheana ag duine nó beirt dá lucht aitheantais. Rachadh sé i gcomhairle lena chara a bhí i mbun ríomhaire na bpóstaí. Sea, bhuailfeadh sé bob ar an gcóras agus i dteach diabhail le BZD1248 cibé ar bith í féin!

42 **gruaim = brón, *sadness***
42 **nuair a smaoinigh sé nach mbeadh a thuismitheoirí i láthair ag an bpósadh = *when he remembered that his parents would not be at the wedding***
44 **bhí an leathchéad bainte amach acu araon agus bhí fógra faighte acu chun dul isteach i Halla an tSuaimhnis le fáil faoi réir don bhás = *they had both reached fifty and had received a notice to go to the Hall of Peace to get ready for death* (bainte amach = sroichte, *reached*; Halla an tSuaimhnis = *Hall of Peace*; faoi réir = ullamh, *ready*)**
48 **mhéadaigh ar an misneach aige de réir a chéile = *his courage increased gradually* (méadaím = *I increase*)**
48 **bhí sé ar tí port feadaíola a chasadh ach choinnigh sé guaim air féin in am = *he was about to whistle a tune but got control of himself in time* (ar tí = about to; port feadaíola = a *whistling tune*; coinním = coimeádaim, *I keep*; guaim = smacht, *control*)**
50 **ceadaithe = *permitted***
50 **ríméad = *delight***
51 **comharthaí inaitheanta = *recognisable signs***
52 **crosta = *forbidden***
52 **bhí sé déanta amach ag maorlathas na Corparáide go bhféadfadh mothúcháin den sórt seo teacht salach ar dhílseacht don chóras = *the bureaucracy of the Corporation made out that emotions of this sort were not consistent with loyalty to the system* (maorlathas = *bureaucracy*; mothúchán = *an emotion, feeling*; teacht salach ar = *fall foul of*; dílseacht = *loyalty*)**
55 **seomra fónaimh = *utilities room***
55 **tarraiceán = *a drawer***
58 **dheifrigh sé = bhrostaigh sé, *he hurried***
59 **árasán = *a flat, apartment***
60 **cosán gluaiste = *a moving walkway***
61 **plódaithe = *crowded***
61 **tostach = *quiet, not talking***
61 **aghaidh dhúnárasach = *a reserved face, quiet face***
63 **seastán = *a stand***
64 **an ghnáthphornagrafaíocht = *the usual pornography***
64 **d'inis fear on mBiúró Bolscaireachta dó lá go raibh an phornagrafaíocht ina huirlis ag an gCorparáid le deireadh a chur leis an ngrá = *a man from the Propaganda Bureau told him one day that pornography was an instrument of the Corporation for putting an end to love* (an Biúró Bolscaireachta = *the Propaganda Bureau*; uirlis = *an instrument*)**
66 **bhí an grá contúirteach do neamhphearsantacht an chórais; bíodh sé ina ghrá do dhuine, do chultúr, nó do chreideamh = *love was dangerous to the impersonality of the system, be it love for a person, a culture, or a religion* (contúirteach = baolach, *dangerous*; neamhphearsantacht = *impersonality*; creideamh = *a belief, religion*)**

Tháinig gruaim air nuair a smaoinigh sé nach mbeadh a thuismitheoirí i láthair ag an bpósadh. Bliain go díreach a bhí ann ó d'fhág sé slán acu den uair dhéanach. Bhí an leathchéad bainte amach acu araon agus bhí fógra faighte acu chun dul isteach i Halla an tSuaimhnis le fáil faoi réir don bhás . . .

Thosaigh sé ar é féin a ghléasadh. Smaoinigh sé ar BZD1250 arís agus mhéadaigh ar an misneach aige de réir a chéile. Bhí sé ar tí port feadaíola a chasadh ach choinnigh sé guaim air féin in am. Ní raibh sé ceadaithe feadaíl, ná gáire, ná comhartha rímeid ar bith a dhéanamh in ESSEL. Bhí comharthaí inaitheanta bróin crosta chomh maith. Bhí sé déanta amach ag maorlathas na Corparáide go bhféadfadh mothúcháin den sórt seo teacht salach ar dhílseacht don chóras.

Shiúil sé isteach sa seomra fónaimh agus d'oscail sé tarraiceán an bhia. Thóg sé dhá phiolla amach. Shlog sé siar an ceann a raibh BRICFEASTA scríofa air, agus chuir sé an ceann eile, a raibh LÓN scríofa air, ina phóca. Dhún sé an tarraiceán agus dheifrigh sé amach as an árasán.

Fuair sé áit ar chosán gluaiste a bhí ag dul i treo a oifige. Bhí an cosán plódaithe le daoine tostacha, aghaidh dhúnárasach ar chuile dhuine acu. Bhí cóipeanna den nuachtán maidine ar sheastáin ar an gcosán ach níor thóg sé ceann. Bhí fhios aige nach mbeadh ann ach an ghnáthphornagrafaíocht. D'inis fear ón mBiúró Bolscaireachta dó lá go raibh an phornagrafaíocht ina huirlis ag an gCorparáid le deireadh a chur leis an ngrá. Bhí an grá contúirteach do neamhphearsantacht an chórais; bíodh sé

Liam Mac Uistín

68 níor ceadaíodh an focal féin a úsáid ach amháin nuair a bheadh cúrsaí na maitheasa poiblí á bplé ag an maorlathas = *the very word itself wasn't permitted to be used except when matters of the public good were being discussed by the bureaucracy* (ceadaím = *I permit;* cúrsaí na maitheasa poiblí = *matters of the public (common) good*; ag plé = *discussing*)

71 ón lá úd ar chuir sé aithne ar BZD1250 den chéad uair = *from that day when he got to know BZD1250 for the first time* (dá ainneoin sin = *in spite of that*; cuirim aithne ar = *I get to know*)

73 d'aistrigh sé go dtí an staighre gluaiste = *he changed to the escalator* (aistrím = *I change, move*)

74 Biúro na nIarsmaí = *the Antiquities Bureau*

75 iarsmalann phoiblí = *a public museum*

76 saíochtaí éagsúla = *different branches of learning*

77 tráth = uair amháin, *once*

77 iarsmaí na seanchultúr = *the remains of the old cultures*

78 i dtaisce = *in safe-keeping*

78 ar eagla go mbeidís de dhíth orthu uair éigin = *for fear that they would need them some time*

79 cé go raibh síocháin idir ESSEL agus MAXTEX, an chorparáid a bhí i gceannas ar an leath eile den domhan, thuig an maorlathas go gcaithfidís dul i muinín na mbunmhothúchán arís dá mbeadh sé riachtanach mana an phobail a spreagadh amach anseo = *even though there was peace between ESSEL and MAXTEX, the corporation in control of the other half of the world, the bureaucracy understood that they would have to rely on the basic emotions again if it became essential to excite the mind of the public in the future* (i gceannas ar = *in control of*; go gcaithfidís dul i muinín = *that they would have to rely on, trust in*; bunmhothúchán = *basic emotion*; riachtanach = *essential*; mana = meon, *attitude*; ag spreagadh = *urging on, inciting*)

85 oiliúint speisialta = *special training*

88 ar a thoil aige = *at his will, fluent*

89 leathbhádóir = *a colleague*

89 go ndearca Dia air = go bhfóire Dia air, *God help him*

91 brathadóir = *a spy*

91 chuile áit = gach uile áit, *everywhere*

92 beannaím = *I greet, salute*

92 bheannaigh BZD1250 dó i nGaeilge = *BZD1250 greeted him in Irish*

94 monatóir slándála = *security monitor*

94 sa chaoi nach bhfeicfí an aoibh a bhí air = i dtreo is nach bhfeicfí an meangadh gáire a bhí air, *so that the smile on his face would not be seen* (aoibh = *a smile*)

96 iarsma = *a relic, artefact*

97 Roinn na hÉireann = *the Irish Department*

99 curach = bád beag a úsáidtear in iarthar na hÉireann

100 an siléar fairsing = *the broad cellar*

102 saothar liteartha = *literary work*

102 a ligeadh chun dearmaid = *that had been allowed to be forgotten*

ina ghrá do dhuine, do chultúr, nó do chreideamh. Níor ceadaíodh an focal féin a úsáid ach amháin nuair a bheadh cúrsaí na maitheasa poiblí á bplé ag an maorlathas. Dá ainneoin sin ba mhinic é ag smaoineamh ar an bhfocal ón lá úd ar chuir sé aithne ar BZD1250 den chéad uair.

Nuair a shroich sé an oifig d'aistrigh sé go dtí an staighre gluaiste agus chuaigh sé isteach ina sheomra i mBiúró na nIarsmaí. Ní raibh iarsmalann phoiblí ar bith in ESSEL anois mar bhí dearmad déanta ag an bpobal ar na saíochtaí éagsúla a bhíodh ann tráth. Ach choinnigh an Chorparáid iarsmaí na seanchultúr i dtaisce sa mBiúró ar eagla go mbeidís de dhíth orthu uair éigin. Cé go raibh síocháin idir ESSEL agus MAXTEX, an chorparáid a bhí i gceannas ar an leath eile den domhan, thuig an maorlathas go gcaithfidís dul i muinín na mbunmhothúchán arís dá mbeadh sé riachtanach mana an phobail a spreagadh amach anseo.

Ba é an Béarla an t-aon teanga a bhí beo in ESSEL anois ach bhí FZD1248 ar dhuine den bheagán a fuair oiliúint speisialta sna seanteangacha. Ansin ceapadh é le dul i mbun oibre i mBiúró na nIarsmaí. Bhí an Fhraincis, an Ghaeilge, an Ghearmáinis, an Iodáilis, agus an Spáinnis ar a thoil aige agus cead aige iad a labhairt lena leathbhádóirí san oifig. Ach go ndearca Dia air dá labharfadh sé iad taobh amuigh den oifig! Bhí brathadóirí an Bhiúró Slándála chuile áit.

Bheannaigh BZD1250 dó i nGaeilge ar theacht isteach dó. 'Dia's Muire dhuit' d'fhreagair sé, agus chas sé a dhroim leis an mballa ar a raibh an monatóir slándála sa chaoi nach bhfeicfí an aoibh a bhí air.

'Tá scéala agam duit' ar sise. 'Fuaireamar iarsma eile do Roinn na hÉireann.'

'Cén sórt iarsma?'

'Curach. Tá sí curtha sa siléar. Seo, taispeánfaidh mé duit í.'

Chuaigh siad síos go dtí an siléar fairsing ina raibh iarsmaí na sean-náisiún i dtaisce. Shiúil siad thar na seilfeanna móra ar a raibh na saothair liteartha a ligeadh chun dearmaid; thar Balzac, Hugo, Molière, Villon; thar Goethe, Schiller, Mann, Brecht;

104 thar na himleabhair inar léiríodh seasamh deiridh chuile theanga sul má shlog Béarla na Corparáide iad siar = *past the volumes that showed the last stand of every language before the English of the Corporation swallowed them* (imleabhar = *volume*)
107 athbheochan na Fraincise = *the revival of French*
110 stán sé = d'fhéach sé, *he stared*
112 nach orainn atá an t-ádh = *aren't we lucky*
114 ionad saoire = *a holiday resort*
116 amharc = radharc, *sight, scenery*
116 amharc tíre = *scenery, landscape*
119 bhain sí searradh as a guaillí = *she shrugged her shoulders*
122 ag machnamh = ag smaoineamh
128 ar ndó = ar ndóigh, *of course*
130 is cosúil = *it seems*
131 ghabhadar fear i ngar don áit ar thángthas ar an gcurach = *they captured a man near the place where the curach was found* (gabhaim = beirim ar, *I capture*)
132 ní thig leo ciall ar bith a bhaint as = *they can't get any sense out of him* (ní thig leo = ní féidir leo, *they can't*)
136 scairteadh gáire = *a roar of laughter*
138 meánaosta = *middle-aged*
139 greann = *fun*
139 Stiúrthóir an Bhiúró Slándála = *the Director of the Security Bureau*
141 go teasaí = *hot-temperedly*
142 go hurramach = *respectfully*
142 caithfidh gur mór an tábhacht é an gnó seo nuair a bhí an Stiúrthóir féin ag cur spéise ann = *it must be that this business is of great importance when the Director himself is taking an interest in it* (tábhacht = *importance*; spéis = suim, *interest*)

thar Boccaccio, Dante, d'Annunzio, Pirandello; thar na
105 himleabhair inar léiríodh seasamh deiridh chuile theanga sul má
shlog Béarla na Corparáide iad siar—An Páipéar Gorm ar
Athbheochan na Fraincise, An Páipéar Donn ar Athbheochan
na Gearmáinise, An Páipéar Buí ar Athbheochan na hIodáilise
. . .

110 Shroich siad Roinn na hÉireann faoi dheireadh. Stán sé le
hiontas ar an gcurach. 'Ach is ceann nuadhéanta í seo!'

'Sea' ar sise. 'Nach orainn atá an t-ádh.'

'Ach cé rinne í? Tá na dúchasaigh glanta as Éirinn le
leathchéad bliain anuas agus níl sa tír anois ach ionad saoire.'

115 'Tá's agam. Chaith mé féin saoire bhreá ann cúpla bliain ó
shin. Ní dhearmadfaidh mé go brách an t-amharc tíre is an t-aer
úrghlan is an—'

'Ach cé rinne an churach úd?'

Bhain sí searradh as a guaillí. 'Cá bhfios? Níor tugadh d'eolas
120 domsa ach gur tháinig patról ón mBiúró Slándála ar an gcurach
in Iarthar na hÉireann.'

D'fhill siad ar an oifig. Bhí sé ag machnamh fós ar an gceist
nuair a dheifrigh ceann an Bhiúró, FAB9, isteach.

'An bhfaca tú í?'

125 'An churach? Chonaic.'

'Is ceann nuadhéanta í?'

'Sea, ach cé rinne í?'

'Dúchasach, ar ndó. Cé eile?'

'Ach níl aon dúchasach fágtha in Éirinn.'

130 'Is cosúil go bhfuil. Tá mé díreach tar éis scéal a fháil ón
mBiúró Slándála gur ghabhadar fear i ngar don áit ar thángthas
ar an gcurach. Cheistigh siad é ach ní thig leo ciall ar bith a
bhaint as. Is dóigh leo gurb í an Ghaeilge atá á labhairt aige. Tá
siad á thabhairt anseo agus déanfaidh tú féin agus BZD1250 é a
135 cheistiú. Is gearr go mbeidh sé anseo—'

Chuala siad scairteadh gáire taobh amuigh den doras. Stán
FAB9 le huafás ar an duine a tháinig isteach. Fear ard
meánaosta a bhí ann, stathadh breá de ghruaig liath air, a shúile
gorma lán de ghreann. Lean Stiúrthóir an Bhiúró Slándála é
140 isteach.

'Chuala tú a gháire?' d'fhiafraigh sé go teasaí.

'Chuala . . . ' d'fhreagair FAB9 go hurramach. Caithfidh
gur mór an tábhacht é an gnó seo nuair a bhí an Stiúrthóir féin
ag cur spéise ann.

145 scannal = *a scandal*
146 fosta = freisin, *also*
146 d'ísligh an Stiúrthóir a ghlór = *the Director lowered his voice* (íslím = *I lower*)
146 d'fhéadfadh duine mar é an córas seo 'gainne a thruailliú = *such a person could contaminate this system of ours* (ag truailliú = *contaminating*)
147 fathadh an gháire = *a smile*
149 drochnósanna = *bad habits*
149 cén fáth nach bhfuil tuairisc air sna ríomhairí? = *why is there no account of him in the computers?* (tuairisc = cuntas, *an account*)
151 ag súil = *hoping*
151 saineolaithe = *experts, specialists*
153 comhartha = *a sign*
156 cén chaoi (a) bhfuil tú? = conas atá tú?
158 gliogairnéis = ráiméis, *nonsense*
159 leiciméir = *an idler*
159 go fonnmhar = *eagerly*
160 greim nach raibh coitianta i saol suite uathoibritheach na Corparáide = *a grip that was not common in this fixed, automatic world of the Corporation* (coitianta = *common, usual;* uathoibritheach = *automatic*)
166 is de réir uimhreacha a aithnítear chuile dhuine anois = *it is according to numbers that every person is recognised now* (aithním = *I recognise*)
167 go lách = *gently*
171 ál = *a litter, family, clan*
175 dradgháire géarchúiseach = a *shrewd mocking laugh*
180 áit oiriúnach = *a suitable place*

'Nach mór an scannal é? Bíonn sé ag feadaíl is ag rá amhrán fosta . . .' D'ísligh an Stiúrthóir a ghlór. 'D'fhéadfadh duine mar é an córas seo 'gainne a thruailliú. Chonaic mé fáthadh an gháire ar bhéal duine de mo ghardaí féin ar an mbealach aníos!'

'Cá bhfuair sé na drochnósanna seo? Agus cén fáth nach bhfuil tuairisc air sna ríomhairí?'

'Tá mé ag súil go dtiocfaidh le bhur saineolaithe freagraí a thabhairt ar na ceisteanna sin. Bhfuil siad réidh?'

'Tá.' Thug sé comhartha do FZD1248 agus do BZD1250. Shiúil siad anonn chuig an bhfear. Shín FZD1248 amach a lámh.

'Fáilte romhat! Cén chaoi bhfuil tú?'

Leath súile an fhir le hiontas. 'Tá Gaeilge agat, a mhaisce! Ó, a Thiarna, níl fhios agam cén sórt gliogairnéise atá ar siúl ag na leiciméirí seo.' Chroith sé lámh leis go fonnmhar. Bhí greim láidir aige, greim feirmeora agus iascaire, greim nach raibh coitianta i saol suite uathoibritheach na Corparáide.

'Céard is ainm duit?'

'Pádraig Ó Conaola. Céard is ainm duit féin?'

'Is mise FZD1248.'

'A dhiabhail! Cén sórt ainm é sin?'

'Is de réir uimhreacha a aithnítear chuile dhuine anois' mhínigh BZD1250 go lách. 'Cén fáth nach bhfuil uimhir ortsa?'

'Dheamhan fhios agam a chailín. "Paidí" a thugadh mo mhuintir orm i gcónaí.'

'Cá bhfuil do mhuintir?'

'Tá siad caillte. Mise an duine dcireanach den ál.'

'Cá bhfuil cónaí ort?' d'fhiafraigh FZD1248.

'In Éirinn, ar ndó—'

'Tá's agam ach cen áit in Éirinn?'

'I nGleann . . . ' Thostaigh sé agus rinne sé dradgháire géarchúiseach. 'Tá sé dearmadta agam, a mhac.'

'Cén aois thú?'

'Tá mé leathchéad bliain d'aois. Ach cén fáth 'bhfuil an t-eolas seo go léir uaibh?'

'Chun áit oiriúnach a fháil duit sa chóras . . .'

'M'anam, ach ní theastaíonn uaimse dul isteach i gcóras ar bith, a mhac. Fillfidh mé abhaile go dtí mo nead bheag féin.'

'Ní dóigh liom go dtabharfaidh siad cead duit é sin a dhéanamh.'

185 **stán sé = d'fhéach sé,** ***he stared***
185 **go cineálta = go cneasta,** ***gently***
185 **amharc fuar =** ***a cold look***
186 **a ghnáthaghaidh dhúnárasach =** ***his usual reserved appearance***
198 **dreancaid =** ***a flea***
198 **ubh chruabhruite =** ***a hard-boiled egg***
199 **muinchille a gheansaí =** ***the sleeve of his jumper***
203 **aisteach = ait,** ***strange***
205 **bainfidh mise an ghruaim díbh =** ***I'll take the sadness from you*** **(gruaim = brón)**
206 **as amharc = as radharc,** ***out of sight***
208 **ag bualadh ama =** ***beating time***
209 **éirigh as! =** ***give it up!***
209 **ní gan stró a smachtaigh an Stiúrthóir a chos =** ***it was not without effort that the Director controlled his foot*** **(gan stró = go héasca,** ***easily, without a bother*****)**
210 **dheifrigh sé = bhrostaigh sé**
212 **tá sé ag iarraidh an córas a threascairt =** ***he is trying to overthrow the system***
214 **millteach =** ***terrible***
214 **rinne mé mo mhachnamh ar an gcás =** ***I have considered the case*** **(machnamh = smaoineamh)**
215 **caithfear déileáil leis de réir na rialacha =** ***he must be dealt with according to the rules***
217 **Halla na Sícititeiripe =** ***the Psychotherapy Hall***
218 **meangadh searbh =** ***a bitter smile***
219 **tá aois a scoirithe [scortha] aige = tá aois a bháis sroichte aige**
220 **cnead =** ***a groan***
223 **cad chuige [cén fáth] an anbhuain go léir? =** ***why all the fuss?*** **(anbhuain =** ***disturbance, fuss*****)**
224 **tá socair [tá sé socraithe] acu tú a chur díobh =** ***they have decided to get rid of you***
225 **cén chaoi? = cén tslí?** ***how?***

Stán sé go cineálta ar Phaidí. Ansin thug sé amharc fuar an Stiúrthóra faoi deara agus chuir sé a ghnáthaghaidh dhúnárasach air féin arís.

'Bhuel?' arsa an Stiúrthóir. 'Bhfuil mórán eolais faighte agaibh?'

'Tá . . .' Thug sé a leabhar nótaí dó. Chuaigh an Stiúrthóir agus FAB9 i gceann na nótaí a léamh. Leag Paidí lámh ar a bholg.

'Tá ocras orm, a mhaisce.'

'Seo dhuit . . .' Thóg FZD1248 a phiolla lóin amach.

'Céard atá ansin agat?'

'Béile. Ith é. Bainfidh sé an t-ocras díot.'

Scairt Paidí amach ag gáire. 'Muise, ní bhainfeadh an rud sin an t-ocras de dhreancaid!' Tharraing sé dhá ubh chruabhruite as póca a bhríste agus chuimil sé iad de mhuinchille a gheansaí. Nuair a bhí na huibheacha ite aige tharraing sé buidéilín as póca eile agus d'ól sé deoch. Ansin thairg sé an buidéilín do FZD1248. Chroith seisean a cheann.

'M'anam, ach gur aisteach an dream sibh' arsa Paidí leis. 'Ní itheann sibh ná ní ólann sibh. Ní dhéanann sibh gáire ná dada. Ach bainfidh mise an ghruaim díbh, a mhaisce!' D'imigh an buidéilín as amharc agus bhí feadóg stáin ina lámha aige. Thosaigh sé ag seinm. Ba ghearr go raibh cosa gach duine sa seomra ag bualadh ama ar an urlár.

'Éirigh as!' Ní gan stró a smachtaigh an Stiúrthóir a chos. Dheifrigh sé chuig Paidí agus sciob sé an fheadóg go feargach as a lámha. 'Nach dtuigeann sibh céard atá ar siúl ag an bhfear seo? Tá sé ag iarraidh an córas a threascairt!'

'Ní dóigh liom go bhfuil . . .' arsa FZD1248 ach chuir féachaint mhillteach an Stiúrthóra ina thost é. 'Rinne mé mo mhachnamh ar an gcás seo' ar seisean. 'Caithfear déileáil leis de réir na rialacha.'

'Halla na Síciteiripe?' d'fhiafriagh FAB9.

'Halla an tSuaimhnis.' Bhí meangadh searbh ar an Stiúrthóir. 'Tá aois a scoirithe aige.'

Lig BZD1250 cnead. 'Níl sé ceart ná cóir!' ar sise.

'Nach cuma duitse!' Chas an Stiúrthóir chuig FAB9. 'Shocraímis anois é.' D'imigh siad amach.

'Cad chuige an anbhuain go léir?' d'fhiafraigh Paidí.

'Tá socair acu tú a chur díobh' d'fhreagair FZD1248.

'Cén chaoi?'

226 go míshuaimhneach = go míshuaimhneasach, ***uncomfortably***
230 d'airigh FZD1248 lámh a leathbhádóra ar a ghualainn = ***he felt his colleague's hand on his shoulder*** **(airím =** ***I notice*****)**
231 tabhair cead a chos dó = ***let him go***
232 tairbhe = ***good***
232 gan mhoill = ***without delay***
234 dá dtiocfadh liomsa filleadh ar mo dhúthaigh féin bheinn slán sábhálta = ***if I managed to return to my native land I would be safe*** **(dá dtiocfadh liomsa = dá mbeinn ábalta,** ***if I could, if I managed*****; mo dhúthaigh féin = mo dhúiche féin,** ***my native land*****)**
237 bealach éalaithe = ***a means of escape***
238 aerárthach = ***aircraft***
240 tá an taisteal farraige imithe i léig = ***sea travel has died out*** **(imithe i léig = imithe in éag,** ***died out*****)**
243 maidí rámha = ***oars***
247 fan go fóill = ***wait a while***
247 do shá bia = do dhóthain bia
249 fuílleach = ***scraps, remains***
249 soláthar = ***a supply***
253 d'iompar siad amach í go dtí an seanchuan a bhí taobh thiar den mBiúró = ***they carried it out to the old harbour behind the Bureau*** **(cuan =** ***a harbour*****)**
256 d'fhéadfadh sé dul rite libhse = ***it could go bad for you, you could be in trouble***
258 údar imní = ábhar imní, ***cause for anxiety***
259 go machnamhach = go smaointeach, ***thoughtfully***
261 scaití = uaireanta, ***sometimes***
261 neart aoibhnis is saoirse = ***plenty of pleasure and freedom***
263 amharc = radharc, ***look***
264 d'aontaigh sise le claonadh dá ceann = ***she agreed with a nod of her head*** **(aontaím =** ***I agree*****)**
265 ag iomramh = ***rowing***
266 ag sméideadh ar = ***nodding, winking***

Stán an fear eile go míshuaimhneach ar an urlár.

'Bhfuil siad chun mé a chur chun báis?'

'Tá . . .'

'A Thiarna! Cén fáth?'

D'airigh FZD1248 lámh a leathbhádóra ar a ghualainn. 'Tabhair cead a chos dó' ar sise.

'Is beag an tairbhe a dhéanfadh sé sin. Ghabhfaidís arís é gan mhoill.'

'Éist, a mhac' arsa Paidí. 'Dá dtiocfadh liomsa filleadh ar mo dhúthaigh féin bheinn slán sábhálta ansin. Ní thabharfainn an dara seans dóibh mé a ghabháil.'

'Ach níl aon bhealach éalaithe. Chaithfeadh pas speisialta a bheith agat le dul ar aerárthach.'

'Bád, b'fhéidir?'

'Níl bád ar bith le fáil anois. Tá an taisteal farraige imithe i léig.'

'Tá a churach sa siléar, arsa BZD1250.

'A dhiabhail! Bhfuil mo churach agaibhse? Agus na maidí rámha?'

'Tá ach—'

'Ar aghaidh linn, a mhaisce!'

'Fan go fóill. Is fada an turas é agus níl do shá bia agat.'

Thóg BZD1250 bosca as a mála agus thug sí do Phaidí é. 'Tá fuílleach ansin agat. Fuair mé soláthar sa stór ar maidin.' Stán sí ar FZD1248. 'Bhuel?' 'Tá go maith' ar seisean. 'Téimis síos an cúlstaighre . . .'

Nuair a shroich siad an siléar thóg siad an churach anuas den tseilf agus d'iompair siad amach í go dtí an seanchuan a bhí taobh thiar den mBiúró. Cuireadh an churach ar snámh agus léim Paidí isteach.

'D'fhéadfadh sé dul rite libhse, tá mé ag ceapadh' ar seisean.

'Ná bíodh imní ort' arsa FZD1248, ach bhí fhios aige go raibh údar imní acu.

'Is breá an saol é thiar' arsa Paidí go machnamhach. 'Ach bíonn sé uaigneach, scaití. An dtiocfaidh sibh liom? Ní bheidh aon staighre gluaiste sa ghleann ach beidh neart aoibhnis is saoirse . . .'

Bhí ceist san amharc a thug FZD1248 ar BZD1250. D'aontaigh sise le claonadh dá ceann agus chuaigh siad isteach sa churach. Thosaigh Paidí ag iomramh.

'Cá bhfios?' ar seisean agus é ag sméideadh orthu. 'Cá bhfios? B'fhéidir nach mise an dúchasach deireanach a bheas in Éirinn tar éis an tsaoil!'

Staidéar ar an Scéal

An bhliain 2077 atá ann. Tá leath den domhan faoi cheannas ESSEL agus tá rialtas faisisteach i réim. Ní ainm pearsanta ach uimhir atá ar gach duine. Dúisíonn an callaire gach duine ar a seacht a chlog. Deirtear leo gur bhreá dóibh a bheith faoi choimirce an chórais seo, agus gríosaítear iad chun a thuilleadh iarrachta. Seinntear máirseáil na Corparáide chun díograis ar son an chórais a chothú.

Is léir ó thús nach bhfuil FZD1248 róshásta leis an saol atá aige. Ba mhaith leis sruth eacainí i gcoinne an chórais a ligint as, ach oibríonn an callaire dhá shlí, agus ba dhó ba mheasa dá bhfeicfí go bhfuil sé míshásta leis an gcóras. Caithfidh gach duine a bheith dílis don chóras; ach is saol mínádúrtha atá ag na daoine. Tá an t-uisce gann, agus déantar é as ola, atá go flúirseach. Teipeann ar an rásúr a cheannaigh sé an tseachtain roimhe seo, mar tá an geilleagar bunaithe ar shíorcheannach earraí. Is é mana an chórais ná *Ní bhíonn in aon rud ach seal.* Caithfidh gach duine méid áirithe earraí a cheannach nó aistreoidh an Biúró Slándála é go háit iargúlta mar Londain. B'fhuath le FZD1248 é sin, mar tá sé i ngrá le BZD1250, atá ag obair leis i mBeijing. Níl cead aige í a phósadh, áfach, mar ní hamháin go gcaithfidh duine a bheith in aois áirithe chun pósta ach socraíonn an córas cé a phósfaidh sé nó sí. I dtaobh san, bhí ceaptha ag FZD1248 bob a bhualadh ar an gcóras cheana féin; ach tháinig brón air nuair a smaoinigh sé nach mbeadh a thuismitheoirí i láthair lá a phósta.

Is córas cruálach é seo. Cuirtear daoine chun báis nuair a bhíonn caoga bliain d'aois bainte amach acu. Is léir gur beag an meas atá ag an gcóras seo ar dhaoine. Níl cead ag duine fiú amháin feadaíl ná gáire ná mothúchán d'aon saghas a nochtadh. Níl grá do dhuine, do chultúr ná do chreideamh ceadaithe. Níl ach grá amháin inghlactha, is é sin grá don chóras.

Dar leis an údar, is namhaid an phornagrafaíocht don duine, mar milleann sé an fíorghrá agus an phearsantacht. Deir sé go n-úsáideann an córas pornagrafaíocht mar uirlis chun deireadh a chur leis an ngrá.

Nil fágtha de mhórchultúir an domhain ach a bhfuil i dtaisce i mBiúró na nIarsmaí. Is ann a choimeádtar na saothair mhóra liteartha agus araile. Ach níl teacht ag na daoine orthu. Níl le léamh agus le cloisteáil acu san ach a dteastaíonn ón gcóras. Ní mhaireann de theangacha ach an Béarla, teanga oifigiúil an chórais, agus is mairg don té a labhródh aon teanga eile.

Tá teangacha éagsúla ar a dtoil ag FZD1248 agus BZD1250, an Ghaeilge san áireamh. Sin an fáth go bhfuil siad ag obair i mBiúró na nIarsmaí. Ach an lá áirithe seo tháinig athrú mór ar shaol na beirte. Bhí an Biúró Slándála tar éis teacht ar churach nuadhéanta in iarthar na hÉireann, agus gabhadh dúchasach. B'éigean do FZD1248 agus BZD1250 é a cheistiú, mar ceapadh nach raibh aon dúchasach beo sa pháirt sin den domhan. Ach, dar leis an údaras, bhí an scéal go dona ar fad. Duine aerach anamúil a bhí san Éireannach seo: ní hamháin go mbíodh sé ag gáire de shíor agus gur bhreá leis an ceol ach nuair a thosaigh sé ag seinm feadóige, thosaigh gach duine ag bualadh ama leis. Nuair a beartaíodh ar é a chur chun báis mar go raibh caoga bliain d'aois sroichte aige, cheap FZD1248 agus BZD1250, an bhean a bhí i ngrá leis, plean éalaithe chun é a shábháil. Ba é deireadh na mbeart é ná gur éalaigh an bheirt le Paidí.

Córas ollsmachtach atá á léiriú anseo, agus cuirtear *Brave New World* le Aldous Huxley nó *1984* le George Orwell i gcuimhne dúinn, ach go bhfuil cúrsaí níos measa fós sa scéal seo. Is beag den daonnacht atá sa chóras seo. Tá an t-ansmacht go soléir. Tá súil ghéar á coimeád ar gach gné de shaol na ndaoine. Is beag is féidir leo a dhéanamh i ngan fhios don mhaorlathas.

Ó thús, léirigh FZD1248 a mhíshástacht leis an gcóras seo. Bhí fonn air eascaine a rá nuair a chuala sé máirseáil na Corparáide ar an gcallaire. Nuair a theip ar an rásúr, cuireadh in iúl dó chomh hamaideach is a bhí an córas seo. Bhí sé i ngrá le BZD1250 ach ní raibh cead aige í a phósadh. Tháinig brón mór air nuair a smaoinigh sé gur mharaigh an t-údarás a thuismitheoirí de bharr go raibh caoga bliain d'aois sroichte acu.

Tá gach a bhaineann le mórlitríocht an domhain ceilte ar na daoine, i dtreo is nach mbeadh smaointe dainséaracha acu nach mbeadh ar leas an chórais. Ach tá FZD1248 agus BZD1250 ag obair i mBiúró na nIarsmaí agus tá teacht acu ar an litríocht seo. Chonaic siad ansin chomh hansmachtach is a bhí an córas, agus, ar ndóigh, bhí siad féin ina ndainséar dó. An aon ionadh go raibh míshástacht orthu leis an gcóras agus gur éalaigh siad le Paidí, an dúchasach deireanach? Mar a dúirt BZD1250 agus í ag caint faoi Éirinn: 'Chaith mé féin saoire bhreá ann cúpla bliain ó shin. Ní dhearmadfaidh mé go brách an t-amharc tíre is an t-aer úrghlan is an . . .'

Mar aon le gach córas faisisteach, tá an córas seo ag brath go mór an an mbolscaireacht chun fanacht i réim. Seinntear máirseáil na Corparáide chun daoine a ghríosú chun a thuilleadh iarrachta ar son an chórais. Deirtear leo go bhfuil siad faoi choimirce an chórais, ach ní deirtear leo go gcuirtear daoine chun báis: deirtear leo go sofhriotlach go dtéann daoine isteach i Halla an tSuaimhnis. Sé sin, in ESSEL tá gach duine faoi smacht iomlán an stáit, agus caithfidh sé obair ar a dhícheall ar son an chórais. Is maorlathas atá sa stát seo, agus tá biúrónna de gach saghas ann chun smacht a choimeád ar gach gné den stát: an Biúró Slándála, an Biúró Bolscaireachta, Biúró na nIarsmaí, agus araile.

Fágann an córas seo a rian ar gach duine. Bíonn na daoine eaglach amhrasach; bíonn gach duine ar a aire. Mar a deirtear sa scéal, níl sé ceadaithe fiú amháin gáire a dhéanamh nó mothú d'aon sórt a léiriú. Is follas nach bhfuil a smaointe féin ag na daoine seo. I gcodarsnacht leis seo tá an 'dúchasach deireanach' gealgháireach neamheaglach. Is duine cuideachtúil nádúrtha é, a bhfuil an fhéinmhuinín ann. Is duine cairdiúil líofa é, agus cuireann an carachtar seo in iúl dúinn nach féidir le haon duine forbairt i gceart gan saoirse. I gcomparáid leis tá na daoine tostach gruama. Ach tá Paidí chomh hoscailte macánta sin go bhfeictear é mar namhaid don chóras, mar tá rian na saoirse air. Tá an baol ann go rachadh a neamhspleáchas i gcion ar dhaoine. Féach gur bheag nár thosaigh garda amháin ag gáire nuair a chonaic sé geáitsí Phaidí, agus gur thosaigh daoine ag bualadh ama leis nuair a sheinn sé port ar an bhfeadóg. Cad a tharlódh dá rachadh a mheon i bhfeidhm ar mhórán!

Tá deireadh dóchasach leis an scéal. Éalaíonn FZD1248 agus a ghrá le Paidí. Léirítear go bhfuil grá na saoirse go doimhin i gcroí gach duine agus go músclaíonn sé uaireanta. Tugtar le tuiscint dúinn gur deacair an dúil nádúrtha seo a shárú, is cuma cén iarracht a dhéantar ar í a chur faoi chois, mar is rud dochloíte é grá na saoirse nach féidir a mhúchadh in ainneoin an daorsmachta.

Ar ndóigh, níor éalaigh ach beirt acu, ach tá sé intuighte go bhfuil an dóchas ann go gcuirfidh níos mó i gcoinne an chórais. Deirtear gurb é an gháir dheireanach an gháir is fearr, agus is léir go raibh an gháir sin ag an 'dúchasach deireanach'.

Stór Focal

Cuir na nathanna agus na focail seo a leanas in abairtí a léireoidh a gceart-úsáid: *is méanar dúinn; faoi choimirce; glór aithnidiúil; eascaine; ba mhairg don té; go flúirseach; faoi cheannas; ag súil; d'fhonn; sracfhéachaint; iargúlta; garbh; de réir; creatha fuachta; go mór mór; lucht aitheantais; i láthair; misneach; ceadaithe; maorlathas; mothúchán; córas; plódaithe; tostach; bolscaireacht; contúirteach; neamhphearsantacht; dá ainneoin sin; iarsmalann phoiblí; i dtaisce; de dhíth orm; i gceannas; dul i muinín; riachtanach; oiliúint; ar a thoil aige; go ndearna Dia air; slándála; saothar liteartha; athbheochan na Gaeilge; searradh; ag machnamh; díreach tar éis; scairteadh gáire; meánaosta; go teasaí; go hurramach; drochnósanna; tuairisc; saineolaithe; comhartha; go fonnmhar; coitianta; go lách; géarchúiseach; oiriúnach; go cineálta; amharc; ag bualadh ama; millteach; ina thost; go míshuaimhneach; cead a chos; gan mhoill; slán sábháilte; an dara seans; bealach éalaithe; mo shá; fuílleach; go machnamhach; ag iomramh; ag sméideadh.*

Ceisteanna

Cén fáth ar theip ar rásúr FZD1248 tar éis seachtaine?
Cén fáth a raibh brón ar FZD1248 nuair a smaoinigh sé ar a thuismitheoirí?
Cén fáth nach raibh cead ag FZD1248 pósadh le BZD1250?
Cén sórt áite í Halla an tSuaimhnis?
Cén fáth gurbh é an Béarla an t-aon teanga amháin a labhraíodh in ESSEL?
Cad a deir an t-údar faoin ngrá agus faoin bpornagrafaíocht in ESSEL?
Cá raibh FZD1248 agus BZD1250 ag obair? Cén fáth a raibh ionadh ar gach éinne nuair a thángthas ar an gcurach nuadhéanta?
Cén fáth a raibh Paidí ina dhainséar don chóras? Cad iad na 'drochnósanna' a bhí aige, dar leis an Stiúrthóir?
Cén sórt duine ab ea Paidí? Cad iad na difríochtaí a bhí idir Paidí agus na gnáthdhaoine in ESSEL?
Conas a d'éalaigh Paidí? Cén fáth ar éalaigh FZD1248 agus BZD1250 leis?
Déan cur síos ar an gcóras a bhí i bhfeidhm in ESSEL. Léirigh chomh hansmachtach is a bhí sé. Cén tionchar a bhí ag an gcóras ar na daoine?
Cén fáth a raibh FZD1248 míshásta leis an gcóras a bhí i bhfeidhm in ESSEL? Cén fáth a raibh eagla air an mhíshástacht seo a léiriú?

Foclóir ar an Téacs

1 **bhí sé ina leathrann againn = bhí sé i mbéal gach duine againn, bhí sé á rá againn de shíor,** ***we were always repeating it*** **(leathrann =** ***a couplet*****)**

2 **in ann ag = inchurtha le,** ***a match for, able for***

2 **chuathas chomh fada sin leis =** ***the matter had gone so far***

3 **daoine áithrid = daoine áirithe,** ***certain people***

4 **ní maith go gcreidfinn chuile rud a déarfadh Peadar =** ***I wouldn't believe very much what Peadar would say*** **(creidim =** ***I believe*****; chuile rud = gach uile rud,** ***everything*****)**

6 **búrlaí móra leabhar faoina hascaill aici agus a chosúlacht uirthi go raibh mortabháil an tsaoil mhóir uirthi =** ***a bundle of books under its arm and it looking as if it had the responsibility of the world on it*** **(búrla =** ***a bundle*****; ascaill =** ***an arm, armpit*****; cosúlacht = cuma,** ***appearance*****; mortabháil = cúram,** ***responsibility*****)**

8 **ag ritheacht na tíre = ag rialú na tíre,** ***running the country***

9 **lena raibh de ghearradh agus de thalamh fúithi =** ***with the speed it was travelling at***

9 **agus rud eile . . . tá sí iata amach agus meáchan curtha suas aici ó chonaic mise cheana í =** ***and another thing, it has spread out and put on weight since I saw it before*** **(iata amach = leathnaithe amach,** ***spread out*****; meáchan =** ***weight*****)**

12 **ní thabharfainn aon chluas do Pheadar Beag = ní thabharfainn aon aird ar Pheadar Beag,** ***I wouldn't pay any attention to Peadar Beag***

12 **bíonn sé sna cearca fraoigh amanta = ní bhíonn splanc chéile aige uaireanta,** ***he's daft sometimes***

13 **bíonn an-deár aige ar mhuintir an Chlocháin = bíonn sé ag baint as muintir an Chlocháin,** ***he is always provoking the people of An Clochán***

14 **ó bhuail Cailleach an Chlocháin bob ar a sheanathair fadó =** ***since Cailleach an Chlocháin played a trick on his grandfather long ago*** **(buailim bob ar = imrím cleas ar,** ***I play a trick on*****; cailleach =** ***an old woman, a hag*****)**

15 **tá draifteanna móra ag Peadar = tá liosta fada de nathanna agus d'fhocail ag Peadar,** ***Peadar has a long list of words and phrases***

15 **bíonn faisean aige ainmneacha a thabhairt ar dhaoine a mbíonn aithne orthu mar sin =** ***he has a habit of putting names on people that he knows like that*** **(faisean = nós,** ***a habit*****)**

17 **ní chuireann muid [ní churimid] thairis sin é =** ***we don't put it past him*** **(Tá an t-údar ag tagairt anseo don dóigh inar thug Peadar 'cailleach' ar an mbean a bhuail bob ar a sheanathair)**

18 **brocach = brocais,** ***a fox's den***

19 **bhí ál sionnaigh le tógáil aici agus ba mhór an seó í ag seilg le greim a choinneáil leo =** ***it had to rear a litter, and its hunting to provide for them made a great spectacle*** **(ál =** ***a litter*****; seó =** ***a show, spectacle*****; ag seilg = ag fiach,** ***hunting*****; greim = greim bia,** ***a bit of food*****)**

20 **uan =** ***a lamb***

21 **cearc fraoigh =** ***a grouse***

Sionnach an Chlocháin

Roghnaíodh an scéal seo a leanas as Tinte Sionnaigh, *cnuasach de ghearrscéalta le Seán Ó Curraoin. I gCois Fharraige, i gConamara, a rugadh Seán Ó Curraoin, ar fheirm bheag. Deirfiúr le Máirtín Ó Cadhain, an scoláire mór Gaeilge, ab ea a mháthair. Fuair sé a chuid oideachais i gColáiste na hOllscoile, Gaillimh, agus chaith sé tamall i mbun múinteoireachta. Tá suim mhór aige sa bhéaloideas, agus bronnadh duaiseanna Oireachtais air i bprós agus i bhfilíocht.*

Bhí sé ina leathrann thiar againne nach raibh sionnach ar bith in ann ag Sionnach an Chlocháin. Chuathas chomh fada sin leis gur dhúirt daoine áithrid fúithi go mbíodh sí ina duine sa ló agus ina sionnach san oíche. Bhíodh Peadar Beag ag rá—ach ní maith go gcreidfinn chuile rud a déarfadh Peadar—go bhfaca sé Sionnach an Chlocháin ar an tsráid i mBaile Átha Cliath agus búrlaí móra leabhar faoina hascaill aici agus a chosúlacht uirthi go raibh mortabháil an tsaoil mhóir uirthi. 'Shílfeá gurbh í a bheadh ag ritheacht na tíre,' a deir sé, 'lena raibh de ghearradh agus de thalamh fúithi. Agus rud eile,' a deir Peadar, 'tá sí iata amach agus meáchan curtha suas aici ó chonaic mise cheana í!'

Ach ní thabharfainn aon chluas do Pheadar Beag mar bíonn sé sna cearca fraoigh amanta. Bíonn an-deár aige ar mhuintir an Chlocháin ó bhuail Cailleach an Chlocháin bob ar a sheanathair fadó. Tá draifteanna móra ag Peadar agus bíonn faisean aige ainmneacha a thabhairt ar dhaoine a mbíonn aithne aige orthu mar sin. Ní chuireann muid thairis sin é.

I mbrocach Chluain Duala a bhí cónaí ar Shionnach an Chlocháin. Bhí ál sionnaigh le tógáil aici agus ba mhór an seó í ag seilg le greim a choinneáil leo. Bhíodh sí ag marú uain óga agus cearca fraoigh.

22 deamhan a leithéide de léirscrios! = ***such destruction!***

23 tá an áit bánaithe aici = ***it has killed everything*** **(bánaim =** ***I lay waste, destroy*****)**

24 go leá an diabhal na haobha [na haenna] inti = ***may the devil melt its insides*** **(leáim =** ***I melt*****; ae =** ***liver*****)**

24 áiméar = seans

25 ag déanamh aos drífill = ag déanamh aos díobhaill, ***making mischief***

26 níorbh fhiú do sheacht mallacht a bhfaighidh lucht an ghéim ina diaidh i mbliana = ***it wouldn't be worth anything what the hunters will get this year*** **(mallacht =** ***a curse*****; lucht an ghéim =** ***hunters*****)**

28 tá muintir na mbailteacha ag gabháil le cuthach de bharr na n-uain óga a bheith á dtarlú leo = ***the people of the villages are becoming enraged because of the young lambs being dragged off*** **(cuthach =** ***rage*****)**

30 ag cur fúithi = ina cónaí, ***settled***

30 tá a bhfuil ar an mbaile ag tuineadh liom fáil réidh léi = ***everybody in the area is pressing me to get rid of it*** **(ag tuineadh liom = ag tathant orm,** ***pressing me*****)**

32 go rósta an diabhal í = ***may the devil roast it***

32 cibé céard a thug aniar chomh fada seo í = ***whatever took it over as far as this***

33 bhí ár ndóthain mortabhála orainn dá huireasa = ***we had enough problems without it*** **(mortabhháil = cúram,** ***responsibility, care*****; dá huireasa =** ***without her)***

34 saothar ina ghlór = ***panting in his voice (from exertion)***

36 chinn air = theip air, ***he failed***

36 faoi dheireadh, bheartaigh sé iontú a bhaint as an trap madra uisce a bhí caite thuas ar an lota aige le ní mé cén fhad = ***in the end he made up his mind to try out the otter trap that was up in the loft for I don't know how long*** **(beartaím =** ***I determine*****; iontrú =** ***a trial*****; madra uisce =** ***an otter*****; lota [lochta] =** ***a loft*****; ní mé =** ***I wonder*****)**

38 ghlan sé na téadracha [téada] duáin alla de agus chuir ola air = ***he cleaned the spider-lines from it and put oil on it*** **(duán alla = damhán alla,** ***a spider*****)**

40 bhí na sionnaigh óga anois ina laonna biata de bharr an mhéid uan agus cearca fraoigh a bhíodh á n-alpadh acu = ***the young foxes were now fatted calves because of the number of lambs and grouse they were devouring*** **(réidh = ullamh,** ***ready*****; faoi chomhair = i gcomhair,** ***for*****; lao biata =** ***a fatted calf*****; ag alpadh =** ***devouring*****)**

'Deamhan a leithéide de léirscrios!' a deir Micil liom lá amháin. 'Tá an áit bánaithe aici!'

'Go leá an diabhal na haobha inti. Níl sí ag tabhairt áiméar ar bith dhom ach ag déanamh aos drifill ar fud na háite.'

'Níorbh fhiú do sheacht mallacht a bhfaighidh lucht an ghéim ina dhiaidh i mbliana.'

'Tá muintir na mbailteacha ag gabháil le cuthach de bharr na n-uain óga a bheith á dtarlú leo.'

'Istigh ar mo chuid talúnsa atá sí ag cur fúithi agus tá a bhfuil ar an mbaile ag tuineadh liom fáil réidh léi.'

'Go rósta an diabhal í, cibé céard a thug aniar chomh fada seo í! Bhí ár ndóthain mortabhála orainn dá huireasa,' ar seisean agus saothar ina ghlór.

Bhí a fhios agam go raibh sé ag iarraidh a cur chun báis le fada ach chinn air. Faoi dheireadh, bheartaigh sé iontú a bhaint as an trap madra uisce a bhí caite thuas ar an lota aige le ní mé cén fhad. Thug sé anuas é. Ghlan na téadracha duáin alla de agus chuir ola air. Bhí sé réidh anois faoi chomhair an tsionnaigh. Bhí na sionnaigh óga anois ina laonna biata de bharr an mhéid uan agus cearca fraoigh a bhíodh á n-alpadh acu. Thugadh an seanchailín amach ar *out-to-play* chuile lá iad.

43 **deamhan a leithéide de spórt a chonaic tú riamh** = *such sport you never saw before*
44 **ag damhsa = ag rince,** *dancing*
44 **ag leipreach** = *leaping, skipping*
44 **ag pramsáil** = *prancing*
44 **ag déanamh poillín in airde ar fud an chriathraigh** = *making little holes all around on top of the boggy ground* **(criathrach** = *marshy ground, boggy land***)**
45 **bhí imní ag teacht ar Mhicil mar ba mhór an clampar iad ag cur a súile thar a gcuid ag déanamh mísce agus áir ar ghéabha agus ar chearca, ar uain agus ar éanlaith** = *Micil was getting anxious, because they were a great bother, getting greedy and causing mischief and destruction to geese and hens, lambs and birds* **(imní** = *anxiety*; **clampar = trioblóid,** *trouble*; **ag cur a súile thar a gcuid** = *getting greedy*; **mísc** = *mischief*; **ár** = *slaughter*; **géabha = géanna,** *geese***)**
48 **ní fhéadfá srian a ligean leo** = *you couldn't let them do what they liked* **(srian a ligean [ligint] leo = cead a gcinn a thabhairt dóibh,** *to let them do what they liked***)**
48 **nó ní bheadh stopainn ar bith orthu agus níorbh fhéidir iad a cheansú** = *or there would be nothing to stop them and they couldn't be controlled* **(stopainn** = *stoppage*; **ceansaím = cuirim smacht ar,** *I control***)**
49 **ba mhinic an rann seo á aithris ag Micil** = *Micil would often recite this verse* **(rann = a** *verse of poetry*; **ag aithris** = *reciting***)**
54 **bhí mé in éindí le Micil nuair a bhí sé ag cur an trap agus d'aithnigh mé air ón ngoic a bhí air go raibh sé le gaisce a dhéanamh an iarraidh seo, agus dá dtéadh sé go dtí sin nach bhfágfadh sé sionnach beo in Éirinn** = *I was with Micil when he was setting the trap and I knew from his attitude that he was going to do great things this time, and if he went to that that he wouldn't leave a fox alive in Ireland* **(in éindí le = in éineacht leis,** *in the company of*; **aithním** = *I recognise*; **goic** = *swagger, attitude*; **gaisce** = *a great deed***)**
57 **ag teannadh aníos in aghaidh an airdín a bhí os comhair an bhrocaigh, fuair sé log sa talamh** = *making his way down the little rise in front of the den, he found a hollow in the ground* **(ag teannadh** = *pressing, making one's way*; **log** = *a hollow***)**
59 **chlúdaigh sé le fiontarnach é** = *he covered it with decayed mountain grass*
63 **bhí an trap bainte** = *the trap was sprung*
64 **tásc ná tuairisc ní raibh ar na sionnaigh** = *there was no trace of the foxes*
65 **tá siad ag déanamh an diabhail ort** = *they are playing the devil with you*
67 **go rósta an diabhal iad** = *may the devil roast them*
68 **rinne sé an cleas céanna an lá dár gcionn** = *he tried the same trick the next day*
69 **mo léan! = mo bhrón!**
69 **gan fáil ar na sionnaigh** = *no sign of the foxes*
70 **thug mé faoi deara go raibh díocas an diabhail air anois** = *I noticed that there was a terrible eagerness on him now* **(tugaim faoi deara** = *I notice*; **díocas** = *eagerness***)**

Deamhan a leithéide de spórt a chonaic tú riamh. Bhídís ag damhsa, ag leipreach, ag pramsáil, agus ag déanamh poillín in airde ar fud an chriathraigh. Bhí imní ag teacht ar Mhicil mar ba mhór an clampar iad ag cur a súile thar a gcuid ag déanamh mísce agus áir ar ghéabha agus ar chearca, ar uain agus ar éanlaith. Ní fhéadfá srian a ligean leo nó ní bheadh stopainn ar bith orthu agus níorbh fhéidir iad a cheansú. Ba mhinic an rann seo á aithris ag Micil:

> An maidirín rua tá dána,
> An maidirín rua ina luí sa luachair
> Is barr a dhá chluais in airde.

Bhí mé in éindí le Micil nuair a bhí sé ag cur an trap agus d'aithnigh mé air ón ngoic a bhí air go raibh sé le gaisce a dhéanamh an iarraidh seo, agus dá dtéadh sé go dtí sin nach bhfágfadh sé sionnach beo in Éirinn. Ag teannadh aníos in aghaidh an airdín a bhí os comhair an bhrocaigh, fuair sé log sa talamh. Rinne sé an trap a chur ann agus chlúdaigh sé le fiontarnach é. Anseo a bheadh na sionnaigh ag déanamh spóirt lá arna mhárach nuair a thabharfadh an mháthair ar *out-to-play* iad.

Nuair a tháinig Micil lá arna mhárach bhí an trap bainte ach tásc ná tuairisc ní raibh ar na sionnaigh.

'Tá siad ag déanamh an diabhail ort,' a deirim féin leis an tráthnóna sin. 'Caithfidh tú iontú eile a bhaint as an trap.'

'Go rósta an diabhal iad!' a deir sé faoina fhiacla.

Rinne sé an cleas céanna an lá dar gcionn.

Mo léan! Bhí an trap bainte arís agus gan fáil ar na sionnaigh. Thug mé faoi deara go raibh díocas an diabhail air anois. Ní

71 **misneach** = ***courage***

71 **d'fhanfadh sé sa mbaile go bhfaigheadh sé amach cén sórt diabhlaíocht a bhí ar bun ag an sionnach leis an trap** = ***he would stay at home and find out what kind of devilment the fox was up to with the trap*** **(diabhlaíocht** = ***devilment*****)**

73 **chuir sé an trap arís** = ***he set the trap again*****)**

74 **chuaigh Micil i bhfolach ar chúl aille, áit a mbeadh feiceáil aige ar chuile chor a chuirfeadh na sionnaigh díobh** = ***Micil hid at the back of a cliff, where he would be able to see every move the foxes would make*** **(aill** = ***a cliff*****; cor** = ***a move*****)**

76 **bhí ceo cuisne mar a bheadh ceo meala ann ag leathadh os cionn an chriathraigh mhóir** = ***there was a hazy fog like a honey-mist spreading over the great boggy land*** **(ceo cuisne** = ***a hazy fog*****; ceo meala** = ***a honey-mist*****; criathrach** = ***boggy land*****)**

77 **thíos ar an easca mhor bhí beithígh na gCoistealach á gcur as a gcranna cumhachta ag na cleabhair** = ***down on the bog the Mac Coisteala family's cattle were being driven wild by the horseflies*** **(easca** = ***sedgy bog*****; beithígh** = ***beasts, cattle*****; cleabhar** = **creabhar,** ***a horsefly*****)**

80 **thuirling cleabhar ar dhroim láimhe Mhicil agus chuir ga nimhneach ann sula raibh ionú aige buille marfach a bhualadh air** = ***a horsefly landed on the back of Micil's hand and put a poisonous sting in it before he had time to deal it a deadly blow*** **(tuirlingím** = ***I land*****; ga nimhneach** = ***a poisonous sting*****; ionú** = **am,** ***time*****; buille marfach** = ***a deadly blow*****)**

83 **bhí oiread na fríde de bhraon fola le feiceáil san áit ar pholl sé an craiceann** = ***there was the tiniest drop of blood to be seen in the place where he punctured the skin*** **(oiread na fríde de** = ***a tiny bit of*****; braon fola** = ***a drop of blood*****)**

84 **ní raibh fuaim le cloisteáil ach cársán an tsrutháin a bhí ag sileadh go réidh le fána amach ar an easca mhór** = ***there was no sound to be heard but the gurgling of the stream that was flowing slowly out onto the boggy land*** **(cársán** = ***gurgling*****; go réidh** = **go mall,** ***slowly, gently*****; fána** = ***a slope*****)**

85 **bhí áth ar an gcloigeann ab fhaide siar di** = ***there was a ford at the end that was farthest away from it (the bog)*** **(áth** = ***a ford*****; cloigeann** = **ceann,** ***end*****)**

87 **locha beaga gléineacha** = ***little shining lakes***

87 **a bhí chomh lonrach sin faoi sholas griodánta an lae ghil** = ***that were so bright under the intense light of the bright day***

88 **is gearr gur chuala sé an fothram agus an corraí timpeall an bhrocaigh** = ***it wasn't long until he heard the noise and the movement around the den*** **(fothram** = ***a noise*****; corraí** = ***movement, stirring*****; brocach** = ***a den*****)**

91 **mar bheadh sí ag smúrthacht [ag smuraíl] di féin** = ***as if it were sniffing***

92 **chónaigh sí** = **stop sí**

93 **mionchlocha** = ***little stones***

94 **bhí sé bainte arís aici** = ***it had sprung it again***

96 **sruthán** = ***a stream***

raibh a mhisneach caillte fós aige. Lá arna mhárach, d'fhanfadh sé sa mbaile go bhfaigheadh sé amach cén sórt diabhlaíocht a bhí ar bun ag an sionnach leis an trap. Chuir sé an trap arís. Lá an-te a bhí ann. Chuaigh Micil i bhfolach ar chúl aille, áit a mbeadh feiceáil aige ar chuile chor a chuirfeadh na sionnaigh díobh. Bhí ceo cuisne mar a bheadh ceo meala ann ag leathadh os cionn an chriathraigh mhóir. Thíos ar an easca mhór bhí beithígh na gCoistealach á gcur as a gcranna cumhachta ag na cleabhair.

Thuirling cleabhar ar dhroim láimhe Mhicil agus chuir ga nimhneach ann sula raibh ionú aige buille marfach a bhualadh air.

Bhí oiread na fríde de bhraon fola le feiceáil san áit ar pholl sé an craiceann. Ní raibh fuaim le cloisteáil ach cársán an tsrutháin a bhí ag sileadh go réidh le fána amach ar an easca mhór. Bhí áth ar an gcloigeann ab fhaide siar di. Gleann na Bó a bhí amach os a chomhair lena locha beaga gléineacha a bhí chomh lonrach sin faoi sholas griodánta an lae ghil. Is gearr gur chuala sé an fothram agus an corraí timpeall an bhrocaigh. Bhí an cailín ag teacht!

Ar aghaidh léi go mall mar bheadh sí ag smúrthacht di féin. Níor stop sí gur chónaigh sí san áit a raibh an trap curtha. Ansin d'oscail sí a béal agus anuas le trí nó ceathair de mhionchlocha ar an trap. Bhí sí bainte arís aici! Ansin an rud a chuir iontas ar Mhicil, thóg sí na clocha arís suas ina béal agus anonn léi agus chaith isteach sa sruthán iad.

97 **níl aon néall ortsa =** ***you're no fool, you're a smart one***
98 **ba ghearr go raibh an t-ál ar fad amuigh ag déanamh pléisiúir aici =** ***it wasn't long until it had all the litter out enjoying themselves***
100 **níor fhan fupa ná fapa ag Micil =** ***Micil was flabbergasted***
101 **scéiméiracht =** ***scheming***
101 **bhí sé curtha dá bhuille arís ag Sionnach an Chlocháin =** ***he had been put off his stride again by the Fox of An Clochán***
103 **ar cuairt =** ***on a visit***
104 **mura [muna] maróidh nimh í ní neach saolta í =** ***if poison won't kill it it's not a living being*** **(neach saolta =** ***a living being*****)**
105 **cogar =** ***a whisper***
105 **bláthán =** ***a grilse*** **(*****young salmon*****)**
107 **déanfaidh sin an bainne = déanfaidh sin an gnó,** ***that will do the job***
107 **go heolgasach = go heolach,** ***knowledgeably***
107 **mharaigh sé riar bláthán =** ***he killed a supply of grilse***
109 **scoradh scine =** ***a cut of a knife***
110 **agus chuir oiread áiméan de stricnín isteach iontu =** ***and he put as much strychnine as he could into them***
110 **leag sé na bláthтом sa tslí ar an mada rua in aice leis an mbrocach =** ***he put down the grilse in the path of the fox beside the den***
112 **scéala =** ***news***
113 **básaithe = marbh,** ***dead***
115 **ag crathadh [croith] a chinn go heolgasach [go heolach] =** ***shaking his head knowledgeably***
118 **lán móiréis =** ***full of pretension***
119 **d'aithneofá uirthi . . . go raibh talamh fúithi =** ***you would know from it that it was rushing*** **(aithním =** ***I recognise*****)**
120 **ní thabharfainn aon aird ar Pheadar = ní thabharfainn aon chluas do Pheadar,** ***I would pay no attention to Peadar***
120 **bíonn sé ag iarraidh a bheith ag magadh fúinn faoi na cúrsaí sin =** ***he tries to make fun of us about those matters***

'By dad! Níl aon néall ortsa, a chailín!' a deir Micil leis féin.

Amach léi ansin sa mbrocach agus ba ghearr go raibh an t-ál ar fad amuigh ag déanamh pléisiúir aici.

Níor fhan fupa ná fapa ag Micil nuair a chonaic sé an scéiméireacht seo. Bhí sé curtha dá bhuille arís ag Sionnach an Chlocháin.

An oíche sin bhí Peadar Beag istigh ar cuairt. 'Bhuel,' ar seisean, 'mura maróidh nimh í ní neach saolta í.'

Chuir sé cogar i gcluais Mhicil—bláth# áin agus nimh a chur iontu.

'Déanfaidh sin an bainne,' a deir Peadar go heolgasach.

Chuaigh Micil ag iascach lá arna mhárach agus mharaigh sé riar bláthán. Thug sé scoradh scine do thrí nó ceathair díobh agus chuir oiread áiméan de stricnín isteach iontu. Leag sé na blátháin sa tslí ar an mada rua in aice leis an mbrocach. Lá arna mhárach tháinig Sean-Pheaits as Scailp an Phúca le scéala chuig Micil. Fuair sé an sionnach básaithe le taobh an tsrutháin. Tart a bhí uirthi.

Ach deireann Peadar Beag, ag crathadh a chinn go heolgasach, go bhfaca sé Sionnach an Chlocháin i mBaile Átha Cliath agus spéacláirí agus gruaig bhán dhaite uirthi, agus í ag imeacht lán móiréis.

'D'aithneofá uirthi,' a deir sé, 'go raibh talamh fúithi!'

Ach ní thabharfainn aon aird ar Pheadar mar bíonn sé ag iarraidh a bheith ag magadh fúinn faoi na cúrsaí sin . . .

Staidéar ar an Scéal

Gluaiseann an scéal gearr seo go tapa ó thús go deireadh, agus níl leadránacht dá laghad ag baint leis. Tá an greann ann, ar ndóigh. Is é atá faoi chaibidil is cúis leis seo, agus cuireann an comhrá go mór leis freisin.

Bhí ainm an tsionnaigh in airde ó thús. Dúirt daoine nach raibh a leithéid le fáil in aon áit ó thaobh glicis de. Ach is greannmhar mar a théann Peadar Beag thar fóir ar fad leis an scéal. Maidir leis an sionnach, dúirt sé go mbíodh sí ina duine sa ló agus ina sionnach san oíche. Nach bhfaca sé féin i mBaile Átha Cliath í, beart leabhar faoina hascaill agus fuadar an domhain fuithi! Mar a deir sé, 'Shílfeá gurbh í a bheadh ag ritheacht na tíre lena raibh de ghearradh agus de thalamh fúithi.'

Ach deir an t-údar nach ceart aon chluas a thabhairt do Pheadar Beag, mar go mbíonn sé 'sna cearca fraoigh amanta' agus tugtha dá leithéid de chaint. Dar leis, bhí Peadar Beag claonta in aghaidh muintir an Chlocháin ó bhuail Cailleach an Chlocháin bob ar a sheanathair fadó. Ar ndóigh, is greannmhar chomh fada is atá cuimhne na ndaoine seo. Ní dhéanann siad dearmad ar aon rud. Is í an pháirt atá ag Peadar ná go gcoimeádann sé an scéal ar siúl. Bíonn sé riamh is choíche ag séideadh faoi mhuintir an Chlocháin, go háirithe faoi Mhicil, atá céasta ag an sionnach. Is duine glic é Peadar, agus i gcodarsnacht leis tá Micil simplí go leor.

Bhí an áit bánaithe ag an sionnach úd. A leithéid de léirscrios ní fhaca tú riamh, mar bhí idir uain óga agus chearca fraoigh marbh aici. Ar ndóigh, bhí brú mór ar Mhicil breith ar an sionnach, mar is ar a thalamh a bhí sí. Bhíodh na comharsana ag tathaint air fáil réidh léi, ach theip go dona air go dtí seo. Is greannmhar ar fad an chaint ó Mhicil. Deir sé: 'Deamhan a leithéide de léirscrios! Tá an áit bánaithe aici! . . . Go leá an diabhal na haobha inti . . . Níorbh fhiú do sheacht mallacht a bhfaighidh lucht an ghéim ina diaidh i mbliana.'

Bhí Micil bocht go díograiseach dícheallach i ndiaidh an tsionnaigh. Bhí díocas air, mar bhí na sionnaigh óga féin beathaithe go maith agus in ann dochar a dhéanamh. Is greannmhar an pictiúr a thugtar dúinn de Mhicil ag rá:

> An maidirín rua tá dána,
> An maidirín rua ina luí sa luachair
> Is barr a dhá chluais in airde

agus imní an domhain air.

Ar ndóigh, faoi dheireadh cheap sé triail a bhaint as an ngaiste madra uisce, agus chuir sé i bhfearas é. Bheadh a fhios agat ó gheáitsí Mhicil go raibh sé chun gaisce a dhéanamh an iarraidh seo. Leis an fuadar a bhí faoi, cheapfá nach bhfágfaí sionnach beo in Éirinn. Ach bhí an sionnach ró-ghlic dó, mar fuair Micil an gaiste bainte agus gan tásc ná tuairisc ar an ainmhí mallaithe. Nuair a dúirt an t-údar le Micil, 'Tá siad ag déanamh an diabhal ort,' ba é an freagra a thug Micil ná, 'Go rósta an diabhal iad!'

Chuir Micil an gaiste arís, ach tharla an rud céanna athuair. Mar a deir an t-údar, bhí díocas an diabhail ar Mhicil anois. Bhí sé chun an bua a fháil ar an sionnach ar ais nó ar éigin. Chuir sé an gaiste, ach an t-am seo bheartaigh sé fanacht ag faire air. Agus féach cad a tharla! Tháinig an sionnach ag smúrthacht i dtreo an ghaiste. Bhí mionchlocha ina béal aici, agus chaith sí anuas ar an ngaiste iad gur bhain sí é. Ansin chaith sí na clocha ar ais i sruthán in aice léi. Bhí béal Mhicil ar leathadh leis an ionadh. In ionad na feirge bhí meas mór aige ar an ainmhí cliste seo. Deir sé: '*By dad!* Níl aon néall ortsa, a chailín!' Bhí an bua ag an sionnach air, agus gan a fhios ag Micil bocht cad ba cheart a dhéanamh.

Ar ndóigh, ba é Peadar Beag a réitigh an fhadhb faoi dheireadh. Chuir sé cogar i gcluais Mhicil agus dúirt leis nimh a usáid. Rinne Micil amhlaidh. Tugtar léargas dúinn ar Pheadar mar charachtar anseo arís. Is rógaire críochnaithe é. Ní hamháin go mbíonn sé ag baint as Micil ach tá sé ábalta é a láimhseáil go héasca. Ar aon nós, níorbh fhada go raibh an sionnach marbh, agus is greannmhar mar a chuirtear deireadh leis an scéal. Tugtar pictiúr dúinn de Pheadar ag croitheadh a chinn go heolach agus ag rá go bhfaca sé an sionnach i mBaile Átha Cliath agus í ag brostú ar nós duine a mbeadh cúraimí an tsaoil uirthi. Ach, mar a deir an t-údar, ní ceart aon aird a thabhairt ar Pheadar, mar bíonn sé ag magadh faoi mhuintir an Chlocháin de shíor.

Stór Focal

Cuir na nathanna agus na focail seo a leanas in abairtí a léireoidh a gceart-úsáid: *cosúlacht; cheana; aithne; seó; ag seilg; léirscrios; bánaithe; ar fud na háite; níorbh fhiú do; ag cur fúithi; imní; gaisce; tásc ná tuairisc; díocas; misneach; diabhlaíocht; i bhfolach; nimhneach; buille marfach; braon fola; go réidh; le fána; lonrach; fothram; ag smúrthacht; néall; scéiméireacht; curtha dá bhuille; ar cuairt; cogar; scéala; básaithe; go heolach; aird; ag magadh; cúrsaí.*

Ceisteanna

Cad a dúirt muintir an Chlocháin faoin sionnach? Cad a dúirt Peadar Beag féin fúithi?

'Ach ní thabharfainn aon chluas do Pheadar Beag . . .' Cén fáth a ndeir an t-údar é sin?

Cén fáth a raibh imní chomh mór sin ar Mhicil i dtaobh an tsionnaigh?

Cén fáth nach raibh Micil ábalta an sionnach a cheapadh (breith ar an sionnach)?

Conas a fuair Micil réidh leis an sionnach sa deireadh? Conas a cheap sé an plean sin?

Cad iad na mothúcháin a léirigh Micil agus é ar thóir an tsionnaigh? An ndéarfá go raibh roinnt uaignis nó bróin ar Mhicil i ndiaidh an tsionnaigh? Cén fáth?

Cén t-eolas a fhaighimid ar shaol mhuintir na háite sa scéal seo?

Conas a léirítear Peadar Beag mar charachtar sa scéal?

Léirigh an greann sa scéal seo.

Foclóir ar an Téacs

1 **ar aghaidh = os comhair, *in front of***
2 **geata iarainn = *an irom gate***
3 **go borb = *harshly, rudely***
4 **go cúthail = *shyly***
4 **go faiteach = go faitíosach, go heaglach, *timidly***
5 **ag corrú = *stirring***
5 **go misniúil = *bravely, briskly***
6 **santach = *eager, greedy***
6 **slíomadóir = *an ungainly or awkward person***
7 **ramhar = *fat***
7 **fiáin = *wild***
7 **deargéadanach = *red-faced***
8 **bhí teach ósta réasúnta mór aige, scathamh beag ar siúl i mbaile cuain, áit a mbíodh go leor fámairí as Sasana ag tarraingt ó thainig deireadh leis an gcogadh, mar gheall ar chomh gann agus bhí bia ina dtír féin = *he had a fairly big hotel, a little while away in a harbour village, a place where a good few visitors from England used to come to since the war ended, because of how scarce food was in their own country* (réasúnta = *reasonably, moderately*; scathamh [scaitheamh] beag = tamall beag; baile cuain = a *harbour village*; fámaire= *a tripper, tourist*; cogadh = *a war*; mar gheall ar = *because of*; gann = *scarce*)**
11 **ag beathú muc = *rearing pigs* (beathaím = *I feed, rear*)**
12 **fuílleach = *remains, leftovers***
12 **dream = grúpa, *a group***
13 **feirm oiliúna = *a (pig) rearing farm***
14 **le chois aige = *beside him***
14 **amplach = santach, *greedy***
14 **ó nádúir [nádúr] = *by nature***
15 **caoimhneas = *pleasantness***
15 **tuiscint = *understanding* (tuiseal ginideach: tuisceana)**
15 **rinne an t-uafás airgid a bhí sé ag saothrú le gairid amhas críochnaithe den bhfear bocht, idir anam agus chorp = *the huge amount of money he had been earning recently had made a complete mercenary of the poor man, body and soul* (ag saothrú = *earning;* le gairid = *recently*)**
17 **bhí fíbín dearg air, ó mhaidin go hoíche = *he was always gadding about, from morning till night***
18 **ag cur tuilleadh saibhris agus tuilleadh fós i dteannta an charnáin a bhí ina chuntas bainc = *putting more and more wealth with the heap he had in his bank account* (tuilleadh = *more*; saibhreas = maoin, *wealth;* i dteannta = *with*; carnán = *a heap*)**
20 **déan deabhadh = déan deifir, *hurry up***
20 **ag tarraingt ar = ag déanamh ar, *making for***
21 **go righin = go mall, *slowly***
21 **is minic a cheapaim nach liom thú ar chor ar bith = *often I think that you do not belong to me at all***
22 **cuir dhíot = *be off***
23 **go mear = go tapa, *fast***
23 **ní ag déanamh aeir atá muid [atáimid] = *we are not taking air, enjoying ourselves***

An Buille

Tógadh an scéal seo a leanas as Dúil, *cnuasach de ghearrscéalta le Liam Ó Flaithearta (1897–1984). Rugadh an t-údar ar Árainn; agus cé gur imigh sé as an oileán go hóg, d'fhág an saol eiliminteach ann a rian ar a chuid litríochta. Is é* Dúil *an t-aon leabhar Gaeilge atá againn uaidh, mar is i mBéarla a scríobh sé de ghnáth. Tá clú domhanda ar a shaothar, agus tá a lán dá ghearrscéalta agus úr scéalta aistrithe go teangacha éagsúla.*

Nuair a stad an carr amach ar aghaidh na feirme sráide, dúirt a athair le Neidín an geata mór iarainn d'oscailt. 'Deifir,' adeir sé go borb leis an ngasúr, a bhí ag déanamh a bhealaigh go cúthail faiteach amach as an gcarr. 'Cé an fáth an diabhail nach féidir leat thú féin a chorrú go misniúil mar dhéanfadh gasúr breá santach? Níl ionat ach slíomadóir.'

Fear mór ramhar fiáin deargéadanach é an t-athair, Éamonn Ó Floinn. Bhí teach ósta réasúnta mór aige, scathamh beag ar siúl i mbaile cuain, áit a mbíodh go leor fámairí as Sasana ag tarraingt ó tháinig deireadh leis an gcogadh, mar gheall ar chomh gann agus bhí bia ina dtír féin. Bhíodh sé ag beathú muc leis an bhfuílleach d'fhág an dream sin ar bord. Le bainbh a cheannach sea tháinig sé go dtí an fheirm oiliúna seo agus a mhac le chois aige. Duine amplach a bhí ann ó nádúir, gan caoimhneas ná mórán tuiscint. Rinne an t-uafás airgid a bhí sé ag saothrú le gairid amhas críochnaithe den bhfear bocht, idir anam agus chorp. Bhí fíbín dearg air, ó mhaidin go hoíche, ag cur tuilleadh saibhris agus tuilleadh fós i dteannta an charnáin a bhí ina chuntas bainc.

'Déan deabhadh,' adeir sé arís, nuair a bhí an gasúr ag tarraingt go righin ar an ngeata. 'Ó! A Thiarna! Is minic a cheapaim nach liom thú ar chor ar bith. Cuir dhíot, a dhuine. Leag ort go mear. Ní ag déanamh aeir atá muid anseo ach ag obair.'

25 **is é an chaoi a chuir an bhagairt agus an maslú seo lagar an eagla ar Neidín i leaba é a bhrostú chun deifre** = ***the fact is that this threatening and insulting made Neidín weak with fear instead of making him hurry up*** **(caoi = slí, *way;* bagairt = *a threat, threatening*; maslú = masla, a*n insult, insulting*; lagar = *a weakness*; i leaba = in ionad, *instead of*)**
27 **primpeallán loitithe** = ***a wounded beetle***
28 **go míchothrom = unevenly**
28 **boinn a chos ag cimilt [cuimilt] i lár céime le barr talún** = ***the soles of his feet rubbing in mid-step the top of the ground*** **(céim = *a step*)**
29 **go deimhin, ní mórán nárbh é sin a mhodh siúil coitianta, gan rud ar bith ag cur múisiúim ar a chroí** = ***indeed that was very nearly his ordinary way of walking, without anything upsetting him*** **(go deimhin = go cinnte, *certainly*; múisiúm [múisiam]= *upset*)**
31 **ag déanamh a bhealaigh** = ***making his way***
31 **scalprach = scailpeach, *rocky, having clefts***
32 **éitir = láidreacht, neart, *strength***
33 **feiliúnach = oiriúnach, *suitable***
34 **minseog ghabhair = minseach ghabhar, *a young she-goat***
34 **ní raibh sciolltar feola ar a spreangaí** = ***there was no flesh at all on his spindle-legs***
35 **níor theastaigh uaidh ach cúpla orlach de chrios lena bhríste giortach a choinneáil fostaithe faoina lár = ní raibh ag teastáil uaidh ach píosa beag de chrios chun a bhríste gearr a cheangal faoina lár** = ***he only needed a couple of inches of a belt to tie his short trousers around his middle***
37 **bhí cumraíocht a chnámh le feiscint [le feiceáil] trína gheansaí gorm agus gach cíor uilleann beagnach chomh géar le barr gorúin seanchrupaigh** = ***the shape of his bones was to be seen through his blue jumper, and the point of each elbow was as sharp as the top of the hip on some miserable old animal*** **(cumraíocht = cuma, *a shape*; gorún = *a hip*; crupach = *a thin, miserable animal*)**
39 **malrach taitneamhach a bhí ann, ina dhiaidh sin, mar gheall ar áilleacht a chláir éadain** = ***he was a pleasing boy, for all that, because of the beauty of his face*** **(malrach = *a youngster*; taitneamhach = *pleasant*; clár éadain = *forehead, face*)**
41 **snua** = ***appearance***
41 **mín cineálta** = ***gentle***
41 **creathú [creathnú] beag bídeach** = ***a tiny little quiver***
42 **teann mothú** = ***sheer emotion***
43 **faoi mhionúnfairt an aeir** = ***under the gentle movement of the air***
44 **ba furasta aithint** = ***it was easy to recoginse***
44 **gurbh í a intleacht a bhí ag borradh i leaba a choirp** = ***that it was his intellect that was developing instead of his body*** **(i leaba = *instead of*; ag borradh = *growing, swelling*)**
45 **cheana féin** = ***already***
45 **tuiscint** = ***understanding***
46 **níos doimhne** = ***deeper***
46 **iontas = ionadh, *wonder***
47 **goilliúint** = ***sensitivity***
48 **boltaí troma** = ***heavy bolts***
48 **ag brath ar leathchliath an gheata a tharraingt amach** = ***intending to pull out one wing of the gate***
50 **ar bís** = ***impatiently***
50 **go truamhéileach** = ***pathetically***

Is é an chaoi a chuir an bhagairt agus an maslú seo lagar an eagla ar Neidín i leaba é a bhrostú chun deifre. Rinne sé ar an ngeata mar bheadh primpeallán loitithe, ag sleamhnú leis go mall míchothrom agus boinn a chos ag cimilt i lár céime le barr talún. Go deimhin, ní mórán nárbh é sin a mhodh siúil coitianta, gan rud ar bith ag cur múisiúim ar a chroí. Cheapfá gur ag déanamh a bhealaigh thar thalamh scalprach a bhíodh sé i gcónaí. Cé go raibh sé aon bhliain déag, ní raibh éitir feiliúnach ann ar son na haoise sin. Bhí sé sách ard ceart go leor, ach ní raibh minseog ghabhair níos caoile. Ní raibh sciolltar feola ar a spreangaí, a bhí nochtaithe suas thar a ghlúine. Níor theastaigh uaidh ach cúpla orlach de chrios lena bhríste giortach a choinneáil fostaithe faoina lár. Bhí cumraíocht a chnámh le feiscint trína gheansaí gorm agus gach cíor uilleann beagnach chomh géar le barr gorúin seanchrupaigh. Malrach taitneamhach a bhí ann, ina dhiaidh sin, mar gheall ar áilleacht a chláir éadain. Bhí a shnua mín cineálta agus bhí creathú beag bídeach ag gabháil thart timpeall ar bhruacha a bhéil le teann mothú; mar bheadh creathnú blátha faoi mhionúnfairt an aeir. Ba furasta aithint ar a shúile móra gorma gurbh í a intleacht a bhí ag borradh i leaba a choirp. Cheana féin bhí tuiscint iontu i bhfad níos doimhne ná i súile a athar; tuiscint agus iontas agus goilliúint.

Nuair a bhí na boltaí troma bainte aige agus é ag brath ar leathchliath an gheata a tharraingt amach, thug sé faoi deara go raibh éiníní óga ag glaoch ar bís go truamhéileach i nead os a

Liam Ó Flaithearta

51 **gan bhuíochas den eagla a bhí air** = ***in spite of the fear that was in him***
52 **bhreathnaigh sé = d'fhéach sé**
52 **tom mór eidhinn** = ***a big clump of ivy*** **(eidheann** = ***ivy*****)**
53 **ursa cloiche** = ***a stone jamb***
54 **meirgeach** = ***rusty***
55 **lofa** = ***rotten***
55 **ag sliobarnaigh = ag liobarnach,** ***hanging loose***
55 **crochta as an ursa le slabhra** = ***hanging out of the jamb by a chain***
57 **as usáid le fada** = ***out of use for a long time***
58 **ag breathnú = ag féachaint**
59 **céard a dhéanfas [dhéanfaidh] mé leat ar chor ar bith?** = ***what will I do with you at all?***
62 **iarann** = ***iron***
62 **ola** = ***oil***
63 **i ndon = in ann, ábalta,** ***able***
64 **go misniúil** = ***briskly, energetically***
64 **cia [cé] nach bhfuil spreac [spreag] ar bith ionat?** = ***surely you have some bit of energy?***
65 **grabaide [grabaire]** = ***a weakling***
68 **gealbhan** = ***a sparrow***
68 **faoi ruathar mór eitill [eitilte]** = ***with a great rush of flight***
68 **tar éis péiste a roinnt idir éiníní an áil** = ***after dividing a worm between the nest of birds*** **(ál** = ***a litter, clutch, brood*****)**
70 **teitheadh mear an éin** = ***the fast flight of the bird***
71 **ag gabháil lena dhá dhorn ar roth stiúrach an chairr** = ***pounding the steering-wheel of the car with his two fists*** **(dorn** = ***a fist*****)**
73 **beidh d'anam agam = I'll have your life (anam** = ***a soul*****)**
73 **a ghlór scréachach le fearg** = ***his voice screechy with anger***
74 **nach orm a bhí an mí-ádh an lá a cuireadh faoi mo chúram do leithéid de phleidhce** = ***wasn't I unfortunate the day such a fool as you was put under my care*** **(mí-ádh = tubaiste, a** ***misfortune*****; pleidhce = amadán,** ***a fool*****)**
76 **líonrith = scanradh,** ***terror***
77 **níos sciobthaí = níos tapúla,** ***faster***
77 **ní baileach go raibh sé caite siar ar fad aige nuair a chuir an t-athair a charr ar aghaidh faoi chruashiúl** = ***he had hardly it thrown back when the father drove his car on at speed***
79 **b'éigean do Neidín léimneach as an mbealach** = ***Neidín had to jump out of the way***
80 **níl braon de mo chuid fola ionat** = ***there's not a drop of my blood in you*** **(fuil** = ***blood*****)**
81 **le do mháthair a chuaigh tú, a ruidín fánach leisciúil** = ***you took after your mother, you lazy, useless, miserable creature*** **(ruidín** = ***a miserable creature*****; fánach** = ***useless*****)**
83 **chreathnaigh sé = chroith sé,** ***he shook***
83 **tháinig fonn tréan caoineacháin air nuair a chuala sé a mháthair á maslú** = ***a strong desire to cry came on him when he heard his mother being insulted*** **(fonn** = ***a desire*****; ag maslú** = ***insulting*****)**

chionn. Gan bhuíochas den eagla a bhí air, stad sé agus bhreathnaigh sé ar an tom mór eidhinn a bhí ag fás ar cheartlár ursa cloiche, suas amach os cionn an gheata. Istigh san eidheann a bhí an nead. Bhí clog mór meirgeach, lena raibh giota de théad lofa ag sliobarnaigh, crochta as an ursa le slabhra. Bhí eidheann ag fás ar an slabhra freisin agus ar bharr an chloig, a bhí as úsáid le fada.

'A Dhiabhailín!' a bhéic an t-athair. 'An ag breathnú ar éanacha atá tú anois, mar bheadh leathamadán? Céard a dhéanfas mé leat ar chor ar bith? Oscail an geata sin.'

Gheit an gasúr agus rug sé ar leath an gheata lena dhá láimh. Bhí an t-iarann an-trom agus níor cuireadh aon ola air le blianta. Is ar éigin a bhí Neidín i ndon é a bhogadh chun siúil.

'Tabhair faoi go misniúil,' d'fhógair an t-athair. 'Cia nach bhfuil spreac ar bith ionat, a ghrabaide?'

Rinne an geata torann binn agus é á chasadh amach.

Nuair a bhí Neidín ag gabháil sall go dtí an leath eile, tháinig seanghealbhan amach as an nead faoi ruathar mór eitill, tar éis péiste a roinnt idir éiníní an áil. Sheas an gasúr arís agus lean a shúile teitheadh mear an éin, soir amach tríd an spéir, nó gur thosnaigh a athair ag gabháil lena dhá dhorn ar roth stiúrach an chairr.

'Beidh d'anam agam,' adeir an t-athair agus a ghlór scréachach le fearg. 'Ó! A Thiarna Dia! Nach orm a bhí an mí-ádh an lá cuireadh faoi mo chúram do leithéid de phleidhce!'

Tháinig líonrith anois ar an ngasúr agus d'oscail sé an dara leath den gheata go mór níos sciobthaí. Ní baileach go raibh sé caite siar ar fad aige nuair a chuir an t-athair a charr ar aghaidh faoi chruashiúl. B'éigean do Neidín léimneach as an mbealach.

'Níl braon de mo chuid fola ionat,' a bhéic an t-athair agus é ag gabháil thart isteach ar an tsráid. 'Le do mháthair a chuaigh tú, a ruidín fánach leisciúil.'

Chreathnaigh an gasúr ó cheann go cos agus tháinig fonn tréan caoineacháin air nuair a chuala sé a mháthair á maslú. Bhí

85 cion = grá, *love, affection*
85 bean réidh cheanúil a thug an-ghrá dhó agus a chuir spéis ina chuid smaointe aisteacha agus a d'éist go cúramach le [leis] na rámhaillí cainte ba ghnáthach [ghnách] leis cur uaidh roimh titim ina chodladh = *a gentle, loving woman who gave him great love and showed an interest in his strange thoughts and listened carefully to his fanciful talk that he usually went on with before falling alseep* (spéis = suim, *interest*; rámhaille = *raving, fanciful imaginings*; ba ghnách leis = *it was usual for him*)
89 aingeal coimhdeachta = *guardian angel*
89 banríon diaga = *divine queen*
89 ar an nóiméad sin, ba luarga leis a athair ná diabhal as ifreann, mar gheall ar í a mhaslú leis an méid sin tarcaisne = *at that moment, his father was uglier to him than a devil out of Hell, because of his having insulted her with such contempt* (luarga = *coarse, vulgar*; tarcaisne = masla, *insult*)
91 b'éigean dó a chuid fiacal a sháitheadh [shá] síos go doimhin trína chlab íochtarach sular fhéad sé cosc a chur le [leis] na deora = *he had to squeeze his teeth deeply through his bottom jaw before he could stop the tears*
93 tháinig dath bán ar a leicne = *his cheeks turned white*
94 ní buan cuimhne gasúir, ina dhiaidh sin, ar mhaith ná ar olc = *nevertheless, for good or bad, a boy's memory is not lasting*
95 is ar éigin a bhí sé = *he was hardly*
95 ag leanach = ag leanúint, *following*
96 nuair a chuir iontas na sráide deireadh lena dhoilíos = *when the wonder of the street put an end to his sorrow*
97 caol = *narrow*
97 fál ard cloiche = *a high stone wall*
98 fail muice = *a pigsty*
98 urlár stroighne = *a concrete floor*
99 mín = *level*
99 dabhach uisce = *a tub of water*
99 caidéal = *a pump*
99 i lár báire = *in the middle*
100 muca le feiscint[le feiceáil] ag tochailt taobh amuigh de = *pigs to be seen rooting about outside it*
101 buaile = *an enclosure*
102 puiteach = *mud*
104 go sonasach = go háthasach, *happily*
105 ar aghaidh faile = *in front of a sty*
106 ag cartadh aoiligh le píce = *clearing out manure with a fork* (aoileach = *dung, farmyard manure*)
108 teas mór = *great heat, it's very hot*
112 féachaint an mbeadh sé nó a seacht de cheanna freagarthach le haghaidh ábhair muice ina measc = *to see would there be six or seven among them suitable for making good pigs* (freagarthach = oiriúnach, *suitable*)
114 ucht = *chest*
115 smugairle = *a spit*
115 go dúthrachtach = *earnestly*
117 ábhar muice = *pig material, good piglets*
118 buachaill é Peadar = *Peadar is a boyo*
119 foighid leat = *have patience*
120 slachtmhar = *neat*
121 iomarcach = *too much*
121 níl uaim ach = níl ag teastáil uaim ach, *I only want*

an-chion aige ar a mháthair; bean réidh cheanúil a thug a
dhó agus a chuir spéis ina chuid smaointe aisteacha agus a d'éist go cúramach le na rámhaillí cainte ba ghnáthach leis cur uaidh roimh titim ina chodladh. A mháthair! Ba hí a mháthair a aingeal coimhdeachta agus a bhanríon diaga. Ar an nóiméad sin, ba luarga leis a athair ná diabhal as ifreann, mar gheall ar í a mhaslú leis an méid sin tarcaisne. B'éigean dó a chuid fiacal a sháitheadh síos go doimhin trína chlab íochtarach sular fhéad sé cosc a chur le na deora. Tháinig dath bán ar a leicne.

Ní buan cuimhne gasúir, ina dhiaidh sin, ar mhaith ná ar olc. Is ar éigin a bhí sé taobh istigh den gheata, ag leanacht an chairr, nuair a chuir iontas na sráide deireadh lena dhoilíos. Ba é seo an chéad uair a chonaic sé an áit. Bhí sí fada caol; fál ard cloiche le gach ceann agus fail muice le gach taobh; an t-urlár stroighne chomh mín le clár; dabhach uisce agus caidéal i lár báire. Bhí geata mór eile sa bhfál thiar; é leathoscailte agus muca le feiscint ag tochailt taobh amuigh de, i mbuaile a bhí clúdaithe le puiteach.

'Ó! Nach deas an áit í seo!' adeir Neidín leis féin agus é ag breathnú timpeall air go sonasach. 'Nach álainn an áit í!'

Stad an t-athair amach ar aghaidh faile ina raibh fear ard liath ag cartadh aoiligh le píce.

'Dia dhuit, a Pheadair,' adeir sé.

'Dia agus Muire dhuit, a Éamoinn,' adeir an fear liath. 'Teas mór.'

'Teas mór,' adeir Éamonn, ag teacht amach as an gcarr. 'Cheap mé go dtiocfainn ag breathnú ar do chuid banbh, féachaint an mbeadh sé nó seacht de cheanna freagarthach le haghaidh ábhair muice ina measc.'

Lig an fear liath a ucht ar bharr a phíce, chaith sé amach smugairle agus dúirt sé go dúthrachtach:

'Sé nó seacht de cheanna? Tá agus suas le trí scóir de na hábhair muice is fearr a chonaic tusa riamh.'

'Buachaill é Peadar!' adeir Éamonn. 'Cá bhfuil siad?'

'Foighid leat, ' adeir Peadar, ag caitheamh uaidh an phíce. 'Is gearr go bhfeicfidh tú leathscór banbh chomh slachtmhar . . .'

'Bheadh leathscór iomarcach,' adeir Éamonn. 'Níl uaim ach sé nó seacht de cheanna.'

123 ál = ***a litter***
123 nuair a fheicfeas tú an t-ál seo = ***when you see this litter***
124 beidh tnúthán agat le chuile dhiabhal ceann díobh = ***you will long for every one of them*** **(tnúthán** = **tnúth,** ***a longing, desire*****)**
126 d'fhéadfadh tnúthán bheith ag duine leis an ngrian . . . agus gan acmhainn ag a sparán ar í a cheannach = ***a person could be longing for the sun and his purse not have the means to buy it*** **(acmhainn** = ***wealth, means*****)**
127 os ard a ghutha = ***at the top of his voice***
130 lofa le airgead [le hairgead] = ***rotten with money***
131 fear atá gan talamh, gan trá = ***a man without land or strand, a man of no means at all***
132 ná bac leis sin = ***don't bother about that***
132 bíonn béal bocht i gcónaí ag lucht an tsaibhris = ***the rich are always complaining that they have nothing*** **(béal bocht** = ***the poor mouth, pretence of being poor*****)**
134 cráin = ***a sow***
135 slat a droma = ***her backbone***
136 smut = ***a snout***
137 ag dearcadh = **ag féachaint**
138 go dian feargach = ***intensely and angrily***
138 bhí a colg ardaithe ar chír a muiníl agus a heireaball casta suas go dlúth ar a cairín, mar bheadh coirceog = ***her bristles were erect on the top of her neck and her tail twisted up tightly on her rump, like a hive*** **(colg** = ***bristle*****; cairín** = ***rump, hinquarters*****; coirceog** = ***a hive*****)**
139 le gach cor uaibhreach a bhain sí as a másaí ina gluaiseacht, do luasc a húth folamh ó thaobh go taobh a boilg agus bhí na siní feoite ag rince mar bheadh bábóga á n-oibriú le iomad sreangán = ***with every proud twist that she gave to her hindquarters in her movement the empty udder swayed from side to side of her stomach, and the withered teats were dancing like dolls being worked by too many strings*** **(cor uaibhreach** = ***a proud movement*****; másaí** = ***hindquarters*****; úth** = ***an udder*****; sine** = ***a teat*****; feoite** = ***withered, shrivelled*****; sreangán** = ***a string*****)**
143 go samhnasach = ***squeamishly***
144 iontas = **ionadh,** ***wonder***
144 i ngar a bheith = ***near to being***
145 nach tréan an fad atá inti = ***isn't there a powerful length in her***
147 thar leathdhoras faile = ***over the half-door of a sty***
148 hurrais [hurais] = **focal a úsáidtear chun muc a thiomáint**
148 ag ligean [ag ligint] air féin go mba leis an chráin agus go raibh sé á tiomáint ar ais ón mbuaile = ***letting on that he owned the sow and was driving her back from the enclosure***
151 níor thug an chráin aird dá laghad = ***the sow didn't pay the least bit of attention***
152 go ceanúil = ***lovingly, affectionately***
152 mása = ***hindquarters***
152 bos = ***palm (of hand)***
153 choinnigh sí uirthi = **lean sí ar aghaidh,** ***she continued on***
153 cruashiúl = ***a fast pace***
153 fuinniúil = ***forceful, energetic***
154 smut = ***a snout***
156 collach = ***a boar***
156 ar leis an t-ál = ***that owns the litter***
157 folláin = ***healthy***

'Nuair fheicfeas tú an t-ál seo,' adeir Peadar, ag gabháil trasna na sráide le Éamonn, 'beidh tnúthán agat le chuile dhiabhal ceann díobh.'

'D'fhéadfadh tnúthán bheith ag duine leis an ngrian,' adeir Éamonn os ard a ghutha, 'agus gan acmhainn ag a sparán ar í a cheannach.'

'Éist leis an té atá ag caint ar acmhainn a sparáin,' adeir an fear liath. 'Fear atá lofa le airgead.'

'Mise?' adeir Éamonn. 'Fear atá gan talamh, gan trá?'

'Ná bac leis sin,' adeir an fear liath. 'Bíonn béal bocht i gcónaí ag lucht an tsaibhris.'

Ar an nóiméad sin tháinig cráin muice isteach ar an sráid tríd an geata thiar agus a craiceann brataithe go slat a droma le puiteach na buaile. Bhí a smut le talamh agus a súile beaga géara ag dearcadh amach roimpi go dian feargach. Bhí a colg ardaithe ar chír a muiníl agus a heireaball casta suas go dlúth ar a cairín, mar bheadh coirceog. Le gach cor uaibhreach a bhain sí as a másaí ina gluaiseacht, do luasc a húth folamh ó thaobh go taobh a boilg agus bhí na siní fada feoite ag rince mar bheadh bábóga á n-oibriú le iomad sreangán.

'Ó! A Thiarna!' adeir Neidín leis féin go samhnasach agus a shúile leata ina cheann le iontas. 'Tá sí i ngar a bheith chomh mór le asal. Ó! Nach tréan an fad atá inti!'

Lean sé an chráin sall go dtí cúinne ina raibh a athair agus an fear liath ag breathnú isteach thar leathdhoras faile.

'Hurrais! Hurrais!' adeir sé os íseal, ag ligean air féin go mba leis an chráin agus go raibh sé á tiomáint ar ais ón mbuaile. 'Gabh amach anois, a chailín. Hurrais!'

Níor thug an chráin aird dá laghad ar an ngasúr a bhí ag siúl lena taobh agus ag gabháil go ceanúil ar a mása lena bhois. Choinnigh sí uirthi ina cruashiúl fuinniúil, nó gur shroich sí an bheirt fhear. Sheas sí go díreach taobh thiar díobh agus a smut le talamh.

'Sin é anois an collach ar leis an t-ál,' adeir an fear liath. 'An collach céanna sin; collach chomh breá láidir folláin agus tá sa gcontae. Níl sé ach . . .'

160 go tréan = go láidir, *strongly, loudly*
160 borb = *aggressive*
160 as ceartlár a coirp = *from the very heart of her body*
161 mealltracha toirnigh = *rolls of thunder*
161 pléascadh = *an explosion*
162 sreath [sraith] urchar ag teacht as inneallghunna = *a series of shots coming from a machine-gun*
162 ag leanacht = ag leanúint, *following*
163 gáir ag leanacht gáire go cothrom, gan staonadh ná deifriú = *cry following cry evenly, without stop or hurry* (deifriú = deifir, *a hurry*)
163 bhí fuaim a glóir uafásach agus éigiallda; uallfairt ainmhí ó thús an domhain i bhforaois dorcha ag cur call a máithreachais in iúl = *the sound of her voice was terrible and irrational: the howl of an animal from the beginning of time in a dark forest making known her maternal need* (call = *a need*; máithreachas = *motherhood*; cuirim in iúl = I *express, make known*)
165 d'fhreagair an collach an cúigiú gáir le síon ina raibh díocas na mire agus thosaigh sé ag réabadh an dorais = *the boar answered the fifth cry, in which there was the anxiety of frenzy, and started to tear the door* (síon = búiríl, *bellow*; díocas = *eagerness*; mire = *frenzy*; ag réabadh = *tearing*)
168 gabh amach = téigh amach, *go out* bailigh leat = *get out*
169 go humhal = *obediently, humbly*
170 a smut le talamh = *its snout to the ground*
171 ag clamhsán os íseal = *grumbling in a low voice*
171 coinním = coimeádaim, *I keep*
171 ag síonaíl = ag búiríl, *bellowing*
171 go díocasach = *anxiously*
173 ag gabháil air le maide = *setting about it with a stick*
173 tháinig foighid ann = *it became patient*
174 thit sé ina thost = *it became silent*
174 ag creathnú le fearg = *shaking with anger*
174 ag mungailt íochtair an dorais = *munching the bottom of the door*
177 níl cur síos ar a spreac, ná ar a mhisneach = *there's no describing its energy and spirit* (cur síos = *a description*; spreac [spreag] = *energy*; misneach = *courage, high spirit*)
177 faitíos = eagla, *fear*
178 gadhar = madra, *a dog*
179 is caol liom é sna duáin = *I think it is slender around the back* (duán = *kidney*)
180 déarfainn nach mbeadh a ndóthain fairsinge ina chlann, siar agus aniar, le brat maith feola d'iompar [a iompar] = *I would say there wouldn't be enough width in its litter, to the back or to the front, to carry a good cover of meat* (fairsinge = *width*; feoil = *meat*; ag iompar = *carrying*)
181 ná a ndóthain nirt ina gcosa ach an oiread le— = nor enough strength in their legs to— (neart = láidreacht, *strength*; ach an oiread = *either*)
183 seafóid = ráiméis, *nonsense*
185 cogar anois = *listen now*

Ar an nóiméad sin d'ardaigh an chráin a smut agus thosnaigh sí ag glaoch go tréan, i ngáir a bhí borb agus trom, as ceartlár a coirp; mar bheadh mealltracha toirnigh agus pléascadh, nó sreath urchar ag teacht as inneallghunna; gáir ag leanacht gáire go cothrom, gan staonadh ná deifriú. Bhí fuaim a ghlóir uafásach agus éigiallda; uallfairt ainmhí ó thús an domhain i bhforaois dorcha ag cur call a máithreachais in iúl. D'fhreagair an collach an cúigiú gáir le síon ina raibh díocas na mire agus thosnaigh sé ag réabadh an dorais.

'Gabh amach,' adeir an fear liath, ag tabhairt buille coise sa taobh don chráin. 'Bailigh leat. Hurrais!'

D'imigh an chráin suas an stráid go humhal, a smut le talamh agus í ag clamhsán os íseal; ach choinnigh an collach air ag síonaíl go díocasach agus ag réabadh an dorais, nó gur thosnaigh an fear liath ag gabháil air le maide. Ansin tháinig foighid ann agus thit sé ina thost; cé go raibh sé ag creathnú le fearg agus ag mungailt íochtair an dorais.

'Diabhal críochnaithe atá ann,' adeir an fear liath le Éamonn. 'Níl cur síos ar bith ar a spreac, ná ar a mhisneach. Níl faitíos air roimh duine ná gadhar.'

'Tá fad breá ann,' adeir Éamonn, 'ach is caol liom é sna duáin. Déarfainn nach mbeadh a ndóthain fairsinge ina chlann, siar agus aniar, le brat maith feola d'iompar. Ní bheadh, déarfainn, ná a ndóthain nirt ina gcosa ach an oiread le . . .'

'Níl sa gcaint sin ach seafóid,' adeir Peadar. 'Gach uile dhiabhal banbh a tháinig uaidh . . .'

'Cogar anois,' adeir Éamonn, 'níl mé ach ag . . .'

186 ná bac le bheith ag caitheamh ar bhainbh nach bhfuil feicthe agat fós = *don't bother making little of piglets that you haven't seen yet* (ag caitheamh ar = ag caitheamh anuas ar, *making little of, speaking ill of*)

187 téanam uait sall anseo = *come over here*

189 go réidh = *unhurriedly, slowly*

189 bhreathnaigh sé isteach ar an gcollach = *he looked in at the boar* (breathnaím = féachaim, *I look*)

190 ar an nóiméad sin chuaigh an t-ainmhí fiáin scathamh [scaitheamh] beag i ndiaidh a chúil, shocraigh sé é féin go haireach agus thug sé faoin doras le iomlán [le hiomlán] a nirt mar thiúrfadh [thabharfadh] tarbh; á bhualadh go híochtarach lena bhaitheas = *at that minute the wild animal went backwards a bit, settled itself carefully and rushed at the door with all its strength like a bull, hitting it low down with the top of its head* (scaitheamh beag = *a little bit*; i ndiaidh a chúil = *backwards*; go haireach = go cúramach, *carefully*; tugaim faoi = tugaim fogha faoi, *I attack, rush at*; neart = láidreacht, *strength*; baitheas = baithis, *top of the head*)

194 marach [murach] go raibh an t-adhmad tiubh agus an-láidir, scoiltfí é de bharr an ruathair dhamanta = *only that the wood was thick and very strong, it would have been split as a result of the murderous charge* (scoiltim = *I split;* ruathar = fogha, *a rushing attack*)

196 shocraigh sé é féin le haghaidh cnaig eile = shocraigh sé é féin i gcomhair buille eile, *it settled itself for another blow*

197 d'athraigh sé a intinn, áfach, agus bhreathnaigh sé suas ar an ngasúr; gráin síoraí ina shúile agus cúr ag sileadh lena dhrad [dhraid] = *it changed its mind, however, and looked up at the boy, eternal hatred in its eyes and foam dripping from its mouth* (athraím = *I change*; intinn = aigne, *mind*; cúr = *froth, foam*; draid = *mouth, teeth*)

'Ná bac le bheith ag caitheamh ar bhainbh nach bhfuil feicthe agat fós,' adeir Peadar. 'Téanam uait sall anseo.'

Nuair a bhí an bheirt fhear imithe, chuir Neidín a dhá láimh go réidh ar bharr an leathdhorais. Ansin sheas sé ar bharr coise agus bhreathnaigh sé isteach ar an gcollach. Ar an nóiméad sin chuaigh an t-ainmhí fiáin scathamh beag i ndiaidh a chúil, shocraigh sé é féin go haireach agus thug sé faoin doras le iomlán a nirt mar thiúrfadh tarbh; á bhualadh go híochtarach lena bhaitheas. Marach go raibh an t-adhmad tiubh agus an-láidir, scoiltfí é de bharr an ruathair dhamanta. Chuaigh an collach i ndiaidh a chúil arís agus shocraigh sé é féin le haghaidh cnaig eile. D'athraigh sé a intinn, áfach, agus bhreathnaigh sé suas ar an ngasúr; gráin síoraí ina shúile agus cúr ag sileadh lena dhrad.

200 níor chuir sin pioc faitís ar Neidín = *that didn't frighten Neidín in the least* (faitíos = eagla, *fear*)
200 meall = *a lump*
200 docht = *tight*
201 scornach = *throat*
201 trua = *pity*
201 i ngéibheann = i bpríosún, *in captivity*
202 bréan = *foul, rotten*
202 nádúir = nádúr, *nature*
202 uaibhreach = *proud*
202 céasta = ciaptha, *tormented*
202 lucht a ghabhála = *its captors*
203 bhí trua aige don chráin freisin agus bhí fuaim aisteach a glóir ag déanamh macalla ina cheann = *he had pity for the sow as well, and the strange sound of her voice was making an echo in his head* (aisteach = ait, *strange*)
204 go díreach mar bhíodh trua aige do chaint éigiallda na gaoithe a tháinig trí fhuinneog a sheomra codlata sa ngeimhreadh [sa gheimreadh]; rúin diamhra dothuighte á lua go síoraí ar an aer dorcha = *exactly as he used to have pity for the senseless talk of the wind that came through the window of his bedroom in the winter; mysterious, incomprehensible secrets being eternally spoken on the dark air* (rún = *a secret, mystery*; diamhair = *mysterious*; ag lua = *mentioning*)
208 foighid leat = *have patience*
208 go cineálta = *gently*
208 mí mise is ciontach le thú bheith istigh anseo = *I'm not responsible for your being in here* (ciontach = *responsible, guilty*)
209 dá bhféadfainn = *if I could*
210 go deimhin = go cinnte, *certainly*
210 ar an bpointe = láithreach, *immediately*
211 ag breathnú = ag féachaint
211 gan corraí = *without a move*
212 nó gur fhógair a athair = *until his father called out* (fógraím = *I call out, announce*)
212 fail = cró, *a sty*
213 i measc áil bhanbh = *among a litter of piglets*
214 ag múineadh dhó le margadh a dhéanamh atáir [atá tú]? = *are you teaching him to make a bargain?*
215 diabhal múinteoir le fáil, muise, níos fearr ná thú le haghaidh na hócáide sin = *devil a teacher to be found, indeed, better than you for that purpose* (le haghaidh = i gcomhair, *for*; ócáid = *an occasion*)
217 feileann gach uile shaghas eolais do ghasúr = *every sort of knowledge is good for a young boy* (feilim do = oirim do, *I suit*)
218 ag láimhsiú na mbanbh = *handling the piglets*
218 cogar, a Pheadair = *listen, Peadar*
219 cainteach = *talkative*
219 thar a bheith cróilí = *more than sickly*
221 is gearr a bheidís ag feabhsú . . . ar bolg lán = *they wouldn't be long improving on a full stomach*
222 níorbh fhiú dhom iad d'iompar abhaile . . . Bíodh muid ag caint ar na seacht gcinn atá leathréasúnta = *it wouldn't be worth my while carrying them home . . . Let's talk about the seven that are half reasonable*

Níor chuir sin pioc faitís ar Neidín; ach tháinig meall docht ina scornach le trua don chréatúr a bhí i ngéibheann sa seomra beag bréan seo agus a nádúir uaibhreach céasta ag lucht a ghabhála. Bhí trua aige don chráin freisin agus bhí fuaim aisteach a glóir ag déanamh macalla ina cheann; go díreach mar bhíodh trua aige do chaint éigiallda na gaoithe a tháinig trí fhuinneog a sheomra codlata sa ngeimhreadh; rúin diamhra dothuighthe á lua go síoraí ar an aer dorcha.

'Foighid leat,' adeir sé go cineálta leis an gcollach. 'Ní mise is ciontach le thú bheith istigh anseo. Ligfinn amach thú dá bhféadfainn. Go deimhin, ligfinn amach thú ar an bpointe.'

D'fhan sé féin agus an collach ag breathnú ar a chéile gan corraí, nó gur fhógair a athair: ag rá leis teacht anonn go dtí fail ina raibh seisean agus an fear liath istigh i measc áil bhanbh.

'Ag múineadh dhó le margadh a dhéanamh atáir?' adeir an fear liath nuair a shroich Neidín an fhail seo. 'Diabhal múinteoir le fáil, muise, níos fearr ná thú le haghaidh na hócáide sin.'

'Feileann gach uile shaghas eolais do ghasúr,' adeir Éamonn agus é ag láimhsiú na mbanbh. 'Cogar, a Pheadair. Ní maith liom bheith cainteach, ach tá trí cinn díobh seo thar a bheith cróilí.'

'Is gearr a bheidís ag feabhsú,' adeir Peadar, 'ar bholg lán.'

'Níorbh fhiú dhom iad d'iompar abhaile,' adeir Éamonn. 'Bíodh muid ag caint ar na seacht gcinn atá leathréasúnta.'

224 níl ionamsa ach fear páighe [pá] = *I'm only a paid hand* (pá = *pay, wages*)

224 dúirt sí féin liom an t-ál ar fad a dhíol in éineacht ar seacht bpunt an ceann, tríd agus tríd = *herself told me to sell the whole litter together at seven pounds each, more or less* (tríd agus tríd = *in the main, more or less*)

229 más mar sin é = *if that's how it is*

231 ag cur mo lae amú = *wasting my day*

231 nach taodach [taghdach] an mhaise dhuit é = *isn't it impulsive of you* (taghdach = *impulsive, quick-tempered*)

231 ag leanacht = ag leanúint, *following*

233 níl uaim ach = níl ag teastáil uaim ach, ní theastaíonn uaim ach, *I only want*

234 foighid leat = *have patience*

c235 uirfead [cuirfidh mé] focal isteach dhuit = *I will put a word in for you*

236 ag ligean [ag ligint] a uicht ar leathdhoras faile, ina raibh cráin agus ál óg = *letting his chest down on the half-door of a sty in which there was a sow and a young litter* (ucht = *chest*)

237 ná bíodh mórán moille ort = *don't delay much* (moill = *delay*)

240 gabh i leith anseo = *come over here*

241 go righin = go mall, *slowly*

241 bhreathnaigh sé isteach sa bhfail = d'fhéach sé isteach sa chró, *he looked into the sty*

243 breathnaigh orthu sin . . . mar tá rud le foghlaim agat ó bheith á dtabhairt faoi deara = *look at them, because there's something for you to learn by taking notice of them* (ag tabhairt faoi deara = *noticing*)

245 bhí an chráin ina luí ar a taobh agus an t-ál ar fad ag iarraidh bheith ag diúl ar a cuid siní = *the sow was lying on her side and all the litter trying to drink on her teats* (ag diúl = *sucking*; sine = *teat*)

246 ag go raibh leath íochtarach an útha ceilte faoi bhrat tuí a bhí caite ar an urlár, ní raibh deis óil le haghaidh gach ceann den mhuirín iomadach = *because the bottom half of the udder was hidden under a covering of straw every one of the excessive family didn't have a chance to drink* (úth = *udder*; deis = seans, *chance*; le haghaidh = i gcomhair, *for*; muirín = clann, *family*)

248 i dtreo go rabhadar [raibh siad] = *so that they were*

249 ag brú = *pressing*

249 2gan sos = gan stad, *without a break*

249 ag geonaíl = *screeching*

249 go cráite = *tormentedly*

249 ní túisce bheadh greim faighte ag banbh ar shine, agus é ag diúl lán béile den bhainne go hocrach, ná bheadh sé caite i leataobh nó crochta in airde ag ruathar amhasach na mbanbh eile = *no sooner would a piglet get a grip of a teat and be drinking hungrily a full meal of milk than it would be thrown to one side or raised up high by the wild rush of the other piglets* (go hocrach = go hocrasach, *hungrily*; amhasach = *unruly, wild*)

'Níl ionamsa ach fear páighe,' adeir Peadar. 'Dúirt sí féin liom an t-ál ar fad a dhíol in éineacht ar seacht bpunt an ceann, tríd agus tríd.'

'Bean an tí?' adeir Éamonn.

'Bean an tí,' adeir Peadar. 'Sin é an rud céanna adúirt sí.'

'Más mar sin é,' adeir Éamonn, ag caitheamh léime amach thar an leathdhoras, 'níl mise ach ag cur mo lae amú.'

'Nach taodach an mhaise dhuit é!' adeir Peadar, ag leanacht Éamoinn amach ar an sráid. 'Tá mé ag rá leat go . . .'

'Níl uaim ach na seacht gcinn atá réasúnta,' adeir Éamonn.

'Foighid leat mar sin,' adeir Peadar, ag imeacht suas an tsráid go dtí an teach cónaí. 'Cuirfead focal isteach dhuit.'

'Déan ann,' adeir Éamonn, ag ligean a uicht ar leathdhoras faile, ina raibh cráin agus ál óg. 'Ná bíodh mórán moille ort. Tá go leor le déanamh agam sa mbaile.'

'Ní bheidh mé dhá nóiméad,' adeir Peadar.

'Gabh i leith anseo,' adeir Éamonn le Néidín.

Chuaigh Neidín sall go righin agus bhreathnaigh sé isteach sa bhfail in aice lena athair.

'Breathnaigh orthu sin,' adeir an t-athair, 'mar tá rud le foghlaim agat ó bheith á dtabhairt faoi deara.'

Bhí an chráin ina luí ar a taobh agus an t-ál ar fad ag iarraidh bheith ag diúl ar a cuid siní. Ag go raibh leath íochtarach an útha ceilte faoi bhrat tuí a bhí caite ar an urlár, ní raibh deis óil le haghaidh gach ceann den mhuirín iomadach; i dtreo go rabhadar ag brú ar a chéile gan sos agus ag geonaíl go cráite. Ní túisce bheadh greim faighte ag banbh ar shine, agus é ag diúl lán béile den bhainne go hocrach, ná bheadh sé caite i leataobh nó crochta in airde ag ruathar amhasach na mbanbh eile. Ní raibh

252 **ní raibh mórán deor ar bith á ól ach ag péire a bhí i bhfad níos mó agus níos láidre ná an chuid eile** = ***not many drops were being drunk except by a pair that were much bigger and much stronger than the others*** **(deoir** = ***a tear, drop*****)**

254 **anois agus arís bhí siadsan i ndon [in ann] fód a sheasamh agus scaird mhaith a shlogadh, sular cuireadh ruaig orthu** = ***now and again they were able to stand their ground and swallow a good gush before they were driven away*** **(scaird** = ***gush, squirt*****; cuirim ruaig ar** = ***I drive away*****; ag slogadh** = ***swallowing*****)**

256 **amuigh chun tosaigh** = ***out in front***

256 **bhí bainbhín beag bídeach ag iarraidh bheith ag diúl go hamaideach ar chluais na cránach** = ***there was a tiny little piglet trying stupidly to suck the sow's ear*** **(cráin** = ***sow*****)**

258 **ag craitheadh** = **ag croith,** ***shaking***

258 **lagar** = **laige,** ***weakness***

258 **ag éagaoin** = ***moaning, lamenting***

258 **le teann ocrais** = ***with sheer hunger***

258 **a smuitín ag preabadh gan éifeacht anonn agus anall ag lorg dí a bheatha** = ***its little snout jumping here and there without effect looking for its life-drink*** **(deoch** = ***drink*****— tuiseal ginideach: dí)**

262 **le feiscint** = **le feiceáil,** ***to be seen***

263 **bainbh ag diúl ar chráin** = ***piglets suckling on a sow***

264 **an é sin an méid?** = ***is that all?***

265 **go réidh** = **go mall,** ***slowly***

267 **mar a bheadh amadán** = ***like a fool***

268 **anois bhí meall docht eile i scornach an ghasúir** = ***now there was another tight lump in the throat of the boy***

269 **os íseal** = ***in a low voice***

271 **níor tháinig sé aige [chuige] féin oiread na fríde** = ***it didn't thrive in the least*** **(oiread na fríde** = ***any bit at all*****)**

272 **cladhaire** = ***a coward***

273 **leisceoir** = ***a lazy person***

273 **ní raibh sé sách dian ná sách santach lena chion den bhainne a dhiúl** = ***it wasn't forceful enough nor greedy enough to suck its share of the milk***

274 **caitheadh i leataobh é, gach uile uair a shíl sé breith ar shine lena [chun a] dhóthain d'ól [a ól]** = ***it was thrown to one side every time it thought of grabbing a teat to drink its fill*** **(sílim** = **ceapaim,** ***I think*****; ag breith** = ***catching*****)**

275 **lig sé a mhaidí leis an sruth** = ***he let things drift*** **(maide** = ***an oar*****; leis an sruth** = ***with the current*****)**

276 **i leaba bheith ag troid go díocasach ar son a choda** = ***instead of fighting eagerly for its share*** **(i leaba** = **in ionad,** ***instead of*****; cuid** = ***share, part*****)**

277 **rian** = **lorg,** ***a mark***

277 **grabaide [grabaire]** = ***a good-for-nothing, a weakling***

277 **feoite** = **dreoite,** ***withered***

278 **go lag** = ***weakly***

279 **chuir an chráin fúithi éirí** = **thosaigh an chráin ag éirí,** ***the sow started to get up***

280 **go tobann** = ***suddenly***

280 **í á crochadh féin ar a cosa tosaigh** = ***supporting herself on her front legs***

281 **caitheadh siar i ndiaidh a thóna an créatúr beag** = ***the little creature was thrown backwards***

mórán deor ar bith á ól ach ag péire a bhí i bhfad níos mó agus níos láidre ná an chuid eile. Anois agus arís bhí siadsan i ndon fód a sheasamh agus scaird mhaith a shlogadh, sular cuireadh ruaig orthu. Amuigh chun tosaigh bhí bainbhín beag bídeach ag iarraidh bheith ag diúl go hamaideach ar chluais na cránach; é ag craitheadh le lagar agus ag éagaoin le teann ocrais; a smuitín ag preabadh gan éifeacht anonn agus anall ag lorg dí a bheatha.

'An bhfeiceann tú sin?' adeir an t-athair le Neidín.

'Feicim,' adeir Neidín.

'Céard tá le feiscint agat?' adeir an t-athair le Neidín.

'Bainbh ag diúl ar chráin,' adeir Neidín.

'An é sin an méid?' adeir an t-athair.

'Céard eile atá ann, a athair?' adeir Neidín go reidh.

'An bhfeiceann tú an bainbhín beag atá ag diúl ar a cluais, mar a bheadh amadán?' adeir an t-athair.

Anois bhí meall docht eile i scornach an ghasúir.

'Feicim,' adeir sé os íseal.

'Nuair a rugadh an bainbhín sin,' adeir an t-athair, 'bhí sé chomh mór leis an gcuid eile. Breathnaigh air anois. Níor tháinig sé aige féin oiread na fríde; mar bhí sé ina chladhaire agus ina leisceoir. Ní raibh sé sách dian ná sách santach lena chion den bhainne a dhiúl. Caitheadh i leataobh é, gach uile uair a shíl sé breith ar shine lena dhóthain d'ól. Lig sé a mhaidí leis an sruth, i leaba bheith ag troid go díocasach ar son a choda. Tá a rian sin anois ar an ghrabaide feoite. An dtuigeann tú?'

'Tuigim, a athair,' adeir Neidín go lag.

Ar an nóiméad sin chuir an chráin fúithi éirí. Chas sí a ceann go tobann agus í á crochadh féin ar a cosa tosaigh. Buaileadh an bainbhín sa taobh agus caithedh siar i ndiaidh a thóna an créatúr beag. Thit sé i lár an urláir.

283 ómós = meas, *respect*
284 bodalán = *an insignificant person*
284 suarach = *miserable*
284 tharraing sí air = *she struck it*
285 díocas feirge = *a flush of anger*
286 chomh tréan agus ab fhéidir leis = *as strongly as he could*
287 in aon turas = *deliberately*
287 i nglór a bhí scréachach le fonn caoineacháin = *in a voice that was screechy with the urge to cry*
289 timpist = timpiste, *an accident*
292 bíodh fios agatsa freisin gur mar sin atá an scéal = *learn as well that that's how the situation is*
293 níl trócaire ná trua, ag duine ná beithíoch, maith nó olc, don té tá [atá] lag = *a person or an animal, good or bad, has neither mercy nor pity for one who is weak* (beithíoch = *a beast, animal*)
295 ní fíor dhuit = *it's not true what you say*
295 na deora ag briseadh faoina shúile = *the tears breaking under his eyes*
298 cuthach = *rage*
298 tharraing sé buille sa leacain [leiceann] ar an ngasúr, le droim a láimhe = *he struck the boy a blow on the cheek with the back of his hand*
301 dhírigh an gasúr ar an bpointe a buaileadh é = *the boy straightened up the moment he was struck* (dírím = *I straighten up*)
301 sheas sé mar a bheadh saighdiúir os comhair oifigigh, a lámha dúnta go dlúth lena thaobha, a smig sáite amach roimhe = *he stood like a soldier in front of an officer, his hands closed tightly by his sides, his chin stuck out before him* (oifigeach = *an officer*)
303 a shála le chéile = *his heels together* (sáil = *a heel*)
304 facthas [chonacthas] dó go raibh iomlán a choirp reoite ag fuacht nimhdhe [nimhe] an bhuille, a chuir amach as a choinsias gach uile thréith agus tuiscint dar bhain le diagacht a nádúra [nádúir] = *it seemed to him that all his body was frozen with the bitter coldness of the blow, which expelled from his conscience every trait and understanding that pertained to the goodness of his nature* (nimh = *poison, bitterness*; tréith = *quality, attribute*)
306 i dtreo nár mhothaigh sé feasta trua ná trócaire = *so that he did not feel pity or mercy any more* (mothaím = *I feel*; feasta = as sin amach, *from then on*)
307 bhí sé buailte le ord [le hord] damanta ag saor as ifreann, a rinne leac oighre dá chuid fola teolaí agus de smior a chnámh; fuil agus smior a bhí ag fiuchadh roimhe sin le mórghrá don saol agus ag fulang [fulaingt] a dhoilís gan staonadh = *he had been hit with a sledgehammer by a mason out of Hell, who made ice of his warm blood and of the marrow of his bones; blood and marrow that were boiling before that with great love for life and suffering sorrow without end* (saor = *a craftsman, mason*; fuil = *blood*—tuiseal ginideach: fola; doilíos = brón, *sorrow*—tuiseal ginideach: doilís)

'An bhfeiceann tú sin?' adeir an t-athair. 'Nil ómós ag a mháthair féin don bhodalán suarach. Tharraing sí air.'

285 Tháinig díocas feirge ar an ngasúr agus bhuail sé cos ar an urlár, chomh tréan agus ab fhéidir leis.

'Ní in aon turas a bhuail sí é,' deir sé i nglór a bhí scréachach le fonn caoineacháin. 'Tháinig sé trasna uirthi agus í ag éirí. Ní raibh ann ach timpist.'

290 'Deirim leat gur bhuail sí in aon turas é,' adeir an t-athair.

'Níor bhuail,' adeir an gasúr.

'Bhuail,' adeir an t-athair, 'agus bhí an ceart aici. Bíodh fios agatsa freisin gur mar sin atá an scéal. Níl trócaire ná trua, ag duine ná beithíoch, maith nó olc, don té tá lag.'

295 'Ní fíor dhuit,' adeir an gasúr agus na deora ag briseadh faoina shúile. 'Tá trua agamsa don bhainbhín. Tá an-trua agam dhó.'

Tháinig cuthach ar an athair agus tharraing sé buille sa leacain ar an ngasúr, le droim a láimhe.

300 'Dún do bhéal,' adeir sé trína chuid fiacal.

Dhírigh an gasúr ar an bpointe a buaileadh é. Sheas sé mar bheadh saighdiúir os comhair oifigigh, a lámha dúnta go dlúth lena thaobha, a smig sáite amach roimhe, a shála le chéile. Facthas dó go raibh iomlán a choirp reoite ag fuacht nimhdhe

305 an bhuille, a chuir amach as a choinsias gach uile thréith agus tuiscint dar bhain le diagacht a nádúra; i dtreo nár mhothaigh sé feasta trua ná trócaire. Buailte! Bhí sé buailte le ord damanta ag saor as ifreann, a rinne leac oighre dá chuid fola teolaí agus de smior a chnámh; fuil agus smior a bhí ag fiuchadh roimhe sin le

310 anois bhí a intleacht aonraic, gan baint aici lena chroí grámhar a chuir srian lena huaibhreas = ***now his intellect was separate, having no connection with his loving heart that checked his pride*** **(aonraic =** ***alone, separated*****; srian =** ***check*****)**

deamhan = ***a demon***

312 intleacht fhuar deamhain nach raibh i ndon [in ann] tábhacht na n-iontas, a tháinig chuici trí fhuinneoga a shúl, a mhothú = ***the cold intellect of a demon that wasn't able to feel the importance of the wonders that came to it through the windows of his eyes*** **(deamhan =** ***a demon*****; ag mothú =** ***feeling*****)**

315 tá mé náirithe agat = ***you have shamed me***

317 ag caoineachán mar bheadh leanbh cíche = ***crying like a child at the breast*** **(cíoch =** ***breast*****)**

318 ag iompó a chinn go tobann agus ag breathnú ar a athair go huaibhreach, trasna a ghualann [ghualainne] = ***turning his head suddenly and looking at his father proudly over his shoulder*** **(ag breathnú = ag féachaint; gualainn =** ***shoulder*****)**

321 bhí an chéad dhá dheor de ghol a thrua tithe síos ar ard a leacan nuair a buaileadh é. Bhíodar [bhí siad] ansin fós, mar bheadh dhá phéarla; cé go raibh na súile os a gcionn chomh fuar glan le fíoruisce i dtobar leice agus gan le feiscint [feiceáil] ina radharc ach uaibhreas damanta na haonrachta [haonarachta]; uaibhreas agus tarcaisne = ***the first two tears of the crying of his pity had already fallen on the top of his cheeks when he had been hit. They were there still, like two pearls; even though the eyes over them were as cold and clean as clear water in a stone well and nothing to be seen in his gaze but the cursed pride of solitude; pride and contempt*** **(leac =** ***flagstone, slab*****; damanta=** ***damned*****; tarcaisne =** ***contempt, insult*****)**

326 bhuail scanradh dothuigthe an t-athair, nuair a chonaic sé an t-athrú míorúilteach a tháinig ar a mhac de bharr buille boise san éadan = ***an incomprehensible fear struck the father when he saw the miraculous change that came on his son because of the slap in the face*** **(scanradh = eagla,** ***fear;*** **bos =** ***palm of hand*****; éadan = aghaidh,** ***face*****)**

328 is beag nár bhris na deora faoina shúile féin le teann aiféala agus náire = ***the tears nearly broke out under his own eyes with sheer regret and shame***

329 bhí cealg ina chroí le grá don stócach aisteach seo; an t-aon leanbh amháin d'éirigh leis baint as broinn a mhná. Bhí a nádúir [nádúr] chomh borb, ina dhiaidh sin, nárbh fhéidir leis umhlú dá choinsias = ***there was a sting in his heart with love for this strange boy, the only child he succeeded in getting from the womb of his wife. Nevertheless, his nature was so violent that he wasn't able to submit to his conscience*** **(stócach = buachaill óg; aisteach = ait,** ***strange*****; borb =** ***rude, violent*****; ina dhiaidh sin =** ***nevertheless;*** **ag umhlú =** ***bowing, submitting*****)**

332 níorbh fhéidir leis, ach oiread, an milleán a ligean air féin = ***he wasn't able, either, to take the blame on himself***

310 mórghrá don saol agus ag fulang a dhoilís gan staonadh. Anois bhí a intleacht aonraic, gan baint aici lena chroí grámhar a chuir srian lena huaibhreas; intleacht fhuar deamhain nach raibh i ndon tábhacht na n-iontas, a tháinig chuici trí fhuinneoga a shúl, a mhothú.

315 'Tá mé náirithe agat,' a bhéic an t-athair agus é le buile. 'Náirithe agus deargnáirithe! Gasúr atá aon bhliain déag agus é ag caoineachán mar bheadh leanbh cíche!'

'Ag caoineachán!' adeir an gasúr, ag iompó a chinn go tobann agus ag breathnú ar a athair go huaibhreach, trasna a ghualann.

320 'Níl mise ag caoineachán.'

Ba fíor dhó. Bhí an chéad dhá dheor de ghol a thrua titithe síos ar ard a leacan nuair a buaileadh é. Bhíodar ansin fós, mar bheadh dhá phéarla; cé go raibh na súile os a gcionn chomh fuar glan le fíoruisce i dtobar leice agus gan le feiscint ina radharc

325 ach uaibhreas damanta na haonrachta; uaibhreas agus tarcaisne.

Bhuail scanradh dothuighte an t-athair, nuair a chonaic sé an t-athrú míorúilteach a tháinig ar a mhac de bharr buille boise san éadan. Is beag nár bhris na deora faoina shúile féin le teann aiféala agus náire. Bhí cealg ina chroí le grá don stócach aisteach

330 seo; an t-aon leanbh amháin d'éirigh leis baint as broinn a mhná. Bhí a nádúir chomh borb, ina dhiaidh sin, nárbh fhéidir leis umhlú dá choinsias. Níorbh fhéidir leis, ach oiread, an milleán a ligean air féin.

334 nílir = níl tú
335 i bhfad níos measa = ***much worse***
335 ag breathnú = ag féachaint
336 ní raibh mé ach ag iarraidh thú a chur ar bhealach do leasa = ***I was only trying to put you on the right course***
338 millte = ***destroyed, spoiled***
338 peata = ***pet***
338 ag tabhairt do cheann duit = ag tabhairt cead do chinn duit, ***letting you do what you like***
339 ar gach uile bhealach agus ag do chur in aghaidh d'athar = ***in every possible way and putting you against your father*** **(bealach = slí,** ***way*****; in aghaidh = i gcoinne,** ***against*****)**
340 tá mise im aonraic [i m'aonraic] sa teach, gan oiread comaoine á chur orm ag ceachtar den bheirt agaibh agus chuirfeadh sibh ar mhadra cuthaigh = ***I am alone in the house, without as much favour given to me by either of the two of you as you would give a mad dog*** **(i m'aonraic = i m'aonar,** ***alone*****; comaoin =** ***favour;*** **cuthach =** ***a rage*****)**
342 céasta = ***crucified, tormented***
344 ar fuaid [fud] na sráide = ***all over the road***
345 ag canrán = ***grumbling***
345 go borb = ***violently***
345 ag fáisceadh = ***squeezing***
346 taobh thiar dá dhroim = ***behind his back***
347 b'fhearr dhom imeacht i ndiaidh mo chinn romham, sula chaillfeas [chaillfidh] mé mo réasún = ***it would be better for me to go off headlong before I lose my reason***
349 ag saothrú airgid = making money
351 níor ghoill an chaint sin in aon chor ar an ngasúr = ***that talk didn't upset the boy at all*** **(goillim =** ***I upset*****)**
351 go deimhin is ar éigin a thuig sé na focla [focail] = ***indeed he hardly understood the words*** **(go deimhin = go cinnte,** ***certainly, indeed*****)**
352 dólás = doilíos, brón, ***sorrow***
353 ach an oiread = ***either***
353 ag breathnú go grinn = ag féachaint go géar, ***looking intently***
354 a bhí druidte siar anois i gcúinne na faile, gan baint ar bith feasta aige lena mháthair = ***that had moved back now into the corner of the sty, having nothing to do any more with its mother*** **(druidim siar =** ***I move back*****; fail =** ***sty*****; feasta = as sin amach,** ***from then on*****)**
356 aonraic = leis féin, ***alone***
356 clóite = ***beaten, subdued***
356 bhí a smut curtha ag an mbainbhín faoi shop tuí agus bhí a chorp feoite ag craitheadh go tréan le faitíos roimh a aonracht [aonaracht] = ***the little piglet had put its snout under a wisp of straw and its withered body was shaking with fear of its loneliness*** **(ag craitheadh = ag croith,** ***shaking*****; go tréan = go láidir,** ***strongly, violently*****; le faitíos = le heagla,** ***with fear*****)**
359 ní mar sin don ghasúr = ***it was not like that with the boy***
359 uaibhreach = ***proud, haughty***
359 sa domhan fuar seo a bhí gan sólás ná trua = ***in this cold world without solace or pity***

'Nílir,' adeir sé. 'Nílir ag caoineachán. Nílir, muise; ach tá tú
335 ag déanamh rud atá i bhfad níos measa. Tá tú ag breathnú ar
t'athair mar bheadh maidrín dána. Má leag mé lámh ort, ní
raibh mé ach ag iarraidh thú a chur ar bhealach do leasa. Tá tú
millte ag do mháthair. Tá peata déanta aici díot, ag tabhairt do
cheann duit ar gach uile bhealach agus ag do chur in aghaidh
340 d'athar. Tá mise im aonraic sa teach, gan oiread comaoine á
chur orm ag ceachtar den bheirt agaibh agus chuirfeadh sibh ar
mhadra cuthaigh. Ó! A Thiarna Dia! Tá mé céasta ag an mbeirt
agaibh. Céasta! Céasta!'

D'iompaigh sé go tobann ón ngasúr agus suas leis ar fuaid na
345 sráide, an canrán leis i gcónaí go borb agus ag fáisceadh a lámh
ar a chéile taobh thiar dá dhroim.

'Céasta!' adeir sé. 'B'fhearr dhom imeacht i ndiaidh mo chinn
romham, sula chaillfeas mé mo réasún. Cé an mhaith a bheith
ag obair agus ag saothrú airgid? An té tá ag briseadh cloch ar na
350 bóithrí, tá níos mó . . .'

Níor ghoill an chaint sin in aon chor ar an ngasúr. Go
deimhin is ar éigin a thuig sé na focla. Níor ghoill dólás an
bhainbhín bhuailte air ach an oiread; cé go raibh sé ag breathnú
go grinn ar an ainmhí beag bídeach, a bhí druidte siar anois i
355 gcúinne na faile, gan baint ar bith feasta aige lena mháthair ná
leis an gcuid eile den ál. Aonraic agus cloíte! Bhí a smut curtha
ag an mbainbhín faoi shop tuí agus bhí a chorp feoite ag
craitheadh go tréan le faitíos roimh a aonracht; ach ní mar sin
don ghasúr. Bhí seisean láidir agus uaibhreach anois, sa domhan
360 fuar seo a bhí gan sólás ná trua.

361 **d'fhan sé i ngéibheann ag an suan-ghalar damanta sin, nó gur thosnaigh an chráin ag glaoch** = ***he remained imprisoned in that damned sleepy sickness until the sow started to call*** **(i ngéibheann** = **faoi ghlas,** ***in captivity*****; suan** = **codladh,** ***sleep*****; galar** = ***a disease*****; damanta** = ***damned, cursed*****)**

363 **an t-ál ar fad ag diúl ar a siní** = ***all the litter sucking on her teats***

363 **cé is moite de** = ***except for***

364 **glór a mháthar** = ***its mother's voice***

365 **ag bordáil** = ***moving from side to side***

365 **go místuama** = ***clumsily***

366 **bhí neart áite anois dhó ag an úth** = ***it had plenty of space now at the udder***

366 **d'éirigh leis greim d'fháil [a fháil] ar shine agus tosnú ag ól** = ***it managed to get a grip of a teat and start drinking*** **(éirím liom** = ***I succeed*****)**

367 **cé nar léar [léir] don ghasúr gur thug an chráin aon aird ar theacht an ruidín bhig, thug sé faoi deara gur éirigh sí as a huallfairt nuair a shroich sé a húth** = ***even though it was not clear to the boy that the sow paid any attention at the approach of the little miserable creature, he noticed that she gave up her howling when it reached the udder*** **(tugaim aird ar** = ***I pay attention to, I notice*****; tugaim faoi deara** = ***I notice*****; éirím as** = ***I give up*****)**

372 **taispeánann sin nach in aonturas [d'aon turas] a bhuail sí é** = ***that shows that she didn't hit it on purpose***

372 **cion** = ***affection***

373 **cineálta** = **cneasta,** ***gentle, kind***

374 **chreathnaigh sé** = **chroith sé,** ***he shook***

375 **líon a scornach suas go béal le lonna carthannach [carthanach]** = ***his throat filled up to the mouth with a loving ripple***

376 **ar nós bainne nuabhlite** = ***like newly milked milk***

376 **thosnaigh na deora ag sileadh i sruth láidir óna shúile agus tháinig fonn tréan air rith go dtí a athair, le rá nach raibh aon mhúisiúm air faoim mbuille** = ***the tears started flowing in a strong stream from his eyes and a strong desire came on him to run to his father to tell him that he was not upset over the blow*** **(fonn tréan** = **fonn láidir,** ***a strong desire*****; múisiúm** = **múisiam,** ***upset, disturbance*****)**

380 **go dúthrachtach** = ***fervently***

380 **níl agam ort ach cion; an-chion ar fad** = ***I have only affection for you; a very great affection***

384 **is féidir leat na seacht gcinn mhóra a chrochadh leat** = ***you can take the seven big ones with you*** **(a chrochadh leat** = **a thabhairt leat)**

385 **seacht bpunt deich** = **seacht bpunt agus deich scillinge, is é sin £7.50**

386 **mearbhall atá uirthi, an ea?** = ***she's confused, is she?*** **(mearbhall** = ***confusion*****)**

388 **fiúntas** = ***decency, generosity***

388 **níl sí ag iarraidh ach leathluach na mbanbh sin** = ***she's only asking for half the value of those piglets*** **(luach** = ***value*****)**

389 **breathnaigh** = **féach**

389 **i ngar a bheith tógtha cheana** = ***almost reared already*** **(i ngar** = ***near*****)**

390 **cúpla céad brain** = ***a couple of hundredweight of bran (a kind of meal)***

D'fhan sé i ngéibheann ag an suan-ghalar damanta sin, nó gur thosnaigh an chráin ag glaoch. Bhí sí siúd anois ina seasamh agus an t-ál ar fad ag diúl ar a siní; cé is moite den bhainbhín buailte. D' ardaigh sé seo a cheann nuair a chuala sé glór a mháthar agus rith sé anall chuici, ag bordáil go místuama mar bheadh meisceoir. Bhí neart áite anois dhó ag an úth. D'éirigh leis greim d'fháil ar shine agus tosnú ag ól. Cé nár léar don ghasúr gur thug an chráin aon aird ar theacht an ruidín bhig, thug sé faoi deara gur éirigh sí as a huallfairt nuair a shroich sé a húth.

'Ghlaoigh sí air,' adeir Neidín leis féin. 'Ghlaoigh, muise, agus taispeánann sin nach in aonturas a bhuail sí é. Tá cion aici air. Tá sí cineálta.'

Bhog a chroí go tobann agus chreathnaigh sé le áthas, ag go raibh grá arís sa domhan. Líon a scornach suas go béal le lonna carthannach, a bhí te ar nós bainne nuabhlite. Thosnaigh na deora ag sileadh i sruth láidir óna shúile agus tháinig fonn tréan air rith go dtí a athair, le rá nach raibh aon mhúisiúm air faoin mbuille.

'Níl, a athair,' adeir sé leis féin go dúthrachtach. 'Níl agam ort ach cion; an-chion ar fad.'

Ar an nóiméad sin tháinig an fear liath ar ais agus dúirt sé le Éamonn thuas i lár na sráide:

'Tá sí sásta. Is féidir leat na seacht gcinn mhóra a chrochadh leat ar seacht bpunt deich an ceann.'

'Seacht bpunt deich!' adeir Éamonn. 'Mearbhall atá uirthi, an ea?'

'Ní hea, muise,' adeir Peadar, 'ach fiúntas. Níl sí ag iarraidh ach leathluach na mbanbh sin. Breathnaigh. Tá na bainbh sin i ngar a bheith tógtha cheana. Níl ort ach cúpla céad brain . . .'

391 ná bí ag cur úis orm = ***don't be bothering me***
392 lena leithéid de ráiméis = ***with such nonsense***
393 dáiríre = ***in earnest, serious***
394 mara bhfuilir = muna bhfuil tú, ***if you are not***
394 gabh [téigh] abhaile gan a thuilleadh cainte a dhéanamh = ***go home without any more talk***
396 chroch Éamonn a lámh dheis os cionn a ghualann [ghualainne] = ***Éamonn held up his right hand over his shoulder*** (gualainn = ***shoulder***)
399 shín Peadar amach a lámh agus bhuail Éamonn bos ar a bhois = ***Peadar stretched out his hand and Éamonn slapped a palm on his palm*** (sínim = ***I stretch out***)
401 diabhal pingin níos mó = ***devil a penny more***
403 an focal deireannach = ***the last word***
405 tá an comhrá thart = ***the conversation is over***
407 go n-éirí d'aistear leat = ***have a safe journey***
408 téanam uait = téanam ort, ***come along***
410 chimil [chuimil] Neidín a shúile le droim a láimhe = ***Neidín rubbed his eyes with the back of his hand***
411 cé go raibh a cheann faoi agus a lámha go dlúth lena thaobha = ***even though his head was down and his hands tight by his sides***
412 níor mhothaigh sé ach áthas cumasach, a bhí ag rith trína chuid fola ó cheann go cos agus ag seinm ina chroí = ***he felt only a powerful happiness, which ran through his blood from head to foot making music in his heart*** (mothaím = ***I feel***; fuil = ***blood***—tuiseal ginideach: fola)
415 níl aon mhaith dhúinn = ***it's no good for us***
417 foighid leat = ***have patience***
418 an bhfuil tú sásta an difríocht a scoilteadh? = ***would you be happy to split the difference?*** (scoiltim = ***I split***; sásta = ***satisfied***)
419 coróin = cúig scillinge, is é sin 25p
421 cé gur mór an feall = ***even though it is a great shame***
423 is beag nach bhfuil tu á bhfáil in aisce = ***you're nearly getting them for nothing*** (in aisce = saor in aisce, ***free***)
425 tháinig ríméad ar Neidín nuair a thuig sé gur chinn a athair ar an bhfear liath = ***Neidín became delighted when he understood that his father had got the better of the grey-haired man*** (ríméad = áthas, ***happiness***; cinnim = ***I get the better of***)
428 meangadh gáirí = ***a smile***
429 faoi go raibh dearmad déanta ag an ngasúr ar dhólás an bhuille = ***because the boy had forgotten the sorrow of the blow*** (dólás = brón, ***sorrow***)
430 chaoch sé leathshúil = ***he winked an eye***

'Cúpla céad brain?' a bhéic Éamonn. 'Ná bí ag cur úis orm lena leithéid sin de ráiméis.'

'Cogar anois,' adeir Peadar. 'Má tá tú dáiríre, ceannaigh na bainbh. Mara bhfuilir, gabh abhaile gan tuilleadh cainte a dhéanamh.'

Chroch Éamonn a lámh dheis os cionn a ghualann agus dúirt sé:

'Cuir amach do lámh.'

Shín Peadar amach a lámh agus bhuail Éamonn bos ar a bhois.

'Seacht bpunt an ceann agus diabhal pingin níos mó,' adeir Éamonn.

'Seacht bpunt deich,' adeir Peadar. 'Is é sin an focal deireannach.'

'Más é,' adeir Éamonn, ag tabhairt aghaidh ar a charr. 'Tá an comhrá thart. Lá maith agat.'

'Go n-éirí d'aistear leat,' adeir Peadar.

'Téanam uait, a mhic,' adeir Éamonn agus é ag déanamh ar an gcarr go mear. 'Tá muid ag gabháil abhaile.'

Chimil Neidín a shúile le droim a láimhe agus chuaigh sé sall go dtí an carr. Cé go raibh a cheann faoi agus a lámha go dlúth lena thaobha, ní raibh aon eagla anois air roimh a athair. Níor mhothaigh sé ach áthas cumasach, a bhí ag rith trína chuid fola ó cheann go cos agus ag seinnm ina chroí.

'Isteach leat,' adeir a athair. 'Níl aon mhaith dhúinn bheith ag fanacht níos faide anseo.'

'Foighid leat, a Éamoinn,' adeir Peadar, nuair a bhí an mótar ag obair. 'An bhfuil tú sásta leis an difríocht a scoilteadh?'

'Seacht bpunt coróin?' adeir Éamonn.

'Sea,' adeir Peadar. 'Seacht bpunt coróin.'

'Bíodh agat,' adeir Éamonn, 'cé gur mór an feall airgead maith a chaitheamh le gaoith mar sin.'

'Is beag nach bhfuil tú á bhfáil in aisce, a bhuachaill,' adeir Peadar. 'Seacht mbanbh chomh breá . . .'

Tháinig ríméad ar Neidín nuair a thuig sé gur chinn a athair ar an bhfear liath.

'Chinn tú air, a athair,' adeir sé os íseal. 'Chinn tú air.'

Bhreathnaigh an t-athair ar Neidín agus rinne sé meangadh gáirí. Bhí an-áthas ar fad air, faoi go raibh dearmad déanta ag an ngasúr ar dhólás an bhuille. Chaoch sé leathshúil.

431 lig ort féin gur muide [sinn] a robáileadh = *let on that it was we who were robbed* (ligim orm = *I pretend*; robáilim = *I rob*)
434 é ag canrán os ard ar an mbealach faoin méid airgid a chosain siad = *grumbling out loud on the way about the amount of money they cost* (cosnaíonn sé = *it costs*)
436 d'íoc sé orthu = d'íoc sé astu, dhíol sé astu, *he paid for them*
437 go n-éirí siad leat = *may they succeed with you*
438 go lige Dia do shláinte dhuit = *may God leave you your health*
440 scairt Éamonn amach ag gáirí [gáire] = *Éamonn burst out laughing*
441 faoi go raibh carthannas [carthanacht] anois idir é féin agus a mhac = *because there was friendship now between himself and his son*
442 lig sé air féin gurbh é an dea-mhargadh cúis a ríméid = *he let on that the good bargain was the cause of his happiness*
443 ríméad = áthas; tuiseal ginideach: ríméid
443 moladh le Dia = praise be to God
443 ba hé [ba é] seo an chéad uair riamh a mhothaigh sé comhchion idir é féin agus a mhaicín aisteach, a bhí chomh doimhin agus chomh diamhrach leis an bhfarraige = *this was the first time that he felt a common affection between himself and his strange little son, who was as deep and mysterious as the sea*
447 d'fhógair sé i nglór gaisciúil = *he declared in a boastful voice* (fógraím = *I announce, declare*)
448 is fiú cúig déag an ceann iad thar an méid a thug mé orthu = *they are worth fifteen (shillings) each over the amount I paid for them*
449 faitíos = eagla
449 go gealgháireach = *cheerfully*
449 nuair a lig tú ort féin = *when you pretended*
451 gleacaíocht = *trickery*
451 go leitheadach = *conceitedly, pompously*
452 os ard a ghutha = *at the top of his voice*
452 ní raibh rún ar bith agam imeacht = *I hadn't the slightest intention of going*
455 mar níl fios a ghnótha [ghnó] i gceart aige = *because he doesn't know his business properly*
456 dá mbeadh sé sách cliste, bheadh fios maith aige nach bhfágfadh aon duine a leithéidí sin de bhainbh ina dhiaidh mar gheall ar chúpla scilling = *if he had been clever enough he would have known that nobody would leave such piglets after him because of a couple of shillings* (sách cliste = cliste a dhóthain, *clever enough*)
458 a chuid de mo chroí = a thaisce, *pet*
459 riamh cheana = *ever before*
459 riadairí = *fine animals*
459 staiceanna diabhalta = *devilish strong animals*
460 breathnaigh ar an ordú atá orthu = *look at the shape that's on them*
460 as ucht Dé, a mhic, breathnaigh orthu = *in the name of God, son, look at them*

'Ná labhair,' adeir sé trí thaobh a bhéil. 'Lig ort féin gur muide a robáileadh.'

Thug sé an carr sall go dtí an fhail ina raibh na bainbh a bhí ceannaithe aige; é ag canrán os ard ar an mbealach faoin méid airgid a chosain siad. Ansin do chuir sé féin agus Peadar na seacht gcinn de shuáin i gcúl an chairr agus d'íoc sé orthu.

'Go n-éirí siad leat,' adeir Peadar nuair a bhí Éamonn ag gabháil amach tríd an ngeata, 'agus go lige Dia do shláinte dhuit.'

Scairt Éamonn amach ag gáirí nuair a bhí an carr amuigh ar an mbóthar mór. Áthas a bhí air faoi go raibh carthannas anois idir é féin agus a mhac; ach lig sé air féin gurbh é an dea-mhargadh cúis a ríméid. Moladh le Dia! Ba hé seo an chéad uair riamh a mhothaigh sé comhchion idir é féin agus a mhaicín aisteach, a bhí chomh doimhin agus chomh diamhrach leis an bhfarraige.

'Chinn mé air, ceart go leor,' d'fhógair sé i nglór gaisciúil, mar is fiú cúig deag an ceann iad thar an méid a thug mé orthu.'

'Tháinig faitíos air,' adeir Neidín go gealgháireach, 'nuair a lig tú ort féin go raibh tú ag imeacht.'

'Ní raibh ansin ach gleacaíocht,' adeir an t-athair go leitheadach os ard a ghutha. 'Ní raibh rún ar bith agam imeacht.'

'Cheap seisean go raibh,' adeir Neidín.

'Cheap sé,' adeir an t-athair, 'mar níl fios a ghnótha i gceart aige. Dá mbeadh sé sách cliste, bheadh fios maith aige nach bhfágfadh aon duine a leithéidí sin de bhainbh ina dhiaidh mar gheall ar chúpla scilling. A chuid de mo chroí, ní fhaca mé a leithéidí sin de bhainbh riamh cheana. Riadairí! Staiceanna diabhalta! Breathnaigh ar an ordú atá orthu, a Neidín. As ucht Dé ort, a mhic, breathnaigh orthu.'

462 d'iompaigh Neidín ar a shuíochán agus bhreathnaigh sé siar ar na bainbh, a bhí ina seasamh go dlúth le chéile i gcúl an chairr; iad ina dtost agus ag breathnú go grinn ar an dá dhuine = *Neidín turned on the seat and looked back at the piglets, which were standing tightly together in the back of the car, quiet and looking intently at the two people* (iompaím = *I turn*; ag breathnú go grinn = ag féachaint go géar, *looking intently*)

465 gan ag corraí díobh ach goib chruinne na srón = *no part of them moving but the round tips of their noses*

466 go dúthrachtach = *fervently*

466 tá siad thar a bheith gleoite = *they are more than beautiful* (gleoite = go hálainn)

468 ag déanamh gaisce = *showing off*

468 go lúcháireach = *happily*

469 bhí a ghlór ómósach i leaba bheith borb = *his voice was respectful instead of being harsh* (i leaba = in áit, *instead of*)

469 go díreach mar thuigfeadh sé nach mbeadh ann feasta ach giolla coimhdeachta, don mac [mhac] seo a chinn air cur faoina cheannas le láimh láidir = *just as if he understood that he would be nothing any more except a chaperon to this son whom he had failed to subdue with a strong hand* (go díreach = *exactly, directly*: chinn air = theip air, *he failed*; ceannas = *authority*)

474 polláirí = *nostrils*

475 cruinn = *round*

475 faitíos = eagla

477 cion = *affection*

478 shín sé siar a lámh go réidh = *he stretched back his hand gently* (sínim = *I stretch*; go réidh = go mall, *slowly, gently*)

478 chreathnaigh na bainbh = chroith na bainbh, *the piglets shook*

478 ar dtús = *at first*

478 tháinig scáth ar a súile, nuair a chonaic siad an lámh ag déanamh orthu = *fear came in their eyes when they saw the hand coming at them*

480 rinne sé meangadh beag gáire = *he smiled faintly*

481 ar an bpointe = *immediately*

481 níor fhan ag creathnú díobh ach na polláirí a bhí ag bolú na láimhe = *no part of them remained shaking but the nostrils that were smelling the hand* (ag creathnú = ag croith, *shaking*)

483 sheasadar [sheas siad] gan cor astu, nó gur theangaigh [theagmhaigh] na méaracha go cineálta le baitheas an chinn a bhí i lár = *they stood without a move out of them until the fingers gently touched the top of the head that was in the middle* (go cineálta = go cneasta, *gently*)

485 ag smúracht = *sniffing*

485 ag impí ar = *imploring*

485 teangabháil [teagmhháil] = *contact, touch*

485 go carthannach [carthanach] = *in a friendly fashion*

D'iompaigh Neidín ar a shuíochán agus bhreathnaigh sé siar
ar na bainbh, a bhí ina seasamh go dlúth le chéile i gcúl an
chairr; iad ina dtost agus ag breathnú go grinn ar an dá dhuine;
465 gan ag corraí díobh ach goib chruinne na srón.

'Ó! Tá siad álainn, a athair,' adeir sé go dúthrachtach. 'Tá
siad thar a bheith gleoite.'

Choinnigh an t-athair air ag déanamh gaisce go lúcháireach
agus anois bhí a ghlór ómósach i leaba bheith borb; go díreach
470 mar thuigfeadh sé nach mbeadh ann feasta ach giolla
coimhdeachta, don mac seo a chinn air cur faoina cheannas le
láimh láidir.

'Ó! Nach álainn iad!' adeir Neidín leis féin. 'Tá an taobh
istigh dá gcluasa beagnach dearg. Ó! Nach orthu atá na polláirí
475 deasa! Chomh cruinn le cnaipí beaga! Níl faitíos ar bith orthu.
Níl siad ach ag déanamh iontais díom féin agus dem athair. Ó!
Beidh an-chion agam orthu.'

Shín sé siar a lámh go réidh. Chreathnaigh na bainbh ar dtús
agus tháinig scáth ar a súile, nuair a chonaic siad an lámh ag
480 déanamh orthu. Ansin rinne sé meangadh beag gáire. D'imigh
an scáth de na hainmhithe ar an bpointe agus níor fhan ag
creathnú díobh ach na polláirí a bhí ag bolú na láimhe.
Sheasadar gan cor astu, nó gur theangaigh na méaracha go
cineálta le baitheas an chinn a bhí i lár. Ansin a thosnaigh siad
485 ar fad ag smúracht os íseal; ag impí air teangabháil leo go
carthannach.

Staidéar ar an Scéal

Is é croílár an scéil seo ná an choimhlint idir pearsantacht Neidín agus a athair agus mar a réitítear an fhadhb sa deireadh.

Fear mór garbh mímhothálach ab ea Éamonn, nach raibh mórán tuisceana aige. Ní raibh uaidh ach cur go hamplach leis an stór mór airgid a bhí aige cheana féin, de bhrí go raibh sé ina amhas críochnaithe faoi seo. Níor thuig sé a mhac, mar duine ciúin cineálta ab ea Neidín. Dar leis, ba thrua é nach raibh an buachaill cneasta seo go tréan mear mar bhuachaillí eile a aoise. Ach ní raibh. Bhí Neidín chomh tanaí sin nach raibh ann ach na cnámha. Ach bhí aghaidh cneasta dathúil air, agus ba léir go raibh intleacht agus tuiscint thar an gcoiteann aige. Ba mhaith le hÉamonn dá mbeadh a mhac cosúil leis féin. Ach buachaill mall faiteach ab ea é. Dar le hÉamonn, chuaigh sé lena mháthair, bhí sé chomh goilliúnach sin. Bhí grá mór ag an mbuachaill don mháthair chéanna. Cé go raibh samhlaíocht láidir ann, thuig sí é agus d'éist sí go cúramach le gach a ndúirt sé, mar bhí cion mór aici air.

Is furasta a thuiscint ansin cén fáth ar ghoill laige a mhic chomh mór sin ar Éamonn. Sin an fáth gur mhaslaigh sé go dona é uaireanta. Bhí sé ar dheargbhuile leis nuair a chuaigh Neidín go mall leisciúil i mbun an geata a oscailt. Bhí an buachaill beag chomh tógtha suas leis na héin go ndearna sé dearmad ar an obair a bhí idir lámha aige. Dar le hÉamonn, ní raibh braon dá chuid fola i Neidín.

Ach thug Neidín cead a chinn dá shamhlaíocht nuair a shroich sé clós na feirme. Dar leis ba álainn an áit é, agus chuir na muca gliondar air. Chuir an chráin mhór ionadh an domhain air, agus lean sé í go doras, mar a raibh an collach. Is dócha gur ghoill sé go mór ar Neidín nuair a thug Peadar cic don chráin agus arís nuair a thug sé lascadh don chollach chun é a chiúnú. Agus feictear an chneastacht a bhí sa bhuachaill nuair a dúirt sé leis an gcollach go ligfeadh sé saor é dá bhféadfadh sé.

Mar mhalairt air seo, féach mar a chuaigh Éamonn i mbun oibre agus gan de chúram air ach go ndéanfadh sé margadh maith. Bhí fios a ghnó aige, mar bhí a dhóthain chleachtaidh aige ar mhargaíocht dá shórt agus lánmhuinín aige as féin go sáródh sé Peadar. Tabhair faoi deara chomh glic is atá sé. Thosaigh sé ag caitheamh anuas ar an gcollach ar leis an t-ál, agus dúirt sé ansin go raibh na bainbh féin suarach a ndóthain.

Bhí sé ina bhéal bocht aige fad a bhí sé ag argóint le Peadar. Dúirt sé nach raibh uaidh ach seacht gcinn, mar nach raibh an t-airgead aige a cheannódh a thuilleadh, rud ar ndóigh a chuir Peadar ag gáire. Nuair a dúirt Peadar gurbh ag bean an tí a bhí a ndíol agus go ndúirt sise leis iad go léir a chur chun siúil, chuaigh Éamonn chun dul abhaile, mar dhea, mar go raibh sé ag cur an lae amú ag margáil. Faoi dheireadh ar ndóigh bhuaigh sé ar Pheadar, agus bhí sé lánsásta leis an margadh a rinne sé, mar fuair sé seacht mbanbh breá slachtmhar go réasúnta saor.

Maidir leis an aighneas a bhí idir Neidín agus a athair, níorbh fhada go raibh réiteach ar an gcruachás. Nuair a chuaigh Neidín go dtí an cró mar a raibh Éamonn ag féachaint ar na bainbh, cheap an t-athair ceacht a mhúineadh dó. Dúirt sé go raibh an banbh beag suarach a bhí ag diúl ar chluais na máthar chomh láidir leis na bainbh eile tráth ach nach raibh sé amplach a dhóthain ar thóir an bhainne. Nuair a chaith an chráin an créatúr bocht di, dúirt an t-athair nach raibh meas dá laghad ag an máthair air mar nach raibh sa bhanbh anois ach amadán. Dúirt sé freisin go raibh an saol mar sin riamh agus nach mbíonn meas ag aon duine ar an duine lag leisciúil. Ghoill an chaint seo go mór ar Neidín, mar cuireadh a mháthair féin i gcuimhne dó agus an gaol a bhí eatarthu. Dúirt sé nárbh fhíor é sin, go raibh trua aige féin don bhanbh agus gur trí thimpiste a chaith an chráin di é, mar go raibh trua aici dó freisin. Is ansin a bhuail an t-athair buille ar Neidín.

Is catalaíoch an buille seo, an gníomh ba chúis leis an athrú uafásach mór a tháinig ar Neidín. Ní raibh sé faiteach a thuilleadh. Chuir sé cosc leis na deora. Sheas sé go cróga dúshlánach, gan scáth gan eagla. Chuir an t-athrú míorúilteach seo scanradh dothuigthe ar an athair, mar bhí a mhac ina sheasamh os a chomhair go láidir agus go huaibhreach anois. Ach mhothaigh sé grá mór do Neidín freisin. Thuig sé anois, ní hamháin go raibh Neidín intleachtúil mothálach ach go raibh láidreacht iontach ag baint leis. Thuig sé go raibh a mhac i bhfad níb éifeachtaí ná é féin, nach mbeadh sé riamh ábalta smacht a chur air le láimh láidir. Bhí meas mór aige ar an mbuachaill doimhin diamhrach seo dá réir. Agus maidir le Neidín, bhí sé tagtha chun suaimhnis anois. Ní bheadh eagla air arís choíche. Bhí carthanacht anois idir é féin agus a athair. Léirigh sé go raibh an chneastacht agus an tsamhlaíocht ann chomh láidir agus a bhí riamh nuair a thosaigh sé ag caint go cineálta leis na bainbh.

Stór Focal

Cuir na nathanna agus na focail seo a leanas in abairtí a léireoidh a gceart-úsáid: *deifir; go borb; go misniúil; go faiteach; réasúnta; amplach; ó nádúr; cuntas bainc; fuílleach; ar chor ar bith; míchothrom; coitianta; taitneamhach; malrach; cineálta; tuiscint; ar bís; go truamhéileach; gan buíochas; as úsáid; is ar éigean; mí-ádh; pleidhce; faoi chruashiúl; b'éigean do; fonn tréan; cion; ceanúil; diabhal as Ifreann; íochtarach; buan; i lár báire; clúdaithe; ag breathnú; le haghaidh; ina measc; go dúthrachtach; slachtmhar; iomarcach; béal bocht; i ngar; os íseal; dá laghad; fuinniúil; folláin; go cothrom; gan staonadh; ag réabadh; ag clamhsán; faitíos; seafóid; fiáin; i ndiaidh a chúil; gráin shíoraí; trua; macalla; go díreach; go síoraí; go deimhin; ciontach; cainteach; ag cur mo lae amú; mórán moille; ag brú; gan sos; ag geonaíl; ruathar; ag diúl; oiread na fríde; lig sé a mhaidí leis an sruth; chomh tréan agus ab fhéidir leis; d'aon turas; trócaire; náirithe; aisteach; ach oiread; milleán; i bhfad níos measa; ar bhealach do leasa; millte; feasta; bainne nuabhlite; dáiríre; cheana féin; ráiméis; in aisce; ríméad; go gealgháireach; go dlúth; ómósach; meangadh gáire.*

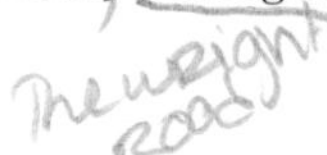

Ceisteanna

Cén sórt duine ab ea Éamonn?

Déan cur síos ar Neidín mar a léirítear sa scéal é.

Déan comparáid idir Éamonn agus a mhac, Neidín.

'Le do mháthair a chuaigh tú, a ruidín fánach leisciúil.' Cad a bhí i gceist ag Éamonn? Cad a deirtear faoi mháthair Neidín sa scéal? Cén fáth a raibh grá ag Neidín di?

Cén t-athrú mór a tháinig ar Neidín nuair a bhuail a athair buille air?

Cén t-athrú meoin a tháinig ar Éamonn i dtaobh a mhic, Neidín, tar éis é a bhualadh?

'Breathnaigh orthu sin,' adeir an t-athair, 'mar tá rud le foghlaim agat ó bheith á dtabhairt faoi deara.' Cad a bhí i gceist ag Éamonn leis an gcaint seo? Cén ceacht a bhí sé ag iarraidh a mhúineadh do Neidín?

Conas a tharla go raibh Neidín tagtha chun suaimhnis agus é ag dul abhaile lena athair?

'Is láidre dúchas ná oiliúint.' Fírinne an ráitis sin a phlé i gcás an scéil seo.

'Bhuail scanradh dothuigthe an t-athair, nuair a chonaic sé an t-athrú míorúilteach a tháinig ar a mhac de bharr buille boise san éadan.' Cén t-athrú míorúilteach a tháning ar Neidín? Tabhair cuntas ar ar tharla roimhe sin sa scéal idir Neidín agus a athair.

'An choimhlint idir an mór agus an beag: is téama é seo sa scéal agus láimhsítear go héifeachtach é.' É sin a phlé.

'Ba furasta aithint ar a shúile móra gorma gurbh í a intleacht a bhí ag borradh i leaba a choirp. Cheana féin bhí tuiscint iontu i bhfad níos doimhne ná i súile a athar; tuiscint agus iontas agus goilliúint.' Conas a léirítear pearsantacht Neidín agus pearsantacht a athar, Éamonn, sa scéal seo? Cén toradh atá ar an gcoimhlint idir an bheirt acu?

An scéal seo a chíoradh de réir na dtreoracha seo a leanas:

(i) Pearsantacht Neidín agus pearsantacht a athar, agus an chaoi a léirítear iad.

(ii) Tábhacht an bhuille sa scéal, dar leat, agus an t-athrú a tháinig ar dhearcadh an athar ina dhiaidh.

(iii) An tábhacht a bhaineann le hiompar na muc i bhforbairt an scéil.

(iv) An léargas atá le fáil ar an gcineál duine í máthair Neidín.

'Tá an cion, an trua, an fhearg agus an misneach ar na mothúcháin is láidre atá le brath ar na carachtair sa scéal seo.' Pléigh an tuairim sin.

Foclóir ar an Téacs

1 am na lánúineach [lánúineacha] = an t-am den bhliain nuair a dhéantaí na cleamhnais = *the time of the year when marriage matches were arranged* (lánúin = *a couple, married couple*)
2 rófhurast = ró-fhurasta, *too easy*
3 cleamhnas = *a marriage match*
3 nach deachaigh amach fríd dhaoine riamh = nár chuaigh i measc daoine, *who didn't socialise much*
7 fiúntach = *decent, respectable*
8 mar a tífeá [fheicfeá] ar dhuine eile = *as you would see on somebody else*
8 bratóga saora = *cheap rags*
9 aonach = *a fair* (iolra: aontaí)
9 agus chasfaí cuid mhór ort a déarfadh dá gcuirtí [gcuirfí] an chulaith ba deise a rinneadh riamh air go sínfeadh sé é féin sa ghríosaigh inti agus a dhroim leis an tine = *and you would meet many people who would say that if the most beautiful suit ever made was put on him, he would stretch himself in the ashes with his back to the fire*
13 ar scor ar bith = *anyhow*
13 ar ndóigh = *of course*
14 chan [ní] achasán atá mé a thabhairt faoi sin dó = *I am not insulting him regarding that* (achasán = *a reproach, insult*)
15 ag brath = *hoping, expecting*
16 Inid = *Shrovetide*
16 bhí dhá rud de dhíth air = *he needed two things*
17 snáithe = *a thread*
19 uile chineál = gach saghas, *every kind*
20 ón bhásta go dtí barr na n-osán = *from the waist to the end of the leg* (osán = *leg of trousers*)
21 i ndiaidh a inse [insint] di go raibh rún aige a ghabháil chuig mnaoi [bean] = *after telling her that it was his intention to go to a woman (to arrange a match)*
22 cha dtiocfadh leat? = ní thiocfadh leat? *you couldn't?*
22 luach = *price, value*
24 ní thiocfadh liom = *I couldn't*
25 creatacha an tí = *frame of the house*
25 airgead na ngearrthach [gcearc] = *money from the hens*
27 ba chóir go rachadh agat bríste a fháil ar iasacht = *you should be able to mamage to get a trousers on loan* (ba chóir = ba cheart)

Grásta ó Dhia ar Mhicí

Roghnaíodh an scéal seo a leanas as Cith is Dealán, *cnuasach de ghearrscéalta le Séamas Ó Grianna (1891–1969). Rugadh an t-údar, a d'úsáid an t-ainm cleite 'Máire', i gCo. Dhún na nGall. Is duine de mhórscríbhneoirí Gaeilge na haoise seo é agus, i dtuairim a lán daoine, is é* Cith is Dealán *an leabhar is fearr uaidh. Ar na leabhair eile a scríobh sé tá* Mo Dhá Róisín *agus* Caisleáin Óir. *Bhí tionchar mór ag saol na Gaeltachta ar a chuid litríochta, agus tá an béaloideas agus an traidisiún le feiceáil go láidir ina shaothar.*

Tháinig am na lánúineach agus ba mhaith le Conall Pheadair Bhig bean aige. Ní bheadh sé rófhurast cleamhnas a dhéanamh dó, nó duine a bhí ann nach deachaigh mórán amach fríd dhaoine riamh. Ní théadh sé chun 5 an Aifrinn ach uair amháin sa bhliain, agus ba sin Lá Fhéil' Pádraig. Mura dtéadh féin, chan díobháil creidimh a bhí air ach díobháil éadaigh. Ní fhacthas riamh culaith fhiúntach éadaigh air mar a tífeá ar dhuine eile. Ní bhíodh air ach bratóga beaga saora a cheannaíodh a mháthair dó ar na haontaí. Agus chasfaí 10 cuid mhór ort a déarfadh dá gcuirtí an chulaith ba deise a rinneadh riamh air go sínfeadh sé é féin sa ghríosaigh inti agus a dhroim leis an tine.

Ach, ar scor ar bith, ba mhaith leis bean aige. Agus, ar ndóigh, chan achasán atá mé a thabhairt faoi sin dó. Níl mé ach 15 ag inse gur mhaith leis aige í. Agus bhí sé ag brath í a bheith aige roimh an Inid sin a bhí chugainn. Anois, bhí dhá rud de dhíth air—bean agus bríste. Ní raibh aon snáithe ar an duine bhocht ach seanbhríste a bhí lán poll agus paistí, agus greamanna de shnáth chasta agus de shnáth olla agus den uile chineál snátha 20 ón bhásta go dtí barr na n-osán.

'A mháthair,' arsa Conall lena mháthair, i ndiaidh a inse di go raibh rún aige a ghabháil chuig mnaoi, 'cha dtiocfadh leat luach bríste a thabhairt domh?'

'Ní thiocfadh liom, a mhic,' ar sise. 'Níl aon phingin rua faoi 25 chreatacha an tí ach airgead na ngearrthach. Agus caithfidh mé sin a chur le Méaraí Pheigí Teamaí amárach chun an Chlocháin Léith. An bhfuil an bhean agat? Má tá, ba chóir go rachadh agat bríste a fháil ar iasacht.'

'Tá náire orm,' arsa Conall, 'a ghabháil a dh'iarraidh iasacht 30 bríste a phósfas mé.'

31 **ní bhíonn fear náireach éadálach** = ***a bashful person never becomes prosperous*** **(náireach** = ***bashful, ashamed*****; éadálach = saibhir)**
31 **is iomaí fear** = ***it's many a man***
32 **iasachtaí = rudaí ar iasacht,** ***borrowed things***
34 **Simisín = Séamaisín**
34 **'Ac Fhionnaile = Mac Fhionnaile**
35 **ag maíomh gaoil ar a chéile** = ***claiming relationship with each other*** **(gaol** = ***relative, relationship*****)**
36 **dáimh** = ***natural affection***
36 **ní dhiúltóidh sé thú** = ***he will not refuse you*** **(diúltaím** = ***I refuse*****)**
37 **má chaithim** = ***if I must***
40 **de dhíobháil bríste** = ***for want of a trousers***
41 **lán chomh holc** = ***every bit as bad***
43 **ach agat féin is fearr a fhios** = ***but you know best***
43 **creidim** = ***I believe***
44 **cneasta** = ***gentle***
44 **bláfar = néata,** ***neat, tidy***
47 **bunbhríste = badly worn trousers**
47 **ar iasacht** = ***on loan***
48 **cuir cupla dúblú i gceann na n-osán** = ***put a couple of folds at the end of the legs***
49 **ádh mór ort = ádh mór leat,** ***best of luck to you***
51 **níl de dhíobháil orm anois ach an bhean** = ***I need nothing now only the woman***
54 **is minic a casadh air í = is minic a bhuail sé léi,** ***it's often he met her***
54 **chonacthas** = ***it seemed to him***
55 **ach ní bhfuair sé uchtach riamh gnoithe [gnó] pósta a chur ina láthair** = ***but he never found the courage to discuss marriage affairs with her***
57 **ní raibh feidhm air sin a dhéanamh** = ***he didn't need to do that***
58 **teachtaire** = ***a messenger***
58 **an rud a níodh [dhéanadh] cuid mhór de chuid fear Cheann Dubhrainn** = ***what a lot of the men of Ceann Dubhrainn used to do***
60 **briscghlórach [brioscghlórach]** = ***quick-talking***
60 **aigeantach** = ***intelligent***
61 **bhí sé iontach geallmhar ar** = ***he was very fond of, desirous of***
62 **tá mé ag smaoineamh a ghabháil chuig mnaoi [bean] = tá mé ag smaoineamh ar dhul chuig bean agus cleamhnas a dhéanamh**
65 **ba mhaith liom dá n-iarrthá thusa an bhean domh [dom]** = ***I would like if you asked for the woman for me***
67 **iarrfad = iarrfaidh mé,** ***I will ask***
67 **fágfaidh mise socair thú, a chailleach** = ***I'll leave you contented, my lad***
68 **bainis** = ***a wedding reception***
69 **le cuimhne na ndaoine** = ***as far as the people could remember***
71 **lách** = ***gentle***

'Ní bhíonn fear náireach éadálach,' arsa an mháthair. 'Is iomaí fear chomh maith leat a pósadh sna hiasachtaí. Gabh amach a chéaduair agus faigh bean, agus nuair a bheas sí agat gabh chuig Simisín 'Ac Fhionnaile, agus iarr iasacht bríste air. 35 Tá Simisín agus mé féin ag maíomh gaoil ar a chéile, agus má tá dáimh ar bith ann ní dhiúltóidh sé thú.'

'Má chaithim a ghabháil a dh'iarraidh na n-iasacht,' arsa Conall, 'nach fearr domh an bríste a iarraidh a chéaduair, ar eagla, nuair a gheobhainn an bhean, go bhfágfaí i mo shuí ar mo 40 thóin mé de dhíobháil bríste?'

'Nach mbeadh sé lán chomh holc,' arsa an mháthair, 'dá bhfaightheá an bríste agus dá bhfágthaí i do shuí ar do thóin thú de dhíobháil mná? Ach agat féin is fearr a fhios, creidim.'

Duine beag cneasta bláfar a bhí i Simisín 'Ac Fhionnaile. 45 Agus bhí rud aige nach raibh ag mórán eile ach é féin. Bhí, trí bhríste. Bríste Domhnaigh, bríste chaite gach aon lae, agus bunbhríste. Ba é an bunbhríste a thug sé ar iasacht do Chonall Pheadair Bhig. 'Cuir cupla dúblú i gceann na n-osán,' ar seisean, 'nó níl tú chomh fada sna cosa liomsa. Agus anois, ádh 50 mór ort.'

'Tá an bríste agam,' arsa Conall leis féin. 'Níl de dhíobháil orm anois ach an bhean.'

Bhí cailín ar an bhaile a raibh a shúil aige uirthi, mar a bhí Sábha Néill Óig. Is minic a casadh air í agus chonacthas dó gur 55 dheas an cailín í, ach ní bhfuair sé uchtach riamh gnoithe pósta a chur ina láthair.

Ach, ar ndóigh, ní raibh feidhm air sin a dhéanamh. Chuirfeadh sé teachtaire chuici, an rud a níodh cuid mhór de chuid fear Cheann Dubhrainn. Chuaigh sé chun comhrá le Micí 60 Sheáinín Gréasaí. Buachaill briscghlórach aigeantach a bhí i Micí, agus bhí sé iontach geallmhar ar Shábha Néill Óig.

'A Mhicí,' arsa Conall, 'tá mé ag smaoineamh a ghabháil chuig mnaoi.'

'Tá an t-am de bhliain ann, a bhráthair,' arsa Micí.

65 'Ba mhaith liom dá n-iarrthá thusa an bhean domh,' arsa Conall.

'Iarrfad agus míle fáilte,' arsa Micí. 'Fágfaidh mise socair thú, a chailleach, agus beidh oíche mhór againn ar do bhainis nach raibh a leithéid sna Rosa le cuimhne na ndaoine. Cé chuici a 70 bhfuil tú ag brath a ghabháil?'

'Tá, maise, cailín beag lách atá i mo shúile le fada—Sábha Néill Óig.'

73 **iontas an domhain air** = ***utterly amazed***
74 **baineadh as é** = ***he was taken aback***
74 **nárbh í sin an bhean a raibh rún aige féin a ghabháil chuici** = ***wasn't that the woman he intended going to himself*** **(rún** = ***intention*****)**
75 **nach mbeadh port buailte air** = ***wouldn't he have been outdone***
77 **ar an ghannchuid** = ***in poor circumstances***
79 **seaneagnaíocht** = ***old cuteness***
79 **dá dtigeadh [dtiocfadh] fear eile thart eadar [idir] an dá am** = ***if another man came along in the meantime***
80 **go santódh sí éan ina dorn de rogha ar dhá éan sa choill** = ***that she would desire the bird in her hand rather than two in the wood*** **(santaím** = ***I covet, desire*****)**
82 **is fearr duit** = ***it's better for you***
82 **inteacht** = **éigin**
83 **cluinimse [cloisim] go bhfuil lámh is focal eadar [idir] Sábha Néill Óig agus Pat Rua** = **cloisim go bhfuil Sábha Néill Óig agus Pat Rua luaite le chéile,** ***I hear that Sábha Néill Óig and Pat Rua are engaged***
84 **diúltú** = ***a refusal***
86 **ní amharcódh [fhéachfadh] sí sa taobh den tír a mbeifeá san oíche amárach ach fios a bheith aici gur diúltaíodh thú** = ***she wouldn't look at you at all tomorrow if she knew you had been refused*** **(diúltaím** = ***I refuse*****)**
88 **han tusa** = **ní tusa**
89 **chaithfeadh bean acu seacht saol díomhaoin sula nglacadh [nglacfadh] sí fuíoll mná eile** = ***any of those women would spend seven lifetimes single before she would accept another woman's leftover***
90 **dá mba mise thú ní bhuairfinn mo cheann le Sábha** = ***if I were you I wouldn't bother my head with Sábha***
92 **nach eagal di do dhiúltú** = ***that there's no fear of her refusing you***
93 **inchurtha le** = **chomh maith le,** ***as good as***
94 **giota beag lách talaimh** = **píosa beag deas talún,** ***a nice little bit of land***
95 **is léi a thitfeas [thitfidh] sé** = ***it will be left to her***
97 **níl dúil agam inti** = ***I have no desire for her***
99 **mura bhfuil tú sásta Sábha Néill Óig a iarraidh domh gheobhaidh mé fear inteacht [éigin] eile a dhéanfas [dhéanfaidh] mo theachtaireacht** = ***if you are not satisfied to ask for Sábha Néill Óig for me, I will get some other man who will do the message for me***
102 **ní raibh mé ach ag cur ar do shúile duit go raibh contúirt ort go ndiúltófaí thú** = ***I was only making you aware that there was a danger that you would be refused*** **(contúirt** = **baol,** ***danger*****)**
111 **dara bealach éalaithe** = ***a second way out***

'Sábha Néill Óig!' arsa Micí, agus iontas an domhain air. Baineadh as é. Nárbh í sin an bhean a raibh rún aige féin a
75 ghabháil chuici? Nach mbeadh port buailte air dá n-imíodh sí le fear eile air? Níor mhaith le Micí pósadh go ceann chupla bliain eile. Bhí eagla air, dá bpósadh, go bhfágfadh a athair ar an ghannchuid é. Agus ansin, bhí eagla air go mb'fhéidir go raibh a oiread den tseaneagnaíocht ag Sábha agus, dá dtigeadh fear eile
80 thart eadar an dá am, go santódh sí éan ina dorn de rogha ar dhá éan sa choill.

'Is fearr duit bean inteacht eile a fhéacháil,' arsa Micí. 'Cluinimse go bhfuil lámh is focal eadar Sábha Néill Óig agus Pat Rua as Mulla na Tulcha. Agus níor mhaith duit do dhiúltú.
85 Sin an rud is measa a d'éirigh d'aon fhear riamh. Nó an bhean a bheadh ar bharr a cos ag gabháil leat anocht, ní amharcódh sí sa taobh den tír a mbeifeá san oíche amárach ach fios a bheith aici gur diúltaíodh thú. Chan tusa sin ach fear ar bith eile chomh maith leat. Tá ciall iontach ag na mná. Chaithfeadh bean acu
90 seacht saol díomhaoin sula nglacadh sí fuíoll mná eile. Dá mba mise thú ní bhuairfinn mo cheann le Sábha Néill Óig. Ach an bhfuil a fhios agat cailín nach eagal di do dhiúltú? Agus cailín atá inchurtha le Sábha Néill Óig lá ar bith sa bhliain, mar atá, Róise Shéamais Thuathail i gCró na Madadh. Tá giota beag
95 lách talaimh ansiúd, agus is léi a thitfeas sé. Agus an gcreidfeá mé gur minic a chuala mé í ag caint ort?'

'Níl dúil agam inti,' arsa Conall.

'Bhail, Méabha Mhánuis Duibh?' arsa Micí.

'Seo,' arsa Conall, 'mura bhfuil tú sásta Sábha Néill Óig a
100 iarraidh domh gheobhaidh mé fear inteacht eile a dhéanfas mo theachtaireacht.'

'Ó, rachaidh mise, cinnte, a Chonaill,' arsa Micí. 'Ní raibh mé ach ag cur ar do shúile duit go raibh contúirt ort go ndiúltófaí thú.'
105 'Maith go leor,' arsa Conall, 'rachaidh mé síos anocht chuig Eoghan Beag go bhfaighe mé buidéal poitín, agus bí ar do chois san oíche amárach in ainm Dé.'

An oíche arna mhárach d'imigh Micí ag tarraingt tigh Néill Óig. Chaithfeadh sé an teachtaireacht a dhéanamh. Mura
110 dtéadh seisean b'fhurast do Chonall fear a fháil a rachadh. Agus dar le Micí nach raibh an dara bealach éalaithe ann ach é féin a ghabháil sa teachtaireacht, agus, dá bhfeiceadh sé go raibh contúirt ar Shábha Conall a ghlacadh, go n-iarrfadh seisean dó

114 déanadh a athair a rogha rud leis an talamh ina dhiaidh sin = *let his father do whatever he liked with the land after that*

117 fáilte charthanach = *a friendly welcome*

118 seo dhuit, dearg é seo = *here you are, light this (offering him the pipe)*

119 thréig sé sinn le fada an lá = *he hasn't come to see us for many a day* (tréigim = *I desert, abandon*)

121 scéal greannmhar = *a funny story*

122 draothadh de gháire = *a wry smile*

122 drochmheasúil = *disrespectful*

122 ag iarraidh chomh beag agus ab fhéidir a dhéanamh den teachtaireacht a bhí eadar [idir] lámha aige = *trying to make as little as possible of the message he was dealing with*

127 an bhfuil dochar a fhiafraí cén fear? = *is it any harm to ask what man?*

129 caithfidh duine teachtaireacht a dhéanamh corruair = *a person must deliver a message some time* (corruair = *the odd time, some time*)

131 ciall = *sense*

132 cromadh ar a mhacasamhail féin eile = *to go about getting someone like himself* (cromaim = *I stoop*; macasamhail = *likes, equal*)

132 ní raibh gar domh [dom] a bheith leis = níorbh aon mhaith dom a bheith ag caint leis, *it was no use talking to him*

133 mura n-athraí [n-athraíonn] sé béasa níl mórán gnoithe [gnó] le mnaoi [bean] aige = *unless he changes his manners he hasn't much business with a woman*

136 ní thomhaisfeá choíche é = *you'd never guess it* (tomhaisim = *I measure, guess*)

138 ba cheart dó a bheith críonna dá leanadh [leanfadh] sé a dtáinig roimhe = *he ought to be clever if he followed the person who came before him* (críonna = *wise*)

140 ní mise ba chóir a rá, ach, ina dhiaidh sin, an fhírinne choíche = *I shouldn't say it, but, after all, the truth always (the truth must always be told)*

141 iontach falsa = *amazingly lazy*

142 preátaí = prátaí, *potatoes*

142 go fóill = *yet, still*

143 tugtha don ghloine = *drinking heavily*

143 colpach = *a yearling*

145 scaifte [scata] = slua, *a crowd*

145 tincléirí [tincéirí] = lucht siúil, *travelling people*

145 bhí sé ar na cannaí = *he was drinking*

148 níor bhuail gur baineadh as é = *he didn't hit him until he was provoked*

150 chonacthas domh [dom] gur chloíte an rud dó bata a tharraingt ar sheanduine = *it seemed to me that it was a bad thing for him to hit an old man with a stick*

152 ní scéal scéil atá agam air = *it's not hearsay I have on the matter*

153 gan é ag cur chuige ná uaidh = gan é ag cur isteach ná amach air, *not bothering him*

154 bhí sé iontach dímúinte [dímhúinte], mar Shéamas = bhí Séamas míbhéasach ar fad, *Séamas was very unmannerly*

154 mo sheacht ngáirbheannacht ar Chonall é a bhualadh = *God bless Conall for hitting him*

féin í, déanadh a athair a rogha rud leis an talamh ina dhiaidh
115 sin.

Ar a theacht isteach tigh Néill Óig dó, ar ndóigh, cuireadh fáilte charthanach roimhe.

'Seo dhuit, dearg é seo,' arsa Niall Óg.

'Níor cheart dúinn labhairt leis,' arsa bean an tí. 'Thréig sé
120 sinn le fada an lá.'

'Tá mé ag teacht chugaibh le scéal greannmhar anocht,' arsa Micí, agus rinne sé draothadh de gháire dhrochmheasúil, ag iarraidh chomh beag agus ab fhéidir a dhéanamh den teachtaireacht a bhí eadar lámha aige. 'Chuir fear anseo anocht
125 mé dh'iarraidh mná.'

Chuaigh Sábha a chur mónadh ar an tine.

'An bhfuil dochar a fhiafraí cén fear?' arsa bean an tí.

'Maise, creidim nach bhfuil,' arsa Micí. 'Níl mise ach ag déanamh teachtaireachta. Agus caithfidh duine teachtaireacht a
130 dhéanamh corruair.'

Rinne sé gáire eile. 'D'iarr mise air ciall a bheith aige agus cromadh ar a mhacasamhail féin eile. Ach ní raibh gar domh a bheith leis . . . An duine bocht, mura n-athraí sé béasa níl mórán gnoithe le mnaoi aige.'

135 'Cén fear é?' arsa bean an tí.

'Ní thomhaisfeá choíche é,' arsa Micí. 'Conall Pheadair Bhig.'

'Ba cheart dó a bheith críonna dá leanadh sé a dtáinig roimhe,' arsa bean an tí.

140 'Bhail anois,' arsa Micí, 'ní mise ba chóir a rá, ach, ina dhiaidh sin, an fhírinne choíche. Tá sé iontach falsa: tá cuid dá chuid preátaí le baint go fóill aige. Agus rud eile, ach nach mbeinn ag caint air, tá sé tugtha don ghloine. Dhíol sé colpach an t-aonach seo a chuaigh thart agus níor stad sé gur ól sé an
145 phingin dheireanach dá luach, é féin agus scaifte tincléirí. Bhí sé ar na cannaí tráthnóna, agus bhuail sé Séamas an Ruiséalaigh le buille de bhata.'

'Níor bhuail gur baineadh as é,' arsa Sábha.

'Níl agamsa ach an rud a chuala mé,' arsa Micí. 'Tarlach
150 Mhéibhe Báine a dúirt liom go bhfaca sé é, agus chonacthas domh gur chloíte an rud dó bata a tharraingt ar sheanduine.'

'Ní scéal scéil atá agam air,' arsa Sábha. 'Bhí mé i mo sheasamh ann. Séamas a chuir troid air agus gan é ag cur chuige nó uaidh. Bhí sé iontach dímúinte, mar Shéamas. Mo sheacht
155 ngáirbheannacht ar Chonall é a bhualadh.'

157 **is annamh** = ***it's seldom***
158 **aonach** = ***a fair*—tuiseal ginideach: aonaigh**
158 **ní théim ach nuair a bhíos [bhíonn] mo ghnoithe [ghnó] ann** = ***I only go when I have business there***
159 **ar scor ar bith** = ***anyhow***
159 **teacht i dtír** = ***means, livelihood***
159 **níor mhaith liomsa a dhath a rá leis** = ***I wouldn't like to say a thing to him***
162 **go dtige** = **go dtaga, go dtagann**
164 **maise [muise], níl a fhios agam cé a rómhair an cuibhreann fiaraigh atá faoin teach aige** = ***indeed, I don't know who tilled the field he has around the house*** **(cuibhreann fiaraigh** = ***uncultivated land*****)**
166 **Sábha á chosaint** = **Sábha ag cosaint Chonaill (ag cosaint** = ***defending*****)**
167 **dóigh chontráilte** = ***the wrong way***
168 **gurbh fhearr ligean air féin a chéaduair gur chuma leis cé acu a ghlacfadh Sábha Conall Pheadair Bhig nó a dhiúltódh sí é** = ***that it would have been better for him at first to let on that he didn't care whether Sábha accepted Conall Pheadair Bhig or refused him***
169 **ach dá mba i ndán is go nglacfadh sí é!** = ***but if it turned out that she accepted him!***
171 **cad é bhur mbarúilse?** = ***what is your opinion?***
172 **ní chuirfimidne chuici ná uaithi** = ***we won't bother her at all***
172 **í féin is cóir a bheith sásta, ós aici atá an saol le caitheamh ina chuideachta** = ***it is she who should be satisfied, as she has to spend her life in his company***
175 **ní raibh uchtach ag Micí an scéal a chur ní b'fhaide [níb fhaide]** = ***Micí hadn't the courage to press the case any further***
175 **bhí an cluiche caillte aige** = ***he was beaten***
178 **tá sé chomh maith an fhírinne a dhéanamh agus an greann a fhágáil inár ndiaidh** = ***it's as well to tell the truth and stop the fun***
182 **ag cardáil** = ***carding***
182 **tlámán olla** = ***a lock, tuft of wool***
183 **cár an charda** = ***teeth of the card (for combing wool)***
183 **mar nach mbeadh baint ag an chomhrá léi** = ***as if the conversation had nothing to do with her***
185 **caithfidh na daoine a bheith ag déanamh grinn corruair** = ***people have to have fun some time***
186 **tost** = ***silence***
187 **shíl mé nach raibh rún pósta agat go fóill** = ***I thought that you had no intention of marrying for a while***
189 **ní ligeann duine a rún le héanacha an aeir ar na saolta deireanacha seo** = ***a person doesn't let his intentions be known to anybody these times***
191 **cheana féin** = ***already***
191 **ní rún dúinne a ghabháil idir í féin agus a rogha** = ***it is not our intention to oppose whom she chooses*** **(rogha** = ***choice*****)**
192 **goidé** = **cad, céard**

'Bhail, b'fhéidir gur mar sin a bhí,' arsa Micí. 'Mar a dúirt mé, níl agamsa ach mar a chuala mé. Is annamh a théim chun an aonaigh. Ní théim ach nuair a bhíos mo ghnoithe ann. Ach, ar scor ar bith, níl mórán teacht i dtír sa duine bhocht. Níor
160 mhaith liomsa a dhath a rá leis. Ach tógadh sa doras agam é agus tá a fhios agam nach bhfuil maith ag obair ann. Ní chuireann sé spád i dtalamh bliain ar bith go dtige lá an Aibreáin.'

'Maise, níl a fhios agam cé a rómhair an cuibhreann fiaraigh
165 atá faoin teach aige,' arsa Sábha.

Dar le Micí, seo scéal iontach. Sábha á chosaint! Smaoinigh sé anois gur thoisigh sé ar an scéal ar an dóigh chontráilte, gurbh fhearr ligean air féin a chéaduair gur chuma leis cé acu a ghlacfadh Sábha Conall Pheadair Bhig nó a dhiúltódh sí é. Ach
170 dá mba i ndán is go nglacfadh sí é!

'Cad é bhur mbarúilse?' ar seisean leis an tseanlánúin.

'Ní chuirfimidne chuici nó uaithi,' arsa an seanduine. 'Í féin is cóir a bheith sásta, ós aici atá a saol le caitheamh ina chuideachta.'

175 Ní raibh uchtach ag Micí an scéal a chur ní b'fhaide. Bhí an cluiche caillte aige. Chaithfeadh sé Sábha a iarraidh dó féin anois nó í a ligean le fear eile.

'Bhail,' ar seisean, 'tá sé chomh maith an fhírinne a dhéanamh agus an greann a fhágáil inár ndiaidh. Domh féin atá
180 mé ag iarraidh na mná.'

Níor labhair aon duine.

Bhí Sábha ag cardáil. Thóg sí tlámán olla agus thoisigh sí á chur ar chár an charda, mar nach mbeadh baint ag an chomhrá léi.

185 'Caithfidh na daoine a bheith ag déanamh grinn corruair,' arsa Micí, nuair a fágadh ina thost é.

'Shíl mé nach raibh rún pósta agat go fóill,' arsa an tseanbhean.

'Ní ligeann duine a rún le héanacha an aeir ar na saolta
190 deireanacha seo,' arsa Micí.

'Bhail,' arsa an seanduine, 'mar a dúirt mé cheana féin, ní rún dúinne a ghabháil idir í féin agus a rogha. Goidé a deir tú, a Shábha?'

194 **ní bheinn gan féirín agam, fear a bheadh ag ithe na comharsan** = ***I would have a great acquisition (with) a man who would be eating the neighbours*** **(féirín = bronntanas)**
195 **ar chuala aon duine a leithéid de chúlchaint ar an bhuachaill bhocht chneasta nár choir is nár cháin?** = ***did a person ever hear such backbiting of a poor gentle boy who never upset or criticised?*** **(coirim =** ***I tire, exhaust, upset*****; cáinim =** ***I criticise*****)**
197 **is beag is lú orm ná baint an chraicinn den chomharsain** = ***there's little I think less of than having neighbours criticised***
198 **stad den tseanmóir agus abair rud inteacht [éigin] de dhá rud** = ***stop giving a sermon and say one of two things (whether you will or you won't marry Micí)***
200 **ní raibh rún ar bith pósta agam i mbliana** = ***I had no intention of marrying this year***
202 **abair cér bith atá le rá agat** = ***say whatever you have to say***
203 **go míshásta i gcosúlacht** = ***seemingly dissatisfied***
203 **caithfidh mé faill a fháil** = ***I must get a chance, have time***
204 **cad chuige? = cén fáth?** ***why?***
204 **scéala** = ***news***
205 **ní dhéanfadh sé spuaic ar do theanga** = ***it wouldn't have done you any harm*** **(spuaic =** ***a blister*****)**
207 **socair** = ***settled***
207 **ábhar cainte** = ***something to talk about***
208 **chomh maith agus a bhí lena gcuimhne** = ***as good as they ever remembered***
211 **lánúin** = ***a couple***
212 **a sháith = a dhóthain,** ***his fill***
213 **teach na bainise** = ***the house where the reception was being held*** **(bainis =** ***reception)***
213 **gan chuireadh gan chóiste** = ***without the slightest invitation*** **(cuireadh =** ***an invitation*****; cóiste =** ***a coach*****)**
215 **ba ghairid** = ***it was soon***
216 **leathdhruidte** = ***half-closed***
217 **corrach** = ***uneven***
218 **go bhfeiceadh [bhfeicfeadh] sé cad chuige a dearn [a ndearna] sí a leithéid seo de chleas** = ***so that he would find out why she played such a trick***
221 **as an chosán aige** = ***out of his way***
221 **dh'iarraidh [ag iarraidh] ciall a chur ann** = ***trying to put sense in him***
225 **is beag a bhéarfadh orm a ghabháil síos** = ***it wouldn't take much for me to go down***
226 **leac an dorais** = ***threshold***
228 **ní thabharfá do chiall i gceann chéille an mharla sin** = ***you wouldn't pit your intelligence against the intelligence of that puny person*** **(ciall =** ***sense*****— tuiseal ginideach: céille)**
229 **bheifeá náirithe choíche** = ***you would be shamed for ever***
229 **níl cuid bhuailte sa tsompla bhocht** = ***there's not a part of the wretched person worth hitting***
231 **murab é go bhfuil sé ar meisce . . . bhéarfainn tochas a chluaise dó** = ***only for he's drunk I'd give him something to think about*** **(tochas =** ***an itch*****)**
233 **ar meisce nó ina chéill é, ní fiú duit labhairt leis** = ***whether he's drunk or sober, it's not worth your while talking to him*** **(ina chéill =** ***in his senses*****)**

'Maise,' arsa Sábha, 'ní bheinn gan féirín agam, fear a bheadh
195 ag ithe na comharsan. Ar chuala aon duine riamh a leithéid de chúlchaint ar an bhuachaill bhocht chneasta nár choir is nár cháin? Is beag is lú orm ná baint an chraicinn den chomharsain.'

'Seo,' arsa an mháthair, 'stad den tseanmóir agus abair rud inteacht de dhá rud.'

200 'Maise, ní raibh rún ar bith pósta agam i mbliana,' arsa Sábha.

'Seo,' arsa an t-athair, 'abair cér bith atá le rá agat.'

'Bhail,' ar sise, go mísháasta i gcosúlacht, 'caithfidh mé faill a fháil culaith éadaigh a fháil. Cad chuige nár chuir tú scéala
205 chugam go raibh tú ag teacht? Ar ndóigh, ní dhéanfadh sé spuaic ar do theanga.'

Bhí an méid sin socair. Ar maidin lá arna mhárach bhí ábhar cainte ag seanmhná na mbailte. Bhí, chomh maith agus a bhí acu lena gcuimhne. Conall Pheadair Bhig a chuir Micí Sheáinín
210 Gréasaí dh'iarraidh mná, agus d'iarr Micí an bhean dó féin.

I gceann na seachtaine pósadh an lánúin. D'imigh Conall Pheadair Bhig agus d'ól sé a sháith, agus nuair a bhí sin déanta aige níor stad sé gur bhain teach na bainise amach gan chuireadh gan chóiste. Chuaigh sé isteach agus shuigh sé i
215 dtaobh an tí. Ba ghairid gur éirigh sé ina sheasamh. Bhí a shúile leathdhruidte agus a cheann ag titim ar a ghualainn. Thug sé cupla coiscéim corrach aníos in aice na tineadh. Chaithfeadh seisean Sábha a fheiceáil, go bhfeiceadh sé cad chuige a dearn sí a leithéid seo de chleas. Agus chaithfeadh sé cupla focal a
220 labhairt le Micí Sheáinín Gréasaí! D'imigh an lánúin chun an tseomra as an chosán aige, agus thoisigh fear an tí dh'iarraidh ciall a chur ann.

'Tá mise mé féin chomh maith le mac Sheáinín na seanbhróg,' arsa Conall.

225 'Is beag a bhéarfadh orm a ghabháil síos agus a mhuineál a bhriseadh ar leic an dorais,' arsa Micí le Sábha.

'Ó, a Mhicí,' arsa Sábha, ag cur a cuid lámh thart air, 'ar ndóigh, ní thabharfá do chiall i gceann chéille an mharla sin! Bheifeá náirithe choíche do lámh a fhágáil thíos leis. Níl cuid
230 bhuailte sa tsompla bhocht.'

'Murab é go bhfuil sé ar meisce,' arsa Micí, 'bhéarfainn tochas a chluaise dó, bhéarfainn sin.'

'Ar meisce nó ina chéill é, ní fiú duit labhairt leis,' arsa Sábha. 'Nach bhfuil a fhios agat féin agus ag achan duine eile go bhfuil

234 **go bhfuil lear ar an duine bocht** = ***that the poor man is touched*** (**lear** = ***a defect***)
235 **sreamaide** = ***contemptible person***
236 **ba dúthrachtach a chuaigh tú ar a shon** = ***you were earnest in going to his defence*** (**dúthrachtach** = ***diligent, earnest***)
239 **bhí a oiread mire orm leat cionn is gur shamhail tú go nglacfainn é agus go gcuirfinn i d'éadan, ba chuma goidé a déarfá. Cuireann sé fearg orm go fóill nuair a smaoiním go gcuirfeá síos domh go bpósfainn an dobhrán bocht sin thíos, dá mbeadh gan aon fhear a bheith ar an domhan ach é féin** = ***I was so mad at you because you imagined that I would accept him and go against you, no matter what you would say. It still makes me angry when I think that you would think it of me that I would marry that poor fool down there even if there was no other man in the world but himself*** (**mire** = ***madness***; **samhlaím** = ***I imagine***); **goidé** = **cad é**; **go gcuirfeá síos dom** = **go gcuirfeá i mo leith**, ***that you would accuse me***
244 **seo anois, a stór, nach bhfuil sin thart?** = ***now, pet, isn't that all over?***
245 **ar leaba an bháis** = **ag fáil báis**, ***dying***
246 **ag borrchaoineadh agus ag mairgnigh** = ***sobbing and lamenting***
248 **cliabh mónadh [móna]** = ***a basket of turf***
249 **iontas** = **ionadh**, ***amazement***
250 **go raibh a bun is a cíoradh uirthi** = ***that she had to fend for herself***
252 **ach oiread** = ***either***
254 **goidé mar a chuir sé isteach oíche aréir?** = ***how did he put in the night?***
257 **smeacharnaigh** = ***sobbing***
257 **is air a tháinig a sháith an iarraidh seo** = ***it was too much for him this time***
261 **leoga** = ***indeed***
261 **a thaisce** = ***my dear***
261 **cloíte** = ***very weak***
262 **b'fhíor di** = ***she was right, she told the truth***
263 **faire** = **tórramh**, ***a wake***
264 **cochán** = ***straw***
264 **eallach** = ***cattle***
266 **cóiríodh an teach fá choinne na faire** = **ullmhaíodh an teach i gcomhair an tórraimh**, ***the house was prepared for the wake*** (**cóirím** = **ullmhaím**, ***I prepare***)
267 **baintreach** = ***a widow***
268 **cuir thart go fial fairsing é** = ***put it around generously***
269 **croí na féile** = ***the heart of generosity (her husband)***
270 **colbha na leapa** = ***the edge of the bed***
271 **creapalta liath** = ***crippled and grey***
271 **ar lár** = ***missing, dead***
273 **fosta** = **freisin**, ***also***
273 **gheofá cuid a déarfadh nach raibh maith sa tseanbhean ag caoineadh, nó nach raibh aici ach na cúpla focal** = ***you'd find some who would say that the old woman wasn't much good at keening, for she had only a few words***

235 lear ar an duine bhocht? Ar ndóigh, dá mbeadh ciall aige ní iarrfadh sé mise le pósadh, an sreamaide bocht!'

'Maise, ba dúthrachtach a chuaigh tú ar a shon an oíche sin,' arsa Micí.

'Tá, bhí a oiread mire orm leat cionn is gur shamhail tú go
240 nglacfainn é agus go gcuirfinn i d'éadan, ba chuma goidé a déarfá. Cuireann sé fearg orm go fóill nuair a smaoiním go gcuirfeá síos domh go bpósfainn an dobhrán bocht sin thíos, dá mbeadh gan aon fhear a bheith ar an domhan ach é féin.'

'Seo anois, a stór, nach bhfuil sin thart?' arsa Micí.

*

245 Cúig bliana ón am sin bhí Micí Sheáinín Gréasaí ar leaba an bháis. Bhí Sábha thart fán leaba ag tabhairt aire dó agus í ag borrchaoineadh agus ag mairgnigh. Nuair a tháinig m'athair isteach le cliabh mónadh, agus bhuail sé i dtaobh an tí é, níor labhair Sábha leis. Ach níor chuir sin iontas ar bith ar m'athair.
250 Bhí a fhios aige go raibh a bun is a cíoradh uirthi. Nuair a tháinig mo mháthair isteach agus buidéal an bhainne léi níor labhair Sábha ach oiread. D'fhág mo mháthair an bainne ar urlár an dreisiúir agus tháinig aníos chun na tineadh.

'Goidé mar a chuir sé isteach an oíche aréir?' ar sise le bean
255 an tí.

'Ó, 'rún, chuir go beag de mhaith,' arsa Sábha, agus bhris an gol uirthi. 'Micí bocht!' ar sise trí smeacharnaigh, 'is air a tháinig a sháith an iarraidh seo.'

Tháinig Conall Pheadair Bhig isteach.
260 'Goidé mar tá sé inniu?' ar seisean.

'Leoga, a Chonaill, a thaisce,' arsa Sábha, 'tá go cloíte.' Agus, má dúirt féin, b'fhíor di. An oíche sin fuair Micí bás.

Chruinnigh lán an tí isteach chun na faire. Thug Conall Pheadair Bhig cochán don eallach agus thug sé isteach móin.
265 Chuaigh cupla duine eile chun an tsiopa fá choinne tobaca agus píopaí, agus cóiríodh an teach fá choinne na faire.

'A Chonaill,' arsa an bhaintreach, 'cuir thusa thart an tobaca. Agus cuir thart go fial fairsing é, agus caitheadh siad a sáith de os cionn chroí na féile. Nó, leoga, ba é sin é,' ar sise, agus suas
270 go colbha na leapa léi agus thoisigh sé a chaoineadh.

D'éirigh seanbhean chreapalta liath—máthair an fhir a bhí ar lár—agus chuaigh anonn chun na leapa agus thoisigh a chaoineadh fosta. Gheofá cuid a déarfadh nach raibh maith sa tseanbhean ag caoineadh, nó nach raibh aici ach na cupla focal.

275 **ach níorbh é sin do Shábha é** = ach ní raibh an scéal mar sin ag Sábha, *that's not how it was with Sábha*
276 **chluinfeá** = chloisfeá, *you would hear*
279 **is cuma leat** = *it doesn't matter to you*
280 **is leat ba doiligh luí ar chúl do chinn lá an earraigh dá mba ar do mhaith a bheadh** = *it's you that would hate to lie on your back on a spring day even if it were for your own good* (Tá Sábha ag rá anseo go raibh Micí go hiontach chun obair a dhéanamh)
284 **ag fiafraí an bhfuil i bhfad go musclaí a athair** = ag fiafraí an mbeidh sé i bhfad go musclóidh a athair = *asking will it be long until his father wakes* (musclaím = *I wake*)
285 **do shúile a fhoscladh** = do shúile a oscailt
288 **timireacht** = *odd jobs, chores*
290 **ceilg [cealg]** = *guile, deceit*
290 **is iomaí a leithéid nach dtiocfadh ar amharc an tí** = *there are many like him who would not come in sight of the house (after what happened)*
291 **is é is fearr a rinne é, ó tharla an chiall sin aige** = *what he did was the best, since he has the sense*
293 **go mb'fhéidir go bhfeicfeá ag a chéile go fóill** = go mb'fhéidir go bpósfadh siad fós
294 **ag tabhairt fá dear [faoi deara]** = *noticing*
295 **an lá fá [faoi] dheireadh** = *the other day*
296 **bhí an oiread sin buartha uirthi** = *she was so troubled*
296 **dá bhfeicctheá [bhfeicfeá] chomh cineálta agus a bheannaigh sí do Chonall as measc an scaifte [scata]** = *if you saw how gently she greeted Conall from amongst the crowd* (beannaím = *I salute, greet*)
298 **is agat riamh a gheofaí an scéal a mbeadh an craiceann air** = *it's you that would always have the worthwhile story*
300 **siúd an fhírinne** = *that's the truth*
301 **tórramh** = *a funeral, wake*
301 **reilig** = *a graveyard*
302 **cuireadh é** = *he was buried*
302 **chuidigh Conall Pheadair an uaigh a líonadh** = *Conall Pheadair helped to fill the grave* (cuidím = *I help*)
303 **bhuail sé na scratha glasa le cúl na spáide agus dhing lena chois iad thart fá [faoi] bhun na croise** = *he beat down the sods with the back of the spade and wedged them down around the cross with his foot*
305 **tá do sháith déanta** = *you have enough (lamentation) done*
306 **daonán** = *lamentation, excessive crying*
308 **bhí cuimhne aici ar** = *she remembered*
309 **ina cuideachta** = *in her company*
311 **chaoineadh sí** = *she used to lament*
311 **d'fhéach cuid de na comharsana cupla uair le ciall a chur inti** = *some of the neighbours tried a few times to put some sense in her*
314 **chan fhuil tú** = níl tú
315 **go dtiocfadh leis an scéal a bheith níos measa** = *that the story could be worse*

275 'Óch óch agus óch óch, a leanbh, go deo deo deo!' Ach níorbh é sin do Shábha é. Chluinfeá ise míle ó bhaile. 'Órú, a Mhicí, agus a Mhicí,' a deireadh sí, 'is ort atá an codladh trom anocht. Is iomaí uair aréir a d'fhiafraigh tú díom an raibh sé de chóir an lae, ach is cuma leat anocht. Órú, ba é sin an lá dubh domhsa. A 280 Mhicí, is leat ba doiligh luí ar chúl do chinn lá an earraigh dá mba ar do mhaith a bheadh . . . Fán am seo aréir d'iarr tú deoch, ach níl tart ar bith anocht ort. A Mhicí, goidé a rinne tú orm ar chor ar bith? Órú, a Mhicí, do leanbh agus do leanbh, agus é ag fiafraí an bhfuil i bhfad go musclaí a athair! Ach is fada 285 dó a bheith ag fanacht leat do shúile a fhoscladh.'

Chuir Conall Pheadair Bhig thart neart tobaca dhá oíche na faire. Thug sé isteach móin sa lá agus rinne sé cuid mhór timireachta fán teach.

'Anois, duine beag maith Conall Pheadair Bhig,' arsa 290 m'athair le mo mháthair. 'Agus duine beag gan cheilg. Is iomaí a leithéid nach dtiocfadh ar amharc an tí. Ach, ar ndóigh, is é is fearr a rinne é, ó tharla an chiall sin aige.'

'M'anam, a Fheilimí, go mb'fhéidir go bhfeicfeá ag a chéile go fóill iad,' arsa mo mháthair. 'Ní raibh sí ag tabhairt fá dear 295 aon duine an lá fá dheireadh nuair a bhí mé ann leis an bhainne, bhí an oiread sin buartha uirthi. Ach dá bhfeictheá chomh cineálta agus a bheannaigh sí do Chonall as measc an scaifte.'

'Is agat riamh a gheofaí an scéal a mbeadh an craiceann air,' arsa m'athair.

300 'Siúd an fhírinne,' arsa mo mháthair.

Tháinig lá an tórraimh. Tugadh an corp chun na reilige agus cuireadh é. Chuidigh Conall Pheadair an uaigh a líonadh. Bhuail sé na scratha glasa le cúl na spáide agus dhing lena chois iad thart fá bhun na croise. Chaoin Sábha go bog binn.

305 'Seo, a Shábha, tá do sháith déanta,' arsa bean na comharsan. 'Níl sé maith daonán a dhéanamh. Éirigh agus siúil leat chun an bhaile.'

Bhíodh Sábha i gcónaí ag caint ar an fhear a d'imigh. Bhí cuimhne aici ar na háiteacha a shiúil sé ina cuideachta agus ar 310 na rudaí a dúirt sé léi. Théadh sí amach ar maidin agus chaoineadh sí chomh hard agus a bhí ina ceann. D'fhéach cuid de na comharsana cupla uair le ciall a chur inti.

'Níl sé maith agat a bheith ag caoineadh mar atá tú,' arsa Siúgaí Ní Bhraonáin lá amháin. 'Chan fhuil tú ag smaoineamh 315 go dtiocfadh leis an scéal a bheith níos measa. Tá tú breá láidir,

316 agus tú i dtús do shaoil agus gan de chúram ort ach = ***and you at the beginning of your life and with no reponsibility but***

317 is iomaí baintreach ba mhó i bhfad a raibh ábhar caointe aici ná atá agat = ***it's many a widow that had much more cause for lamenting than you***

319 nach glas is fiú domh [dom] mo sháith a chaoineadh? = ***isn't it scarcely worth my while lamenting my fill?***

320 nach cuma domh feasta goidé a éireos domh ó chaill mé an fear ab fhearr a bhí ag aon bhean riamh? = ***what does it matter to me what happens to me since I lost the best man that any woman ever had?***

322 ba é an dara rud a rinne Siúgaí ruaig a thabhairt = ***the second thing Siúgaí did was to pay a hurried visit***

323 an tseanlánúin = ***the old couple***

323 beochán tine = **tine beag**

323 cuma bhrúite = ***a very depressed appearance***

326 buartha = ***depressed***

326 ar ndóigh, a ábhar sin atá aici = ***of course, she has cause to be***

328 sin féin an buaireamh atá taobh amuigh dá ceirteach = ***that is insincere grief*** **(buaireamh** = **buairt,** ***sorrow;*** **ceirteach [ceirteacha]** = ***rags, clothes*****)**

329 is mairg dó a chuir é féin chun na cille ag iarraidh droim díomhaoin a thabhairt di = ***it's a pity for him that he drove himself to the grave trying to give her an easy and idle life*** **(cill** = ***churchyard, church*****— tuiseal ginideach: cille; droim díomhaoin** = ***an idle back*****)**

330 dá dtugadh [dtabharfadh] sé aire dó féin, agus gan leath a dhéanamh de féin agus leath den tsaol, ní bheadh sé faoi na fóide inniu = ***if he had taken care of himself and not worn himself out trying to do everything, he would not be under the sod today***

333 tháinig an ailleog riamh go réidh lena dream = ***wailing always came easy to her type*** **(dream** = ***a group, class*****; ailleog** = ***a wail, shout*****)**

334 lucht na ngruann [ngruanna] tirim = ***those of the dry cheeks***

335 ábhar an bhuartha = ***the cause of sorrow***

337 airneál [airneán] = ***night visiting, sitting up late at night***

338 tháinig mé a thógáil cian díot = **tháinig mé chun an brón a bhaint díot,** ***I came to take the sadness from you***

341 lúcháir = **áthas,** ***happiness***

342 ag caint ort = **ag caint fút**

344 racht = ***a fit***

344 níos tréine = **níos láidre,** ***stronger***

344 is réidh agat é = ***it's easy for you***

345 d'amharc sí = **d'fhéach sí,** ***she looked***

345 go truacánta = ***pitifully***

347 a inse = **ag insint,** ***telling***

348 d'iarr sé uirthi stad den daonán nó go mb'fhéidir gur dochar a bhí sí a dhéanamh don anam a d'fhág an cholainn = ***he asked her to stop the excessive lamenting or maybe she would do harm to the soul that had left the body*** **(daonán** = ***lamenting, excessive crying*****)**

350 go gcoinníonn barraíocht an chaointe as a bhfáras [a n-áras] na creatúir = ***that excessive lamenting would keep the poor creatures out of Heaven*** **(coinním** = **coimeádaim,** ***I keep*****; fáras** = **áras,** ***a dwelling, Heaven*****)**

agus tú i dtús do shaoil agus gan de chúram ort ach an gasúr beag sin, slán a bheas sé. Is iomaí baintreach ba mhó i bhfad a raibh ábhar caointe aici ná atá agat. Is iomaí sin.'

'Órú, nach glas is fiú domh mo sháith a chaoineadh?' arsa 320 Sábha. 'Agus nach cuma domh feasta goidé a éireos domh ó chaill mé an fear ab fhearr a bhí ag aon bhean riamh?'

Ba é an dara rud a rinne Siúgaí ruaig a thabhairt siar tigh Sheáinín Gréasaí. Bhí an tseanlánúin ina suí os cionn beochán tine agus cuma bhrúite orthu.

325 'Tá mé i ndiaidh a bheith thíos ansin ag Sábha bhocht,' arsa Siúgaí, 'agus tá an créatúr iontach buartha. Ach, ar ndóigh, a ábhar sin atá aici.'

'Ó, sin féin an buaireamh atá taobh amuigh dá ceirteach,' arsa an tseanbhean. 'Mo leanbh, is mairg dó a chuir é féin chun 330 na cille ag iarraidh droim díomhaoin a thabhairt di. Dá dtugadh sé aire dó féin, agus gan leath a dhéanamh de féin agus leath den tsaol, ní bheadh sé faoi na fóide inniu. Ach ní ligfeadh sí dó aire a thabhairt dó féin. Anois tá sí ag caoineadh. Tháinig an ailleog riamh go réidh lena dream—lucht na ngruann tirim. Ach 335 is againne atá ábhar an bhuartha. Is againn sin.'

*

Seachtain ina dhiaidh sin tháinig Conall Pheadair Bhig a dh'airneál chuig Sábha.

'Tháinig mé a thógáil cian díot,' ar seisean.

Bhris an caoineadh uirthise.

340 'A Chonaill, a Chonaill,' ar sise, 'níl Micí romhat anocht le labhairt leat. Dá mbeadh, ba air a bheadh an lúcháir romhat. Nó ba mhinic ag caint ort é.'

'Seo,' arsa Conall, 'níl maith a bheith ag caoineadh.'

Is é rud a tháinig racht níos tréine uirthi. 'Órú, a Chonaill, is 345 réidh agat é,' ar sise, agus d'amharc sí air go truacánta.

'Bhfuil a fhios agat,' arsa Conall, 'goidé a bhí an Sagart Mór Ó Dónaill a inse do mo mháthair nuair a bhí m'athair bocht, grásta ó Dhia air, i ndiaidh bás a fháil? Tá, d'iarr sé uirthi stad den daonán nó go mb'fhéidir gur dochar a bhí sí a dhéanamh 350 don anam a d'fhág an cholainn. Dúirt sé go gcoinníonn barraíocht an chaointe as a bhfáras na créatúir.'

352 is mairg a choinneodh an duine bocht bomaite [nóiméad] as a fháras = *woe betide anyone who would keep the poor person one moment out of Heaven*
354 bí ag guí ar a shon = *be praying for his sake*
356 tumba [tuama] = *a tomb*
356 os a chionn = *over him*
358 curtha = *buried*
359 dá mbeadh deis beag curtha ar an uaigh = *if the grave were done up a bit*
361 lasta = *a load, cargo*
361 gaineamh sligeán [sliogán] = *sand full of shells*
362 dornán = *a handful, small amount*
363 agus an uaigh a chóiriú = *and to prepare (dress up) the grave*
364 am ar bith ar mian leat = *any time you wish*
365 caithfimid a ghabháil go hOileán Eala fá choinne na gcloch = *we have to go to Oileán Eala for the stones*
368 feothan = *a breeze*
369 tuairim is ar uair tráite ag an lán mhara = *about one hour of full tide had ebbed*
370 as an chaslaigh [chasla] = *out of the harbour*
373 foireann = *a crew*
374 más ar Pheadar is cóir a maíomh = *if it's proper to say that Peadar owns it*
376 stiúir = *tiller, helm*
379 shílfeá gur cosúil uaidh seo í le Sábha = *you would think from here that she is like Sábha*
380 gan bhréig = **gan bhréag,** *without a lie (doubt)*
381 ródheas do = *too near to*
383 fear na stiúrach = *the man on the tiller*
387 giota tharstu = *a bit past them*
389 m'anam . . . go bhfuil aigneadh [aigne] baintrí ag teacht chuig Sábha cheana féin = **leoga, tá Sábha á hiompar féin mar bhaintreach,** *indeed, Sábha is beginning to behave like a widow already*
391 leabhra = *indeed, I assure you*

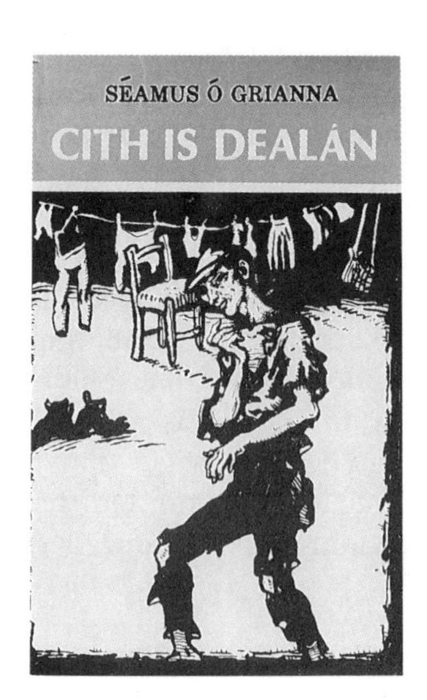

'Is mairg a choinneodh an duine bocht bomaite amháin as a fháras,' arsa Sábha.

'Bí ag guí ar a shon,' arsa Conall. 'Sin an rud is fearr dó féin 355 agus duitse.'

'Dá mbeadh airgead agam,' ar sise, 'chuirfinn tumba os a chionn.'

'Tá sé curtha in áit dheas,' arsa Conall.

'Tá dá mbeadh deis bheag curtha ar an uaigh,' arsa Sábha. 360 'Bhfuil a fhios agat cad é ba mhaith liom a dhéanamh amach anseo nuair a thiocfas an samhradh? Tá, lasta de ghaineamh sligeán agus dornán de chlocha doirlinge a thabhairt aníos as Oitir an Dúin Mhóir agus an uaigh a chóiriú.'

'Beidh mise leat leis an bhád am ar bith ar mian leat é,' arsa 365 Conall. 'Ach caithfimid a ghabháil go hOileán Eala fá choinne na gcloch.'

*

Maidin dheas shamhraidh agus cuid bád Cheann Dubhrainn ag gabháil a dh'iascaireacht. Bhí feothan deas gaoithe anuas ó na sléibhte agus tuairim is ar uair tráite ag an lán mhara. Tháinig 370 bád amach as an chaslaigh agus gan inti ach beirt—Conall agus Sábha. Bhí bád Mhicheáil Thaidhg ag teacht anuas ina ndiaidh.

'Níl a fhios agam cén bád í sin síos romhainn?' arsa fear den fhoireann.

'Tá, bád Pheadair Bhig, más ar Pheadar is cóir a maíomh, 375 grásta ón Rí ar an duine bhocht,' arsa fear eile.

'Agus cé sin ar an stiúir?'

'Tá, Conall.'

'Níl a fhios agam cén bhean atá leis?'

'Shílfeá gur cosúil uaidh seo í le Sábha Néill Óig. Agus is í atá 380 ann gan bhréig.'

Stad siad de chaint ansin, nó bhí siad ag teacht ródheas do bhád Chonaill.

'Tá maidin mhaith ann,' arsa fear na stiúrach, nuair a bhí siad ag gabháil thart le bád Chonaill.

385 'Maidin mhaith, go díreach,' arsa Conall.

'Maidin ghalánta, míle altú do Dhia,' arsa Sábha.

Nuair a bhí foireann Mhicheáil Thaidhg giota tharstu thoisigh an comhrá acu arís.

'M'anam,' arsa Niall Sheimisín, 'go bhfuil aigneadh baintrí ag 390 teacht chuig Sábha cheana féin.'

'Tá, leabhra,' arsa Frainc Beag.

392 ag gabháil fá choinne clocha doirlinge [duirlinge] le cur ar uaigh Mhicí atá siad = *they are going for beach stones to put on Micí's grave* (fá choinne = i gcomhair)

394 char [níor] dhóiche liomsa an Cháisc a bheith ar an Domhnach ná tífidh [feicfidh] sibh deireadh greannmhar ar uaigh Mhicí = *to me it is no more likely that Easter is on a Sunday than that you will see something funny happening to Micí's grave*

396 mo choinsias go bhfuil saol greannmhar ann ar an bhomaite [nóiméad] = *I declare, there are funny things happening at the moment*

397 ná faigheadh aon duine bás fad is a thig leis fanacht beo = *let no person die while he can stay alive—i.e. poor Micí died and now his wife is with somebody else*

399 breast tú = *you don't mean it*

400 bain an chluas den leiceann agamsa . . . mura bhfeice tú pósta ceangailte iad roimh bhliain ó inniu = *I swear that you will see them married before the year is out*

402 i ndiaidh chomh cráite agus a chaoin sí ina dhiaidh = *after she lamented him so tormentedly*

404 bhí barraíocht cheoil ina cuid caointe = *there was too much music in her keening*

408 béal an bharra = *mouth of the sand-bar*

408 d'fheistigh siad an bád = *they moored the boat*

408 ag brath fanacht le sruth líonta = *intending to wait for a full current (tide)*

411 sruthán fíoruisce = *stream of fresh water*

412 cladach = *a beach*

412 cócaireacht = *cooking*

414 gnúis na mara = aghaidh na farraige

414 bun na spéire = *horizon*

415 loinnir chorcair = *a purple shine*

417 go dearn [ndearna] siad a gcuid = *they ate their food*

422 dá mbeadh an bhliain uilig ina samhradh = *if all the year were summer*

426 feisteoimid anseo sa chaslaigh [chasla] go maidin í = *we will moor it (the boat) here in the harbour till morning*

427 lán mara = *full tide*

429 chóirigh Conall an uaigh = *Conall dressed the grave* (cóirím = *I prepare, dress*)

431 imeall = *an edge*—iolra: imill

'Ag gabháil fá choinne clocha doirlinge le cur ar uaigh Mhicí atá siad,' arsa Donnchadh Mór.

'Char dhóiche liomsa an Cháisc a bheith ar an Domhnach ná
395 tífidh sibh deireadh greannmhar ar uaigh Mhicí,' arsa Liam Beag. 'Mo choinsias go bhfuil saol greannmhar ann ar an bhomaite. Ná faigheadh aon duine bás fad is a thig leis fanacht beo.'

'Breast tú, a Liam,' arsa Micheál Thaidhg.

400 'Bain an chluas den leiceann agamsa,' arsa Liam, 'mura bhfeice tú pósta ceangailte iad roimh bhliain ó inniu.'

'I ndiaidh chomh cráite agus a chaoin sí ina dhiaidh?' arsa Micheál.

'Mar a dúirt an tseanbhean,' arsa Liam, 'bhí barraíocht cheoil
405 ina cuid caointe.'

Chuaigh Conall agus Sábha go hOileán Eala agus thóg siad na clocha doirlinge agus an gaineamh. Nuair a tháinig siad ar ais go béal an bharra d'fheistigh siad an bád, ag brath fanacht le sruth líonta.

410 Thug siad leo a gcuid mónadh agus an bia, chuaigh amach ar Oileán Bó agus las tine. Thug Conall canna uisce as sruthán fíoruisce a bhí sa chladach, agus thoisigh an chócaireacht acu. Ba deas agus ba ródheas an tráthnóna a bhí ann. Bhí an ghrian ag cur lasrach i ngnúis na mara siar go bun na spéire, agus ar an
415 taobh eile ag cur loinnir chorcair sna sléibhte a bhí isteach uathu. Rinne Sábha réidh an bia agus shuigh siad ina mbeirt ar an fhéar go dearn siad a gcuid.

'An bhfaca aon duine riamh a leithéid de thráthnóna?' arsa Conall. 'Míle buíochas do Dhia ar a shon.'

420 'Nár deas an áit an t-oileán seo le bheith i do chónaí ann?' arsa Sábha.

'Ba deas, dá mbeadh an bhliain uilig ina samhradh,' arsa Conall.

Le luí na gréine tháinig síad aníos go Ceann Dubhrainn leis
425 an tsruth líonta.

'Feisteoimid anseo sa chaslaigh go maidin í,' arsa Conall, 'agus rachaimid suas chun na reilige léi le lán mara na maidine, beo slán a bheimid.'

Chuaigh. Chóirigh Conall an uaigh go deas leis an
430 ghaineamh. Rinne sé cros de chláraí fáchan uirthi agus chuir sé na clocha doirlinge thart leis na himill aici.

434 inchurtha = ***as good as***
435 caithfidh mé amharc [féachaint] uirthi ó am go ham = ***I must look at it from time to time***
435 siabfaidh [síobfaidh] gaoth an gheimhridh cuid mhór de ar shiúl = ***the winter wind will blow much of it away***
437 bolgam tae = ***a mouthful of tea***
439 is cuma duit = ***you shouldn't bother***
445 ab éigean domh [dom] sin a dhéanamh = ***I must have done that***
446 poll an bhac = ***the hole in the hob***
448 faraor [faraoir], is beag an rud is buaine ná an duine = ***alas, even a small thing lasts longer than a person***
449 tá mé cinnte gur agat ab fhearr leis é a bheith = ***I am certain that he would prefer you to have it***
450 iascaireacht na scadán = ***the herring fishing***
451 eangach = ***a net***
453 deora = ***drops of water, rain***
453 cuachta = ***folded***
454 scioból = ***a barn***
454 nuair a spréigh mé í, anseo an lá fá dheireadh, bhí an snáth lofa inti = ***when I spread it here the other day the thread was rotten*** **(spréighim** = ***I spread*****)**
457 ní raibh rún agam aon uair amháin a fliuchadh choíche = ***I had no intention of wetting it ever again***
458 ach, faraor [faraoir], tá an saol ag teannadh orm = ***but, alas, life is going hard on me*** **(teannaim** = ***I tighten*****)**
459 goidé [cad é, céard é] an mhaith domh [dom] a ligean sa dul amú = ***what good is it for me letting it go to waste?***
459 má chuirim ar an iascaireacht í gnóthóidh mé rud ínteacht [éigin] uirthi = ***if I let it out fishing I will get something for it*** **(gnóthaím** = ***I achieve, gain*****)**
461 spréifidh mise amárach í go bhfeice [go bhfeicfidh] mé an bhfuil aon cheann de na mogaill stróctha = ***I will spread it out tomorrow to see if any of the meshes are torn*** **(mogall** = ***a mesh*****)**
464 léana = ***a lawn***
464 os coinne = **os comhair,** ***in front of***
464 chóirigh sé cupla [cúpla] mogall a bhí stróctha = ***he fixed a couple of meshes that were torn***
466 a dh'iascaireacht = **ag iascaireacht**
467 luach dhá phunta de scadáin = ***two pounds' worth of herrings***
468 bhí punta [punt] den airgead sin ag luí do Shábha—cuid na heangaí = ***a pound of that money was due to Sábha, the amount due for the net***
469 clapsholas = ***twilight***

'Maise, go saolaí Dia thú agus go lige Sé do shláinte duit,' arsa Sábha, 'tá obair dheas déanta agat.'

'Níl aon uaigh istigh sa reilig inchurtha léi,' arsa Conall. 'Ach
435 caithfidh mé amharc uirthi ó am go ham. Siabfaidh gaoth an gheimhridh cuid mhór de ar shiúl.'

'Gabh isteach go ndéana mé bolgam tae duit,' arsa Sábha, nuair a bhí siad ar ais ag an teach s'aicise.

'Ó, is cuma duit,' arsa Conall.

440 'Seo, isteach leat go bhfaighe tú dhá bholgam a thógfas an tuirse díot.'

Chuaigh.

Nuair a bhí an tae ólta chuir Conall a mhéar ina phóca. 'Ar m'anam,' ar seisean, 'gur bhris mé mo phíopa. Nuair a bhí mé
445 ag tiomáint an bháid ab éigean domh sin a dhéanamh.'

Chuir Sábha a lámh isteach i bpoll an bhac. 'Seo píopa a bhí ag an fhear a d'imigh,' ar sise, 'grásta ó Dhia ar an duine bhocht. Faraor, is beag an rud is buaine ná an duine. Bíodh sé agat. Tá mé cinnte gur agat ab fhearr leis é a bheith.'

*

450 Tháinig Deireadh an Fhómhair agus iascaireacht na scadán.

'Dá mbeadh eangach agam dhéanfainn tamall iascaireachta i mbliana,' arsa Conall. 'Tá áit le fáil ar bhád Mhicheáil Thaidhg. Ach tháinig deora ar an eangaigh a bhí agam féin agus í cuachta istigh sa scioból. Nuair a spréigh mé í, anseo an lá fá dheireadh,
455 bhí an snáth lofa inti.'

'Nár fhéad tú eangach Mhicí a thabhairt leat? Grásta ó Dhia ar Mhicí,' arsa Sábha. 'Ní raibh rún agam aon uair amháin a fhliuchadh choíche. Ach, faraor, tá an saol ag teannadh orm. Agus goidé an mhaith domh a ligean sa dul amú? Má chuirim ar
460 an iascaireacht í gnóthóidh mé rud inteacht uirthi.'

'Is fíor duit sin,' arsa Conall. 'Spréifidh mise amárach í go bhfeice mé an bhfuil aon cheann de na mogaill stróctha aici.'

An lá arna mhárach thug Conall amach an eangach agus spréigh sé ar an léana í os coinne an dorais. Chóirigh sé cupla
465 mogall a bhí stróctha aici, agus chuir sé le droim í an áit a raibh sí scaoilte. Ansin d'imigh sé go hInis Fraoich a dh'iascaireacht.

Luach dhá phunta de scadáin a dhíol sé i rith na seachtaine. Bhí punta den airgead sin ag luí do Shábha—cuid na heangaí. Tháinig sé chuici oíche Shathairn le clapsholas. Shuigh sé ag an
470 tine.

471 **creidim nach bhfuil tú saor ó ocras** = *I believe you are not free from hunger, i.e. you must be hungry, I'll get you something to eat*

474 **spaga beag éadaigh** = *a small cloth purse*

474 **dath na toite** = *the colour of the smoke*

475 **ruóg** = *a string*

475 **seo do chuidse** = *here's your part*

478 **tá rud breá leat ar shon do sheachtaine** = *you did well for the week*

479 **leoga, a rún** = *indeed, pet*

479 **níor bhuail siad an béal ach go hiontach éadrom** = *they (the herrings) were scarce enough in the harbour mouth*

480 **choinnigh siad iontach ard i bhfarraige** = *they stayed very high in the sea*

481 **an áit a raibh bádaí móra [báid mhóra] acmhainneacha le a ghabháil amach ina ndiaidh thóg siad trom i gceart iad** = *where there were big seaworthy boats to go out, they caught heavy catches*

484 **b'fhéidir go luífeadh siad isteach ar an chladach** = *maybe they will come in towards the beach*

487 **breá eolach ar an dóigh a n-oibríonn siad** = *very knowledgeable about the way they (the herrings) behave*

487 **go bhfuil eagla air go bhfuil iascaireacht na bliana seo thart, de thairbhe bádaí beaga [báid bheaga] de** = *that he is afraid the fishing is over for this year, as regards the little boats anyhow*

489 **deir sé má théid [théann] an chéad scoil thart go hard i bhfarraige go leanfadh an chuid eile iad** = *he says that if the first school (of fish) goes by high in the sea, the others will follow*

491 **ar ndóigh, is maith an méid seo féin** = *of course, even this amount (the two pounds) is good*

493 **d'amharc** = **d'fhéach,** *looked*

494 **saothar beag bocht seachtaine é** = *it's poor earnings for a week*

494 **ní mó ná gur fiú dhá chuid a dhéanamh de** = *it's hardly worth making two parts of it (dividing it)*

495 **b'fhéidir gur fhéad mé** = *maybe I could*

496 **is tú is cruaidhe [crua] atá ina fheidhm** = *you are more in need of it*

497 **'chead agamsa fanacht** = **tá mo chead agam fanacht,** *I can wait*

498 **cha dtugann ar chor ar bith** = **ní thugaim (cead) in aon chor,** *I don't give you permission to do that*

498 **is cruaidh [crua] a shaothraigh tú féin é ar bharr na dtonn le seachtain** = *you earned it hard on the waves for the week* **(saothraím** = *I earn***)**

499 **is minic a bhí mé ag smaoineamh gurbh fhuar agus gur anróiteach agat é, a dhuine bhoicht, do do chriathrú ó seo go Tóin an Aird Dealfa** = *I was often thinking that it was cold and hard for you, you poor thing, being buffeted from here to Tóin an Aird Dealfa*

502 **ar ndóigh, má theannann orm thig liom cupla [cúpla] scilling a fháil uait ar iasacht** = *of course if things get bad for me I can get a couple of shillings from you on loan*

'Creidim nach bhfuil tú saor ó ocras,' ar sise, ag cur mónadh ar an tine.

Nuair a bhí an tae ólta ag Conall, agus a phíopa dearg aige, tharraing sé amach spaga beag éadaigh a raibh dath na toite air
475 agus scaoil sé an ruóg ann. 'Seo do chuidse,' ar seisean, ag síneadh punta chuici.

'Go sábhála an Spiorad Naomh ar do bháthadh thú,' ar sise, 'Tá rud breá leat ar shon do sheachtaine.'

'Leoga, a rún, níl,' ar seisean, 'nó níor bhuail siad an béal ach
480 go hiontach éadrom. Choinnigh siad iontach ard i bhfarraige i rith na seachtaine. Agus an áit a raibh bádaí móra acmhainneacha le a ghabháil amach ina ndiaidh thóg siad trom i gceart iad.'

'B'fhéidir go luífeadh siad isteach ar an chladach an
485 tseachtain seo chugainn,' arsa Sábha.

'Tá eagla orm,' arsa Conall. 'Deir Bob Dulop liom—agus tá Bob breá eolach ar an dóigh a n-oibríonn siad—deir sé liom go bhfuil eagla air go bhfuil iascaireacht na bliana seo thart, de thairbhe bádaí beaga de. Deir sé má théid an chéad scoil thart
490 go hard i bhfarraige go leanfaidh an chuid eile iad.'

'Ár dtoil le toil Dé,' arsa Sábha. 'Ar ndóigh, is maith an méid seo féin.'

D'amharc Conall síos béal an spaga. Bhí punta fágtha ann. 'Leoga,' ar seisean, 'saothar beag bocht seachtaine é . . . Ní
495 mó ná gur fiú dhá chuid a dhéanamh de . . . B'fhéidir gur fhéad mé an punta seo eile a thabhairt duitse. Is tú is cruaidhe atá ina fheidhm. 'Chead agamsa fanacht.'

'Cha dtugann ar chor ar bith,' arsa Sábha. 'Is cruaidh a shaothraigh tú féin é ar bharr na dtonn le seachtain. Is minic a
500 bhí mé ag smaoineamh gurbh fhuar agus gurbh anróiteach agat é, a dhuine bhoicht, do do chriathrú ó seo go Tóin an Aird Dealfa. Coinnigh do chuid airgid . . . Ar ndóigh, má theannann orm thig liom cupla scilling a fháil uait ar iasacht. Is

503 **is deise [gaire] cabhair Dé ná an doras** = ***God's help is nearer than the door*** **(seanfhocal)**
504 **b'fhéidir gur scadáin a bheadh ag éirí ar an fhéar an tseachtain seo chugainn, is cuma goidé [cad, céard] a deir Bob Dulop** = ***maybe it's herring that would be rising on the grass next week, no matter what Bob Dulop says***
507 **am na lánúineach [lánúineacha]** = **an t-am den bhliain nuair a dhéantaí na cleamhnais,** ***the time of year when matches used to be made***
507 **ag airneál [airneán]** = ***night visiting***
511 **múineadh** = ***manners***
512 **slat** = ***a stick***
514 **a dhath** = **aon rud**
514 **cár** = **fiacla,** ***teeth***
515 **lofa** = ***rotten***
515 **níor lig sé aon néal orm an oíche fá dheireadh** = **ní raibh mé ábalta dul a chodladh leis an oíche faoi dheireadh,** ***I didn't get a wink of sleep because of him the other night***
516 **déideadh** = **tinneas fiacaile,** ***toothache***
517 **sponc** = ***tinder, a match***
518 **druidte** = **dúnta,** ***closed***
519 **fágfaidh mé fearbach i do mhása** = ***I will leave welts on your backside***
520 **caithfidh tú múineadh a fhoghlaim** = ***you must learn manners***
521 **muinteartha** = ***related***
522 **caith díot do cheirteach [cheirteacha]** = **bain díot do chuid éadaigh,** ***take off your clothes***
524 **ba ghairid** = ***it was soon***
525 **poll mónadh [móna]** = ***a bog-hole***
526 **ag amharc thar a gualainn bealach na leapa** = **ag féachaint thar a gualainn i dtreo na leapa,** ***looking over her shoulder towards the bed***
528 **iontach lách** = ***very gentle***
529 **tá sé chomh crosta agus a thig leis a bheith** = ***he is as cross as he can be***
530 **níorbh fhiú a dhath é mura mbeadh sé crosta anois** = ***he wouldn't be worth anything if he weren't cross now***
531 **tarrantach [tarraingteach]** = ***attractive***
531 **tá toil mhór agam féin dó** = **is maith liom go mór é,** ***I like him very much***
533 **níl agat ach a leath** = ***you don't know the half of it***
533 **ag feitheamh** = **ag fanacht,** ***waiting***
534 **achan** = **gach aon**
534 **an oíche nach dtig [dtagann] tú, níl ann ach '. . . góide [cad, céard] a tháinig ar Chonall anocht?'** = ***the night you don't come, he has nothing to say but 'what happened to Conall tonight?'***
536 **'bhfaca mé aon bhliain riamh nach mbeadh scéal cleamhnais le cluinstin?** = **an bhfaca mé aon bhliain nach mbeadh scéal cleamhnais le cloisteáil?** ***have I ever seen a year that there wouldn't be news of a match?***
538 **romhainn atá** = ***in front of us it is (i.e. the time for match-making)***
538 **tá siad in am go leor go fóill** = ***they are still in plenty of time, i.e. the time for match-making hasn't come yet***
539 **ar achan dóigh** = **ar gach aon dóigh,** ***in every way***
539 **níl sa phósadh ach buaireamh, ar scor ar bith ag cuid de na daoine** = ***there's nothing in marriage but sorrow, for some people at any rate***

deise cabhair Dé ná an doras. B'fhéidir gur scadáin a bheadh ag
505 éirí ar an fhéar an tseachtain seo chugainn, is cuma goidé a deir
Bob Dulop.'

*

Tháinig am na lánúineach. Bhí Conall ag airneál ag Sábha agus
gan istigh ach iad féin agus Seáinín beag.

'A Chonaill, tabhair domh pingin,' arsa an gasúr, 'go
510 gceannaí mé bataí milse tigh Mhaitiú.'

'Suigh fút, a Sheáinín, agus bíodh múineadh ort,' arsa Sábha.
'Suigh fút a dúirt mé leat . . . Cá bhfuil an tslat? . . . A
Chonaill, an ag tabhairt pingineacha dó atá tú, agus nach ndéan
sé a dhath ach rudaí milse a cheannacht orthu? Tá a chár beag
515 lofa aige leo. Níor lig sé aon néal orm an oíche fá dheireadh ach
ag caoineadh leis an déideadh.'

'A Chonaill, tabhair domh sponc go ndéana mé solas gorm ag
an doras druidte.'

'A Sheáinín! a dúirt mé leat. Má éirímse chugat fágfaidh mé
520 fearbach i do mhása. Caithfidh tú múineadh a fhoghlaim.'

'A Chonaill, an bhfuil tusa muinteartha dúinne?'

'A Sheáinín, caith díot do cheirteach agus isteach a luí leat.
Aníos anseo leat.'

Ba ghairid go raibh an gasúr ina chodladh.

525 'Tá an duine bocht chomh tuirseach le fear a bheadh i bpoll
mhónadh ó mhaidin,' arsa Sábha, ag amharc thar a gualainn
bealach na leapa.

'Gasúr beag iontach lách é,' arsa Conall.

'Ach tá sé chomh crosta agus a thig leis a bheith,' arsa Sábha.

530 'Níorbh fhiú a dhath é mura mbeadh sé crosta anois,' arsa
Conall. 'Gasúr beag iontach tarrantach é. Tá toil mhór agam
féin dó.'

'Maise, níl agat ach a leath,' arsa Sábha. 'Bíonn sé ag
feitheamh leat achan tráthnóna. Agus an oíche nach dtig tú, níl
535 ann aige ach, "A mhamaí, goidé a tháinig ar Chonall anocht?"'

*

''Bhfaca mé aon bhliain riamh nach mbeadh scéal lánúine le
cluinstin?' arsa Sábha.

'Romhainn atá,' arsa Conall. 'Tá siad in am go leor go fóill.'

'Leoga, tá siad in am go leor ar achan dóigh,' arsa Sábha. 'Níl
540 sa phósadh ach buaireamh, ar scor ar bith ag cuid de na daoine.'

541 ina dhiaidh sin is uile caithfear a ghabháil ina cheann am inteacht [éigin] = ***after all that, a person must consider it some time***
542 rud bocht do dhuine deireadh a shaoil a chaitheamh leis féin = ***it's a terrible thing for a person to spend the rest of his life by himself***
544 tá cuid mhór ar an bhaile apaidh [aibí] chun comóraidh = ***there's a lot in the place ready for marriage*** **(aibí** = ***ripe,*** **ready; comóradh** = ***a celebration*****)**
545 ag ainmniú a seacht nó a hocht de chloigne buachall = ***naming seven or eight boys*** **(cloigeann** = **ceann,** ***a head*****)**
546 bhí mé féin ag smaoineamh ar a ghabháil amach i mbliana = ***I was thinking of going out (looking for a wife) this year myself***
548 cé a shílfeadh duit é? = ***who would think it of you?***
548 an bhfuil dochar a fhiafraí díot cén bhean? = ***is it any harm to ask you what woman?***
550 is doiligh domh [dom] m'intinn a shocrú air sin = ***it's hard for me to make up my mind about that***
551 tá sé chomh maith an fhírinne a dhéanamh = ***it's as well to tell the truth***
552 na mná a phósfainnse b'fhéidir nach ní leo mé, agus na mná a phósfadh mé ní ní liom iad = ***maybe the women I would marry don't care for me, and I don't care for the women who would marry me***
553 creidim go gcaithfidh mé a mhór a dhéanamh den scéal = ***I believe I must make the best of the situation***
556 ag ligean do na dealgáin titim ina hucht = ***letting the knitting-needles fall into her lap***
558 leoga, bhí mé lá den tsaol agus shíl mé nach uirthi a smaoineoinn . . . ach chuaigh an lá sin thart = ***indeed, there was a time when I thought I would not consider her . . . but that day is gone***
561 níor cheart duit beaguchtach a bheith ort = ***you shouldn't be disheartened***
562 tá an creatúr chomh breoite agus a thig léi a bheith = ***the creature is as sick as she can be***
565 arbh fhéidir go raibh a fhios ag Sábha gur iarr sé Máire dhá bhliain roimhe sin agus nach nglacfadh sí é? = ***could it be that Sábha knew that he asked for Máire two years before that and that she wouldn't have him?***
568 idir dáil agus pósadh = ***engaged to be married*** **(dáil** = ***matching, betrothal*****)**
571 tá neart acu ar an tsaol [saol] . . . glóir le Dia ar son an fhairsingigh [na fairsinge] = ***there's plenty of them (women) in the world . . . thanks be to God for the plenty***
573 an bhfuil cuimhne agat? = ***do you remember?***
577 seanscéal is meirg air = ***that's an old, old story*** **(meirg** = ***rust*****)**
578 goidé [cad é, céard é] do bharúil dá dtiocfá liom anois? ***what would you think of marrying me now?*** **(barúil** = **tuairim,** ***opinion*****)**
579 an gcluin [gcloiseann] duine ar bith an chaint atá anois air? = ***such talk he's going on with!***
580 ag breith = ***catching***
580 ag fadó [fadú] = ***setting the fire***

'Ina dhiaidh sin is uile caithfear a ghabháil ina cheann am inteacht. Rud bocht do dhuine deireadh a shaoil a chaitheamh leis féin.'

'Tá cuid mhór ar an bhaile apaidh chun comóraidh,' arsa
545 Sábha, ag ainmniú a seacht nó a hocht de chloigne buachall.

'A Shábha,' arsa Conall, 'bhí mé féin ag smaoineamh ar a ghabháil amach i mbliana.'

'Cé a shílfeadh duit é?' arsa Sábha. 'An bhfuil dochar a fhiafraí díot cén bhean?'

550 'Seo mar atá an scéal, a Shábha,' ar seisean. 'Is doiligh domh m'intinn a shocrú air sin. Tá sé chomh maith an fhírinne a dhéanamh, na mná a phósfainnse b'fhéidir nach ní leo mé, agus na mná a phósfadh mé ní ní liom iad. Ach creidim go gcaithfidh mé a mhór a dhéanamh den scéal. Bhí mé ag smaoineamh a
555 ghabháil chuig Síle Chonaill an Phholláin.'

'Síle Chonaill an Phholláin!' arsa Sábha, ag ligean do na dealgáin titim ina hucht.

'Leoga, bhí mé lá den tsaol agus shíl mé nach uirthi a smaoineoinn,' arsa Conall. 'Ach chuaigh an lá sin thart.'

560 'Tá tú i d'fhear go fóill chomh maith agus a bhí tú riamh,' arsa Sábha. 'Níor cheart duit beaguchtach a bheith ort. Is furast duit bean a fháil níos fearr ná Síle Chonaill an Phholláin. Tá an créatúr chomh breoite agus a thig léi a bheith. Goidé fá Mháire Shéamais Duibh?'

565 D'éirigh Conall dearg san aghaidh. Arbh fhéidir go raibh a fhios ag Sábha gur iarr sé Máire dhá bhliain roimhe sin agus nach nglacfadh sí é?

'Tá sí idir dáil agus pósadh mar atá sí, féadaim a rá,' arsa Conall. 'Tá Muiris Sheáin Anna ag teacht chuici ar na
570 hoícheanna seo.'

'Bhail, ceann inteacht eile,' arsa Sábha. 'Tá neart acu ar an tsaol. Glóir do Dhia ar son an fhairsingigh.'

'A Shábha, an bhfuil cuimhne agat ar an tsaol a bhí fada ó shin ann?'

575 'Leoga, tá mo sháith.'

'A Shábha, d'iarr mé thú féin aon uair amháin.'

'Seanscéal is meirg air,' arsa Sábha.

'Goidé do bharúil dá dtiocfá liom anois?' arsa Conall.

'An gcluin duine ar bith an chaint atá anois air?' arsa Sábha,
580 ag breith ar an mhaide bhriste agus ag fadó na tine. 'Éirigh

581 madadh = madra
582 luaith = ***ashes***
590 go raibh an lá leis = ***that everything was going his way***
590 go raibh an chuid ba troime de na gnoithe [dá ghnó] socair = ***that the most serious of his business was settled***
592 tá tú i do bhaintreach le corradh mór le bliain = ***you have been a widow for more than a year***
593 ní thig [thagann] le aon duine a dhath a rá leat = ***nobody can say anything to you, nobody has cause to criticise you***
594 ag amharc = ag féachaint
595 b'fhada ó chuirfinn an cheist seo i do láthair—nó bhí truaighe [trua] agam duit, ag amharc ort ag iarraidh barr a chur agus obair fir a dhéanamh—b'fhada sin murab é go raibh mé ag déanamh go raibh cumha ort i ndiaidh an fhir a d'imigh = ***it would be a long time before I would put this question to you—as I was sorry for you, looking at you sowing crops and doing a man's work—it would indeed be a long time only for I was thinking that you were sad after the man who died*** **(murab é go raibh mé =** ***only for I was*****; cumha = brón,** ***sadness*****)**
599 an té atá marbh, tá sé marbh agus níl tabhairt ar ais air = ***the person who is dead is dead and there's no bringing him back***
600 cén lá a leagfaimid amach? = ***what day will we lay out (for the wedding)?***
603 cér bith mar a gheobhas [gheobhaidh] mé é = ***however I'm going to get it***
606 an bhfóirfeadh bríste Mhicí duit? = ***would Micí's trousers suit you?***

amach as sin,' ar sise leis an mhadadh, 'agus ná bí sínte ansin sa luaith más fada do shaol.'

Tháinig sí anall go lár an teallaigh agus chuaigh sí ar a leathghlún a chur mónadh ar an tine. Leag Conall a lámh ar a gualainn. Tharraing sé a ceann anall ar a ghlún. 585

'A Shábha,' ar seiseann, 'an nglacfaidh tú anois mé?'

''Dhia, a Chonaill, a thaisce,' ar sise, 'bheadh sé róluath. Bheadh na daoine ag caint orm. B'fhearr liom fanacht bliain eile.'

590 Bhí a fhios ag Conall anois go raibh an lá leis—go raibh an chuid ba troime de na gnoithe socair.

'Tá tú i do bhaintreach le corradh mór le bliain,' ar seisean, 'agus ní thig le aon duine a dhath a rá leat. B'fhada ó chuirfinn an cheist seo i do láthair—nó bhí truaighe agam duit, ag amharc ort ag iarraidh barr a chur agus obair fir a dhéanamh—b'fhada sin murab é go raibh mé ag déanamh go raibh cumha ort i ndiaidh an fhir a d'imigh. Nó bhí sin agat, fear breá.' 595

'Óch óch, is leis ba chóir a rá,' arsa Sábha.

'Seo bhail, an té atá marbh, tá sé marbh agus níl tabhairt ar ais air,' arsa Conall. 'Cén lá a leagfaimid amach?' 600

'Níl a fhios agam,' ar sise.

'Seachtain ón tSatharn seo chugainn, déarfaimid,' arsa Conall. 'Caithfidh mise bríste a fháil cér bith mar a gheobhas mé é. Dá mbeadh bríste agam rachainn siar chuig sagart na paróiste ar béal maidine.' 605

'Níl a fhios agam' ar sise, 'an bhfóirfeadh bríste Mhicí duit—grásta ó Dhia ar Mhicí!'

Staidéar ar an Scéal

Is é saol traidisiúnta na tuaithe atá faoi chaibidil ag Séamas Ó Grianna anseo, mar atá i gcuid mhór dá scéalta. Is é seo is cúis le stíl an scéil, agus míníonn sé iompar na gcarachtar. Is é sin, is pobal beag atá i gceist anseo, ina maireann daoine i ngar dá chéile. Tuigeann siad a chéile agus braitheann siad go mór ar a chéile. Ach coimeádann na daoine seo súil ghéar ar a gcomharsana, mar ina leithéid seo d'áit, ina mbíonn aire an phobail dírithe ar dhuine, is deacair aon rud a cheilt, mar bíonn eolas pearsanta fiú amháin ag duine ar dhuine eile. Mar sin, bíonn daoine mar iad ar a n-aire de shíor. Níor mhaith leo go mbeadh fios a scéil ag gach duine. Míníonn sé seo an gliceas a bhaineann leo; míníonn sé an nod agus an leid a bhíonn chomh minic sin sa chaint ghonta a úsáideann siad. B'fhurasta do dhuine a bheith ina cheap magaidh i measc an phobail seo. Ar ndóigh, bíonn daoine mar iad bocht. Ní raibh bríste maith fiú amháin ag Conall. Spreagann an bochtanas seo gliceas, mar bíonn gá leis an tréith sin chun maireachtála.

Baineann an greann go mór le caint ghonta na ndaoine sa scéal. Ach is greann aisteach duairc atá i gceist anseo, mar is minic a bhíonn an searbhas agus an íoróin i mbéal na ndaoine. Ní caint oscailte scaoilte atá i gceist. Bíonn daoine ar a gcoimeád an t-am go léir ar eagla go ndéarfadh siad an iomad. Pléann siad gach rud go hindíreach. Is beag a deir siad ó thaobh focal de ach deir siad a lán ó thaobh brí de. Ar ndóigh, tá siad tugtha don chúlchaint chomh maith.

Tugtar sampla dúinn den chaint ghreannmhar íorónta seo an lá a bhí Sábha agus Conall ag dul chun uaigh Mhicí a dheasú, agus freisin de mheon na ndaoine. Bheannaigh foireann an bháid go cairdiúil don bheirt, ach ansin thosaigh siad ag cúlchaint fúthu. Nuair a dúirt duine acu go raibh an bheirt ag dul go dtí an uaigh, d'fhreagair Liam Beag go mbeadh 'deireadh greannmhar ar uaigh Mhicí'. Lean sé ar aghaidh agus dúirt: 'Mo choinsias go bhfuil saol greannmhar ann ar an bhomaite. Ná faigheadh aon duine bás fad is a thig leis fanacht beo.' Ciallaíonn sé, ní hamháin go bpósfadh an bheirt acu ach go raibh siad luaite le chéile cheana féin. Tá sé ag rá freisin nach féidir le fear muinín a bheith aige as aon bhean. Dar leis, bhí Sábha ar tí a pósta anois agus gan Micí bocht san uaigh ach tamaillín beag. Léiríonn an chaint ghonta seo gliceas na ndaoine. Ba dheacair aon rud a chur i leith Liam Bhig de bharr na cainte sin. Bíonn na daoine seo róchúramach.

Is fiú staidéar a dhéanamh ar an gcomhrá idir Conall agus Sábha ag deireadh an scéil. Tháinig Conall chuici chun í a iarraidh mar bhean chéile agus, ar ndóigh, bhí Sábha ag súil go n-iarrfadh sé. Ach ní raibh sé ar chumas na beirte acu a rá go díreach cad a bhí ar a n-aigne. Chaith siad tamall fada ag teacht thart ar an scéal. An gliceas arís!

Nuair a tháinig Micí chuig Sábha agus a muintir le scéala cleamhnais, dúirt an mháthair: 'Ba cheart dó a bheith críonna dá leanadh sé a dtáinig roimhe.' An chaint ghonta arís; agus cuireann sí in iúl go cruinn a tuairim faoi Mhicí.

Fiú amháin an t-údar féin, déanann sé aithris d'aonghnó ar an gcaint chúramach chéanna a bhíonn in úsáid ag na carachtair nuair a deir sé ag tosach an scéil: 'Ach, ar scor ar bith, ba mhaith leis bean aige. Agus, ar ndóigh, chan achasán atá mé a thabhairt faoi sin dó. Níl mé ach ag inse gur mhaith leis aige í.' Léiríonn Ó Grianna anseo go dtuigeann sé meon na ndaoine seo. Bíonn na daoine seo á gcosaint féin de shíor, ar eagla go ndéarfadh siad rud éigin a ndíolfadh siad as.

Féach Micí Sheáinín i mbun cleamhnas a dhéanamh. An bhfaca tú fear chomh glic leis riamh? Bhí sé ar a choimeád an t-am go léir, é ag smaoineamh ar cad ba cheart dó a rá a oirfeadh a chúis. Tabhair faoi deara cad a deir sé nuair a dúirt an tseanbhean nár cheap sí go raibh sé ar tí a phósta. Deir sé: 'Ní ligeann duine a rún le héanacha an aeir ar na saolta deireanacha seo.' D'fhéadfá a rá go fírinneach go bhfuil a bheag nó a mhór den mheon céanna ag gach duine sa scéal.

Ar ndóigh, tá an dáiríreacht sa scéal seo, ach tá sé sa chúlra. Ní théann sé i gcion go mór orainn.Thar aon rud eile tá an scéal seo greannmhar, cé go léirítear an greann i gcomhthéacs an chruatain agus an bhochtanais. Tabhair faoi deara mar a léiritéar Conall ag tosach an scéil. Ní théadh sé ar Aifreann ach uair sa bhliain, bhí a chuid éadaigh chomh giobalach sin. Ach dúradh faoi go luífeadh sé ar an ngríosach dá mbeadh an chulaith éadaigh ba dheise air.

Tá an comhrá idir Conall agus a mháthair thar a bheith greannmhar. Iarrann sé luach bríste uirthi, agus freagraíonn sí nach bhfuil ach airgead na gcearc aici agus go gcaithfidh sí é sin a chur chuig duine éigin. Deir sí leis bríste maith a fháil ar iasacht agus gan aon náire a bheith air. Ach ansin bhí fadhb le réiteach. An ceart an bríste a iarraidh ar dtús nó dul ag iarraidh mná gan bríste maith aige? Agus Simisín Mac Fhionnaile! Mar a deirtear sa scéal, 'Bhí rud aige nach raibh ag mórán eile ach é féin. Bhí, trí bhríste.' Bhí ar Chonall bocht cosa an bhríste a chrapadh suas, bhí siad chomh fada sin. Ar scor ar bith, bhí an bríste aige agus chuaigh sé chuig Micí Sheáinín Gréasaí chun iarraidh air dul ina theachtaire go dtí Sábha.

Is greannmhar ar fad conas mar a chuaigh Micí i mbun cleamhnas a dhéanamh. Cuireann cruachás Mhicí go mór leis an ngreann. Bhí rún aige Sábha a phósadh, ach ní raibh sé réidh chun pósta fós. Cad ba cheart dó a dhéanamh? Bhí eagla an domhain air go bpósfadh sí Conall. Rinne sé gach iarracht suim Chonaill a chothú i mná eile. Dúirt sé go raibh Sábha luaite le duine eile, agus dá ndiúltódh sí Conall nach mbeadh suim ar bith ag mná eile ann. Ach ní raibh Conall sásta leis sin. Ní raibh uaidh ach Sábha, agus dúirt sé go bhfaigheadh sé duine eile chun a theachtaireacht a dhéanamh muna ndéanfadh Micí é. Ní raibh aon dul as ag Micí. Cheap sé go mb'fhearr dó dul agus dá mbeadh an chontúirt ann go nglacfadh Sábha le Conall, go n-iarrfadh sé féin í.

Is greannmhar mar a rinne Micí iarracht ar an scéal a láimhseáil uaidh sin amach. Dúirt sé go drochmheasúil le Sábha agus a muintir go raibh scéal greannmhar aige, é ag iarraidh a bheag a dhéanamh den teachtaireacht. Ansin thosaigh sé ag caitheamh anuas ar Chonall, é ag rá go raibh sé leisciúil agus tugtha don ól. Dúirt sé gur chaith Conall lá aonaigh ag ól i gcuideachta 'tincéirí' agus gur bhuail sé fear le bata. Dar leis bhí Conall bocht, mar níorbh fhiú faic é chun obair a dhéanamh. Ag an am céanna rinne sé gach iarracht a chur in iúl nach ndearna sé féin aon rud as an tslí riamh. Is suntasach mar a ghéilleann sé beagán aon uair a bhriseann Sábha isteach chun Conall a chosaint. Níor mhaith leis míshástacht a chur ar Shábha. Is greannmhar chomh cúramach is atá sé, é ag iarraidh féachaint chuige go ndiúltódh sí Conall. Ach thuig sé go raibh a chúis caillte nuair a thaobhaigh Sábha le Conall. B'éigean dó a admháil ansin gur dó féin a bhí sé ag iarraidh mná. Ar ndóigh, is greannmhar go raibh scéala an chleamhnais i mbéal na ndaoine an lá ina dhiaidh sin. Deirtear sa scéal go raibh ábhar cainte ag seanmhná an bhaile chomh maith agus a bhí acu lena gcuimhne. Thuig siadsan greann an scéil freisin.

Is greannmhar mar a dhéanann Sábha tagairt do Mhicí go réchúiseach de réir mar a fhorbraíonn an grá eatarthu: 'Seo píopa a bhí ag an fhear a d'imigh, grásta ó Dhia ar an duine bocht"; agus: 'Nár fhéad tú eangach Mhicí a thabhairt leat? Grásta ó Dhia ar Mhicí.' Agus, ag deireadh an scéil, deireann Sábha, 'Níl a fhios agam an bhfóirfeadh bríste Mhicí duit—grásta ó Dhia ar Mhicí!'

Stór Focal

Cuir na nathanna agus na focail seo a leanas in abairtí a léireoidh a gceart-úsáid: *cleamhnas; díobháil; de dhíobháil; ar scor ar bith; ar ndóigh; de dhíth ar; gach uile cineál; ar iasacht; ar eagla; chonacthas dó; teachtaire; teachtaireacht; ar theachtaireacht; brioscghlórach; aigeantach; bainis; le cuimhne na ndaoine; iontas an domhain; ar an ngannchuid; inchurtha le; contúirt; bealach éalaithe; rogha rud; fáilte charthanach; greannmhar; drochmheasúil; idir lámha agam; macasamhail; tugtha don ghloine; ar na cannaí; scéal scéil; chuige ná uaidh; chuici nó uaithi; dímhúinte; is annamh; teacht i dtír; ina chuideachta; uchtach; ag cardáil; ag déanamh grinn; corruair; cheana; cúlchaint; cad chuige; ábhar cainte; a sháith; lánúin; gan chuireadh; ba ghairid; ar meisce; go fóill; ach oiread; leoga; b'fhíor dó; tórramh; faoi choinne; is iomaí; is cuma; an lá faoi dheireadh; faoi deara; an oiread sin; i gcónaí; ábhar caointe; baintreach; ag airneán; lúcháir; ag caoineadh; ag guí; uaigh; reilig; tuairim is; lán mhara; foireann; gan bhréag; cladach; cócaireacht; bun na spéire; ag tiomáint; clapsholas; ar chor ar bith; muinteartha; ina dhiaidh sin is uile.*

Ceisteanna

Cén sórt duine ab ea Conall?
Cén fáth nach ndeachaigh Conall ar Aifreann ach uair sa bhliain?
Cén fáth a ndeachaigh Conall ar cuairt chuig Simisín Mac Fhionnaile?
Cén sórt duine ab ea Micí Sheáinín Gréasaí?
Cén fáth a raibh ionadh an domhain ar Mhicí Sheáinín Gréasaí nuair a dúirt Conall leis go raibh sé ag iarraidh Sábha mar bhean chéile? Cén fáth nach raibh Micí róshásta leis sin?
Cad a dúirt Micí le Conall nuair a dúirt Conall gur mhaith leis a bheith luaite le Sábha?

Cén fáth a ndúirt Micí le Conall go rachadh sé go teach Shábha?
Inis go cruinn cad a tharla nuair a chuaigh Conall ar cuairt chuig Micí Sheáinín Gréasaí?
Cad iad na smaointe a bhí ag rith trí cheann Mhicí agus é ag dul go dtí teach Shábha? Cad a bheartaigh sé a dhéanamh?
Inis go cruinn conas mar a d'éirigh le Micí i dteach Shábha.
Conas a d'iompair Sábha í féin nuair a tháinig Micí chuig an teach le scéala cleamhnais?
Cén tuairim a bhí ag tuismitheoirí Shábha i dtaobh cé a phósfadh sí?
Cad a rinne Conall nuair a phós Sábha le Micí? Cad a tharla i dteach na bainise?
Cad a rinne Conall oíche an tórraimh agus lá na sochraide?
Cad a dúirt tuismitheoirí Shábha faoi Chonall oíche an tórraimh?
Cad a dúirt tuismitheoirí Mhicí faoi Shábha an oíche a chuaigh Siúgaí ar cuairt chucu?
Conas a d'iompair Sábha í féin tar éis bhás Mhicí? Cad a cheap na comharsana agus Conall faoin iompar céanna?
Inis conas mar a d'éirigh le Conall agus Sábha tar éis na sochraide.
Léirigh go soiléir an cineál grinn atá sa scéal seo.
An dearcadh i leith an ghrá a léirítear sa scéal seo a phlé.
'Ní mar an gcéanna in aon chor a phléitear an grá mar théama sa scéal seo agus sa sliocht as *A Thig Ná Tit Orm* (caib. 8).' Pléigh an ráiteas seo.
'Is iontach an léargas a thugtar dúinn ar mheon na ndaoine sa scéal seo.' Pléigh an ráiteas seo.
'Is iontach an léargas sóisialta a thugtar dúinn sa scéal seo.' É sin a phlé.
Taispeáin mar a léiríonn gníomhartha na gcarachtar cén sórt daoine iad. Cén saghas duine í Sábha? Léirigh a dearcadh i leith na bhfear sa scéal.

SLEACHTA AS BEATHAISNÉISÍ/DÍR-BHEATHAISNÉISÍ/ÚRSCÉALTA

Foclóir ar an Téacs

béal faoi = *upside down (of a boat)*

1 ag búiríl = *bellowing*

2 ceirnín = *a record*

2 níor airigh mé an lá ag imeacht ón am ar casadh an *Post Champion* orm ar maidin = *I didn't feel the day going from the time I met the* Post Champion *in the morning* (airím = mothaím, *I sense*; casadh orm = bhuail mé le, *I met*; *Post Champion* = long a bhuail an t-údar léi tamall roimhe seo agus a thug bia agus deoch dó)

4 mo dhóthain = *enough*

4 le haghaidh = i gcomhair, *for*

5 ní raibh an pionta sin i gCill Rónáin ach seacht gcéad míle uaim = *that pint in Cill Rónáin was only seven hundred miles from me* (pionta = pionta leanna duibh, *a pint of stout*; Cill Rónáin = príomhbhaile Árann)

8 thosaigh mé ag smaoineamh go dáiríre [i ndáiríre] ar dhul i dtír = *I started thinking seriously about going ashore* (ag dul i dtír = *going ashore*)

8 níor mhór dom = *I would have to*

9 loingseoireacht = *navigation*

9 go cruinn = *accurately*

9 ba bhómánta an rud é = *it would be a stupid thing* (bómánta = amaideach, *stupid*)

10 cósta creagach = *a rocky coast*

11 iarthar na hÉireann = *the west of Ireland*

11 turas trí mhíle míle = *a journey of three thousand miles*

11 ar a laghad = *at least*

12 beagán artola coinnithe = *a little petrol kept*

13 go sábháilte = *safely*

13 lena chinntiú = chun a chinntiú, *to make certain*

14 smid = *a sound*

14 bhí an gléasra leictreach faoin roth luastair [lústair] stalctha = *the electrical equipment under the flywheel was seized*

15 ar buile = *furious*

16 agus é go mór sa mbealach [bhealach] orm = *and it so much in my way*

17 ba chóir dom é a chur ar siúl ó am go chéile le bheith cinnte go n-oibreodh sé nuair a bheadh gá leis = *I should have put it going from time to time to be certain it would work when there was need for it* (ba chóir dom = ba cheart dom, *I should have*)

19 go fóill = *still*

20 ag méiseáil leis na cnaipí = *messing with the knobs*

21 stáisiún Eorpach = *a European station*

22 cé nár thaitnigh [thaitin] a gceol liom = *even though I didn't like their music* (taitníonn sé liom = *I like*)

23 colceathar [col ceathrair] = *first cousin*

23 ag sracadh leis an 'rock' nua = struggling with the new 'rock' (ag sracadh = *pulling, struggling*)

Béal Faoi

Is é atá sa sliocht seo a leanas ná caibidil 11 den leabhar Kilcullen *le Enda O'Coineen. Cuntas is ea an leabhar ar thuras aonair ó Mheiriceá go hÉirinn. D'fhág an t-údar Boston ar 16 Iúil 1977 i mbád rubair. Deir sé ag tosach an leabhair go raibh rún aige dul i dtír gan choinne ar Árainn, dul díreach go dtí an teach tábhairne agus pionta leanna duibh a ól. Ach ní mar sin a tharla. Ceithre chéad míle ó chósta na hÉireann, agus é ag ceapadh go raibh sé ar muin na muice, d'iompaigh an bád bunoscionn. Ní raibh sé ábalta é a iompó ar ais, agus chaith sé na huaireanta san uisce reoite go dtí gur tháinig eitleán i gcabhair air, agus níorbh fhada go raibh sé ar bord loinge. D'éirigh leis Éire a bhaint amach faoi dheireadh, mar sheol sé ó Holyhead agus tháinig sé i dtír i nDún Laoghaire ar 3 Deireadh Fómhair.*

Bhí na Boomtown Rats ag búiríl ar an raidió. 'Punk is cool,' a dúirt fear na gceirníní. Níor airigh mé an lá ag imeacht ón am ar casadh an *Post Champion* orm ar maidin. Bhí mo dhóthain bia agam anois le haghaidh idir ceithre
5 agus sé seachtainí. Ní raibh an pionta sin i gCill Rónáin ach seacht gcéad míle uaim. Ní raibh uaim anois ach beagán foighde.

Thosaigh mé ag smaoineamh go dáiríre ar dhul i dtír. Níor mhór dom an loingseoireacht a dhéanamh go han-chruinn. Ba
10 bhómánta an rud é smidiríní a dhéanamh díom féin ar chósta creagach iarthar na hÉireann tar éis turais trí mhíle míle. Ar a laghad bhí an t-inneall agam agus beagán artola coinnithe le cabhrú liom dul i dtír go sábháilte. Bhain mé as an mála é lena chinntiú go raibh sé ag obair i gceart. Ní raibh smid as. Bhí an
15 gléasra leictreach faoin roth luastair stalctha. Bhí mé ar buile, tar éis é a thabhairt liom chomh fada sin agus é go mór sa mbealach orm. Ba chóir dom é a chur ar siúl ó am go chéile le bheith cinnte go n-oibreodh sé nuair a bheadh gá leis.

Ar a laghad bhí an raidió ag obair go fóill. Tar éis titim na
20 hoíche bhí mé ag méiseáil leis na cnaipí ag súil go bhfaighinn stáisiún Eorpach éigin. Chuir fear na gceirníní na Boomtown Rats ar siúl. Cé nár thaitnigh a gceol liom bhí áthas orm iad a chloisteáil. Bhí beirt cholceathar liom sa ghrúpa agus nuair a d'fhág mé Éire bliain go leith roimhe sin bhí said ag sracadh leis

25 **ba chosúil** = ***it seemed***
26 **shíl me = cheap mé, *I thought***
26 **fógraíodh cinnlínte na nuachta = *the news headlines were announced* (fógraím = *I announce*)**
31 **sceitimíní = *excitement***
32 **níor athraigh tada = *nothing had changed* (athraím = *I change*)**
33 **ar stailc = *on strike***
33 **is iomaí oíche = *many a night***
34 **popchlár = *a pop programme***
35 **b'fhéidir gur maith an rud nár cuireadh i bpost ariamh í = *maybe it was a good thing that it was never posted***
36 **de réir mar a chuaigh an *Kilcullen* soir tháinig luí na gréine níos luaithe gach oíche agus d'fheabhsaigh an éisteacht a bhí le fáil ar an raidió = *according as the* Kilcullen *went east, sunset came earlier each night and the reception got better on the radio* (feabhsaím = *I improve*)**
38 **níorbh fhada = *it wasn't long***
38 **i ndon [in ann] = *able***
38 **clár = *programme***
40 **d'ardaigh an ghaoth aniar aneas = *the south-west wind rose***
40 **an mhaidin dár gcionn = an mhaidin ina dhiaidh sin, *next morning***
41 **ar chúrsa soir ó thuaidh i dtreo Chiarraí = *on a north-east course in the direction of Co. Kerry***
42 **an cúrsa ab fheiliúnaí = *the most suitable course* (feiliúnach = oiriúnach, *suitable*)**
43 **cúig mhuirmhíle déag san uair = *15 nautical miles per hour, i.e. 28 km/h***
44 **in aon turas = *on purpose***
44 **ag súil le = *expecting, hoping for***
44 **bhí an t-ádh liom = *I was lucky***
46 **faoi lán seoil [lánseol] = *under full sail***
47 **dá leanfadh sé seo bheinn sa mbaile faoi cheann seachtaine = *if this continued I would be at home in a week***
49 **smaoinigh mé . . . ar dhul i dtír = *I thought about going ashore (when I would reach Ireland)***
49 **shamhlaigh mé = *I imagined***
50 **agus mé i ndon [in ann] siúl, rith agus luí cibé áit ar mhaith liom agus an talamh tirim gan cor fúm = *and I able to walk, run and lie down wherever I liked and the dry ground without a stir under me***
52 **sheolfainn an tríocha míle isteach i gCuan na Gaillimhe ar mo shuaimhneas = *I would sail the thirty miles into Galway Bay at my ease***
53 **rachainn i dtír = *I would go ashore***
54 **is dócha nár mhiste leis an Ollamh Ó Beirn dá bhfágfainn an *Kilcullen* ina ghairdín cúil sula rachainn abhaile le mo chuid éadaí a athrú = *Professor Burns probably wouldn't mind If I left the* Kilcullen *in his back garden before I went home to change my clothes* (is dócha = *it is probable*; níor mhiste leis = *he wouldn't mind*; ag athrú = *changing*)**
56 **cos ní leagfainn arís go deo sa seanbháidín rubair seo = *and I would never lay a foot in this old rubber boat again***

25 an 'rock' nua. Ba chosúil go raibh siad ag déanamh go maith
anois. Shíl mé gurbh é an BBC a bhí agam nuair a fógraíodh
cinnlínte na nuachta ag 11 p.m. 'Armed men got away with a
large sum of money after robbing the Sligo mail train this
evening. The hospital maintenance men's strike continues.'

30 Cé bhí ann ach Maurice O'Doherty, RTE! Bhí mé sa bhaile!
Bhí an oiread sin sceitimíní orm gur léim agus gur bhéic mé le
háthas. Níor athraigh tada ó d'fhág mé an baile. Bhí siad fós ag
robáil agus ag dul ar stailc. Is iomaí oíche ina dhiaidh sin a d'éist
mé le popchlár Larry Gogan. Scríobh mé litir chuige uair
35 amháin ach b'fhéidir gur mhaith an rud nár cuireadh i bpost
ariamh í. De réir mar a chuaigh an *Kilcullen* soir tháinig luí na
gréine níos luaithe gach oíche agus d'fheabhsaigh an éisteacht a
bhí le fáil ar an raidió. Níorbh fhada go raibh mé i ndon na cláir
roimh chlár Larry Gogan a chloisteáil freisin.

40 D'ardaigh an ghaoth aniar aneas go moch an mhaidin dár
gcionn. Chuir mé an *Kilcullen* ar chúrsa soir ó thuaidh i dtreo
Chiarraí. B'é seo an cúrsa ab fheiliúnaí agus an ghaoth díreach i
gceart ag cúig mhuirmhíle déag san uair. Bhí mé tar éis fanacht
ó dheas in aon turas ag súil leis an ngaoth seo agus bhí an t-ádh
45 liom. Shéid sí go seasta mar seo ar feadh tríocha a sé huaire a
chloig agus rinne an *Kilcullen* céad is daichead míle faoi lán
seoil. Dá leanfadh sé seo bheinn sa mbaile faoi cheann
seachtaine.

Smaoinigh mé arís is arís eile ar dhul i dtír. Shamhlaigh mé
50 an áit agus mé féin i ndon siúl, rith agus luí siar cibé áit ar
mhaith liom agus an talamh tirim gan cor fúm. D'fhanfainn in
Árainn ar feadh cúpla lá agus ansin sheolfainn an tríocha míle
isteach i gCuan na Gaillimhe ar mo shuaimhneas. Rachainn i
dtír sa Charraig Dhubh. Is dócha nár mhiste leis an Ollamh Ó
55 Beirn dá bhfágfainn an *Kilcullen* ina ghairdín cúil sula rachainn
abhaile le mo chuid éadaí a athrú . . . agus cos ní leagfainn arís
go deo sa seanbháidín rubair seo.

58 **ba mhór an chúis imní dom** = ***it was a great cause of anxiety to me***
59 **mórtas farraige** = ***rough seas***
59 **cóstaí thiar na hÉireann** = ***the western coasts of Ireland***
59 **nó dá mbeadh stoirm ann, go mbuailfí in aghaidh Aillte an Bhóthair [Mhothair] nó Dhún Aonghais [Aonghasa] mé** = ***or, if there were a storm, that I would be dashed against the Cliffs of Moher or the Cliffs of Dún Aonghasa*** **(aill** = ***a cliff*****)**
61 **ag breathnú ar** = **ag féachaint ar,** ***looking at***
62 **carraigreacha [carraigeacha]** = ***rocks*** **(carraig** = ***a rock*****)**
63 **dá sú amach arís** = ***being sucked out again***
63 **dhéanainn iontas de chumhacht na farraige** = ***I used to marvel at the power of the sea***
64 **ansin deirinn liom féin nach ligfeadh Dia a thug chomh fada sin mé go mbrisfí ar an gcósta mé, nó an ligfeadh?** = ***then I used to say to myself that God, who had taken me so far, would not let me be dashed on the coast, or would he?***
69 **d'athraigh an ghaoth anoir aduaidh agus chaith mé dhá lá ar ancaire ag fanacht go n-athródh sí arís** = ***the wind changed to a north-easterly and I spent two days at anchor waiting for it to change again*** **(athraím** = ***I change*****)**
71 **go bhfuair mé níos mó ná mo riar de ghaoth chinn** = ***that I got more than my share of head-wind***
72 **ar a laghad** = ***at least***
73 **sraith** = ***a layer***
73 **teas** = ***heat***
73 **tais** = ***damp***
74 **ar ndóigh chuir na sraitheanna éadaí go mór le fadhb an bhuicéid** = ***of course the layers of clothes added greatly to the bucket problem*** **(is é atá i gceist aige ná go raibh sé deacair an buicéad a úsáid mar leithreas)**
75 **chuir mé na mílte mallacht leis arís** = ***I cursed it greatly again***
77 **d'fholmhaigh mé an buicéad** = ***I emptied the bucket***
78 **tháinig siorc go scioptha agus shloig a raibh istigh ann** = ***a shark came promptly and swallowed what was in it*** **(go scioptha** = **go tapa; sloigim** = **slogaim,** ***I swallow*****)**
79 **siorc gorm aonair** = ***a lone blue shark***
79 **tuairim is dhá throigh déag ar fad** = ***about twelve feet long***
80 **thug mé faoi deara ar dtús é ag scríobadh a dhroma ar íochtar an** ***Kilcullen*** = ***I noticed it at first scraping its back on the bottom of the*** **Kilcullen (tugaim faoi deara** = ***I notice*****)**
81 **caithfidh go raibh sé ag scríobadh cineál éigin seadáin dá dhroim** = ***it must have been scraping some sort of parasite from its back***
82 **bhí scanradh an domhain orm** = ***I was terrified***
83 **lig mé síos seafta an innill ag súil go dtabharfadh an t-inneall as an áit go tapaidh [tapa] mé agus go gcoinneodh an siorc amach uaidh** = ***I let down the shaft of the engine, hoping that the engine would take me out of the place fast and that the shark would stay out from it*** **(coinním** = **coimeádaim,** ***I keep*****)**
85 **ní thosódh an t-inneall ar ais nó as éigean** = ***the engine wouldn't start, no matter what***

Bá mhór an chúis imní dom é, mar sin féin dá mbeadh mórtas farraige ar chóstaí thiar na hÉireann, nó dá mbeadh stoirm ann, go mbuailfí in aghaidh Aillte an Bhóthair nó Dhún Aonghais mé. Ba mhinic a sheas mé ar bharr na n-aillte sin, ag breathnú ar an Atlantach ag bualadh na gcarraigreacha thíos fúm agus dá sú amach arís agus dhéanainn iontas de chumhacht na farraige. Ansin deirinn liom féin nach ligfeadh Dia a thug chomh fada sin mé go mbrisfí ar an gcósta mé, nó an ligfeadh?

> When at last I sight the shore
> and the fearful breakers roar,
> fear not, He will pilot me.

D'athraigh an ghaoth anoir aduaidh agus chaith mé dhá lá ar ancaire ag fanacht go n-athródh sí arís. Is cinnte, ar an turas seo go bhfuair mé níos mó ná mo riar de ghaoth chinn. Bhí an aimsir ag éirí níos fuaire agus bhí mé ag caitheamh ar a laghad ceithre shraith éadaí. Bhí teas sna sraitheanna, cé go raibh na héadaí go léir tais faoin am seo. Ar ndóigh chuir na sraitheanna éadaí go mór le fadhb an bhuicéid a bhí róbheag agus chuir mé na mílte mallacht leis arís.

Lá amháin nuair a d'fholmhaigh mé an buicéad amach sa bhfarraige tháinig siorc go scioptha agus shloig a raibh istigh ann. Siorc gorm aonair a bhí ann, tuairim is dhá throigh déag ar fad. Thug mé faoi deara ar dtús é ag scríobadh a dhroma ar íochtar an *Kilcullen*. Caithfidh go raibh sé ag scríobadh cineál éigin seadáin dá dhroim. Bhí scanradh an domhain orm nuair a thosaigh sé dá dhéanamh seo agus lig mé síos seafta an innill ag súil go dtabharfadh an t-inneall as an áit go tapaidh mé agus go gcoinneodh an siorc amach uaidh ach ní thosódh an t-inneall ar ais nó ar éigean. Ansin thosaigh an siorc á scríobadh féin ar an

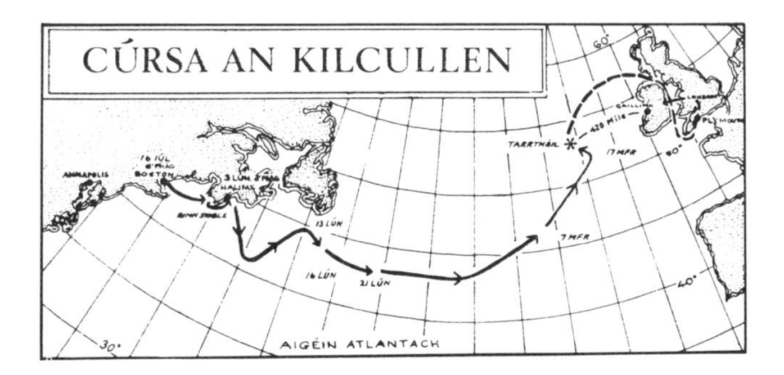

87 gan chor asam = *without a move out of me*
87 b'fhearr liom go gcaithfí seafta an innill de bharr a scríobadh ná tóin rubair an *Kilcullen* = *I would prefer that the shaft of the engine be worn away because of its scratching rather than the rubber bottom of the* Kilcullen
90 ar ancaire = *at anchor*
90 cleachtaithe leis = *used to it*
92 eite = *a fin*
93 fonn = *a desire*
93 ag slíocadh = *stroking*
93 ar nós = *like*
choinnigh mé srian liom fein ar fhaitíos go mbainfeadh sé greim asam = *I controlled myself for fear he would bite me* (srian = *a check, restraint;* bainim greim as = *I bite*)
95 ar chúis éigin nach gcuimhním anois uirthi = *for some reason that I do not remember now*
97 rinne me dearmad = *I forgot*
98 sa chomharsanacht = *in the neighbourhood*
99 stán folamh = *an empty can*
99 gan smaoineamh = *without thinking*
99 i gcaochadh na súl = *in the wink of an eye*
100 ag srónaíl thart = ag srónaíl timpeall, *sniffing around*
100 ag iarraidh tuilleadh = *looking for more*
102 nuair a bhí an *Kilcullen* faoi shiúl arís = *when the* Kilcullen *was under way again*
104 gaoth aneas = *a south wind*
104 an-tsásta [an-sásta] = *very satisfied*
104 dul chun cinn = *progress*
106 d'airigh mé = thug mé faoi deara, *I noticed*
106 bun os cionn [bunoscionn] = *wrong*
106 baineadh geit asam = *I was startled*
107 píobán aeir = *an air-pipe*
107 tollta = *punctured, holed*
108 an-íseal san uisce = *very low in the water*
109 contúirt = baol, *danger*
109 go rachadh sé go tóin poill = *that it would sink, go to the bottom of the sea*
110 bheadh sé cosúil le bheith ag iarraidh carr a stiúradh agus ceann de na rothaí tollta = *it would be like trying to steer a car with one of the wheels punctured*
111 ní fhéadfainn bordáil ar thaobh na scearthaí mar b'é [ba é] an píobán láir a bhí tollta, a mbíonn an chíle chliatháin in airde air = *I couldn't tack on the damaged side because it was the central pipe, on which the leeboard is, that was punctured*
114 chuartaigh [chuardaigh] mé = *I searched*
114 orlach ar orlach = *inch by inch*
115 bradán báistí = *drizzle*
116 bhí an t-ádh liom = *I was lucky*
117 áit achrannach = *a difficult, awkward place*
118 in aice leis an gclár urláir, idir an suíochán adhmaid agus píobán rubair = *beside the bottom board, between the wooden seat and a rubber pipe*
119 de bharr gur briseadh as áit níos luaithe é = *as it has been knocked out of place earlier*
120 an poll a ullmhú go cúramach trí mo dhroim a choinneáil idir é agus an bháisteach, agus paiste a chur air = *to prepare the hole carefully by keeping my back between it and the rain, and to put a patch on it*
122 in ainneoin na ndeacrachtaí = *in spite of the difficulties*

seafta. D'fhan mé gan chor asam. B'fhearr liom go gcaithfí
seafta an innill de bharr a scríobadh ná tóin rubair an *Kilcullen*.

Tháinig an siorc ar ais á scríobadh féin arís is arís eile i rith an
90 dá lá a raibh mé ar ancaire. D'éirigh mé chomh cleachtaithe leis
nach raibh scanradh orm roimhe níos mó. Thóg mé roinnt
grianghrafanna de. Gach uair a bhfaca mé a eite ag dul faoi
dheireadh an bháid bhí fonn orm é a shlíocadh ar nós mada ach
choinnigh mé srian liom féin ar fhaitíos go mbainfeadh sé greim
95 asam. Thug mé 'Easter' mar ainm air, ar chúis éigin nach
gcuimhním anois uirthi.

Ní fhaca mé 'Easter' ar feadh tamaill agus rinne mé dearmad
go raibh sé sa chomharsanacht. D'ith mé sairdíní don dinnéar
oíche, agus chaith an stán folamh thar bord gan smaoineamh. I
100 gcaochadh na súl, bhí 'Easter' ansin ag srónaíl thart ag iarraidh
tuilleadh. Lean sé mé ina dhiaidh sin ar feadh cúpla lá ach
d'imigh sé nuair a bhí an *Kilcullen* faoi shiúl arís agus ní fhaca
mé ó shin é.

Gaoth aneas a bhí ann anois agus bhí mé an-tsásta leis an dul
105 chun cinn a bhí á dhéanamh agam. Dhúisigh mé maidin amháin
agus d'airigh mé go raibh rud éigin bun os cionn. Baineadh geit
asam nuair a chonaic mé go raibh ceann de na píobáin aeir tollta
agus an t-aer ar fad imithe as. Bhí taobh an bháid an-íseal san
uisce. Ní raibh aon chontúirt ann go rachadh sí go tóin poill ach
110 bheadh sé cosúil le bheith ag iarraidh carr a stiúradh agus ceann
de na rothaí tollta. Ní fhéadfainn bordáil ar thaobh na scearthaí
mar b'é an píobán láir a bhí tollta, a mbíonn an chíle chliatháin
in airde air.

Chuartaigh mé an bád, orlach ar orlach agus an fharraige ag
115 briseadh isteach thar an taobh agus an brádán báistí anuas orm,
go dtí gur tháinig mé ar an bpoll. Bhí an t-ádh liom gur taobh
istigh sa mbád a bhí sé cé go raibh sé in áit achrannach go leor
in aice leis an gclár urláir, idir an suíochán adhmaid agus píobán
rubair. D'éirigh liom an clár urláir tosaigh a bhaint amach, de
120 bharr gur briseadh as áit níos luaithe é, agus an poll a ullmhú go
cúramach trí mo dhroim a choinneáil idir é agus an bháisteach,
agus paiste a chur air. In ainneoin na ndeacrachtaí a bhain leis

123 tá an paiste sin teann fós = *that patch is still secure* (teann = láidir, *strong, firm*)
123 leas = *good, benefit*
124 a bheith ag obair ag deisiú bád séite [inséite] = *to be working mending inflatable boats*
127 siosarnach = *rustling, hissing*
127 dromchla na farraige = *the surface of the sea*
127 anáil anacrach = *distressed breathing*
129 na heití = *the fins*
129 ba mhó go mór ná siorcanna iad = *they were much bigger than sharks*
130 liamhán [liamhán gréine] = *a basking-shark*
130 míol mór = *a whale*
131 taidhreamh [taibhreamh] = brionglóid, *a dream*
131 ar aon nós = *anyhow*
131 ar nós = *like*
132 manach = *a monk*
133 oileán = *an island*
133 ag creathadh = ag croitheadh, *shaking*
134 bolcán = *a volcano*
134 mar a shíl mé = *as I thought*
135 is ar éigin [éigean] a d'éirigh liom dreapadh ar ais ar bord = *I barely managed to climb back on board* (is ar éigean = *hardly, with difficulty*)
136 míol mór a bhí san oileán ar ndóigh = *the island was a whale, of course*
138 brionglóid = taibhreamh, *a dream*
138 sa bhfírinne = *in reality*
139 gan radharc ar ghealach ná ar réalta = *without a view of the moon or the stars*
140 b'uaigní go mór a bhí mé oícheanta mar sin = *I used to be much more lonely on nights like that*
142 intinn = *mind*
142 leamh = *lifeless, ineffectual*
142 de réir a chéile = *gradually*
142 fonn = *desire*
143 amhrán a rá = *to sing a song*
143 stró = *bother, effort*
143 ní raibh aon bhaint ag am le rud a dhéanfainn = *time had nothing to do with what I would do*
145 ag réiteach = ag ullmhú, *preparing*
145 ag breathnú ar an soitheach uisce = ag féachaint ar an mias uisce, *looking at the container of water*
147 sorn = *a stove*
147 ag stánadh = *staring*
148 sula lasfainn é = *before I would light it*
148 agus mar sin de = *and so on*
148 thug Ridgeway, ag cur síos ar a thuras fada rámhaíochta le Chay Blyth, 'mental plonk' air = *Ridgeway, describing his long rowing voyage with Chay Blyth, called it 'mental plonk'* ('plonk' = fíon saor)
151 áfach = *however*
151 cuirim iallach ar = *I compel*
152 ionad = áit, *a place*
152 ag seiceáil = *checking*
152 dul chun cinn = *progress*
153 cairt = *a chart*
153 rian = *a trace*
153 scairdeitleán = *a jet plane*
154 loingseoireacht = *navigation*
156 míshocair = *unsettled*
156 teocht = *temperature*
156 ag athrú níos minicí = *changing more often*
158 beagnach = *nearly*
158 níos lú ná = *less than*
159 gaoth aneas = *a south wind*
160 cúrsa ó thuaidh lámh siar = *a north-by-west course*
160 cíle chliatháin = *leeboard*
161 feistithe = *secured*
161 córas ardbhrú = *a high-pressure system*

an obair tá an paiste sin teann fós. Smaoinigh mé arís ar an leas
a rinne sé dom a bheith ag obair ag deisiú bád séite in
125 Annapolis.

An oíche sin díreach roimh thitim na hóiche chuala mé
siosarnach ar dhromchla na farraige agus anáil anacrach agus
chonaic mé roinnt ainmhithe ag snámh tharam. Shíl mé gur
shiorcanna iad nuair a chonaic mé na heití ach ba mhó go mór
130 ná siorcanna iad. Liamháin, b'fhéidir, nó míolta móra? Rinne
mé taidhreamh an oíche sin ar aon nós go ndearna mé ar nós
Naoimh Bhreandáin agus a chuid manach. Chuaigh mé i dtír ar
oileán beag, las tine air agus thosaigh an t-oileán ag creathadh.
Chaith an bolcán, mar a shíl mé, isteach sa bhfarraige mé agus
135 is ar éigin a d'éirigh liom dreapadh ar ais ar bord ar an *Kilcullen*.
Míol mór a bhí san oileán ar ndóigh, nach raibh pioc sásta faoi
dhaoine a bheith ag lasadh tine ar a dhroim.

Ní raibh ann ach brionglóid ar aon nós. Ní raibh sa bhfírinne
ach oíche dhubh, dhorcha gan radharc ar ghealach ná ar réalta.
140 B'uaigní go mór a bhí mé oícheanta mar sin nuair nach raibh
tada le feiceáil i mo thimpeall.

Bhí m'intinn ag éirí leamh de réir a chéile gan fonn orm
léamh ná amhrán a rá ná stró ar bith a chur orm féin. Ní raibh
aon bhaint ag am le rud a dhéanfainn. Smaoineoinn ar chupán
145 tae a réiteach dom féin. Ansin shuífinn ar feadh cúig nóiméad ag
breathnú ar an soitheach uisce. Ansin chuirfinn an t-uisce sa
phota ar an sorn ach b'fhéidir go seasfainn deich nóiméad ag
stánadh air sin sula lasfainn é. Agus mar sin de. Thug Ridgeway,
ag cur síos ar a thuras fada rámhaíochta le Chay Blyth, 'mental
150 plonk' air.

Rud amháin, áfach, ar chuir mé iallach orm féin a dhéanamh
gach lá, m'ionad a sheiceáil agus an dul chun cinn a mharcáil ar
an gcairt mhór. D'fheicinn rian na scairdeitleán sa spéir anois is
arís agus d'fhéadfainn loingseoireacht a dhéanamh leo dá
155 dteastódh uaim.

Bhí an aimsir míshocair agus an ghaoth agus an teocht ag
athrú níos minicí anois. Ba é an 12 Meán Fómhair a bhí ann,
beagnach dhá mhí ó d'fhág mé Boston agus níos lú ná ceithre
chéad míle le dul agam. Gaoth aneas a bhí ann agus d'fhéad mé
160 cúrsa ó thuaidh lámh siar a leanúint leis an gcíle chliatháin
feistithe. Chuala mé ar an raidió go raibh córas ardbhrú os

162 é ag dul ó dheas go mall = *going south slowly*
162 anois agus arís ar imeall an chórais seo bhí an ghaoth ag séideadh anoir aneas = *now and again on the edge of this system the wind was blowing from the south-east*
164 gála = *a gale*
164 ag séideadh anoir = *blowing from the east*
165 garbh = *rough*
165 corraithe = *agitated*
165 ní raibh de rogha agam ach fanacht ar ancaire = *I had no choice but to wait at anchor*
167 d'fhéadfainn a bheith i bhfad ag fanacht = *I might have to wait a long time*
168 neart bia = *plenty of food*
168 rún daingean = *firm purpose*
168 an aimsir = *the weather*
169 domhanfhad 51° 45′ ó thuaidh = *longitude 51° 45′ north*
170 domanleithead 18° 50′ siar = *latitude 18° 50′ west*
170 tuairim trí chéad caoga míle siar ó dheas d'Inis Mór [Árainn] = *about three hundred and fifty miles south-west of Árainn*
172 tarraingt = *a pull*
173 ag lámhacán = *crawling*
174 chun tosaigh = *towards the front*
175 clúdach canbháis = *a canvas cover*
175 ar crith = *shaking*
176 mhaolaigh an stoirm = *the storm abated*
176 ar feadh roinnt uaireanta = *for a few hours*
177 idir na néalta a bhí á scuabadh trasna na spéire = *between the clouds that were being swept across the sky*
179 faoiseamh = sos, *a rest, break*
179 sular tháinig na gálaí gártha arís, anoir aduaidh an uair seo = *before the noisy gales came again, from the north-east this time*
180 'foighid, foighid,' a dúirt mé liom féin, arís is arís eile, 'sin é a bhfuil uait' = *'patience, patience,' I said to myself, again and again, 'that's what you want'*
181 i m'aonar = *alone*
181 díreach mar a tharla cheana = *exactly as it happened before*
182 geabhróg = *a tern*
182 ag bogadaíl = *rocking, stirring*
183 foscadh = *shelter*
184 d'fháisc mé mo chloigeann idir an clúdach agus an píobán le comhrá a dhéanamh leis na créatúir seo = *I squeezed my head between the cover and the pipe to make conversation with these creatures* (fáiscim = *I squeeze*)
186 namhaid = *an enemy*—iolra: naimhde
187 nóiméad eile ba chairde iad a bhuail isteach chun tuairisc a thabhairt dom ar an drochaimsir = *another minute they were friends, who came in to give me an account of the bad weather* (tuairisc = cuntas, *an account*)
189 chuir bolgam fuisce as íochtar an bhuidéil teas i mo chnámha = *a mouthful of whiskey from the bottom of the bottle put heat in my bones*
190 is iontach an t-athrú a thagann ar dhreach na farraige faoin ngréin = *it's wonderful the change that comes on the surface of the sea under the sun*
192 an cúr níos báine ná aon phúdar glantach a fógraíodh ar an teilifís = *the foam whiter than any cleaning powder ever advertised on television* (fógraím = *I announce, advertise*)

cionn na hAlban agus é ag dul ó dheas go mall. Anois agus arís
ar imeall an chórais seo bhí an ghaoth ag séideadh anoir aneas.

Ar 13 Meán Fómhair bhí sé ina ghála agus an ghaoth ag
165 séideadh anoir. Bhí an fharraige garbh, corraithe agus ní raibh
de rogha agam ach fanacht ar ancaire go dtí go n-imeodh an
córas ardbhrú tharam. D'fhéadfainn a bheith i bhfad ag fanacht
ach bhí neart bia agam agus rún daingean nach gcuirfeadh an
aimsir stop liom anois. Bhí mé ar dhomanfhad 51° 45′ ó
170 thuaidh, domhanleithead 18° 50′ siar an lá sin, tuairim trí chéad
caoga míle siar ó dheas d'Inis Mór.

Bhí an tarraingt róláidir do na téada a bhí ag ceangal na
n-ancairí farraige agus bhris siad. Chuaigh mé ag lámhacán suas
chun tosaigh go tapaidh agus cheangail dhá cheann eile ann.
175 Ansin ar ais liom faoin gclúdach canbháis agus mé ar crith.

Mhaolaigh an stoirm ar feadh roinnt uaireanta ar 16 Meán
Fómhair agus bhí an ghrian le feiceáil anois is arís idir na néalta
a bhí á scuabadh trasna na spéire. Ach ní raibh ann ach
faoiseamh beag sular tháinig na gálaí gártha arís, anoir aduaidh
180 an uair seo. 'Foighid, foighid,' a dúirt mé liom féin, arís is arís
eile, 'sin é a bhfuil uait.' Ní raibh mé i m'aonar. Díreach mar a
tharla cheana bhí leathdhosaen nó mar sin de gheabhróga ag
bogadaíl go sásta ar an uisce ar thaobh an fhoscaidh den
Kilcullen. D'fháisc mé mo chloigeann idir an clúdach agus an
185 píobán le comhrá a dhéanamh leis na créatúir seo. Nóiméad
amháin, ba naimhde iad, ina suí ansin ag magadh fúm.
Nóiméad eile ba chairde iad a bhuail isteach chun tuairisc a
thabhairt dom ar an drochaimsir.

Tháinig solas an lae arís agus beagán gréine. Chuir bolgam
190 fuisce as íochtar an bhuidéil teas i mo chnámha. Is iontach an
t-athrú a thagann ar dhreach na farraige faoin ngréin. B'álainn
an radharc é, glas agus gorm agus an cúr níos báine ná aon
phúdar glantach a fógraíodh ariamh ar an teilifís. Ach ansin

194 mórtas uafásach = ***a heavy swell***
195 is dócha go raibh na tonnta tríocha troigh nó mar sin ar airde = ***the waves were probably about thirty feet high***
196 fearas = ***equipment***
196 scaipthe = ***scattered***
197 ní hionann = ***not the same, not like***
198 ar fhaitíos = **ar eagla,** ***for fear***
199 go n-iompódh = ***that it would overturn*** **(iompaím** = ***I turn, turn over*****)**
199 ní chuirfeadh an stoirm seo isteach uirthi, ar mo bhean shéite [inséidte], dhobháite = ***this storm would not bother her, my inflatable, undrownable girl (i.e. boat)***
201 breacadh an lae = ***break of day, dawn***
201 ba chosúil = ***it seemed***
202 d'fháisc mé = ***I squeezed***
203 mála codlata = ***a sleeping-bag***
203 ag ligean [ligint] orm = ***pretending***
204 go raibh mé i leaba chompordach spriongaí le bráillíní bána agus pluideanna te = ***that I was in a comfortable spring bed with white sheets and warm blankets***
206 is cuimhin liom = ***I remember***
206 torann scoilte = ***a splitting noise***
206 chun tosaigh = ***in the front***
207 caithfidh go bhfuil téada na n-ancairí briste arís = ***the anchor lines must be broken again***
209 cén dochar? = ***what harm?***
210 fan go n-éireoidh an ghrian, ní dhéanfaidh cúpla míle eile siar mórán difríochata = ***wait till the sun rises, a couple of miles more to the west won't make much difference***
211 pléascadh millteach = ***a terrible explosion***
211 i bhfaiteadh na súl = **i bpreabadh na súl, i gcaochadh na súl,** ***in the wink of an eye***
212 i sáinn = **i gcruachás,** ***in a fix***
212 ag sracadh [stracadh] = ***pulling***
212 le hanáil a tharraingt = ***to draw my breath***
213 ag stánadh = ***staring***
213 is cuimhin liom an preab a baineadh asam. B'é [ba é] seo é. An turas go tóin poill = ***I remember the fright I got. This was it. The trip to the bottom of the sea***

tháinig dorchadas na hoíche arís. Bhí mórtas uafásach sa bhfarraige anois, tar éis trí lá stoirme. Is dócha go raibh na tonnta tríocha troigh nó mar sin ar airde. Bhí an fearas scaipthe gan ord ar fud an bháid, ní hionann is mar a bhí i rith na stoirmeacha eile nuair a bhí gach rud ceangailte agam ar fhaitíos go n-iompódh an *Kilcullen*. Ach ní chuirfeadh an stoirm seo isteach uirthi, ar mo bhean shéite, dhobháite.

Ar deireadh, le breacadh an lae ar 17 Meán Fómhair, ba chosúil go raibh deireadh leis an stoirm. D'fháisc mé an t-uisce as an mála codlata arís agus shín mé féin siar ag ligean orm féin go raibh mé i leaba chompordach spriongaí le bráillíní bána agus pluideanna te.

Is cuimhin liom torann scoilte a chloisteáil chun tosaigh.

'Caithfidh go bhfuil téada na n-ancairí briste arís,' a dúirt mé liom féin.

'Cén dochar, tá an stoirm thart agus beidh sé geal go luath. Fan go n-éireoidh an ghrian, ní dhéanfaidh cúpla míle eile siar mórán difríochta.' Ansin chuala mé pléascadh millteach. I bhfaiteadh na súl, bhí mé i sáinn, ag sracadh le hanáil a tharraingt. Bhí mé ag stánadh síos ar an bhfarraige ghorm. Is cuimhin liom an preab a baineadh asam. B'é seo é. An turas go tóin poill . . .

Staidéar ar an Scéal

Is suntasach mar a léirítear staid aigne agus meon an údair sa ghiota seo, agus mar a thagann athruithe orthu ó thús go deireadh. Ag tosach an ghiota deir Enda O'Coineen go raibh sé seacht gcéad míle ó chósta na hÉireann. Bhí sé tar éis teacht chomh fada leis sin ar thuras aonair ó Bhoston i mbád rubair. Is furasta a thuiscint go mbeadh sé tuirseach traochta agus go mbeadh smaointe éagsúla aisteacha ag rith isteach ina cheann. Tar éis aistir mar sin chuirfeadh rud beag áthas nó díomá ar dhuine, mar bheadh an t-uaigneas agus mothúcháin eile de gach saghas ag bagairt air de shíor. Ach, mar sin féin, bhraith an t-údar go breá misniúil, mar bhí sé tar éis bualadh leis an long *Post Champion*, a thug a dhóthain de bhia agus d'earraí eile dó.

Bhí sé ag smaoineamh anois ar conas a rachadh sé i dtír in Éirinn. Dar leis, níorbh fhada go mbeadh sé ag ól pionta i gCill Rónáin, mar bhí sé beartaithe aige dul i dtír in Árainn. Ach nuair a bhain sé triall as an inneall a bheadh ag teastáil uaidh chun dul i dtír, ní raibh smid as. Bhuail taom feirge é. Conas a rachadh sé i dtír? Bhí sé ar buile tar éis é a thabhairt chomh fada sin agus níorbh fhiú faic anois é.

Ach thug an raidió compord dó. Bhí ríméad air nuair a d'éirigh leis RTE a fháil, agus ba shásamh dó go raibh an éisteacht ag feabhsú de réir mar a chuaigh sé i bhfoisceacht d'Éirinn.

An lá dár gcionn d'éirigh an ghaoth agus bhí cóir na gaoithe aige. Chuaigh an *Kilcullen* ar aghaidh go breá faoi lánseol. Is dócha gur chuir sé seo go mór le misneach an údair, mar thosaigh sé ag smaoineamh arís ar dhul i dtír in Árainn. Bhí sé ag ceapadh go bhfanfadh sé cúpla lá ann roimh dhul go Gaillimh dó. Thug sé cead a cinn dá shamhlaíocht gur thosaigh sé ag smaoineamh ar an Ollamh Ó Beirn, a mhúin é tráth, agus ag samhlú go bhfágfadh sé an bád ina ghairdín cúil. Ach go tobann thit an lug ar an lag aige. Cad a dhéanfadh sé dá mbeadh stoirm ann agus é ag dul i dtír? Ba mhinic a sheas sé ar bharr Aillte an Mhothair ag breathnú ar an Atlantach cumhachtach fiáin. Dá mbeadh an mí-ádh air go mbrisfí an bád ar na carraigeacha! Ansin tháinig athrú meoin air agus cheap sé go dtiocfadh Dia, a thug chomh fada sin é, i gcabhair air. Ach ní raibh sé róchinnte de sin ach oiread.

B'éigean dó dhá lá a chaitheamh ar ancaire nuair a d'athraigh an ghaoth. Bhí an oiread sin éadaí air go raibh fadhb mhór ag baint le húsáid an bhuicéid mar leithreas, agus is iomaí mallacht a chaith sé leis an mbuicéad céanna. Is ansin a tháinig an siorc gorm. Bhí scanradh an domhain ar Enda nuair a thosaigh an t-iasc ag scríobadh a dhroma ar thóin an bháid. Cuireadh go mór lena eagla nuair nach dtosódh an t-inneall. Ach diaidh ar ndiaidh d'imigh an eagla a bhí air, agus níorbh fhada go raibh gaol idir Enda agus an siorc. Thug sé 'Easter' air, agus thóg sé grianghrafanna de. Bhí fonn air an siorc a chuimilt, fiú amháin, ach níor lig an eagla dó é sin a dhéanamh. Ach nuair a bhí an

Enda O Coineen

Kilcullen faoi shiúl arís d'imigh 'Easter', agus ní fhaca Enda é riamh ina dhiaidh sin. Is dócha go raibh uaigneas air i ndiaidh an chara úd a bhí aige ar feadh tamaill.

Ba mhór an gheit a baineadh as Enda maidin amháin nuair a d'airigh sé an bád go han-íseal san uisce. Ní raibh sé ach tar éis a chéad dhúiseacht a chur de. Bhí ceann de na píobáin aeir pollta, agus ba dheacair dó é a dheisiú.

Is dócha go raibh eagla mhór ar Enda an oíche a chonaic sé na míolta móra ag dul thairis. Ar aon nós, deir sé gur thosaigh sé ag brionglóid go ndeachaigh sé i dtír ar oileán beag, mar a cheap sé, ar nós Naomh Breandán. Nuair a las sé tine, thosaigh an t-oileán ag croitheadh agus caitheadh isteach sa bhfarraige é. Míol mór a bhí san oileán. Léiríonn an taibhreamh sin staid a aigne: cuireann sé in iúl dúinn an eagla a bhíodh go doimhin ann agus a thagadh chun bairr ó am go ham. Deir sé go mbíodh sé go han-uaigneach san oíche, nuair nach mbíodh tada le feiceáil.

Deir an t-údar gur éirigh a intinn leamh diaidh ar ndiaidh agus nach mbíodh fonn air aon rud a dhéanamh, mar gur chaill sé a chumas machnaimh. Ní bhíodh sé in ann a mheabhair a dhíriú ar aon rud, i dtreo is go dtógfadh sé tamall fada dó rud beag simplí a dhéanamh. Leisciúlacht intinne ba chúis leis seo, agus deir sé gur thug Ridgeway, mairnéalach aonair eile, 'mental plonk' air. Ach choimeád Enda smacht air féin, agus níor dhearmad sé riamh a ionad a sheiceáil.

Deir sé go raibh sé ceithre chéad míle ó chósta na hÉireann nuair a d'éirigh stoirm mhór. Chaith sé fanacht ar ancaire, agus cé gur dócha go raibh eagla air, deir sé go raibh dóchas mór aige nach gcuirfeadh an aimsir stop leis. Bhris téada na n-ancairí uair agus bhí air dul agus gach rud a chur i bhfearas arís. Chaith sé an oíche faoin gclúdach canbháis. Mar a deir sé, ní raibh sé ina aonar, mar sháigh sé a cheann amach chun comhrá a dhéanamh leis na geabhróga a bhí ag lorg fothana ar thaobh an bháid. Is dócha gur bhain siad an t-uaigneas de agus thug meanma dó in am an ghátair. Nuair a tháinig solas an lae, shlog sé siar braon fuisce agus thug sin uchtach dó. Diaidh ar ndiaidh mhaolaigh ar an stoirm. Bhí leis ansin. Luigh sé siar ar a shuaimhneas.

Is ansin a bhuail tubaiste é. Chuala sé pléascadh millteach agus baineadh geit uafásach as. I bpreab na súl bhí sé san uisce, agus cinnte go raibh deireadh leis.

Stór Focal

Cuir na nathanna agus na focail seo a leanas in abairtí a léireoidh a gceart-úsáid: *le haghaidh; dáiríre; smidiríní; ar buile; ó am go chéile; go cruinn; ar a laghad; go sábháilte; go fóill; col ceathrair; cinnlínte na nuachta; sceitimíní; de réir mar; níorbh fhada; freisin; in aon turas; níor mhiste; go sciopthа; tuairim is; ar dtús; ar ais nó ar éigean; i gcaochadh na súl; ar fhaitíos; bunoscionn; contúirt; go tóin poill; orlach ar orlach; cé go raibh; in ainneoin; de réir a chéile; ar bith; agus mar sin de; corraithe; ní raibh de rogha agam; ar crith; arís is arís eile; cheana féin; ar fud; ní hionann; i rith; is cuimhin liom; comharsanacht; mórán difríochta; i bhfaiteadh na súl; i sáinn.*

Ceisteanna

Cén fáth a raibh áthas ar an údar na 'Boomtown Rats' a chloisteáil ar an raidió? Cén gaol a bhí aige leis an ngrúpa?

Cén úsáid a bhí an t-údar chun baint as an inneall a bhí ar bord aige? Cén fáth a raibh fearg air i dtaobh an innill?

Cén fáth a raibh áthas ar an údar gur fheabhsaigh an éisteacht a bhí le fáil ar an raidió de réir mar a tháinig sé i ngiorracht do chósta na hÉireann?

Cén fáth a raibh imní ar an údar agus é ag smaoineamh ar dhul i dtír in Éirinn? Conas a bhí an t-údar gléasta, agus cén fhadhb a bhain leis sin?

Conas a bhuail an t-údar leis an siorc ar dtús? Cén t-ainm a thug sé air? Léirigh an gaol a bhí aige leis an ainmhí.

Cad a tharla go raibh ar an údar an bád a dheisiú? Conas a dheisigh sé é?

Bhí brionglóid ag an údar oíche amháin. Cén bhrionglóid í sin?

Déanann an t-údar tagairt do 'mental plonk' chun a staid aigne a chur in iúl. Cad a bhí i gceist aige? Conas a léiríonn sé go raibh sé ag éirí leamh (neamhfhonnmhar)?

Cad a tharla go ndeachaigh an bád béal faoi (gur iompaigh sé bunoscionn)?

Taispeáin go soiléir mar a léirítear staid aigne agus meon an údair agus mar a tháinig athruithe orthu ó thús go deireadh an ghiota.

Déan éifeacht an chuntais seo a mheas.

Déan comparáid idir an turas atá faoi chaibidil sa ghiota seo agus an turas a rinne Micí Mac Gabhann sa sliocht 'Síobthaisteal chun an Chósta'.

Foclóir ar an Téacs

3 bearradh = *shaving*

3 nó ar cheart dom a rá go raibh an clúimhín cait a bhí ar mo chorrán agus faoin choincín scrabhaite anuas agam = *or should I say that I had scraped down the downy hair that was on my jaw and under my nose* (clúimhín cait = *carrageen moss*; coincín = srón, *nose*)

5 go raibh sé chomh lag = *that it (the hair) was so weak*

8 Gaelainn = Gaeilge—tuiseal ginideach: Gaelainne

8 is dócha nach ar mhaithe le bheith ag labhairt Gaelainne [Gaeilge] a bhímísne ag tnúth leis na cúrsaí teacht = *it was hardly for the sake of speaking Irish that we used to be looking forward to the courses coming* (ar mhaithe le = *for the good of*; ag tnúth le = *looking forward to, expecting*)

10 gearrchailí = cailíní

11 fuílleach = *remainder, more*

12 dalta = *a pupil*

13 an bhliain áirithe sin = *that particular year*

17 cead isteach = *admission*

18 saor in aisce = *free*

18 táille = *a charge, fee*

19 bhí an t-ádh dearg liomsa = *I was very lucky*

20 ceoltóir = *a musician*

20 dheineas [dhein mé] = rinne mé

20 teangbháil [teagmháil] = *contact*

21 ceannaire = *a leader*

21 chomh luath agus a tháinig an scéal chomh fada liom = *as soon as I heard the news*

22 margadh = *a bargain*

22 chun seinnt dhóibh [chun seinm dóibh] = *to play for them*

24 cead isteach saor in aisce = *admission free*

Maidhc Dainín O'Sé

A Thig Ná Tit Orm

Is é atá sa sliocht seo a leanas ná caibidil 8 den leabhar A Thig Ná Tit Orm *le Maidhc Dainín Ó Sé. Rugadh an t-údar i gCarrachán i nGaeltacht Chiarraí i 1941. Sa leabhar seo tugann sé cuntas ar a shaol, óna óige i gCo. Chiarraí go dtí gur tháinig sé abhaile ó Mheiriceá, mar ar chaith sé tamall fada. Chuaigh sé ar imirce i ngan fhios dá mhuintir nuair nach raibh sé ach sé bliana déag d'aois, go Sasana ar dtús agus ansin go Meiriceá. Sa leabhar tá sé le feiceáil ag seinm i dtithe tábhairne i Chicago le ceoltóirí iontacha eile agus ag obair go dian lá arna mhárach. D'fhill sé ar Éirinn i 1969 agus tá sé ag obair do Chomharchumann Chiarraí faoi láthair. Is leabhar fíorghreannmhar é* A Thig Ná Tit Orm, *agus léirítear go soiléir ann, ní hamháin gur duine tarraingteach éifeachtach é Maidhc Dainín ach gur duine aerach spórtúil é chomh maith. Níl aon amhras ach go gcuireann an leabhar seo go mór le litríocht na Nua-Ghaeilge.*

Samhradh na bliana 1958 . . . á, a bhuachaill . . . b'shin é an samhradh. Bhíos chúig bliana déag go leith, mo rásúr féin agam agus mé am' bhearradh féin! Nó ar cheart dom a rá go raibh an clúimhín cait a bhí ar mo chorrán agus faoin choincín scrabhaite anuas agam. Dúirt m'athair go raibh sé chomh lag gur rith sé roimh an rásúr. Bhí seachtain oibre le fáil anseo agus ansiúd ós na feirmeoirí agus ba ghearr go mbeadh na cúrsaí Gaelainne ag tosnú ar an Muirígh arís. Is dócha nach ar mhaithe le bheith ag labhairt Gaelainne a bhímísne ag tnúth leis na cúrsaí teacht. Ní hea, a dhuine, ach leis na gearrchailí ar fad a thagadh ar na cúrsaí. Is ea, gearrchailí, gearrchailí agus fuílleach gearrchailí. Is dócha gur tháinig idir trí agus cheithre chéad dalta an bhliain áirithe sin . . . idir bhuachaillí agus chailíní . . . agus a n-aoiseanna ó dhosaen bliain suas go dtí seacht mbliana déag. Bhíodh céilí beag i Halla na Muirí acu go dtí a deich a chlog istoíche agus gach Luan, Céadaoin agus Aoine bhíodh céilí mór ann go meánoíche. Bhí cead isteach go dtí na céilithe beaga saor in aisce ach bhíodh táille dhá scilling ar an gcéilí mór. Bhí an t-ádh dearg liomsa an bhliain sin mar ní raibh aon cheoltóir le fáil dos na céilithe beaga. Dheineas teangbháil le ceannaire an chúrsa chomh luath agus a tháinig an scéala chomh fada liom. Is é an margadh a dheineas leis chun seinnt dhóibh ag na céilithe beaga ná £30 don dtrí mhí a bheadh na

26 **ambriathar [im briathar] =** ***by my word, indeed***
26 **formad =** ***envy***
26 **go bhfóiridh [bhfóire] Dia orainn =** ***may God help us***
29 **beannú go neamhspleách dhó gan láimh [lámh] a chur i mo phóca =** ***to greet him independently without putting a hand in my pocket***
31 **níor dhein ceoltóir a leas ariamh =** ***a musician never did any good for himself*** **(leas =** ***a benefit, advantage*****)**
32 **ag imeacht ina phíce an tsúgartha = ag dul ar a aimhleas,** ***going to the bad***
33 **chaith sé = b'éigean dó, bhí air,** ***he had to***
33 **ag gabháil d'fhéar = ag sábháil féir,** ***saving hay***
35 **go hoifigiúil =** ***officially***
35 **bhíos [bhí mé] le bheith ar mo thriail =** ***I was to be on trial***
36 **ag seinnt [ag seinm] =** ***playing***
37 **meitheal = a** ***gang of people employed for haymaking, turf-cutting, etc.***
37 **gort =** ***a cultivated field***
37 **gort cheithre acra ab ea é =** ***it was a field of four acres***
38 **ní raibh innill ná áiseanna chun é a chaitheamh ar a chéile an aimsir sin =** ***there were no engines or machinery at that time to heap it (the hay) up*** **(inneall =** ***a machine, engine*****; áis =** ***an aid, facility*****)**
39 **ní leis an bhféar a bhí m'aigne an lá sin =** ***it wasn't the hay I was thinking of that day***
40 **b'fhada liom =** ***it seemed long to me***
40 **bhain an ghrian a bhí ag stealladh anuas orainn imeall thiar na spéire amach =** ***the sun that was blazing down on us reached the western horizon*** **(bainim amach =** ***I reach*****)**
40 **coca =** ***a cock of hay***
43 **súgán = téad tuí,** ***a straw rope***
44 **n'fheadar ó thalamh an domhain cad chuige an racáil [rácáil] in aon chor =** ***I don't know at all why all the raking***
46 **an sean-dhream =** ***na seandaoine***
47 **an-chríochnúil =** ***very particular, wanting everything finished properly***
48 **griothal =** ***impatience, anxiety***
49 **le hais liom = le m'ais, in aice liom,** ***beside me***
50 **go gcaithfinn bogadh =** ***that I would have to go***
50 **cá bhfuil do dheabhadh? =** ***where's your hurry?***
51 **nóimint [nóiméad] =** ***a minute***
51 **gal = gal tobac,** ***a smoke***
55 **seanmóir =** ***a sermon***
55 **ambaist [ambaiste] =** ***indeed***
56 **is dócha go bhfuilir [bhfuil tú] ag tarraingt tobac leis =** ***I suppose you are smoking as well***
57 **is dócha nach ró-fhada amach ó dhúchas dom dúil a bheith sa tobac agam =** ***I suppose it's not too far from my nature to have a desire for tobacco*** **(i.e. tá mé cosúil le m'athair)**
59 **bús deataigh =** ***clouds of smoke***
59 **ag cuimhneamh = ag smaoineamh,** ***thinking***
60 **ro-shláintiúil =** ***too healthy***
60 **in aon ghiorracht dó =** ***near him at all, too near him***
61 **fogha =** ***an attack***
63 **teallaireacht =** ***impudence***
64 **tóin = backside—tuiseal ginideach: tóna**
64 **lascadh de bhróig [bhróg] thairní =** ***with the kick of a nailed boot***
64 **ag cur as féin =** ***giving out, carrying on***

cúrsaí ar siúl agus cead isteach saor in aisce go dtí na céilithe
25 móra.

Ambriathar go raibh formad ag mórán daoine liom mar, go bhfóiridh Dia orainn, is minic ná beadh an dá scilling ar fáil chun dul isteach go dtí na céilithe móra. Ach bhíos-sa ábalta ar shiúl isteach thar fhear an dorais agus beannú go neamhspleách
30 dhó gan láimh a chur i mo phóca. Cad é siúd a dúirt m'athair nuair a tháinig an bosca go dtí an dtig ar dtúis. 'Níor dhein ceoltóir a leas ariamh ach ag imeacht ina phíce an tsúgartha.' Ar m'anam ach gur chaith sé éisteacht anois. Ag gabháil d'fhéar a bhíos thoir ag feirmeoir i mBaile Ghainnín beag an chéad lá a
35 thosnaigh an cúrsa go hoifigiúil. Bhíos le bheith ar mo thriail an tráthnóna san ag seinnt i Halla na Muirí don gcéilí beag. Bhí meitheal mór sa ghort an lá céanna mar gort cheithre acra ab ea é agus ní raibh innill ná áiseanna chun é a chaitheamh ar a chéile an aimsir sin. Ach ní leis an bhféar a bhí m'aigne an lá sin
40 agus b'fhada liom gur bhain an ghrian a bhí ag stealladh anuas orainn imeall thiar na spéire amach.

Bhí sé ag tarraingt ar an cúig a chlog tráthnóna agus gach coca déanta. Ní raibh le déanamh ansin ach súgáin a chur orthu ar eagla na gaoithe agus an racáil a dhéanamh. N'fheadar ó
45 thalamh an domhain cad chuige an racáil in aon chor. Is minic ná bíodh beart féir sa racáil ar fad. Ach b'shin iad an sean-dhream agus bhíodar an-chríochnúil. Ach ní thuigeadar an griothal a bhí ar dhaoine eile in aon chor. Is ea, chuireas mo phíce sa talamh ar a naoi a chlog agus dúrt lem athair a bhí le
50 hais liom go gcaithfinn bogadh. 'Dhera . . . cá bhfuil do dheabhadh. Ná fanfá chúig nóimintí liom go mbeidh gal agam agus beimid in éineacht abhaile.'

'Tá deabhadh orm mar táim ag seinnt i Halla na Muirí.' Dhera scaoil sé a chaipín siar ar a chúl agus thosnaigh an
55 seanmóir. 'Is ea, ambaist . . . ceol agus rince agus mná . . . agus is dócha go bhfuilir ag tarraingt tobac leis.' Thugas freagra tapaidh air. 'Is dócha nach ró-fhada amach ó dhúchas dom dúil a bheith sa tobac agam.' Bhí a phíopa ina bhéal an uair sin aige agus bús deataigh ag teacht aisti. Bhíos ag cuimhneamh ná
60 beadh sé ró-shláintiúil a bheith in aon ghiorracht dó tar éis an fhogha sin a scaoileadh faoi. 'Is ea anois, mar sin, imigh le haer an tsaoil. Ní gheofá faic ó leaideanna óga an lae inniu ach teallaireacht. Dá labharfainnse mar sin le Dan Buí bhrisfeadh sé cnáimhín mo thóna le lascadh de bhróig thairní.' Bhí sé ag cur

66 fairis = ina chuideachta, *in his company*
66 sna trithí ag gáirí faoi = *in fits laughing at him*
67 struipeálas [struipeál mé] anuas go bhásta = *I stripped to the waist*
68 mias = *a basin*
68 gallúnach = *soap*
68 mura dtugas-sa [murar thug mé] scriosadh dhíom féin ní lá fós é = *if I didn't give myself a scraping down then nothing is true*
71 caol = *slender*
71 an diabhal spáráil a deineadh [rinneadh] ar an mbuidéal céanna = *devil a sparing was made on that same bottle*
72 steall maith = *a good splash*
ag cuimilt = *rubbing*
73 go dtí go raibh gach ribe san áit ba cheart dó a bheith = *until every single hair was in the proper place*
76 bosca ceoil = *a melodeon*
76 ag iompar = *carrying*
77 ag tógaint [tógáil] a suaimhnis = ag ligint a scíth, *relaxing*
78 cá bhfuilir? = cá bhfuil tú?
78 cad ina thaobh? = cén fáth?
80 ní foláir nó go bhfuil ag breith an-chruaidh [an-chrua] orthu ceoltóir a fháil chun do leithéid-se a thabhairt leo = *it must be very hard for them to get a musician when they have to take the likes of you*
82 bailigh leat = imigh leat, téanam ort, *go*
82 shás [sháigh mé] mo cheann isteach = *I stuck my head in*
84 cogar, a Mham = *listen, Mammy*
85 tá boscaod [bascaed] chun tosaigh air = *there's a basket on the front of it*
86 ghreamaíos [ghreamaigh mé] = *I fastened down*
86 corda dorú = *a fishing-line*
87 smut de phaca garbh = *a bit of rough packing*
88 dá mbuailfinn is cinnte go dtabharfaidís an tseachtain ag caint orm = *if I did meet anybody it's certain they would spend the week talking about me*
90 an-fothram = *a great noise*
90 sciotaraíl = *tittering*
91 le cloisint [cloisteáil] = *to be heard*
91 lasmuigh de = taobh amuigh de, *outside of*
92 scata ban nó scata géanna = *a group of women or a flock of geese (it's all the same)*
93 a deireadh m'athair i gcónaí = *my father used to say always*
94 cliathán an halla = *the side of the hall*
94 bhí cad é bualadh bos ann nuair a thógadar [thóg siad] ceann den mbosca [bhosca] ceoil a bhí á iompar agam = *what clapping there was when they noticed the melodeon I was carrying*
95 phreabas [phreab me] = léim mé, *I jumped*
96 chaithfinn a ligint orm go raibh eolas mo cheirde agam = *I would have to let on that I knew my craft* (ceird = *trade, craft*)
98 casóig [casóg] = *a jacket*
98 bhuaileas [bhuail mé] trasna ar dhrom na cathaoireach é = *I threw it across the back of the chair*
99 go breá socair = *nice and comfortable*
99 chuireas [chuir mé] an bosca ceoil i bhfearas = *I got the melodeon in order*
101 réidh = ullamh, *ready*
102 'Fallaí [Ballaí] Luimnigh' = '*the Walls of Limerick*'
104 ar a laghad = *at least*

as féin agus mise ag glanadh an chlaí amach as an ngort agus an meitheal fear a bhí farais sna trithí ag gáirí faoi.

Struipeálas anuas go bhásta nuair a shroiseas an tig. Fuaireas mias breá lán d'uisce te agus gallúnach agus mura dtugas-sa scriosadh dhíom féin ní lá fós é. Ansin fuaireas mo bhríste nua agus léine ghlan. Thíos faoin leaba istigh i mbosca bhí buidéal beag fada caol Brilliantine. An diabhal spáráil a deineadh ar an mbuidéal céanna, ach steall maith de a scaoileadh amach ar do láimh agus ansin é do chuimilt i do chuid gruaige. Ansin thosnaíos am' chíoradh féin go dtí go raibh gach ribe san áit ba cheart dó bheith.

Aníos as an seomra agus an bosca ceoil á iompar agam. Bhí mo mháthair ina suí cois tine agus í ag tógaint a suaimhnis tar éis obair an lae. 'Cá bhfuilir ag dul nó cad ina thaobh go bhfuil do chuid éadaigh Domhnaigh ort?' 'Ó, ambaiste ach go bhfuilim ag dul ag seinm.' 'Ní foláir nó go bhfuil ag breith an-chruaidh orthu ceoltóir a fháil chun do leithéid-se a thabhairt leo. Bailigh leat tapaidh sula bhfeicfidh d'athair tú agus do ghruaig plastarálta agat le *hair-oil*.' Chuireas díom amach an doras agus shás mo cheann isteach arís ó bhéal an dorais. 'Cogar, a Mham, táim ag tabhairt do rotharsa liom mar tá boscaod chun tosaigh air.' Ghreamaíos an bosca ceoil isteach sa bhoscaod le corda dorú agus bhuaileas smut de phaca garbh anuas air . . . Bhí eagla orm bualadh le héinne an t-am sin de thráthnóna agus dá mbuailfinn is cinnte go dtabharfaidís an tseachtain ag caint orm. Nuair a shroiseas an halla bhí an-fhothram agus an-sciotaraíl agus an-chaint ar fad le cloisint lasmuigh den ndoras. Is iad na cailíní is mó a bhí le cloisint. 'Scata ban nó scata géanna,' a deireadh m'athair i gcónaí. Seo liom isteach agus shiúlaíos suas cliathán an halla. Bhí cad é bualadh bos ann nuair a thógadar ceann den mbosca ceoil a bhí á iompar agam. Phreabas in airde ar an stáitse agus shocraíos cathaoir dom féin ina lár. Chaithfinn a ligint orm go raibh eolas mo cheirde agam. Chaitheas anuas mo chasóig agus bhuaileas trasna ar dhrom na cathaoireach í. Do shuíos síos go breá socair ansin agus chuireas an bosca ceoil i bhfearas. Leis sin do sheas múinteoir amach agus dúirt: 'Tá an ceol réidh anois, mar sin beidh an chéad rince againn—sin "Fallaí Luimnigh".'

Is ón stáitse a bhí an radharc breá agam mar ar thaobh clé an halla ón stáitse síos go dtí an doras tosaigh bhí ar a laghad céad go leith des na cailíní ba bhreátha dá bhfaca riamh. Gruaig rua

107 **ná bí ag caint ar dhéantúisí!** = ***don't be talking about different makes! (there was every kind of girl there)***

108 **ní rabhadar [ní raibh siad] ag cur aon mhairg orm** = ***they weren't bothering me at all*** **(mairg = brón,** ***sorrow*****)**

111 **fo-dhuine** = **corr-dhuine,** ***the occasional person***

113 **tá mo chuid ceoil ag dul síos go maith leo** = **tá siad ag baint taitnimh as an gceol,** ***they are enjoying the music***

114 **ní cás dom anois** = ***it's no harm for me now***

115 **os mo chomhair amach** = ***out in front of me***

115 **ar m'anam ach nár thóg sé i bhfad ó chuid de bhuachaillí na háite dul ag fiach** = ***upon my soul but it didn't take long for some of the local boys to go hunting***

117 **i gcruachás** = ***in a predicament***

118 **conas a dhéanfainn teangbháil [teagmháil] le haon chailín?** = ***how could I make contact with any girl?***

120 **súil mhallaithe** = ***a wicked look***

121 **raidfeadh sí siúd an chairt dá raghadh [rachadh] fear i ngiorracht fiche slat di** = ***she would overturn the cart if a man went within twenty yards of her*** **(Tá sé ag cur an cailín i gcomparáid le capall contráilte)**

123 **ar mo leabhar ach go raibh súp allais orm** = **bhí me ag cur allais go trom,** ***I swear that I was sweating profusely***

126 **níor ghá dhó aon chuireadh a thabhairt do bhuachaillí na háite mar ní raibh ach an rince fógartha aige nuair a thosaigh buachaillí na háite ag déanamh a slí trasna go dtí cailíní an chúrsa** = ***there was no need for him to give any invitation to the local boys because he had hardly the dance announced when the local boys started to make their way across to the girls on the course***

129 **thógas [thóg mé] ceann de** = **thug mé faoi deara,** ***I noticed***

130 **go mbeadh mo sheans agamsa leis roimh dheireadh na hoíche** = ***that I would have my chance too before the end of the night***

132 **tarna [dara] port** = ***second tune***

134 **ag caitheamh súil im [i mo] threo** = **ag féachaint orm,** ***throwing an eye in my direction***

136 **folt gruaige** = ***a mop of hair***

138 **cuir do dhá shúil ar ais i do cheann** = **ná bí ag féachaint le hionadh ar an gcailín**

141 **ag imeacht ar strae** = ***going wrong***

141 **gliúcaíl [gliúcaíocht]** = ***peering***

142 **'Droichead Átha Luain [Droichead Bhaile Átha Luain]'** = **'*****the Bridge of Athlone*****'**

145 **ag seinnt [seinm]** = ***playing***

ar chuid acu, gruaig fionn ar a thuilleadh agus gruaig chíordhubh ar ábhar eile. Ná bí ag caint ar dhéantúisí! Thall ar an dtaobh eile den halla bhí na buachaillí ach ní rabhadar sin ag cur aon mhairg orm. Bhíodar ann ó Pharóiste Múrach siar go dtí an mBuailtín. Bhí léinteacha bána ar chuid acu agus *tie* faoi fho-dhuine.

Thosnaíos ar an gceol agus ní fada go raibh an t-urlár lán. 'Is ea,' arsa mise liom féin, 'tá mo chuid ceoil ag dul síos go maith leo. Ní cás dom anois a bheith ag caitheamh mo shúl timpeall agus an radharc breá atá os mo chomhair amach a scrúdú.' Ar m'anam ach nár thóg sé i bhfad ó chuid de bhuachaillí na háite dul ag fiach! Sin é an uair a thuigeas go rabhas féin i gcruachás! Conas a dhéanfainn teangbháil le haon chailín agus mé ag seinm ceoil thuas ar an stáitse? Bhí súil á chaitheamh agam ar chúpla cailín a bhí ag rince in aice leis an stáitse. Dá bhfeicfeá an tsúil mhallaithe a fuaireas ar ais ó dhuine acu! Raidfeadh sí siúd an chairt dá raghadh fear i ngiorracht fiche slat di.

Ar mo leabhar ach go raibh súp allais orm. Thógas sos gearr agus ansin d'iarr an múinteoir ar lucht an chúrsa sean-*waltz* a dhéanamh. Bheadh lán-chead ag buachaillí na háite dul ag rince leo, dúirt sé. Níor ghá dhó aon chuireadh a thabhairt do bhuachaillí na háite mar ní raibh ach an rince fógartha aige nuair a thosnaigh buachaillí na háite ag déanamh a slí trasna go dtí cailíní an chúrsa. Thógas ceann de go raibh níos mó cailíní ar an gcúrsa ná buachaillí agus bhíos ag rá liom féin go mbeadh mo sheans agamsa leis roimh dheireadh na hoíche. Bhíos istigh sa tarna port den *waltz* nuair a thógas ceann den dá chailín seo istigh sa chúinne in aice leis an stáitse. Thugas fé ndeara leis go raibh duine acu ag caitheamh súil im threo anois agus arís. Bhí aghaidh dheas chineálta uirthi . . . gúna gorm agus folt gruaige ag titim síos go bun a droma. Bhí sí déanta mar ba cheart do chailín a bheith . . . Is é a bhí ag dul trí mo cheann ná conas a dhéanfainn teangbháil léi. 'Cuir do dhá shúil ar ais i do cheann agus críochnaigh an *waltz*!' Ba é an múinteoir a bhí ag caint liom ó bhun an stáitse. Thug sé faoi ndeara go raibh mo cheol ag imeacht ar strae beagán leis an ngliúcaíl a bhí orm. 'Droichead Átha Luain' an rince a tháinig i ndiaidh an *waltz*. Bhí an bheirt chailíní ag rince díreach fé mo bhun. 'Bhís ag féachaint ar Eibhlín,' arsa duine acu. 'Bhíos,' arsa mise, 'ach má bhíos bhí sise ag féachaint ormsa chomh maith.' Bhíos ag seinnt arís agus is dócha go rabhas ag dul amú go maith sa

146 ag dul amú . . . sa phort = *going wrong in the tune*
148 luíos [luigh mé] isteach leis an gceol = thosaigh mé ag seinm go dícheallach, *I started playing in earnest*
151 páirtí = *a partner, friend*
151 is gearr go bhfuaireas [go bhfuair mé] luí súl ón gcailín go rabhas [go raibh mé] ag faire uirthi = *I soon got a knowing look from the girl I had been looking out for*
153 bhí mo bhó curtha thar abhainn agam = bhí an obair déanta agam, *I had managed to make a date with the girl*
135 thugas fé ndeara [thug mé faoi deara] leis ná [nach] raibh ag éirí rómhaith le cuid de bhuachaillí na háite = *I noticed as well that some of the local boys were not getting on too well*
157 cailín difriúil = *a different girl*
158 buachaill dathúil = *a good-looking boy*
159 méiríneach = *waved*
159 bua na cainte = *the gift of the gab*
161 ambaist [ambaiste] = *indeed*
161 í siúd go raibh an coinne agamsa léi = *the one that I had made a date with* **(coinne** = *an appointment***)**
161 de réir mar a bhí a ceann ag bogadh ba léir go raibh sé ag iarraidh í a mhealladh ar dalladh = *judging by the way her head was moving it was clear that he was trying hard to entice her* **(de réir mar** = *according to*; **ag mealladh** = *enticing*; **ar dalladh** = *intensely***)**
163 nach cúng a bhí Éire ag teacht air = *wasn't Ireland becoming very small for him (that he had to pick on her)* **(cúng** = *narrow***)**
164 agus cad é rince á dhéanamh aige = *and such dancing he was doing*
168 luigh sí siúd a súil ormsa = d'fhéach sí orm, *she glanced at me*
170 bhí a fhios aige conas mar a bhí cúrsaí = *he knew how matters stood*
171 is dócha go raibh an diúltú fachta [faighte] aige = *it looked as if he had got the refusal*
172 dhírigh sé a dhorn orm = *he made a fist at me* **(dírím** = *I direct, aim***)**
172 mar dhea = *letting on*
177 bhíos [bhí mé] ag baint an dorais amach = bhí mé ag deanamh ar an doras, *I was making for the door*
178 chomh tapaidh [tapa] in Éirinn agus ab fhéidir liom = chomh tapa agus a bhí i mo chosa, *as fast as I could*
179 slataire deas téagartha de chailín ar adhastar aige = *a fine strong slip of a girl being led away by him* **(téagartha** = *sturdy*; **adhastar** = *a halter***)**
180 sháigh sé chugam = *he pressed towards me*
180 dúrt [dúirt mé] i gcónaí go bhfuil súil mheala an cheoltóra agat = *I always said that you had the enticing eyes of the musician*
182 cad tá i gceist agat? = *what do you mean?*
183 inis dom conas a dheinis [rinne tú] an bheart ar bhean Luimní [Luimnigh] gan corraí den stáitse = *tell me how you managed to succeed with the Limerick woman without moving from the stage* **(beart** = *a deed, action***)**
184 nach é sin an sampla? *isn't that an example? (of how it should be done)*

phort. 'An . . . an . . . an mbeadh aon seans ar *date* léi,' arsa
mise. Lig sí smuta gáire. 'Tá gach aon tseans.' Luíos isteach leis
an gceol arís agus faoi cheann tamaill chríochnaigh an rince.
150 Shuigh gach éinne síos agus shuigh an bheirt chailíní síos ag bun
an stáitse. Chuaigh an cailín eile ag caint lena páirtí agus is gearr
go bhfuaireas luí súl ón gcailín go rabhas ag faire uirthi. D'éirigh
mo chroí. Bhí mo bhó curtha thar abhainn agam gan corraí den
stáitse in aon chor.

155 Thugas fé ndeara leis ná raibh ag éirí rómhaith le cuid de
bhuachaillí na háite . . . mar bhídís amuigh do gach rince agus
cailín difriúil acu gach aon uair. Chonac uaim síos seanchara
dom . . . Seán Mór Ó Domhnaill. Buachaill dathúil ab ea é so
. . . gruaig dhubh mhéiríneach air agus bua na cainte aige. Ach
160 ní róshásta a bhíos nuair a chonaic mé cé leis a bhí sé ag caint.
Is ea, ambaist, í siúd go raibh an coinne agamsa léi. De réir mar
a bhí a ceann ag bogadh ba léir go raibh sé ag iarraidh í a
mhealladh ar dalladh. Ó mhuise, nach cúng a bhí Éire ag teacht
air. Ghaibh sé fé bhun an stáitse agus cad é rince á dhéanamh
165 aige. Níl aon dabht air ach go raibh sé chomh maith de rinceoir
agus a bhí timpeall an uair sin. D'fhéach sé aníos ormsa agus ba
dhóigh leat go raibh a fhios aige cad a bhí ag dul trí mo cheann.
Ach luigh sí siúd a súil ormsa agus bhí a fhios agam ansin go
raibh gach rud i gceart. Nuair a chas Seán Mór a cheann i mo
170 threo bhí smuta gáire ar a aghaidh . . . bhí a fhios aige conas
mar a bhí cúrsaí. Is dócha go raibh an diúltú fachta aige.
Dhírigh sé a dhorn ormsa . . . mar dhea go raibh fearg air.

Tar éis 'Amhrán bhFiann' a sheinm lig an múinteoir béic ó
lár an halla. 'Céilí mór anseo istoíche amáireach go dtí
175 meánoíche. Anois téadh gach dalta ar ais go dtí an lóistín. Beidh
na múinteoirí ag glaoch an rolla ins gach tig idir a leath uair tar
éis a deich agus a haondéag.' Bhíos ag baint an dorais amach
chomh tapaidh in Éirinn agus ab fhéidir liom. Cé bheadh
díreach lasmuigh den doras ach Seán Mór agus slataire deas
180 téagartha de chailín ar adhastar aige. Sháigh sé chugam. 'Dúrt i
gcónaí go bhfuil súil mheala an cheoltóra agat, a mhac Dainín.'
D'fhéachas air. 'Cad tá i gceist agat, a dhuine sin?' D'fhreagair
Seán Mór. 'Inis dom conas a dheinis an bheart ar bhean Luimní
gan corraí den stáitse.' 'Ó . . . nach é sin an sampla, a
185 bhuachaill?' Bhuaileas mo láimh timpeall ar mo chailín féin, a

186 **ag feitheamh = ag fanacht,** ***waiting***
186 **go foighneach =** ***patiently***
186 **ar a shon is ná [nach] raibh fios a hainm fós agam =** ***even though I still didn't even know her name***
191 **mo chuid Gaelainne [Gaeilge] =** ***my Irish***
193 **ag stiúrú =** ***guiding***
193 **faoin dtráth seo = faoin am seo,** ***by this time***
194 **caithfead [caithfidh mé] =** ***I must***
ar nós = ***like***
195 **cúplaí ag cúirtéireacht =** ***couples courting***
196 **níor mhór duit ticéad chun spás a fháil cois claí =** ***you would have had to have a ticket to find a place beside the ditch***
198 **bhogamair [bhogamar] linn = chuamar ar aghaidh,** ***we moved on***
199 **cóngar =** ***a shortcut***
200 **ar a dtugtar =** ***which is called***
202 **ar lóistín =** ***in lodgings, staying***
204 **theastaigh uaim a haigne a chur chun suaimhnis =** ***I wanted to put her mind at ease***
204 **deineann = déanann**
206 **sula ndeinid [sula ndéanann siad] =** ***before they do***
209 **i mbliana =** ***this year***
210 **pátrún [patrún] =** ***pattern***
210 **anuraidh =** ***last year***
211 **fo-chúpla = corr-chúpla,** ***the occasional couple***
211 **anseo agus ansiúd =** ***here and there***
212 **ag cúirtéireacht =** ***courting***
213 **bhíomair [bhíomar] díreach chun ancaire a chur síos =** ***we were just about to drop anchor (to find a place to stop)***
214 **laistigh de = taobh istigh de,** ***inside of***
215 **fan socair =** ***stay still***
219 **fágaimis siúd anois mar atá sé mar b'fhéidir go bhfuil tú ag fáil ró-fhiosrach =** ***let us leave that as it is now because maybe you are getting too inquisitive***
222 **gan trácht ar =** ***not to mention***
223 **'madraí' na háite = rógairí na háite,** ***the local rogues***
224 **ag fáscadh =** ***squeezing***
226 **beadsa ann = beidh mé ann**

bhí ag feitheamh go foighneach liom ar a shon is ná raibh fios a hainm fós agam. Shiúlamair tamall beag.

'Micheál Ó Sé m'ainmse . . . cad is ainm duit féin?'

'Eibhlín Ní Shúilleabháin ó chathair Luimní. Tá eagla orm ná fuil mórán Gaeilge agam.'

'Beidh do chuid Gaelainne chomh maith le mo chuid Gaelainne féin roimh dheireadh an chúrsa.'

Bhíos á stiúrú suas bóithrín Cháit Sayers faoin dtráth seo. 'Tá a fhios agat go gcaithfead bheith ar ais sa lóistín roimh a leathuair tar éis a deich.' Bhí bóithrín Cháit Sayers ar nós Sráid Uí Chonaill le cúplaí ag cúirtéireacht. Níor mhór duit ticéad chun spás a fháil cois claí. 'Téanam ort as seo,' arsa mise, 'tá cúpla paiste eile ar m'eolas.' Bhogamair linn suas Cliathán an Chaoil go dtí bóithrín beag eile. Cóngar ab ea é idir an Muirígh agus Baile na nGall ar a dtugtar Bóithrín na nGéanna. Ní thagadh éinne an bóthar san oíche mar bhí sé ró-uaigneach.

'Cá bhfuilir ar lóistín, a Eibhlín?'

'Ó, sa tig mór thoir ar imeall an bhaile.'

Theastaigh uaim a haigne a chur chun suaimhnis. 'Deineann na múinteoirí an Coimín agus an Bóthar Buí ar dtúis sula ndeinid an Mhuiríoch. Beidh sé a haondéag a chlog sula nglaofar an rolla i do thigse.'

'Conas go bhfuil fhios agat sin?'

'Mar siad na múinteoirí céanna atá ann i mbliana agus anuraidh agus b'in é an pátrún a bhí acu anuraidh.'

Bhíomar ag siúl linn suas an bóithrín. Bhí fo-chúpla anseo agus ansiúd ag cúirtéireacht. Nuair a fuaireamair paiste deas compordach stopamair agus bhíomair díreach chun ancaire a chur síos nuair a chualamair an chaint laistigh den gclaí.

'Fan socair nó déarfaidh mé leis an múinteoir tú.' Thosnaíos féin agus Eibhlín ag gáire.

'Tá cailín bocht éigin i dtrioblóid,' ar sí.

'Téanam tamall eile,' a dúrtsa. Fuaireamair paiste breá compordach cúpla slat ón áit sin agus fágaimis siúd anois mar atá sé mar b'fhéidir go bhfuil tú ag fáil ró-fhiosrach. Ar m'anam ach go raibh sí thar n-ais sa lóistín agam in am. Ag geata an tí bhí cuid des na buachaillí agus na cailíní ina seasamh fós gan trácht ar 'mhadraí' na háite.

'Tá céilí mór istoíche amáireach,' arsa Eibhlín ag fáscadh a láimh i mo láimhse.

'Ó, beadsa ann . . .'

227 a fhágaint = a fhágáil
228 thugas [thug mé] m'aghaidh soir an bóthar go dtí bothán John Mhicil mar a raibh mo rothar i bhfolach agam = *I went east along the road to John Micil's hut, where I had hidden my bicycle*
229 bhogas [bhog mé] liom = chuaigh mé ar aghaidh, *I moved on*
229 an bóthar ó thuaidh = *the road north*
230 roithleán = *a whirling motion*
231 eachtra = *an adventure, incident*
231 an t-amharaíocht a bhí liom m'fhocal a bheith istigh agam le hEibhlín sula dtáinig Casanova na Cille an treo = bhí an t-ádh liom go raibh coinne déanta agam le hEibhlín sular tháinig Seán Mór an tslí = *I was lucky that I had made an arrangement with Eibhlín before Seán Mór came along*
235 mias = *a bowl, basin*
236 struipeálta go bhásta = *stripped to the waist*
236 mara rabhas [raibh mé] ag baint úsáide as an ngallúnach ní lá fós é = bhí mé ag baint lán- úsáid as an ngallúnach, bhí mé do mo ghlanadh féin ar mo dhícheall, *I was really making use of the soap*
238 Dainín = athair an údair
239 maircréal [maicréal] = *mackerel*
240 úr = *fresh*
241 tá an óige imithe i gcoinne ghrásta Dé ar fad = tá an óige ag dul ó olc go holc, *the young people have gone to the bad altogether*
242 ní fhéadfainn = *I couldn't*
243 leathscéal = *excuse*
245 an amhlaidh? = *is it a fact?*
247 ambaiste ní fhéadfainn an méid sin a scaoileadh tharam = *indeed I couldn't let that go by me (without saying something)*
248 táimse ag fáil díolta as mo chuid ceoil = tá mé ag seinm ceoil ar airgead
248 Raifteirí = Antaine Ó Reachtaire (1784–1835), file cailiúil na ndaoine. Rugadh é in aice le Coillte Mach, Co. Mhaigh Eo. Bhí sé dall, agus chaith sé a shaol ag dul ó áit to háit ag iarraidh déirce. Sheinn sé veidhlín, agus chum sé amhráin ar airgead. Is é a scríobh na línte, 'Féach anois mé is mo chúl le balla / Ag seinm ceoil do phócaí folamh.'
249 ach go háirithe = *anyway, at any rate*
252 ag léimt [ag léim] = *jumping*
253 ag tanú turnapaí [tornapaí] = *thinning turnips*
254 ní theastaíonn uaim = níl ag teastáil uaim, *I do not want*
254 siúlairí oíche = *people out all night*
254 codlatáin mhaidine = *people who sleep late in the morning*
256 bhí an néall sin curtha aige dhe = *he had got over that fit* (néall = *a fit, spasm*)
256 chuireas [chuir mé] orm mo bhalcaisí nua = chuir me mo chuid éadaigh nua orm
257 gan ró-mhoill = *without much delay*
257 b'fhearr gluaiseacht ón dtig tapaidh [tapa] ar eagla go ndéarfainn rud éigin go mbeadh aithreachas orm mar gheall air = *it would be better to go away from the house fast for fear I would say something I would regret*
261 fiacha = *a price, debts*
261 ba luath leo dul isteach = *they thought it was too early to go in*
262 fead = *a whistle*
262 ó chúinne na binne = *from the gable corner* (binn = *a gable*)
265 snaidhm = *a knot*

Tar éis siúl léi go dtí an ndoras agus slán a fhágaint aici thugas m'aghaidh soir an bóthar go dtí bothán John Mhicil mar a raibh mo rothar i bhfolach agam. Bhogas liom an bóthar ó thuaidh go paróiste Múrach agus mo cheann ina roithleán le heachtrái na hoíche. An t-amharaíocht a bhí liom m'fhocal a bheith istigh agam le hEibhlín sula dtáinig Casanova na Cille an treo!

An tráthnóna ina dhiaidh sin bhí m'athair ag ithe a chuid suipéir i mbarra an bhoird. Bhí mias uisce agamsa thíos i mbun an bhoird agus mé struipeálta go bhásta agus mara rabhas ag baint úsáide as an ngallúnach ní lá fós é. 'Cá bhfuilir ag dul tráthnóna inniu?' arsa Dainín agus a bhéal lán le píosa de mhaircréal úr.

'Táim ag dul ag seinm gan dabht.'

'Ó, hanam 'on diabhal . . . anocht arís. Tá an óige imithe i gcoinne ghrásta Dé ar fad.' Ní fhéadfainn a rá go rabhas ag dul to dtí an gcéilí gan leathscéal éigin a bheith agam.

'Ó, tógfaidh sé uair a chloig ó do mháthair tú a chur as an leaba arís maidin amáireach. An amhlaidh a thabharfaidh tú an chuid eile de do shaol ag imeacht ó áit go háit ar nós Raifteirí.'

Ambaiste ní fhéadfainn an méid sin a scaoileadh tharam.

'Táimse ag fáil díolta as mo chuid ceoil ach bhí Raifteirí ag seinm do phócaí folamh'. Sin é a dúirt sé sa bhfilíocht ach go háirithe.'

Tharraing sé an chathaoir siar tamall ón mbord. 'B'fhearra dhuitse léimt amach as an leaba ar an gcéad ghlaoch maidin amáireach. Táimid ag dul suas go Cill Chuáin ag tanú turnapaí. Ní theastaíonn aon siúlairí óiche agus codlatáin mhaidine uainn sa tig seo.'

Bhí an néall sin curtha aige dhe. Chuireas orm mo bhalcaisí nua gan ró-mhoill agus phreabas ar mo rothar. B'fhearr gluaiseacht ón dtig tapaidh ar eagla go ndéarfainn rud éigin go mbeadh aithreachas orm mar gheall air.

Bhí a lán de bhuachaillí na háite bailithe timpeall ar dhoras an halla. Cuid acu ná raibh fiacha an chéilí acu agus cuid eile ba luath leo dul isteach. Chuala an fead á ligean orm ó chúinne na binne. Is é Seán Mór a bhí ann. Shiúlaíomair timpeall go dtí cliathán an halla. Thóg sé *tie* amach as a phóca. 'Cogar,' ar sé liomsa, 'cuir snaidhm air seo dhom.'

266 cad ina thaobh? = cén fáth? *why?*
266 chuiris = chuir tú
267 scáthán = *a mirror*
269 nach é John Aindí a dhéanfadh seó bóthair díom dá bhfeicfeadh sé mé = *isn't it John Aindí would make a show of me in front of everybody if he saw me* **(seó =** *a show***)**
270 nuair a bhíos [bhí mé] ag fáscadh na snaidhme suas faoina chorrán bhaineas [bhain mé] stathadh [stoitheadh] maith as = *when I was squeezing the knot up under his jaw I gave it a good pull* **(corrán =** *jaw***)**
271 cogar . . . fan glan d'Eibhlín . . . beadsa ag coimeád mo shúil ort = *listen . . . stay clear away from Eibhlín . . . I'll be keeping an eye on you*
273 rógaireacht = *roguery*
273 tá mo bhád féin agamsa = tá mo chailín féin agamsa
274 lochta = *a loft*
275 bothán = *a hut, outhouse*
276 téanam ort . . . b'fhearr sá isteach . . . tá an banna ag tosnú [tosú] ag seinm = *come on . . . it's better to push in . . . the band is starting to play* **(sáim =** *I push***)**
278 d'fhéadfainn = *I could*
279 ar mo thoil = *at my will*
281 comrádaí = *a comrade*
283 cliathán an halla = *the side of the hall*
284 síodúil = *silky, gentle*
284 scata = grúpa, *a group*
287 sruthán allais = *a stream of sweat*
287 cnámh mo dhroma = my backbone
288 d'imíodh na cailíní uainn ina dtreo féin ar eagla go dtógfadh an múinteoir aon cheann díobh agus iad ag comhrá leis na buachaillí = théadh na cailíní uainn ina dtreo féin ar eagla go dtabharfadh an múinteoir faoi deara iad agus iad ag caint leis na buachaillí, *the girls used to go away from us their own way for fear the teacher would notice them talking to the boys*
291 nach bog atá sé? = *isn't it clammy?*
293 caithfidh an chasóig [chasóg] fanacht ag sileadh leis na cnámha anocht ach go háirithe = *the jacket must stay drooping about my bones tonight anyhow*
295 neosfad [inseoidh mé] mo scéal duit = *I'll tell you my story*
297 eireaball na casóige = *the tail of the jacket*
297 bhí an drom ar fad imithe as an léine = *the whole back was gone off the shirt*
299 i gcuntais [gcuntas] Dé = *for goodness' sake*
300 ní haon gháirí in aon chor é seo = *this is no laughing matter*
301 chuireas [chuir mé] amach ar an dtor í laistiar den dtig [teach] chun go dtriomódh sí = *I put it out on the bush behind the house so that it would dry*
303 straip de ghamhain = *a strap of a goat*
303 pé méid féir ghlais a bhí ag fás sa ghairdín thosnaigh [thosaigh] sí ag ithe mo léine = *whatever amount of green grass was growing in the garden, it started eating my shirt*
304 ramhan [rámhainn] = *a spade*
306 tochas = *an itch, irritation*

'Cad ina thaobh nár chuiris an *tie* ort sa bhaile, áit a mbeadh scáthán agat?' D'fhéach sé orm. 'É a chur orm ag baile agus gabháil anuas tríd an bparóiste an tráthnóna breá samhraidh seo! A Chríost, nach é John Aindí a dhéanfadh seó bóthair díom 270 dá bhfeicfeadh sé mé.' Nuair a bhíos ag fáscadh na snaidhme suas faoina chorrán bhaineas stathadh maith as. 'Cogar . . . fan glan d'Eibhlín . . . beadsa ag coimeád mo shúil ort.' Las a aghaidh suas le rógaireacht. 'Tá mo bhád féin agamsa, a Mhaidhc Dainín a bhuachaill. Agus fan amach as lochta 275 bhothán John Mhicil anocht mar beidh sé in úsaid!'

'Téanam ort . . . b'fhearr sá isteach . . . tá an banna ag tosnú ag seinm.' Ní raibh aon seinm le déanamh agamsa an oíche sin toisc gur céilí mór a bhí ann agus d'fhéadfainn an oíche ar fad a thabhairt ag rince ar mo thoil. Chaitheas mo shúil 280 timpeall ó bhéal an dorais. Is ea, ambaist . . . bhí Eibhlín agus a comrádaí suite thuas in aice leis an siopa. 'Tá mo bhád-sa anseo thuas,' arsa Seán agus é ag tabhairt a aghaidh suas cliathán an halla. Thosnaigh an banna ag seinm *waltz* deas síodúil agus siúd amach ag rince scata againn. Ba é seo an chéad 285 rince a bhí riamh agam le hEibhlín.

Tar éis cúpla rince b'éigean dom mo chasóig a bhaint díom mar bhí sruthán allais ag rith síos ar chnámh mo dhroma. Tar éis gach rince d'imíodh na cailíní uainn ina dtreo féin ar eagla go dtógfadh an múinteoir aon cheann díobh agus iad ag comhrá 290 leis na buachaillí. Bhíos suite in aice le Seán Mór. 'An diabhal,' ar sé, 'nach bog atá sé?' 'Cad ina thaobh ná beadh?' a dúrtsa, ag pointeáil mo mhéire go dtí an gcasóig a bhí fós air. 'Ó, sin scéal fada . . . ach caithfidh an chasóig fanacht ag sileadh leis na cnámha anocht ach go háirithe. Téanam ort suas go dtí an 295 leithreas agus neosfad mo scéal duit.' Shiúlamair suas go dtí an leithreas. Nuair a fuaireamair sinn féin laistigh den ndoras d'ardaigh Seán in airde eireball na casóige. Bhí an drom ar fad imithe as an léine a bhí laistigh den gcasóig. Tháinig fáscadh gáire orm féin. 'Ó, i gcuntais Dé . . . cá bhfuil an chuid eile di?'

300 'Ní haon gháirí in aon chor é seo . . . seo an t-aon léine amháin bán atá agam sa tsaol. Níos inniu í agus chuireas amach ar an dtor í laistiar den dtig chun go dtriomódh sí. Tháinig straip de ghamhain aníos thar claí agus pé méid féir ghlais a bhí ag fás sa ghairdín thosnaigh sí ag ithe mo léine. Fuaireas ramhan 305 a bhí ina seasamh i gcúinne an gharraí agus mise dá rá leat ach go raibh tochas uirthi siúd ag gabháil an baile síos. Dá mbeinn

307 níos déanaí = *later*
307 bóna = *a collar*
308 biorán = *a pin*
309 an dtuigeann tu mo chás? = *do you understand my position?*
310 i gcuideachta = *in the company of*
311 an-cheanúil = *very affectionate*
312 ag bóithreoirecht = *walking*
314 nuathair níl aon teora leis an bhflúirse = *sure there's no limit to the number of women* **(flúirse** = *plenty***)**
315 ar a shon = *even though*
316 bhí an-aithne curtha againn ar na buachaillí agus na cailíní sa chúrsa seo = *we had got to know the boys and girls on this course very well*
319 toisc to raibh ar na scoláirí bheith ina suí go moch lá arna mháireach = *because the pupils had to be up very early the next day*
320 faoi bhráid = *in preparation for*
321 dá bhrí sin = *therefore*
323 bhí sé de thuiscint eadrainn = *there was an understanding between us*
324 scailp uaignis = *a fit of loneliness*
324 agus ní dóigh liom go rabhas [raibh mé] im aonar [i m'aonair] = *and I don't think I was alone (in this regard)*
326 ceapadh dom = **chonacthas dom,** *it seemed to me*
326 cuma gruama = *a depressed appearance*
328 leath-fholamh = *half empty*
328 níor chuir san puinn iontais orm = *that didn't surprise me at all*
329 bhogadh na múinteoirí na rialacha beagán an oíche dheireanach = *the teachers used to go easy on the rules the last night*
330 chaitheas-sa leanúint orm ag seinm agus ní bhuíoch a bhíos [bhí mé] = *I had to continue playing and I wasn't thankful* **(chaitheas = chaith mé, b'éigean dom,** *I had to***)**
331 thugainn corr-fhéachaint ar Eibhlín a bhí suite ar stól faoi bhun an stáitse = *I used to give the odd look at Eibhlín, who was seated on a stool beneath the stage*
333 b'fhada liom go nglaofaí an rince deireanach = *I felt it long till the last dance would be called*
334 más *waltz* **a ghlaotar den rince deireanach, agus de ghnáth is ea, giorrófar go maith é** = *if it's a waltz that's called for the last dance, and usually it is, it will be shortened very much* **(giorraím** = *I shorten***)**
337 chuireas [chuir mé] mo bhosca ceoil i gcoimeád = *I put my melodeon away safely*
338 mar ba ghnáth = *as was usual*
339 ag feitheamh = **ag fanacht,** *waiting*
342 an dá láimh fáiscthe timpeall ar a chéile = *our two hands squeezed around each other*
343 mo ghualainn dheis = *my right shoulder*
345 ainnis = *miserable*
345 do cheapas = **cheap mé**
346 do chaithis [chaith tú] = **b'éigean duit,** *you had to*
347 i dteannta = **i gcuideachta,** *in the company of*
347 ina theannta san = *as well as that*
347 tánn tú = **tá tú**

neomat níos déanaí ní bheadh an bóna féin agam le cur orm féin. Is dócha go bhfuil dosaen biorán á coimeád lena chéile ar mo dhrom. Anois, a dhiabhail, an dtuigeann tú mo chás?' . . .

Thugas an mhí ar fad i gcuideachta Eibhlín agus ar m'anam ach go rabhamair ag éirí an-cheanúil ar a chéile. Gach oíche tar éis an chéilí théimis ag bóithreoireacht in áit éigin. Is dócha go raibh cailín ag gach buachaill ón áit . . . nó mar a dúirt duine amháin . . . nuathair níl aon teora leis an bhflúirse.

Bhí an oíche dheireanach den gcúrsa againn agus ar a shon is go raibh dhá chúrsa eile le teacht bhí an-aithne curtha againn ar na buachaillí agus na cailíní sa chúrsa seo agus saghas uaignis ag teacht orainne ina ndiaidh. Céilí beag a bhí ann an oíche dheireanach den gcúrsa toisc go raibh ar na scoláirí bheith ina suí go moch lá arna mháireach faoi bhráid na mbusanna a thabharfadh abhaile iad. Thugas an tráthnóna ag seinm agus dá bhrí sin ní raibh aon rince agam le Eibhlín. Ach bhí sé de thuiscint eadrainn bualadh le chéile lasmuigh den halla. An gcreidfeá go raibh scailp uaignis ag teacht orm agus ní dóigh liom go rabhas im aonar. Mar nuair a chaitheas mo shúil timpeall an halla ceapadh dom go raibh cuma ghruama orthu ar fad idir chailíní agus bhuachaillí. Cúpla rince roimh dheireadh an chéilí bhí an halla leath-fholamh. Níor chuir san puinn iontais orm mar ba í an oíche dheireanach í agus bhogadh na múinteoirí na rialacha beagán an oíche dheireanach. Chaitheas-sa leanúint orm ag seinm agus ní buíoch a bhíos. Thugainn corr-fhéachaint ar Eibhlín a bhí suite ar stól faoi bhun an stáitse. B'fhada liom go nglaofaí an rince deireanach. 'Is ea, mhuis,' arsa mise i mo aigne féin, 'más *waltz* a ghlaotar den rince deireanach, agus de ghnáth is ea, giorrófar go maith é.'

Ní raibh 'Amhrán na bhFiann' ach díreach seinnte agam nuair a thugas pocléim anuas den stáitse. Chuireas mo bhosca ceoil i gcoimeád mar ba ghnáth agus seo liom i dtreo an dorais. Bhí sí ag feitheamh liom ag cúinne an halla. Shiúlaíomair suas an bóithrín céanna agus a shiúlaíomair an chéad oíche a bhuaileamair le chéile. Ní raibh focal as éinne de lán na beirte againn ach an dá láimh fáiscthe timpeall ar a chéile. A ceann siúd luite anuas ar mo ghualainn dheis. Bhuel, dá mbeadh deireadh an tsaoil ann amáireach ní bheadh rudaí chomh hainnis do cheapas. Is mó rud a bhí ag dul trí mo cheann. 'Ó is ea, a Mhaidhc Dainín . . . do chaithis an mhí a thabhairt i dteannta aon chailín amháin. Ina theannta san tánn tú éirithe

348 ceanúil = *affectionate*
348 agus gan faic dá bharr agat ach uaigneas agus briseadh croí = *and nothing to come of it but loneliness and heartbreak*
350 b'fhuirist [b'fhurasta] aithint go ndéanfá rud éigin ait = *it would be easy knowing that you would do something strange* (aithním = *I recognise, know*)
353 ag pusaíl ghoil = *whinging and crying*
354 an scríobhfair [scríobhfaidh tú] chugam? = *will you write to me?*
356 seoladh = *an address*
356 scríte [scríofa] = *written*
357 tamall breise = *some extra time*
358 i dteannta a chéile = *together, in each other's company*
359 inchinn = *brain*
362 binn = *a gable-end*
363 ní dúrt [ní dúirt mé] faic ar feadh tamaill = *I said nothing for a while*
364 ag dreapadh = *climbing*
364 níos déanaí = *later*
365 cad ina thaobh? = cén fáth? *why?*
367 gheobhadsa [gheobhaidh mise] an dréimire atá ina sheasamh i gcoinne choca John Aindí = *I will get the ladder that's standing against John Aindí's haycock*
368 cuirfead = cuirfidh mé
370 cnagfad [cnagfaidh mé] ar an bhfuinneoig = *I will knock on the window* (cnagaim = *I knock*)
371 cabhródsa [cabhróidh mise] leat dreapadh anuas an dréimire = *I will help you climb down the ladder*
372 ar eagla go mbraithfí an leoithne istigh sa tseomra [sa seomra] = *for fear the breeze would be felt in the room*
373 cuirfeam = cuirfimid
374 fúinn féin a bheidh cad é am a scarfam [scarfaimid] = *it will*
376 ní baol dúinn = *there's nothing for us to fear, there's no danger to us*
377 ná beir? = nach mbeidh tú?
379 lóistín = *lodgings*
380 buachaillí bána = *rogues*
383 ag méirneáil timpeall ar rothair = *circling about on their bikes*
384 bhraitheamair [bhraitheamar] doras tosaigh an tí ag oscailt = *we noticed the front door of the house opening* (braithim = *I feel, notice*)
386 pacanna = sluaite, *crowds*

ceanúil uirthi agus beidh sí ag imeacht uait amáireach agus gan faic dá bharr agat ach uaigneas agus briseadh croí. Tuilleadh an
350 diabhail chugat . . . b'fhuirist aithint go ndéanfá rud éigin ait.' Seo iad na smaointe a bhí ag dul trí mo cheann agus sinn ag gabháil suas an bóithrín. Bhí Eibhlín chomh hainnis liom agus gan aon fhocal aisti ach í ag pusaíl ghoil anois agus arís. Faoi cheann tamaill tháinig a cuid cainte chici. 'An scríobhfair
355 chugam?' Cad a bhí le rá agam ach go ndéanfainn. Sháigh sí blúire páipéir isteach i mo phóca. 'Tá an seoladh scríte air sin.' A Mhuire, dá mbeadh céilí mór féin ann bheadh tamall breise againn i dteannta a chéile. 'Cogar, a Eibhlín . . . cad é an áit i do thig lóistín a bhfuil do sheomra?' Ambaiste, bhí an inchinn
360 ag tosnú ag obair agam arís. 'Ag an mbinn theas . . . in airde staighre.' Bhíos ag smaoineamh ar feadh tamaill. 'An bhfuil fuinneoig ar an mbinn?' D'fhéach sí orm idir an dá shúil. 'Cad tá ag dul timpeall istigh i do cheann?' Ní dúrt faic ar feadh tamaill. 'An mbeadh eagla ort dreapadh anuas trí dhréimire níos
365 déanaí san oíche?' 'Cad ina thaobh?' a dúirt sí agus iontas an domhain uirthi. 'Tá plean agam. Nuair a bheidh an rolla glaoite agus na múinteoirí imithe abhaile gheobhadsa an dréimire atá ina sheasamh i gcoinne choca John Aindí. Cuirfead in airde go dtí an bhfuinneoig é . . . raghaidh mé féin in airde ansin agus
370 cnagfad ar an bhfuinneoig. Ansin oscail an fhuinneoig agus cabhródsa leat dreapadh anuas an dréimire. Tarraing an fhuinneoig anuas i do dhiaidh ar eagla go mbraithfí an leoithne istigh sa tseomra. Cuirfeam an dréimire i bhfolach ansin agus fúinn féin a bheidh cad é am a scarfam. Cad a déarfá leis sin
375 mar phlean?' 'Ó a Mhuire, n'fheadar. Cad a dhéanfam má bheirtear orainn?' D'fháisceas chugam í. 'Ní baol dúinn agus má bheirtear orainn féin . . . ná beir ag dul abhaile amáireach.' 'Is dócha go bhfuil an ceart agat, a chroí,' ar sí. Ansin thugamair ár n-aghaidh ar an lóistín.

380 Bhí na buachaillí bána bailithe timpeall ar an ngeata. Is ea, ní raibh aon radharc ar aon mhúinteoir fós. Bhíomair tamall maith ag fanacht ansiúd suite ar an gclaí trasna an bhóthair. Bhí a ceathair nó a cúig de bhuachaillí eile agus iad ag méirneáil timpeall ar rothair. Faoi cheann tamaill bhraitheamair doras
385 tosaigh an tí ag oscailt. Is í bean an tí a bhí ann. 'An bhfuil pacanna Pharóiste Múrach imithe abhaile fós? Seo libh abhaile anois mar beidh na cailíní ag éirí luath ar maidin.' 'Is ea, céad buíochas le Dia,' arsa mise liom féin. Ach ní raibh aon bhogadh

388 ní raibh aon bhogadh á dhéanamh ag na *cowboys* eile = ní raibh cosúlacht imeachta ar na rógairí eile in aon chor
389 mar dhea = *pretending*
391 b'fhearr teicheadh [teitheadh] siar an bóthar = *we had better run back along the road* (teithim = *I flee, retreat*)
392 sin iad na múinteoirí atá chugainn agus má bhraitheann siad éinne [aon duine] timpeall coimeádfaidh siad súil ar an dtig [teach] = *here are the teachers coming, and if they notice anybody around they will keep an eye on the house*
394 scaipeamair [scaipeamar] = *we scattered*
395 cearnóig [cearnóg] = *a square*
395 ag caitheamh tharainn = *ag iarraidh an t-am a chur tharainn, passing the time*
398 gafa = imithe, dulta
399 ghaibh = chuaigh
401 an bhfuilir? [an bhfuil tú?] = *are you?*
402 ag tógaint [tógáil] ceann de ná raibh aon rothar agam = ag tabhairt faoi deara nach raibh aon rothar agam = *noticing that I had no bike*
402 mara [muna] bhfuil rothar agat preab in airde ar an mbeár chugamsa = *if you haven't a bike jump up on the bar to me*
405 comhartha ceiste = *a question mark, a puzzled look*
405 teastóidh cabhair uaim = beidh cabhair ag teastáil uaim, *I will need help*
406 ní chaitheas [níor chaith mé] a thuilleadh a rá = níorbh fholáir dom a thuilleadh a rá, *I didn't have to say any more*
407 chraith [chroith] sé a cheann = *he shook his head*
408 éalóm ón *ngang* = éalóimid ó na buachaillí eile, *we will escape from the gang*
408 i gcogar = *in a whisper*
408 ag baint stathadh [stoitheadh] beag as mhuinchile a chasóige = *giving a small tug to the sleeve of his jacket*
411 d'fhonn is ná beadh [nach mbeadh] aon dul amach ag na buachaillí eile cad a bhí sa cheann againn = i dtreo is nach mbeadh a fhios ag na buachaillí eile cad a bhí ar aigne againn, *so that the other boys would have no idea what was on our mind*
412 phreabas [phreab mé] in airde chuige = *I jumped up to him, I jumped up on the bar of the bike*
414 laistigh de chlaí = *inside a ditch*
415 d'aon iarracht amháin = *in one go, with one effort*
416 ag glanadh an chlaí isteach = ag léim thar an gclaí isteach, *clearing the ditch*
417 duine againn ar gach ceann de = *one of us on each end of it*
418 cois an tsrutháin = *beside the stream*
419 seachain, tá díog in aice leis an gclaí = *watch out, there's a dyke beside the ditch* (seachain = *avoid, beware*)
421 cheana = *already*
421 cá dteastaíonn an dréimire uait? = cá bhfuil an dréimire ag teastáil uait? *where do you want the ladder?*
422 fuinneoig na binne = *the gable-end window*
424 is féidir leatsa bailiú leat = is féidir leat imeacht, *you can go*
425 ag iompar = *carrying*
426 i do theannta = *with you*

á dhéanamh ag na *cowboys* eile. D'fhágas slán ag Eibhlín mar
390 dhea agus d'imigh sí léi isteach sa tig. Is gearr go bhfacamair
solas gluaisteáin ag gabháil Ard na Carraige anuas. 'B'fhearr
teicheadh siar an bóthar,' arsa fear éigin, 'sin iad na múinteoirí
atá chugainn agus má bhraitheann siad éinne timpeall
coimeádfaidh siad súil ar an dtig.' Scaipeamair siar an bóthar i
395 dtreo chearnóig na Muirí. Bhíomar ag caint agus ag caitheamh
tharainn tamall. 'N'fheadar an dtiocfaidh na cailíní amach arís,'
arsa duine éigin. 'Ó mhuise,' a dúrtsa . . . 'chomh luath agus a
bheidh na múinteoirí gafa doras an tí amach cuirfidh bean an tí
an bolta air.' Ghaibh an gluaisteán lán de mhúinteoirí tríd an
400 mbaile siar. 'Is ea, go n-éirí a mbóthar leo,' arsa Éamonn Ó
Dálaigh a bhí ina sheasamh lem ais. 'An bhfuilir ag dul abhaile?'
ar sé, ag tógaint ceann de ná raibh aon rothar agam. 'Mara
bhfuil rothar agat preab in airde ar an mbeár chugamsa.' 'Ó, tá
sé thoir i ngarraí John Aindí agam. Cogar, fan timpeall tamall.'
405 Bhí comhartha ceiste ar a aghaidh. 'Teastóidh cabhair uaim le
dréimire.' Ní chaitheas a thuilleadh a rá. Dhein sé smuta breá
gáire agus chraith sé a cheann. 'Cuir do rothar i bhfolach in áit
éigin agus éalóm ón *ngang*,' arsa mise i gcogar ag baint stathadh
beag as mhuinchile a chasóige. 'Is ea, a Mhaidhc Dainín . . .
410 léim in airde chugam agus tabharfam aghaidh ar an mbothán,' a
dúirt sé amach os ard, d'fhonn is ná beadh aon dul amach ag na
buachaillí eile cad a bhí sa cheann againn. Phreabas in airde
chuige agus seo leis sall tríd an Muirígh nó go dtángamair go dtí
bothán John Aindí. Rug sé ar a rothar agus chuir laistigh de
415 chlaí é d'aon iarracht amháin. 'Cá bhfuil an dréimire?' a dúirt sé
agus é ag glanadh an chlaí isteach. 'Tá sé i gcoinne an choca.'
Thógamair an dréimire ón gcoca . . . duine againn ar gach
ceann de. D'éalaíomair linn suas cois an tsrutháin agus isteach
sa ghairdín ar chúl an lóistín. 'Seachain, tá díog in aice leis an
420 gclaí,' arsa mise. 'Is dócha go bhfuil gach troigh den ngairdín
seo siúlta cheana agat,' ar sé liomsa. 'Cá dteastaíonn an dréimire
uait?' ar sé agus é ina sheasamh ansiúd ar chúl an tí. 'Fuinneoig
na binne . . . agus nuair a bheidh sé ina sheasamh in airde ag
an bhfuinneoig agat is féidir leatsa bailiú leat.'

425 'Ó, is ea . . . bailigh leat anois tar éis an dréimire a iompar
aniar i do theannta.' 'An bhfuil aithne agat ar éinne de na cailíní

427 **déanfaidh aon cheann acu mé . . . is mar a chéile iad** = **tá siad mar an gcéanna,** *any one of them will do . . . they're all the same*
428 **go breá socair** = *nice and easy*
428 **ar eagla go mbeadh aon cheann de na rungaí lofa** = *for fear any of the rungs would be rotten*
430 **agus a chos i dtaca leis aige, ar eagla go sleamhnódh sé** = *and he had his foot supporting it for fear it would slip*
431 **cnag éadrom** = *a light knock*
432 **ní raibh gíocs ná míocs ag teacht as** = *there wasn't a sound coming out of*
434 **páirtí** = *a partner, friend*
436 **i mo theannta** = *with me*
436 **b'fhéidir go bhféadfása teacht amach chomh maith** = *maybe you could come out as well*
438 **sháigh sí a ceann amach** = *she stuck her head out*
441 **ní féidir liom é d'fheiscint** = **ní féidir liom é a fhéiceáil,** *I can't see him*
442 **dathúil** = *good-looking*
443 **an bhfacaís?** = **an bhfaca tú?**
443 **ní choimeádfadh sé coinneall don bhfear [fhear] atá i mbun an dréimire** = *he couldn't hold a candle to the man who's at the bottom of the ladder*
445 **bead [beidh mé] chugat** = *I'll be out to you*
447 **gléasta chun bóthair** = *dressed for the road*
447 **iompaigh timpeall agus tar amach i leith do thóna** = *turn around and come out backwards*
448 **béarfadsa [béarfaidh mise] ar chois ort agus stiúród [stiúróidh mé] ar rungaí an drémire í** = *I will catch your foot and guide it on the rungs of the ladder*
451 **béarfar cinnte orainn** = *we will certainly be caught*
452 **bíodh ciall agat** = *have sense*
453 **lena linn sin** = *at that time*
454 **gach aon liú acu** = *every sort of shout out of them*
456 **nach ait an t-am d'oíche é do bheirt siúinéirí bheith ag cur fuinneoige isteach** = *isn't it a strange time of night for two carpenters to be putting in a window*
461 **bhí gach aon rud ina chíste** = **bhí gach rud ina chiseach,** *everything was a proper mess*
462 **bhí an claí amach curtha ag Éamonn dó féin** = **bhí Éamonn tar éis léim thar an gclaí amach,** *Éamonn had jumped out over the ditch*
463 **is fearr rith maith ná drochsheasamh (seanfhocal)** = *a good run is better than a bad stand, discretion is the better part of valour*
465 **cúinne na binne** = *the corner of the gable-end*
465 **ag iompar** = *carrying*
466 **má dheineas [rinne mé] thug sí iarracht chugam leis an scuaib [scuab] agus d'aimsigh sí thiar idir an dá shlinneán** = *if I did she made a rush towards me with the brush and hit me between the two shoulder-blades* (**aimsím** = *I aim, hit a target*)

sa tig seo?' 'Déanfaidh aon cheann acu mé . . . is mar a chéile iad.' Chuas in airde an dréimire go breá socair ar eagla go mbeadh aon cheann de na rungaí lofa. Bhí Éamonn i mbun an dréimire agus a chos i dtaca leis aige, ar eagla go sleamhnódh sé.

Bhuaileas cnag beag éadrom ar an bhfuinneoig ach má dheineas ní raibh gíocs ná míocs ag teacht as an seomra. Ansin bhuaileas an pána le pingin a thógas as mo phóca. D'oscail an fhuinneoig. B'í páirtí Eibhlín a bhí ann. 'Beidh sí chugat faoi cheann nóiméid,' ar sí.

'Cogar . . . tá garsún eile i mo theannta . . . b'fhéidir go bhféadfása teacht amach chomh maith.' D'oscail sí an fhuinneoig in airde tamall eile agus sháigh sí a ceann amach. 'Cá bhfuil sé?'

'Tá sé i mbun an dréimire.'

'Ní féidir liom é d'fheiscint . . . tá an oíche ró-dhorcha nó an bhfuil sé dathúil?'

'An bhfacaís riamh pictiúr de Rock Hudson . . . bhuel, ní choimeádfadh sé coinneall don bhfear atá i mbun an dréimire.'

Rith sí go cúl an tseomra chun a casóig a fháil . . . 'Bead chugat! . . . bead chugat!' Tháinig Eibhlín go dtí an bhfuinneoig agus í gléasta chun bóthair. 'Iompaigh timpeall agus tar amach i leith do thóna. Béarfadsa ar chois ort agus stiúród ar rungaí an dréimire í.' Bhí sí ag crith le heagla. 'Bhfuil a fhios agat,' a dúirt sí agus í ag sá a cos amach an fhuinneoig, 'béarfar cinnte orainn.'

'Éist, a bhean, agus bíodh ciall agat.'

Lena linn sin ghaibh na buachaillí a bhí thiar i gcearnóig na Muirí aniar an bóthar ar a rothair agus gach aon liú acu. Stopadar díreach ar aghaidh an tí amach.

'Ó,' arsa duine acu, 'nach ait an t-am d'oíche é do bheirt siúinéirí bheith ag cur fuinneoige isteach.' Tháinig scartadh mór gáire ón gcuid eile acu. D'oscail doras an tí. 'Ó, tá an diabhal déanta,' arsa Eibhlín agus í á tarraingt féin isteach an fhuinneoig arís. 'Téirigí abhaile, a phaca bligeárd,' arsa bean an tí. Is ea, anois bhí gach aon rud ina chíste. D'fhéachas síos go bun an dréimire ach bhí an claí amach curtha ag Éamonn dó féin. 'Ambaiste, is fearr rith maith ná droch-sheasamh,' a dúrt, ag dreapadóireacht anuas an dréimire. Bhíos leathslí anuas an dréimire nuair a chas bean an tí cúinne na binne agus scuab á iompar aici. Thugas léim anuas ón gceathrú runga ach má dheineas thug sí iarracht chugam leis an scuaib agus d'aimsigh sí

468 sular ullmhaigh sí í féin don dara flíp bhí mo chosa tugtha agam thar claí liom = ***before she had prepared herself for the second blow I had jumped over the ditch*** **(flíp** = ***a swipe, blow*****)**

470 smaoinigh ar an gcoráiste! ***the audacity of it!*** **(coráiste** = ***boldness, effrontery***

471 príobháideach = ***private***

473 tinneas = ***sickness, soreness***

474 ina dhá lomleath = ***in two exact halves***

474 bhailíos [bhailigh mé] liom chomh tapaidh [tapa] agus a fhéadfainn agus droinn [dronn] orm = ***I scrambled away as fast as I could and bent double***

475 bhaineas [bhain mé] amach an áit = shroich mé an áit, ***I reached the place***

476 clab go dtína [go dtí a] chluasa air = ***his mouth was wide open*** **(clab** = ***a big mouth*****)**

478 ainniseoir = ***a miserable person***

479 ní haon chúrsaí magaidh é seo = ***this is no laughing matter***

482 fachta [faighte] = ***got***

483 gan corraí asam = ***not a move out of me***

483 thána [tháinig mé] chugam féin i gceann tamaill ón dtinneas a bhí orm = ***after a while I recovered from the soreness that was on me***

Neamhmhorchōideach.
soineanta - innocent.
tarraingteach - ceoiltteoir - attractive
Bhī muintin aige as fēin.
Nī raibh sē cuthāileach (shy).

thiar idir an dá shlinneán. Sular ullmhaigh sí í féin don dara flíp
bhí mo chosa tugtha agam thar claí liom. 'Tóg an méid sin . . .
470 a tháilliúirín na mban. Smaoinigh ar an gcoráiste! Dréimire a
fháil agus a bheith ag prapáil isteach go seomra príobháideach!
Seo leat anois ar ais go dtí an áit gurb as tú agus ná fill. Ní haon
kip shop é seo.' Ó, a Mhuire, an tinneas a bhí i mo dhrom.
Cheapas go raibh sé ina dhá lomleath. Bhailíos liom chomh
475 tapaidh agus a fhéadfainn agus droinn orm agus bhaineas amach
an áit ina raibh mo rothar. Bhí Éamonn ansiúd romham agus
clab go dtína chluasa air agus gach aon scartadh gáire aige faoin
ainniseoir a bhí os a chomhair amach agus droinn síos go talamh
air. 'Ní haon chúrsaí magaidh é seo,' arsa mise ag iarraidh mo
480 rothar a bhogadh amach ón dtaobh istigh den gclaí. Ní ró-
mhaith a bhí ag éirí liom agus b'éigean do Éamonn cabhrú liom.
Nuair a bhí mo rothar fachta agam thugas leathuair a chloig
ansiúd agus gan corraí asam. Thána chugam féin i gceann
tamaill ón dtinneas a bhí orm. 'Téanam ort,' a dúrt le hÉamonn
485 agus chaitheas mo chos thairis an srathar agus bhogas liom
amach chun bóthair. Lean Éamonn mé . . . 'Ó, an bhfuilimid
ag dul ar ais to dtí an dtig sin arís?' ar sé go magúil. 'Dá mbeadh
Elizabeth Taylor ag feitheamh liom sa tig sin ní raghainn in aon
ghiorracht dó.'

Staidéar ar an Scéal

Sa sliocht seo téann Maidhc Dainín siar go samhradh na bliana 1958, i nGaeltacht Chiarraí, nuair nach raibh sé ach cúig bliana déag go leith. Tugann sé pictiúr taitneamhach dúinn de dhaoine cuideachtúla líofa. Cuireann sé os ár gcomhair pobal a mhair roimh theacht na teilifíse agus áiseanna eile nua-aimseartha ach a bhain sult as cuideachta a chéile, as an gceol agus as an gcraic. Is cinnte gur turas maoithneach siar a bheadh sa sliocht seo d'aon duine a bhí óg i rith an ama sin, mar tugtar dearcadh dúinn ar shaol gan fuadar atá imithe go deo.

Thar aon rud eile tá an greann sa scéal seo ó thús go deireadh. Ag tosach an scéil léiríonn Maidhc Dainín an fonn nádúrtha a bhíonn ar bhuachaill a bheith fásta suas ina fhear. Deir sé go raibh rásúr aige; ach deir an t-athair leis go bhfuil an clúimhín ar a aghaidh ag rith roimh an rásúr. Léirítear sa scéal an gaol atá idir an bheirt acu. Tosaíonn an t-athair ag clamhsán aon uair a bhíonn Maidhc ag brostú chun na gcéilithe. Dar leis, ní dhearna ceoltóir a leas riamh, agus anois bhí mac leis ag imeacht ó áit go háit ar nós Raifteirí. Is greannmhar an chaint a bhíonn uaidh. Deir sé: 'Is ea, ambaist . . . ceol agus rince agus mná . . . agus is dócha go bhfuilir ag tarraingt tobac leis.' Agus: 'Ní gheofá faic ó leaideanna óga an lae inniu ach teallaireacht. Dá labharfainnse mar sin le Dan Buí bhrisfeadh sé cnáimhín mo thóna le lascadh de bhróig thairní.' Ach tá Maidhc inchurtha leis, agus is beag an aird a thugann sé air.

Is mar sin atá sé sa sliocht seo. Tá na comhráite thar a bheith greannmhar, mar is daoine deisbhéalacha a léirítear ann. Cuireann Maidhc féin go mór leis an ngreann, mar is duine aerach spórtúil é. Tugtar pictiúr de ag obair go crua sa ghort agus é ag gearán an scéil dó féin faoi chomh críochnúil is a bhí an seandream agus é féin ar bís ag tnúth le ham imeachta. Dar leis, níor thuig siad a chás in aon chor: céilí mór ann an oíche sin agus iad fós ag rácáil go cúramach agus ag cur slachta ar na cocaí féir. Tugtar pictiúr de ag brostú go dtí an céilí, a chuid éadaigh Domhnaigh air agus a chuid gruaige plástráilte le *hair-oil*. Mar a deir a mháthair leis, 'Ní foláir nó go bhfuil ag braith an-chruaidh orthu ceoltóir a fháil chun do leithéid-se a thabhairt leo.' Bhailigh Maidhc amach an doras agus chuir an bosca ceoil i mbascaed tosaigh an rothair, agus chlúdaigh é, mar 'bhí eagla orm bualadh le héinne an t-am sin de thráthnóna agus dá mbuailfinn is cinnte go dtabharfaidís an tseachtain ag caint orm.'

Is cinnte gur duine éifeachtach cliste é Maidhc. Féach an margadh a rinne sé le ceannaire an chúrsa, a thug cead isteach saor in aisce dó go dtí na céilithe móra. Agus is léir go raibh an dánaíocht ann. Cheapfá go mbeadh sé roinnt cúthail ag seinm ina aonair os comhair buachaillí agus cailíní dá aois—ní hea, in aon chor. Phreab sé in airde ar an stáitse go breá misniúil agus níorbh fhada go raibh sé ag seinm ar a dhícheall agus an t-allas ag sileadh leis.

Ach ní féidir gan trácht ar an ngreann. Bhí suim ag Maidhc sna cailíní, ar ndóigh. Ach bhí sé i gcruachás. Conas a dhéanfadh sé teagmháil le cailín agus é ag seinm? Chaith sé súil ar chúpla cailín a bhí i ngar don stáitse, ach mar a deir sé, 'Dá bhfeicfeá an tsúil mhallaithe a fuaireas ar ais ó dhuine acu!

Raidfeadh sí siúd an chairt dá raghadh fear i ngiorracht fiche slat di.' Is dócha go raibh éad air le buachaillí na háite, mar bhí cailín ag gach duine acu. Bhí cúis ghearáin aige gan amhras, ach ba dhuine dathúil tarraingteach é Maidhc, agus níorbh fhada go raibh cailín ag caitheamh súile ina threo. Bhí sé chomh tógtha suas leis an gcailín go mb'éigean don mhúinteoir a rá leis a dhá shúil a chur ar ais ina cheann, mar go raibh a chuid ceoil ag imeacht ar strae. Ar scor ar bith, d'éirigh leis coinne a dhéanamh le hEibhlín gan corraí den stáitse, cé go raibh imní air ar feadh tamaill nuair a rinne a chara, Seán Mór, buachaill dathúil a raibh bua na cainte aige, iarracht ar í a mhealladh uaidh. Ach theip air, agus chaith Maidhc an mhí ar fad i gcuideachta Eibhlín agus d'éirigh sé an-cheanúil uirthi. Bhí an ceart ag Seán Mór nuair a dúirt sé le Maidhc, 'Dúrt i gcónaí go bhfuil súil mheala an cheoltóra agat, a mhac Dainín.'

Is greannmhar mar a d'iarr Seán Mór ar Mhaidhc snaidhm a chur ina charbhat an oíche úd a raibh an bheirt acu ag dul isteach doras halla an rince. Dar leis, bheadh náire air gabháil tríd an bparóiste agus carbhat air, bhí an tráthnóna chomh haoibhinn sin. Deir sé sa leabhar, 'A Chríost, nach é John Aindí a dhéanfadh seó bóthair díom dá bhfeicfeadh sé mé.' Ach ansin, sa ghuth céanna, dúirt sé le Maidhc fanacht amach as bothán John Mhicil mar go mbeadh sé ag dul ann le cailín.

Is greannmhar ar fad scéal na léine, a d'inis Séan do Mhaidhc an oíche chéanna nuair nach mbainfeadh sé an chasóg de, cé go raibh brat allais air. Ba í an t-aon léine bhán a bhí aige, ach thosaigh gamhain á hithe tar éis do Sheán í a chur amach ar thor chun í a thriomú. Deir Seán sa scéal, 'Dá mbeinn neomat níos déanaí ní bheadh an bóna féin agam le cur orm féin. Is dócha go bhfuil dosaen biorán á coiméad lena chéile ar mo dhrom.'

Ar ndóigh, bhí Maidhc chomh glic le sionnach, agus bhí iarracht den rógaire ann. Bhíodh a fhios aige cá mbíodh na múinteoirí a thagadh timpeall gach oíche chun seiceáil ar na daltaí. Oíche dheiridh an chúrsa, nuair a bhí an céilí thart, bhraith sé go hainnis agus bhí Eibhlín ag pusaíl ghoil. Cé go raibh uaigneas mór ar an mbeirt acu, ní raibh Maidhc i bhfad ag ceapadh plean a thabharfadh tamall fada dóibh i gcuideachta a chéile. Is ansin a tharla an scléip ar fad. Nuair a chuaigh Eibhlín isteach sa lóistín, agus nuair a chuaigh rógairí na háite abhaile, lig sé a rún le hÉamonn Ó Dálaigh. Fuair siad an dréimire agus chuir i gcoinne an tí. Tá sé greannmhar ar fad ar tharla i ndiaidh a chéile ansin. 'An bhfacaís riamh pictiúr de Rock Hudson . . . bhuel, ní choimeádfadh sé coinneall don bhfear atá i mbun an dréimire,' arsa Maidhc, ag tagairt d'Éamonn, leis an gcailín a tháinig go dtí an fhuinneog. 'Nach ait an t-am d'oíche é do bheirt siúinéirí bheith ag cur fuinneoige isteach,' arsa duine de rógairí na háite a tháinig an bealach, nuair a bhí Eibhlín ag teacht anuas an dréimire. 'Ní haon *kip shop* é seo,' arsa bean an tí, tar éis lascadh a thabhairt do Mhaidhc leis an scuab. Ar ndóigh, bhí Éamonn sna tríthí gáire. 'Ó,' ar seisean go magúil, 'an bhfuilimid ag dul ar ais go dtí an dtig sin arís?' 'Dá mbeadh Elizabeth Taylor ag feitheamh liom sa tig sin ní raghainn in aon ghiorracht dó,' arsa Maidhc.

Cé gurb é an greann a théann i gcion go mór orainn sa phíosa seo, tugtar leideanna dúinn go raibh saol crua a ndóthain ag na daoine. Ag tosach an scéil deir Maidhc Dainín: 'Go bhfóiridh Dia orainn, is minic ná beadh an dá scilling ar fáil chun dul isteach go dtí na céilithe móra.' Deir sé freisin: 'Bhí meitheal mór sa ghort an lá céanna mar gort cheithre acra ab ea é agus ní raibh innill ná áiseanna chun é (an féar) a chaitheamh ar a chéile an aimsir sin.' Dúirt a athair le Maidhc uair agus é ag clamhsán de bharr go raibh Maidhc ag caitheamh na hoícheanta ag seinm ceoil: 'B'fhearra dhuitse léimt amach as an leaba ar an gcéad ghlaoch maidin amáireach. Táimid ag dul suas go Cill Chuáin ag tanú turnapaí.'

D'oibrigh na daoine seo go crua agus is dócha gur mhinic a chuir an saol ina gcoinne, ach ba cheart go mbeadh sé ina chúis mhórtais acu gur bhain siad sult as an saol céanna.

Stór Focal

Cuir na nathanna agus na focail seo a leanas in abairtí a léireoidh a gceart-úsáid: *anseo agus ansiúd; ar mhaithe le; ag tnúth le; cead isteach; saor in aisce; chomh luath agus; go neamhspleách; meitheal; n'fheadar ó thalamh an domhain; in aon chor; críochnúil; seanmóir; i ngiorracht do; ag tógáil a shuaimhnis; cad ina thaobh; lasmuigh de; eolas mo cheirde; go breá socair; i bhfearas; ar a laghad; a thuilleadh; faoi deara; ag faire; dathúil; coinne; mar dhea; lóistín; chomh tapa in Éirinn agus ab fhéidir liom; i gceist; go foighneach; ag cúirtéireacht; i dtrioblóid; fiosrach; gan trácht ar; ag fáscadh; i bhfolach; mo cheann ina roithleán; ag seinm; leithscéal; ó áit go háit; ar nós; ach go háirithe; siúlaire oíche; codlatán maidine; gan ró-mhoill; ar eagla; mar gheall ar; rógaireacht; siúlaire oíche; codlatán maidine; gan ró-mhoill; ar eagla; mar gheall ar; rógaireacht; in úsáid; ar mo thoil; b'éigean dom; i dtreo; laistiar de; níos déanaí; i gcuideachta; ceanúil; ag bóithreoireacht; de ghnáth; ina theannta san; ag gabháil; i dteannta a chéile; i gcoinne; comhartha ceiste; i gcogar; os ard; d'aon iarracht amháin; cheana; gíocs ná míocs; ar crith le heagla; ina chíste; chomh tapa agus a fhéadfainn; gan corraí asam; go magúil.*

Ceisteanna

Cén fáth a raibh Maidhc Dainín agus buachaillí na háite ag tnúth leis na cúrsaí Gaeilge?
Cén margadh a rinne Maidhc Dainín le ceannaire an chúrsa?
Cad a cheap a athair faoi Mhaidhc agus a chuid cheoil?
Cén fáth ar cheap Maidhc go raibh sé i gcruachás fad a bhí sé ag seinm ar an stáitse?
Conas a d'éirigh le Maidhc coinne a dhéanamh le hEibhlín?
Cén sórt duine ab ea Seán Mór Ó Domhnaill, dar le Maidhc?
Bhí Séan Mór i gcruachás ag céilí mór oíche. Cad a bhí cearr leis? Cén scéal a d'inis sé do Mhaidhc Dainín?
Conas a d'éirigh le Maidhc Dainín oíche dheiridh an chúrsa?
Is sliocht an-ghreannmhar ar fad é seo. Pléigh an greann sa sliocht.
Déan cur síos ar dhá eachtra ghreannmhara sa sliocht.
Léirigh an gaol a bhí idir Maidhc Dainín agus a athair.
Bhí iarracht den rógaire i Maidhc. Conas a léirítear é seo sa sliocht?
Tá difríocht mhór idir an grá mar a léirítear é sa sliocht seo agus sa scéal 'Grásta ó Dhia ar Mhicí'. An ráiteas sin a phlé.

Foclóir ar an Téacs

síobthaisteal [síobaireacht] chun an chósta = ***hitchhiking to the coast***

- **1 mí na Súl Buí** = ***the month of the corn marigolds, July***
- **1 scéala** = ***news***
- **3 go flúirseach** = ***plentifully, abundantly***
- **3 go tiubh** = **go tapa**
- **4 d'fhulaing siad cuid mhór cruatain ar a mbealach amach** = ***they suffered much hardship on their way out (to the Klondike)*** **(fulaingím =** ***I suffer*****; cruatan = anró,** ***hardship*****)**
- **5 fríd** = **trí,** ***through***
- **6 bearna** = ***a gap***
- **7 ón taobh ó dheas** = ***from the south***
- **9 a bhéarfadh suas an abhainn sinn an bealach ar fad go Dawson ón taobh ó thuaidh** = ***that would take us down the river all the way to Dawson from the northern side*** **(bhéarfadh = thabharfadh,** ***would take*****) (Nuair a deir an t-údar 'suas' anseo ciallaíonn sé 'síos')**
- **9 an bealach ab fhearr agus ab fhusa ar achan dóigh** = ***the best and easiest route in every way*** **(achan = gach aon)**
- **12 char chaith muidinne [níor chaitheamar] mórán ama ag plé na ngnoithe [ngnóthaí]** = ***we didn't spend much time discussing matters***
- **13 le tarraingt orthu** = **le dul ina dtreo (Jimí Antoin agus a chairde)**

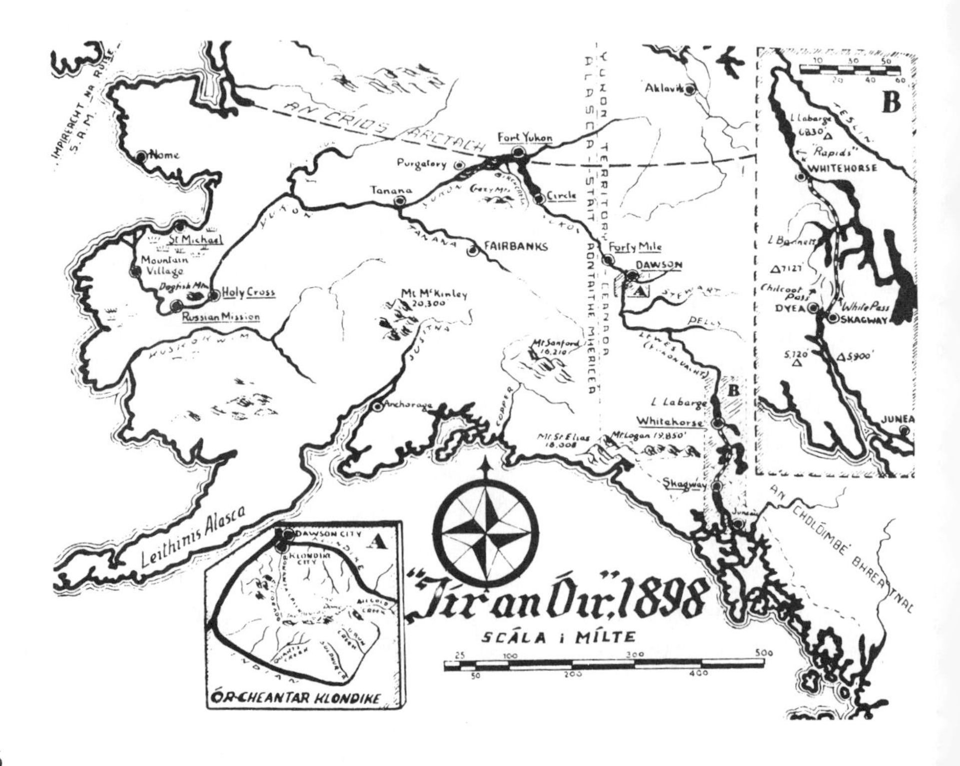

Síobthaisteal chun an Chósta

Tógadh an sliocht seo a leanas as an leabhar cáiliúil Rotha Mór an tSaoil, *a d'inis Micí Mac Gabhann do Sheán Ó hEochaidh. Rugadh Micí Mac Gabhann (1865–1948) i gCloch Cheannfhaola, Co. Dhún na nGall. Bhí a mhuintir dealbh bocht, agus ní raibh Micí ach naoi mbliana d'aois nuair ab éigean dó dul in aimsir ar an Lagán. I* Rotha Mór an tSaoil *tugann sé cuntas dúinn ar a shaol ó bhí sé ina pháiste i gCo. Dhún na nGall go dtí gur fhill sé ar Éirinn tar éis na blianta fada a chaitheamh ar thóir óir in Alaska. Idir an dá linn chaith sé na blianta ag sclábhaíocht in Albain agus i Meiriceá. Fear fírinneach ionraic ab ea é, duine misniúil nach raibh eagla air a cheart féin a sheasamh. Bhí sé dílis riamh dá theanga dhúchais, agus níorbh fhearr leis aon rud ach a bheith ag labhairt na Gaeilge le lucht foghlamtha na teanga. Nuair a bhí Micí ina pháiste chuala sé scéal a chuaigh i gcion go mór air. 'Rotha Mór an tSaoil' a thug an seanchaí ar an scéal sin, agus is é atá i gceist sa scéal seo ná go mbíonn an chinniúint ann agus dá dheasca sin go mbíonn duine thíos uaireanta agus thuas uaireanta eile.*

Bhí Seán Ó hEochaidh ag bailiú eolais do Choimisiún Béaloideasa Éireann sna daichidí nuair a chuir sé aithne ar Mhicí Mac Gabhann, agus rinne sé cairdeas leis. Pósadh Séan agus Anna, iníon Mhicí. Má thuig aon duine Micí is cinnte gur thuig Seán é, mar is iomaí oíche a chaith an bheirt acu cois na tine ag caint agus ag seanchas.

Indeireadh mhí na Súl Buí sa bhliain 1898 fuair mé scéala ó Jimí Antoin go rabh siad ag obair i Klondike, go rabh an t-ór ar fáil go flúirseach agus go rabh siad féin á bhaint go tiubh. D'fhulaing siad cuid mhór cruatain ar a mbealach amach, adúirt
5 sé, nó chuaigh siad fríd Dyea ar chósta Alasca agus as sin suas fríd bhearnaí sna cnoic, fríd phortaigh agus lochannaí agus aibhneacha go dtáinig siad go Dawson City ón taobh ó dheas. Mhol Jimí dúinne a dhul fhad le béal an Yukon agus bád a fháil ansin a bhéarfadh suas an abhainn sinn an bealach ar fad go
10 Dawson ón taobh ó thuaidh. Ba é sin an bealach ab fhearr agus ab fhusa ar achan dóigh, dar leis.

Char chaith muidinne mórán ama ag plé na ngnoithe. Ghléas muid suas sinn féin le tarraingt orthu agus bhí sin romhainn

14 **leoga** = ***indeed***
15 **tá mé ag déanamh go bhfanóimis mar bhí muid go brách** = **tá mé ag déanamh amach go bhfanfaimis mar a rabhamar go deo,** ***I am making out that we would have stayed where we were for ever***
16 **cha rabh [ní raibh] na pócaí róthrom ag fear ar bith againn** = **ní raibh mórán airgid ag duine againn**
17 **cha bheimis [ní bheimis]** = ***we would not be***
18 **ag achan mhac máthar againn** = **ag gach duine againn**
19 **bídh** = **bia**
21 **go mb'fhada go bhfaighimis greim in áit ar bith eile** = ***that it would be a long time till we would get a bite anywhere else***
23 **traein earraí** = ***a goods train***
23 **a bhéarfadh amach giota maith den chosán sinn** = ***that would take us out a good bit of the way*** **(giota = píosa; cosán = bealach,** ***the way*****)**
24 **dá dtéadh againn** = **dá dtiocfadh linn, dá n-éireodh linn,** ***if we succeeded***
26 **char [níor] ghnách le hoibríonnaí [hoibrithe] dár leithéidne mórán airgead a chaitheamh ar an taisteal dá dtigeadh [dtiocfadh] leo marcaíocht a fháil saor in aisce** = ***it wasn't usual for workers of our type to spend much money on travelling if they could manage to get a free lift***
30 **mar bheirtí [thugtaí] air** = ***as it used to be called***
32 **thar a bheith contúirteach** = **thar a bheith baolach,** ***more than dangerous***
33 **is iomaí duine a maraíodh nuair a scaoil sé a ghreim ar feadh bomaite [nóiméid], gur shleamhnaigh sé faoi na rothaí** = ***many a person was killed when he let go his grip for a minute and slipped under the wheels*** **(sleamhnaím =** ***I slide*****)**
35 **nó a leithéid** = ***or its likes***
36 **bhí rún againne** = ***it was our intention***
37 **dá mb'fhéidir é** = ***if it could be done***
39 **ag coinneáil** = **ag coimeád,** ***keeping***
39 **chomh maith agus a tháinig linn** = **chomh maith agus ab fhéidir linn,** ***as well as we could***
40 **ba ghairid** = **ba ghearr, níorbh fhada**
42 **cha dtiocfadh léi, ar an ábhar sin, a dhul go gasta** = **ní raibh sé in ann, dá dheasca sin, dul go tapa,** ***because of that it wasn't able to go fast***
43 **chaithfeadh sí stad ar scor ar bith san áit seo in aice Butte go dtógadh [dtógfadh] sí uisce** = ***it would have to stop at any rate in this place beside Butte to take on water*** **(ar scor ar bith =** ***anyhow, at any rate*****)**
45 **na carráistí uilig** = **na carráistí go léir,** ***all the carriages***
46 **a rabh muidinne** = **a rabhamar**
47 **ag cuartú [cuardach] poill ínteacht [éigin] a bhfaighimis isteach ann** = ***looking for some hole we could get into***
48 **fá dheireadh** = **faoi dheireadh**
48 **earraí éagsúla** = ***various goods***
49 **gan duine gan diúlach** = **gan duine ar bith (diúlach =** ***a fellow, lad*****)**
51 **go suaimhneach** = ***peacefully***
51 **bocsaí** = **boscaí**

turas fada. Leoga, dá mbeadh a fhios againn agus sinn ag fágáil
15 Butte caidé bhí romhainn, tá mé ag déanamh go bhfanóimis
mar bhí muid go brách. Cha rabh na pócaí róthrom ag fear ar
bith againn an lá a d'imigh muid ach, ar ndóigh, cha bheimis i
bhfad i Klondike go mbeadh siad lán d'ór ag achan mhac
máthar againn. Ghléas muid suas bascóidí beaga bídh—feoil
20 agus arán agus a leithéid—agus thug muid sin linn. Bhí fhios
againn go maith go mb'fhada go bhfaighimis greim in áit ar bith
eile. Shiúil suas le leathscór againn síos dhá mhíle as baile Butte
go dtí an áit a mbeadh traein mhór earraí ag dul thart a
bhéarfadh amach giota maith den chosán sinn dá dtéadh againn
25 fáil uirthi.

I Meiriceá san am sin char ghnách le hoibríonnaí dár
leithéidne mórán airgead a chaitheamh ar an taisteal dá dtigeadh
leo marcaíocht a fháil saor in aisce. Bhíodh cuid mhór 'hoboes'
ann a théadh ó áit go háit ar na traentaí agus iad ag marcaíocht
30 ar mhaidí na gcoscán ('riding the brake-rods' mar bheirtí air) nó
sa spás idir dhá charráiste ('riding the blind baggage') nó ar an
díon féin. Bhí marcaíocht mar sin thar a bheith contúirteach
agus is iomaí duine a maraíodh nuair a scaoil sé a ghreim ar
feadh bomaite, gur shleamhnaigh sé faoi na rothaí, nó nuair a
35 bhuail píob uisce nó a leithéid é agus é ag siúl ar an 'cat-walk'.
Ach bhí rún againne marcaíocht cheart chompordach a fháil—
taobh istigh de charráiste—dá mb'fhéidir é. D'éalaigh muid
isteach sa stáisiún inár mbeirteanna agus inár dtriúranna agus
sinn ár gcoinneáil féin i bhfolach chomh maith agus a tháinig
40 linn. Ba ghairid go dtáinig an traein agus déarfainn go rabh sí
míle ar fad má bhí sí orlach. Bhí ceithre scór vaigín guail léi agus
gan ag tarraingt an mhéid sin ach inneall amháin. Cha dtiocfadh
léi, ar an ábhar sin, a dhul go gasta. Chaithfeadh sí stad ar scor
ar bith san áit seo in aice Butte go dtógadh sí uisce. D'fhág an
45 t-inneall na carráistí uilig ina seasamh agus chuaigh thart
bealach eile go bhfaigheadh sí an t-uisce, agus sin an t-am a
rabh muidinne ag cuartú poill ínteacht a bhfaighimis isteach
ann. Fuair muid doras fá dheireadh i gcarráiste a bhí lán d'earraí
éagsúla agus shleamhnaigh muid isteach gan duine gan diúlach
50 ár bhfeiceáil. Chuir muid an glas ar an doras ansin agus shuigh
muid síos go suaimhneach ar bhocsaí móra adhmaid gur imigh
an traein arís.

54 **tuairim ar [is] chéad go leith nó dhá chéad míle ón áit a d'fhág muid [d'fhágamar] =** ***about a hundred and fifty or two hundred miles from the place we had left***
55 **ar an taobh thiar-thuaidh di =** ***on the north-western side of it (Butte)***
56 **cha dtiocfadh [ní thiocfadh] linn dhul ní b'fhaide [níb fhaide] ar an traein sin =** ***we could not go any further on that train***
59 **char [níor] chuir aon duine chugainn ná uainn i rith an ama = níor chuir aon duine isteach orainn i rith an ama,** ***nobody bothered us during that time***
62 **ag déanamh ár scíste = ag ligint ár scíth,** ***relaxing***
62 **go dtí go dtigeadh [dtiocfadh] traein eile =** ***until another train would come***
63 **den chineál chéanna =** ***of the same type***
64 **in am trátha =** ***in time***
64 **choimhéad muid [choimhéadamar] go maith go bhfuair muid [bhfuaireamar] isteach i gceann de na carráistí =** ***we watched out carefully and got into one of the carriages***
65 **an dóigh chéanna = an tslí chéanna,** ***the same way***
68 **fairsing =** ***wide, broad***
68 **cró =** ***an outhouse***
68 **fad amhairc do shúl = fad radharc do shúl,** ***as far as the eye could see***
69 **beirtear ar = tugtar ar, glaotar ar,** ***it is called***
71 **cha [ní] raibh caill ar bith air seo mar mhodh taistil =** ***it wasn't bad at all as a means of travelling***
73 **scaifte [scata] =** ***a group***
73 **i mo chuideachta =** ***in my company***
74 **uilig = uile,** ***all***
74 **aigeantach [aigeanta] =** ***spirited, lively***
74 **ball dá gcroí acu uilig = bhí gach duine acu aerach aigeanta,** ***every one of them was high-spirited***
74 **go leor diabhlaíochta iontu =** ***enough devilment in them***
76 **iargúltacht =** ***remoteness, wilderness***
78 **thar rud ar bith eile =** ***more than anything else***
79 **biotáilte [biotáille] =** ***spirits***
80 **nach rabh [raibh] i bhfáth [bhfách] le baint dóibh =** ***that were not in favour of having anything to do with them***
81 **thuig muid [thuigeamar] ní hamháin gur dona an mhaise dúinn é agus sinn ag fáil marcaíocht saor in aisce ach go gcuirfí an t-iomlán againn i bpríosún dá bhfaighfí amach é =** ***we understood not only that it ill became us while getting a free lift but that the whole lot of us would be put in prison if it were found out*** **(saor in aisce =** ***free*****)**
83 **ach cha rabh [ní raibh] maith a bheith ag caint =** ***but it was no good talking***
85 **bhí an cathú rómhór [ró-mhór] =** ***the temptation was too great***
86 **bhí go maith agus cha rabh [ní raibh] go holc =** ***everything was going well***
87 **stócach =** ***a young man***
87 **súgach =** ***merry***
88 **ach oiread =** ***either***
90 **nach cuimhneach [cuimhin] liom anois =** ***that I do not remember now***
91 **ós air a tharraing mé an scéal = ó thosaigh mé ag caint faoi sin,** ***since I started talking about that***

D'imigh muid linn ar an traein sin ar shiúl na hoíche go dtí gur shroich muid Missoula. Bhí an baile sin tuairim ar chéad go
55 leith nó dhá chéad míle ón áit a d'fhág muid—ar an taobh thiar-thuaidh di. Bhí an lá ansin ann agus cha dtiocfadh linn dhul ní b'fhaide ar an traein sin. D'fhág muid slán aici, mar sin, duine i ndiaidh an duine eile, agus í ag teacht isteach i stáisiún Missoula. Char chuir aon duine chugainn ná uainn i rith an ama
60 ná char dhúirt duine ar bith nár cheart dúinn a bheith san áit a rabh muid.

Chaith muid an lá sin ag déanamh ár scíste go dtí go dtigeadh traein eile den chineál chéanna chugainn tráthnóna. Tháinig sí in am trátha agus choimhéad muid go maith go bhfuair muid
65 isteach i gceann de na carráistí an dóigh chéanna a bhfuair muid isteach an lá roimhe sin. Lig muid linn ansin amach fríd na cnoic (Bitter-Root Mountains) agus ar aghaidh fríd thír mhór fhada fhairsing nach rabh teach ná cró inti fad amhairc do shúl. 'Prairie' a bheirtear ar an chineál sin tíre agus chuaigh muidinne
70 anois fríd chupla céad míle de, fríd Idaho agus isteach i stát Washington. Cha rabh caill ar bith air seo mar mhodh taistil, dar liom féin, agus ansin tharla sé!

Bhí an scaifte a bhí istigh sa charráiste i mo chuideachta féin uilig óg aigeantach agus ball dá gcroí acu uilig agus go leor
75 diabhlaíochta iontu. Nuair a fuair siad iad féin amuigh ar an iargúltacht caidé rinne cuid acu ach na bocsaí a rabh siad ina suí orthu a oscailt go bhfaigheadh siad amach caidé bhí istigh iontu. Agus caidé bheadh i gcuid acu thar rud ar bith eile ach biotáilte—chan buidéal amháin ach duisín nó mar sin in achan
80 chleith acu. Bhí triúr nó ceathrar againn ann nach rabh i bhfáth le baint dóibh, nó thuig muid ní hamháin gur dhona an mhaise dúinn é agus sinn ag fáil marcaíocht saor in aisce ach go gcuirfí an t-iomlán againn i bpríosún dá bhfaighfí amach é. Ach cha rabh maith a bheith ag caint. Bhí ocras agus tart orainn uilig
85 agus bhí an cathú rómhór.

Bhí go maith agus cha rabh go holc gur éirigh cuid de na stócaigh súgach agus gur bhuail siad ar an cheol. Ní ceol Béarla a bhí acu ach oiread ach na seanamhráin bhreátha sin a bhíodh ag ár muintir fá bhaile: 'Bean an Fhir Ruaidh', 'Connlach Glas
90 an Fhómhair', 'Tiocfaidh an Samhradh' agus go leor eile nach cuimhneach liom anois. Agus ós air a tharraing mé an scéal, sílim nár labhair duine ar bith focal Béarla leis an duine eile ar

93 **ar scor ar bith** = *anyhow*
94 **liúch** = *yelling*
94 **caidé [cad é, céard é] an donas a bhí ag dul thart os ár gcionn ach fear de fhoireann na traenach—an garda** = *what was the ill-luck going about over our head but one of the train crew—the guard*
97 **gleo, callán** = *noise, clamour*
98 **dheamhan i bhfad gur siúd isteach leis chugainn** = *it wasn't very long till he came in to us*
99 **rabharta** = *a torrent, flood*
99 **a dh'iarraidh [ag iarraidh] airgid orainn** = *asking us for money*
100 **briseadh beag** = *small change*
101 **bhí tuilleadh sa chuideachta agus bhagair siad duine ar bith a bhéarfadh leathphingin rua dó go mbeadh daor air** = *there were more in the company who threatened that whoever gave him any money at all would pay dearly for it* (bagraím = *I threaten*; go mbeadh daor air = go ndíolfadh sé as, *that he would pay for it*)
103 **d'ordaigh siad sin dó an baile amuigh a bheith aige** = *they ordered him out* (ordaím = *I order*)
104 **chomh tiubh agus a bhí a dhá chois ábalta a iompar** = chomh tapa agus a bhí ina chosa, *as fast as he could*
105 **agus smut air a thiontódh tórramh** = *and a face on him that would turn back a funeral* (smut = *a sulky expression*; tiontaím = *I turn*)
108 **dúradh linn gur cheart don cheann seo stopadh i mbaile áirid [áirithe] a dtig [dtagann] a lán traentaí [traenacha] le chéile ann** = *we were told that this one should stop in a certain town where a lot of trains come together* (áirid = áirithe, *certain, particular*)
109 **ní cuimhneach [cuimhin] liom** = *I do not remember*
110 **bhí rún againne ar scor ar bith léim a ghearradh amach as an traein chomh luath agus a chaillfeadh sí luas** = *it was our intention at any rate to jump out of the train as soon as it would lose speed*
112 **ina áit sin** = *instead of that*
113 **go dtug [gur thug] an tiománaí tréan siúil don traein** = *that the driver accelerated the train*
114 **as go brách léi ag tarraingt ar Phortland nó ar cheann ínteacht [éigin] eile de na bailte ó dheas** = *off it went making for Portland or some other one of the towns to the south*
116 **go dtabharfadh sí cúpla céad míle as ár gcosán sinn agus lena chois sin go ngabhfaí sinn chomh luath agus a stopfadh sí** = *that it would take us a couple of hundred miles out of our way and also that we would be arrested as soon as it stopped* (as ár gcosán = as ár mbealach, *out of our way*; lena chois sin = *as well as that*; gabhaim = *I capture*)
118 **bhí muid [bhíomar] san fhaopach i gceart ach dar linn gur bhocht dúinn oiread de shásamh a thabhairt dóibh agus go gcaithfí isteach i bpríosún sinn i ndiaidh ar dtáinig muid [ar thángamar] fríd [tríd]** = *we were in a right fix but we thought it would be bad of us to give them the satisfaction of our being thrown into prison after all we had come through* (san fhaopach = i gcruachás, *in dire straits, in a bad predicament*)

fhad an turais sin ó Bhutte i Montána. Ar scor ar bith, thosaigh
an liúch ceoil againne istigh sa charráiste agus caidé an donas a
95 bhí ag dul thart os ár gcionn ach fear de fhoireann na traenach—
an garda. Cha rabh fhios aigesean go dtí sin, ar ndóigh, go rabh
duine ar bith sa traein aige ach chuala sé an gleo agus an callán
agus dheamhan i bhfad gur siúd isteach leis chugainn. Chuir sé
rabharta mór cainte thairis an chéad uair agus ansin chuaigh sé a
100 dh'iarraidh airgid orainn. Bhí cuid againn sásta go leor briseadh
beag a thabhairt dó ach bhí tuilleadh sa chuideachta agus
bhagair siad duine ar bith a bhéarfadh leithphingin rua dó go
mbeadh daor air; is é an rud a d'ordaigh siad sin dó an baile
amuigh a bheith aige chomh tiubh agus a bhí a dhá chois ábalta
105 a iompar. Char dhúirt sé focal ach shiúil amach agus smut air a
thiontódh tórramh.

Nuair a bhí muid i Missoula bhailigh muid go leor eolais fá na
traentaí agus dúradh linn gur cheart don cheann seo stopadh i
mbaile áirid a dtig a lán traentaí le chéile ann. Ní cuimhneach
110 liom ainm an bhaile anois ach bhí rún againne ar scor ar bith
léim a ghearradh amach as an traein chomh luath agus a
chaillfeadh sí luas. Ba é an rud a tharla ina áit sin, nuair a
tháinig muid fhad leis an stáisiún seo, go dtug an tiománaí tréan
siúil don traein agus as go brách léi ag tarraingt ar Phortland nó
115 ar cheann ínteacht eile de na bailte ó dheas. Bhí fhios againn, dá
bhfanaimis uirthi, go dtabharfadh sí cupla céad míle as ár
gcosán sinn agus lena chois sin go ngabhfaí sinn chomh luath
agus a stopfadh sí. Bhí muid san fhaopach i gceart ach dar linn
gur bhocht dúinn oiread de shásamh a thabhairt dóibh agus go
120 gcaithfí isteach i bpríosún sinn i ndiaidh a dtáinig muid fríd.

121 go bhféachfaimis leis an traein a fhágáil—agus sin an áit a rabh [raibh] an plé uilig = ***that we would see about leaving the train—and that's where there really was a discussion***

122 bhí siúl géar fúithi san am seo ach cha rabh [ní raibh] an dara suí sa bhuailidh [bhuaile] ann = **bhí sí ag gluaiseacht go tapa ach ní raibh an dara rogha againn,** ***it was moving fast but we had no other choice***

123 chaithfeadh achan [gach] duine léim báis a thabhairt = ***everybody would have to make a death-jump***

124 bheir muid [rugamar] uilig ar cibé bagáiste agus treachlaisc [traclais] a bhí linn = ***we all grabbed whatever baggage and rubbish we had***

126 réidh = **ullamh,** ***ready***

127 cha dearnadh [ní dhearna] deargadh cneámhar [cneách] ar aon fhear againn, buíochas do Dhia = ***not one of us was hurt, thanks be to God***

129 cha rabh [ní raibh] ann ach go rabh muid [rabhamar] scartha go mór óna chéile nuair a fuair an fear deireanach againn amach = ***it was only that we were parted very much from each other when the last man got out*** **(scartha** = ***parted, scattered*****)**

130 creidim = ***I believe***

132 bhí an bhagáiste [bagáiste] uilig scaptha [scaipthe] ar an dóigh chéanna = ***and all the baggage was scattered in the same way***

133 b'éigean dúinn sin a chruinniú suas ansin = ***we had to gather up that then*** **(ag cruinniú** = **ag bailiú,** ***gathering*****)**

134 go rabh muid [rabhamar] uilig i gcionn [i gceann] a cheile arís = ***until we were all together again***

135 sáraithe = **traochta, tugtha,** ***worn out***

135 fán [faoin] am sin = ***by that time***

136 gur fhág muid [fhágamar] an blár ag fear na traenach = ***that we had left the plains (prairies) to the train man*** **(blár** = ***a bare, exposed place, a plain*****)**

138 nuair a bhí muid [bhíomar] uilig cruinn i gcuideachta a chéile = ***when we were all gathered compactly together*** **(i gcuideachta** = ***in the company of*****; cruinn** = ***gathered*****)**

139 i dtír choimhthíoch = **i dtír iasachta,** ***in a foreign land***

140 gan eolas dá laghad againn ar an áit a rabh muid [rabhamar] = ***and we having no knowledge at all of the place where we were***

142 go dtigimis [go dtiocfaimis] ar theach nó ar áit chónaí [chónaithe] agus fios an bhealaigh a fháil ó dhuine ínteacht [éigin] = ***until we would reach a house or a dwelling and get directions from some person***

144 bóthar iarainn = ***a railway line***

145 tháinig muid [thángamar] fhad le háit a rabh [raibh] teach tábhairne = ***we came as far as a place where there was a tavern*** **(teach tábhairne** = **a** ***tavern, public house*****)**

146 cnagán = **cnag,** ***a knock***

147 dheamhan i bhfad gur = ***it wasn't very long till***

Shocraigh muid go bhféachfaimis leis an traein a fhágáil—agus sin an áit a rabh an plé uilig! Bhí siúl géar fúithi san am seo ach cha rabh an dara suí sa bhuailidh ann—chaithfeadh achan duine léim báis a thabhair. Bheir muid uilig ar cibé bagáiste agus 125 treachlaisc a bhí linn agus chaith amach ar an fhuinneoig í. An chéad fhear a bhí réidh ansin ghearr sé léim amach i ndiaidh na bagáiste. Rinne duine i ndiaidh an duine eile againn sin agus cha dearnadh deargadh cneámhar ar aon fhear againn, buíochas do Dhia. Cha rabh ann ach go rabh muid scartha go mór óna chéile 130 nuair a fuair an fear deireanach againn amach. Creidim go rabh suas le cúig mhíle idir an chéad fhear a chuaigh amach agus an fear deireanach agus bhí an bhagáiste uilig scaptha ar an dóigh chéanna. B'éigean dúinn sin a chruinniú suas ansin agus duine againn fanacht leis an duine eile go dtí go rabh muid uilig i 135 gcionn a chéile arís. Bhí muid tuirseach, sáraithe go maith fán am sin ach má bhí féin, bhí muid iontach sásta linn féin gur fhág muid an blár ag fear na traenach.

Nuair a bhí muid uilig cruinn i gcuideachta a chéile bhí lár na hoíche ann agus bhí muid ansin inár strainséirí i dtír 140 choimhthíoch, gan eolas dá laghad againn ar an áit a rabh muid. Dar linn gurbh é an rud ab fhearr dúinn a dhéanamh siúl linn siar go dtigimis ar theach nó ar áit chónaí agus fios an bhealaigh a fháil ó dhuine ínteacht. D'imigh muid linn le taobh an bhóthair iarainn agus i ndiaidh siúl fada a dhéanamh sa 145 dorchadas tháinig muid fhad le háit a rabh teach tábhairne agus cupla teach eile. Bhuail muid cnagán maith láidir ar dhoras na tábhairne agus dheamhan i bhfad gur chuir fear an tí a cheann amach ar fhuinneog bhairr. Chuala sé sinne ag caint eadrainn

149 **ba é an chead bheannú a chuir sé orainn a fhiafraí dínn i nglan-Ghaeilg cá rabh [raibh] an diabhal ag dul linn fán [faoin] am sin d'oíche** = *the first greeting he gave us was to ask us in fluent Irish where the devil we were going at that time of night* (**beannú** = **beannacht**, *a greeting*; **glan-Ghaeilg** = **Gaeilge líofa**)

152 **nuair a hinseadh [hinsíodh] sin dó** = *when he was told that*

152 **ar an bhomaite [nóiméad]** = **láithreach**, *immediately*

153 **bhí an oiread iontais agus lúcháire airsean cainteoirí Gaeilge a chastáil leis [a chasadh air] mar seo agus a bhí orainne theacht airsean ina leithéid d'áit** = *there was as much wonder and happinness on him to meet Irish-speakers as there was on us to meet him in such a place* (**lúcháir** = **áthas**; **iontas** = **ionadh**, *wonder*)

155 **sin mar bhí** = *that's how it was*

156 **cha bheadh [ní bheadh] fhios agat an uair ná an áit a gcasfaí Éireannach ort, agus nuair a chasfaí ba mhinic a gheofá amach gurbh as Dún na nGall é** = *you would not know when or where you would meet an Irish person, and when you would it was often you would find that he was from Co. Donegal*

159 **ar feadh i bhfad** = *for a long time*

160 **ag obair do chomhlacht na mbóthar iarainn** = *working for the railway company*

161 **d'éirigh chomh maith sin leis go rabh [raibh] sé in inmhe éirí as agus teach ósta a cheannach dó féin** = *he got on so well that he had been able to give it up and buy a tavern for himself* (**in inmhe** = **in ann**, *in a position to do something*)

165 **go fial flaithiúil** = *generously*

166 **ar ár suaimhneas** = **ar ár sáimhín só**, *at our ease*

féin i nGaeilg thíos faoi agus ba é an chéad bheannú a chuir sé
150 orainn a fhiafraí dínn i nglan-Ghaeilg cá rabh an diabhal ag dul
linn fán am sin d'oíche. Chuir sé ceist orainn ansin cárbh as
muid agus nuair a hinseadh sin dó tháinig sé anuas ar an
bhomaite agus lig isteach sinn. Bhí a oiread iontais agus lúcháire
airsean cainteoirí Gaeilge a chastáil leis mar seo agus a bhí
155 orainne theacht airsean ina leithéid d'áit. Ach sin mar bhí i
Meiriceá san am sin. Cha bheadh fhios agat an uair ná an áit a
gcasfaí Éireannach ort, agus nuair a chasfaí ba mhinic a gheofá
amach gurbh as Dún na nGall é. Ba de na Beirnigh as Gleann
Cholm Cille an fear seo agus bhí sé ar feadh i bhfad, adúirt sé,
160 ag obair do chomhlacht na mbóthar iarainn i mbaile Tacoma ar
an chósta. D'éirigh chomh maith sin leis go rabh sé in inmhe éirí
as agus teach ósta a cheannach dó féin san áit a rabh sé anois.
Dúirt sé linn nach rabh muid ach trí nó ceathair de scórthaí míle
ó Tacoma agus nach rabh sé i bhfad ó sin go Seattle. Thug sé
165 bia agus deochannaí dúinn go fial flaithiúil agus chaith muid an
chuid eile den oíche ar ár suaimhneas aige.

Staidéar ar an Scéal

Bhí Micí Mac Gabhann agus scata comrádaithe ar thóir óir i Montana ach ní raibh ag éirí go maith leo. Is ansin a fuair siad scéala faoin ruathar óir in Alaska. Ó tharla go raibh ganntanas airgid orthu, chruinnigh siad a raibh acu le chéile agus chuir siad Jimí Antoin agus beirt eile go dtí Alaska. Bhí Jimí Antoin le fios a chur ar Mhicí agus a chairde dá mb'fhiú dóibh dul ann. Thug Micí féin agus a chompánaigh faoin turas seo faoi dheireadh. Is é a bheartaigh siad ná dul siar ó thuaidh ó Butte, Montana, trí Missoula go dtí Seattle. Bhí rún acu bád a fháil ansin a thabharfadh ó thuaidh iad go béal an Yukon agus dul ó dheas ansin ar an Yukon go dtí cathair Dawson, atá i ngar don Klondike.

Is é atá sa sliocht seo ná cuntas ar chuid den turas, is é sin ó Butte go háit a bhí i ngar do Tacoma.

Tosaíonn an sliocht le Micí ag fáil litreach ó Jimí Antoin á rá go raibh an t-ór go flúirseach sa Klondike agus go raibh siad á bhaint chomh tapa agus ab fhéidir leo. Dúirt Jimí Antoin, áfach, gur fhulaing siad cuid mhór cruatain ar a mbealach go dtí an Klondike. Sin an fáth gur mhol sé do Mhicí agus a chompánaigh dul chomh fada le béal an Yukon agus dul suas an abhainn go dtí Dawson agus gan dul thar tír, mar a rinne seisean.

Deir Micí nach raibh an deichniúr acu i bhfad ag ullhmú don turas, ach deir sé freisin nach rachadh siad in aon chor dá mbeadh a fhios acu an cruatan a bhí rompu. Tá eolas beag sóisialta anseo ó Mhicí, a thugann léargas dúinn ar shaol oibrithe neamhoilte i Meiriceá san am sin. D'ullmhaigh siad ciseáin bhia agus chuaigh siad go dtí áit a mbeadh traein earraí ag stopadh chun uisce a thógáil. Deir Micí nár ghnáth do oibrithe mar iad airgead a chaitheamh ar thaisteal, agus mar sin go raibh sé de rún acu marcaíocht a fháil saor in aisce. Déanann sé tagairt do na 'hoboes' a thaisteal ó áit go háit ar na traenacha. Dar leis, nuair nach mbíodh dul isteach acu i gcarráiste théadh siad ag marcaíocht ar mhaidí na gcoscán nó sa spás idir dhá charráiste nó ar an díon féin. Bhí sé thar a bheith contúirteach, agus is iomaí duine díobh a maraíodh nuair a thit sé den traein. Ach ní raibh sé ar aigne Mhicí agus a chairde é sin a dhéanamh.

Bhí an t-ádh leo, mar bhí an dorchadas ann nuair a stop traein mhór earraí. D'éirigh leo carráiste oscailte a fháil agus

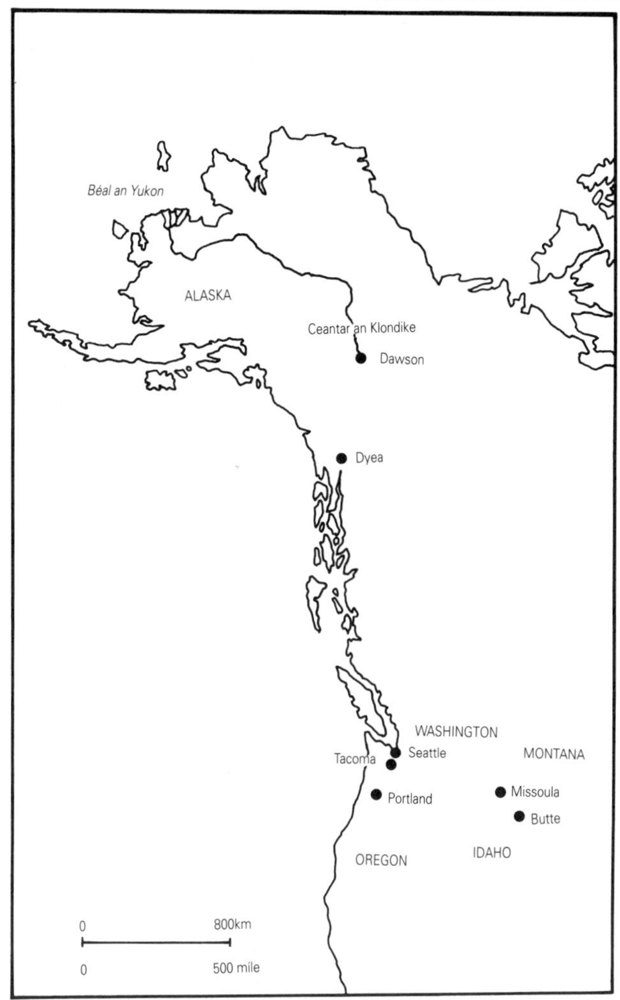

d'éalaigh leo isteach. Níorbh fhada go raibh Butte á fhágáil acu agus iad ar a mbealach. Bhí an lá ann nuair a shroich siad Missoula, tar éis aistear céad caoga míle nó mar sin a chur díobh. Léim siad den traein agus í ag teacht isteach sa stáisiún, agus chaith siad an lá i Missoula ag ligint a scíth agus ag cur tuairisce traenacha eile.

An tráthnóna sin d'éirigh leo sleamhnú isteach i gcarráiste i ngan fhios d'aon duine. Ghabh an traein seo tríd an 'prairie', 'tír mhór fhada fhairsing nach rabh teach ná cró inti fad amhairc do shúl.' Chuaigh sí trí Idaho agus isteach i stát Washington.

Dar le Micí, bhí an dream a bhí leis go hóg aerach agus, ina theannta sin, bhí an diabhlaíocht iontu. Nuair a fuair siad amach go raibh biotáille sna boscaí a bhí ar bord, ba ghearr go raibh siad á ól. Ní raibh Micí agus cuid eile acu sásta leis seo in aon chor. Dar leo, bhí siad ag fáil marcaíochta saor in aisce agus ba dhona an mhaise dóibh dochar mar sin a dhéanamh. Ach, mar a deir sé, bhí an cathú ró-mhór. Níorbh fhada gur thosaigh an ceol agus an scléip.

Deir Micí sa sliocht nár labhair sé féin agus a chompánaigh ach an Ghaeilge agus iad i gcuideachta a chéile, agus is iad na sean-amhráin Ghaelacha a chan siad ar an turas seo. Ar ndóigh, tháinig an garda orthu agus ní hamháin go raibh fearg uafásach air ach d'iarr sé orthu díol as an damáiste. Cé go raibh Micí agus cuid eile dá chompánaigh sásta airgead a thabhairt dó, bhí cuid eile acu nach raibh. Ní hamháin é sin ach d'éirigh siad bagarthach agus chuir an ruaig ar an ngarda.

Bhí an scéal níos measa fós nuair a chonaic siad nach raibh an traein ag stopadh san áit ar cheap siad a mbeadh. B'éigean dóibh léim den traein, duine i ndiaidh duine, agus luas maith fúithi mar bhí sí ag dul ó dheas i dtreo Portland, agus bhí a fhios acu freisin go ngabhfaí iad nuair a stopfadh sí. Bhí an t-ádh leo nár gortaíodh aon duine, ach bhí orthu cruinniú le chéile ansin, mar bhí siad na mílte óna chéile nuair a léim an duine deireanach den traein, agus bhí an bagáiste scaipthe i ngach áit.

Cé go raibh siad tuirseach traochta, chuaigh siad de shiúl oíche gur shroich siad teach tábhairne, agus ar ndóigh is orthu a bhí an t-ionadh nuair a labhair fear an tí leo i nGaeilge líofa. Chuir sé fáilte mhór rompu agus thug lóistín oíche dóibh.

Tugtar eolas dúinn anseo gur mhór ar fad an méid a chuaigh ar imirce go Meiriceá as Co. Dhún na nGall agus as Gaeltachtaí eile. Má bhí siad bocht ag imeacht, d'éirigh go maith lena lán acu, mar chuaigh siad go háiteanna a raibh obair le fáil. Mar a deir Micí, 'Ach sin mar bhí i Meiriceá san am sin. Cha bheadh fhios agat an uair ná an áit a gcasfaí Éireannach ort, agus nuair a chasfaí ba mhinic a gheofá amach gurbh as Dún na nGall é.' Bhí an fear seo ag obair ar na bóithre iarainn agus d'éirigh chomh maith sin leis go raibh sé in ann teach ósta a cheannach. Ar ndóigh, ba é seo an t-am i Meiriceá nuair a bhí leagan síos na mbóthar iarainn faoi lánseol, agus bhí an obair go flúirseach.

Dúirt an fear tábhairne seo leo nach raibh siad ach ochtó míle nó mar sin ó Tacoma, a bhí i ngar do Seattle. Bhí Micí agus a chompánaigh tar éis sé chéad míle a chur díobh ó d'fhág siad Butte. Ach bhí na mílte le dul acu fós chun bualadh le Jimí Antoin agus a chairde.

Stór Focal

Cuir na nathanna agus na focail seo a leanas in abairtí a leireoidh a gceart-úsáid: *go flúirseach; leoga; saor in aisce; contúirteach; is iomaí; ar an ábhar sin; go gasta; ar scor ar bith; go suaimhneach; gan duine gan diúlach; chugainn ná uainn; ag déanamh ár scíste; in am trátha; an dóigh chéanna; fad amhairc do shúl; fairsing; modh taistil; i mo chuideachta; diabhlaíocht; i bhfáth le; bhí go maith agus ní raibh go holc; ach oiread; ní cuimhin liom anois; ar ndóigh; cuideachta ; san fhaopach; tír choimhthíoch; dá laghad; fios an bhealaigh; ar feadh i bhfad; in inmhe; go fial flaithiúil; ar ár suaimhneas.*

Ceisteanna

‘I ndeireadh mhí na Súl Buí sa bhliain 1898 fuair mé scéala ó Jimí Antoin . . .’ Inis go cruinn cad a dúirt Jimí Antoin sa litir sin.

Conas a d’ullmhaigh Micí agus a chomrádaithe don turas?

Cén modh taistil a bheartaigh Micí agus a chomrádaithe a úsáid? Cén fáth? Cad a deir Micí faoin modh taistil sin?

‘Chaith muid an lá sin ag déanamh ár scíste go dtí go dtigeadh traein eile den chineál chéanna chugainn tráthnóna.’ Inis go cruinn cad a tharla ar an dara traein seo. Cén fáth nach raibh an garda róshásta leo? Cén fáth a raibh ar Mhicí agus a chomrádaithe léim báis a thabhairt den traein?

Cad a tharla nuair a shroich siad an teach tábhairne? Cén fáth ar chuir an fear tábhairne fáilte chomh mór sin roimh Mhicí agus a chairde? Cén scéal a d’inis an fear tábhairne dóibh?

Conas a léirítear Micí mar charachtar sa sliocht seo?

Cén léargas a thugtar dúinn sa sliocht seo ar shaol sóisialta na linne sin?

‘Turas fada atá faoi chaibidil sa sliocht seo agus sa sliocht “Béal Faoi”, ach is mór an difríocht atá idir an dá chuntas.’ Pléigh an ráiteas seo.

Cén léargas a thugtar sa sliocht seo ar an imirce nó ar shaol na n-imirceoirí i Meiriceá san am sin?

Foclóir ar an Téacs

1 **ag cruacháil móna** = *stacking turf*
2 **ag binn a bhotháin** = *at the gable-end of his cabin*
2 **folt dubh** = *black hair*
2 **malaí dúrúnda** = *dark, mysterious eyebrows*
3 **a aghaidh faoi smúit ag allas agus ag smúdar na móna** = *his face all dust from the sweat and the turf-mould*
4 **is in airde ar thrasnán a bhí sé ag cur fóire ar an grcuach** = *he was up on a cross-board putting a clamp on the stack* (fóir = *a boundary, edge*; cruach = *a heap, stack*)
5 **d'oibrigh sé go cruinn dícheallach, é ag aimsiú na bhfód go hinnealta isteach ar éadan na cruaiche de réir mar a chaith a bhean chuige iad ina bpéire agus ina bpéire ag eitilt aníos** = *he worked as accurately and as hard as he could, settling the sods neatly into the face of the stack according as his wife sent them flying up to him pair by pair* (go cruinn dícheallach = *accurately and at his very best*; ag aimsiú = *aiming*; go hinnealta = *neatly, smartly*; éadan = aghaidh, *face*)
9 **téagartha** = *strongly built*
9 **fial** = *generous*
10 **leathanbhruasach** = *broad-lipped*
10 **teaspach na hóige ina cuislí** = *the heat of youth in her veins* (cuisle = *a vein*)
11 **fáiscthe** = *squeezed*
12 **deannach** = *dust*
12 **bhí a dhá géag nochta go guaillí** = *her two arms were bare to the shoulders*
13 **ionmhas donn na gréine** = *the brown treasure of the sun, brown sun-tan* (ionmhas = *wealth, riches*)
13 **le sonrú** = le tabhairt faoi deara, *to be noticed*
13 **cneas** = craiceann, *skin*
13 **a bhí ar mhíne an tsíoda** = *that was as smooth as silk*
14 **ní fhéadfá gan suntas a thabhairt do ghéaga na hógmhná, iad ag luascadh go rithimiúil trí bhogsholas an fhómhair ag soláthar na bhfód dá fear thuas** = *you couldn't but notice the arms of the young woman, swinging rhythmically through the soft autumn light, supplying the sods to her husband above* (ag soláthar = *providing, supplying*)
16 **chuirfeadh sé an pósadh i gcuimhne duit** = *it would remind you of marriage* (cuirim i gcuimhne do = *I remind*)
17 **ag achtú a bpáirteanna ar mhaoileann sléibhe** = *acting out their parts on a broad-topped mountain*
20 **corrfhocal** = *the occasional word*
21 **duine den sliocht dúrúnda a bhí ann** = *he was of that dark breed* (sliocht = *stock, breed*)
22 **leasainm** = *a nickname*
22 **i measc mhuintir an tSléibhe** = *among the people of the Mountain*
23 **dorcha go maith ann féin** = *very dark in himself*
23 **staidéarach** = *sensible*
24 **miotalach** = *hardy*
24 **comharsa chroíúil** = *a cheerful neighbour*
24 **stuama** = *intelligent*

L'Attaque

An dá chaibidil thosaigh de L'Attaque *le hEoghan Ó Tuairisc (1919– 1982) atá sa sliocht seo a leanas. Rugadh an t-údar i mBéal Átha na Sluaighe, Co. na Gaillimhe. Bhí sé ina mhúinteoir, ach chaith sé tamall le saighdiúireacht. Scríobh sé i mBéarla agus i nGaeilge. Tá ardmheas ar a shaothar, agus is iomaí duais liteartha a bronnadh air.*

Tráthnóna i Mí Lúnasa bhí Máirtín Caomhánach ag cruacháil móna ag binn a bhotháin. Folt dubh air, malaí dúrúnda, a aghaidh faoi smúit ag allas agus ag smúdar na móna, is in airde ar thrasnán a bhí sé ag cur fóire ar an
5 gcruach. D'oibrigh sé go cruinn dícheallach, é ag aimsiú na bhfód go hinnealta isteach ar éadan na cruaiche de réir mar a chaith a bhean chuige iad ina bpéire agus ina bpéire ag eitilt aníos.

Saidhbhín ab ainm di. Í óg, gearr, téagartha, béal fial
10 leathanbhruasach na Mistéalach uirthi agus teaspach na hóige ina cuislí. Bhí seancheirt ghorm fáiscthe thar a cuid gruaige chun í a shábháil ó dheannach na móna, bhí a dhá géag nochta go guaillí agus ionmhas donn na gréine le sonrú ar an gcneas a bhí ar mhíne an tsíoda. Ní fhéadfá gan suntas a thabhairt do
15 ghéaga na hógmhná, iad ag luascadh go rithimiúil trí bhogsholas an fhómhair ag soláthar na bhfód dá fear thuas. Chuirfeadh sé an pósadh i gcuimhne duit: an bheirt, an fear agus an bhean, ag achtú a bpáirteanna ar mhaoileann sléibhe faoi luí na gréine Lúnasa.

20 Níor lig Máirtín Caomhánach ach an corrfhocal uaidh le gaoth. Duine den sliocht dúrúnda a bhí ann. Máirtín Dubh ba leasainm dó i measc mhuintir an tSléibhe, dar leo go raibh an t-ógfhear dorcha go maith ann féin; duine staidéarach miotalach, comharsa chroíúil, iománaí stuama, ach fear ab ea é

24 fear ab ea é nach ndéarfadh amach lán a bhéil ariamh = *he was a man that would never say everything that was on his mind*

25 níorbh é an sórt é a dtabharfaí cuireadh chun scigmhagaidh chuig an iothlainn amach dó oíche thórraimh = *he wasn't the type of person who would be given an invitation out to the baggard for a bit of a laugh on the night of a wake*

27 lá mór iontais = *a day of great wonder*

28 nuair a ghabh Saidhbhín Mistéil i ndáil pósta leis = *when Saidhbhín Mistéil became engaged to him*

29 iníon an rachmais = *the daughter of wealth*

29 spré = *a dowry*

30 go seascair = go compordach, *comfortably*

31 teach cloiche acu agus réimse maith de thalamh féaraigh ar léas fada a raibh líochán milis don chaora ann = *with a stone house and a good stretch of grassy land on a long lease and on which there was sweet licking for the sheep*

33 ag éaradh = ag diúltú, *refusing*

34 ainneoin a máthar = *in spite of her mother, against the wishes of her mother*

35 dílleachta = *an orphan*

35 gan treibh gan talamh = *without people or land* (treibh = *homestead, people, tribe*)

35 gan de chosúlacht air ach go gcaithfeadh sé a shaol sa sclábhaíocht laethúil ag plandóir éigin ar urlár méith an ghleanna = *no sign on him but that he would spend his life as a day labourer for some planter on the fertile floor of the valley* (cosúlacht = *appearance*; sclábhaíocht = *slavery, labouring*)

38 ach níorbh é a fhearacht sin ag Máirtín é = *but it wasn't like that with Máirtín*

38 a mhalairt de smaoineadh a bhí ag borradh ar chúl na malaí dúrúnda = *it was a different thinking altogether that was developing at the back of his dark eyebrows* (ag borradh = *growing, swelling*)

40 seirbhís = *service*

40 fostaithe = *employed*

42 limistéar = réigiún, *an area*

42 portach = *bog*—tuiseal ginideach: portaigh

42 garbhfhéar = *rough grass*

42 crochta gan fhothain ar shleasa Shliabh an Iarainn, gur chuireadar [chuir siad] fúthu ann agus gur chromadar [chrom siad] ar an mhóin a bhaint = *an area of bog and rough grass that's up without shelter on the sides of Sliabh an Iarainn, where they settled there and started to cut turf* (cuirim fúm = *I settle down*)

45 seacht dtroigh déag = *seventeen feet*

45 ollchruach = *a huge stack*

46 bhí sé in ann dearcadh síos ar cheann tuí a bhothóige = *he was able to look down on the thatched roof of his cabin*

47 ba leathanfhoclach an mhaise do dhuine foirgneamh a ghairm den chreatlach cónaithe sin = *it would be verbose of a person to call that bare dwelling a building* (foirgneamh = *a building*; creatlach = *a skeleton*)

49 seascaireacht = *comfort*

25 nach ndéarfadh amach lán a bhéil ariamh, agus níorbh é an sórt duine é a dtabharfaí cuireadh chun scigmhagaidh chuig an iothlainn amach dó oíche thórraimh. Ba lá mór iontais don Sliabh é nuair a ghabh Saidhbhín Mistéil i ndáil pósta leis—iníon an rachmais, bhí fiche punt de spré léi agus a hathair ina
30 dhearthair leis an Sagart Mór. Bhí na Mistéalaigh ina suí go seascair, teach cloiche acu agus réimse maith de thalamh féaraigh ar léas fada a raibh líochán milis don chaora ann. Ach rinne Saidbhín níos mó ná mac feirmeora amháin a éaradh gur ghabh sí, ainneoin a máthar, le Máirtín Dubh Caomhánach,
35 dílleachta gan treibh gan talamh gan de chosúlacht air ach go gcaithfeadh sé a shaol sa sclábhaíocht laethúil ag plandóir éigin ar urlár méith an ghleanna.

Ach níorbh é a fhearacht sin ag Máirtín é, a mhalairt de smaoineadh a bhí ag borradh ar chúl na malaí dúrúnda sin aige.
40 D'fhág sé an tseirbhís ina raibh sé fostaithe ag Craigie Bhéal Átha Ghil nó gur rug sé Saidhbhín leis suas chuig an Moing, limistéar an phortaigh agus an gharbhfhéir atá crochta gan fhothain ar shleasa Shliabh an Iarainn, gur chuireadar fúthu ann agus gur chromadar ar an mhóin a bhaint.

45 Seacht dtroigh déag ar airde di, d'éirigh an ollchruach mhóna ó thalamh aníos. Thuas ar a barr, bhí sé in ann dearcadh síos ar cheann tuí a bhothóige. Ba leathanfhoclach an mhaise do dhuine foirgneamh a ghairm den chreatlach cónaithe sin; teachín a bhí ann, seascaireacht tamall d'fhear agus dá bhean

50 scraith = ***a scraw, strip of sod***
50 an domhan = ***the earth***
50 síon = aimsir, ***weather***
50 iad féin a thóg agus a mhúnlaigh é, meitheal chomharsana ag cuidiú leo, an seansliabh féin ag bronnadh an ábhair orthu = ***they themselves built and shaped it, a group of neighbours helping them, the old mountain itself bestowing the material on them*** **(meitheal =** ***a working party*****; ag cuidiú = ag cabhrú,** ***helping*****)**
52 dóib liathbhuí = ***yellow clay***
53 dhealbhaigh siad na ballaí = ***they shaped the walls*** **(dealbhaím =** ***I shape, fashion*****)**
53 slata giúise = ***fir rods***
54 chun an díon simplí a fhí le chéile = ***to weave the simple roof together*** **(ag fí =** ***weaving*****)**
55 deaslámhach = ***handy***
55 dlaoi mhullaigh = ***the top thatch*** **(dlaoi =** ***a bundle of thatch*****)**
56 tuí nua = ***new straw***
56 scolb = a ***'scollop', pointed stick used for thatching***
56 saileog = ***willow***
56 Saidhbín a rinne na ballaí a dhathú = ***it was Saidhbhín who painted the walls***
57 aol scéite [sceite] = ***slaked lime, whitewash***
58 úire na giúise = ***the freshness of the pine***
58 géire an aoil = ***the sharpness of the lime***
59 cumhracht = ***a fragrance***
59 a chuir cumhracht an nuaphósta i gcuimhe dó go lá deiridh a shaoil = ***that reminded him of newly-wed sweetness till the day he died*** **(cuirim i gcuimhne do =** ***I remind*****)**
61 níor bheag an séideadh gliondair a ghabh faoi chroí Mháirtín = bhí áthas mór ar Mháirtín
62 ag breathnú = ag féachaint
62 ar dhíon a bhothóige = ***on the roof of his cabin***
63 ina shamhail dóibh beirt a bhí sí = ***it (the cabin) was an image to the two of them***
64 iad araon = an bheirt acu
64 frathacha giúise = ***pine rafters***
64 mar a bheadh dhá anam i gcorp cré amháin = ***like two souls in one body of clay***
66 cláirín den déil bhogaigh = ***a little table of bog deal***
68 ag múineadh na litreacha dó = ***teaching him the letters***
69 agus eisean ag iarraidh a hainm loinnireach [lonrach] a bhreacadh lena dhorn dalba agus ag déanamh iontais de mhíorúilt an léinn = ***and he trying to write her shining name with his great fist and marvelling at the miracle of learning*** **(léann =** ***learning*****)**
73 i gcumhracht dhorcha na bothóige = ***in the dark fragrance of the cabin***
73 le linn don domhan mór dul ar fuaidreamh trí aimhréidhe [aimhréidh] na réalt [réaltaí] = ***while the great world goes wandering through the entanglement of the stars***
75 conablach = ***remnants, remains***
75 nochtaím = ***I reveal***
76 aisling = ***vision***
76 ceann tuí = ***a thatched roof***
77 mairim = ***I live, survive***
77 sástacht anama = ***happiness of mind***
78 go cruinn comair = ***accurately and neatly***
79 éadan = aghaidh, ***a face***

50 faoi scraith an domhain ón síon agus ón oíche. Iad féin a thóg agus a mhúnlaigh é, meitheal chomharsana ag cuidiú leo, an seansliabh féin ag bronnadh an ábhair orthu. Den dóib liathbhuí ó Mhóin a' Mharla dhealbhaigh siad na ballaí, rug siad slata giúise ó Bhéal Átha Ghil aníos chun an díon simplí a fhí le 55 chéile agus chuir an fear deaslámhach Máirtín féin an dlaoi mhullaigh air leis an tuí nua agus scolba na saileoige. Saidhbhín a rinne na ballaí a dhathú istigh leis an aol scéite nó go raibh úire na giúise agus géire an aoil á meascadh ar a chéile in aon chumhracht amháin a chuir cumhracht an nuaphósta i 60 gcuimhne dó go lá deiridh a shaoil.

Níor bheag an séideadh gliondair a ghabh faoi chroí Mháirtín Dhuibh Chaomhánaigh ag breathnú síos dó ar dhíon a bhothóige. Ina samhail dóibh beirt a bhí sí, dó féin agus do Shaidhbhín; iad araon istigh faoi na frathacha giúise mar a 65 bheadh dhá anam i gcorp cré amháin; iad suite chun bia ag an gcláirín den déil bhogaigh a ghearr sé féin amach; iad ag comhrá chois tine den mhóin dhubh a shábháil siad féin; iad cromtha thar leabhar faoi sholas coinnle agus ise ag múineadh na litreacha dó—M mór—C mór—d'ainm féin a Mháirtín—agus 70 eisean ag iarraidh a hainm loinnireach a bhreacadh lena dhorn dalba agus ag déanamh iontais de mhíorúilt an léinn: Saidhbhín, a hainm scríofa, saibhreas a shaoil; iad sínte gach oíche taobh le taobh i gcumhracht dhorcha na bothóige le linn don domhan mór dul ar fuaidreamh trí aimhréidhe na réalt. Dar gan amhras 75 níor chonablach bothóige a nochtaíodh dá shúile thíos faoi, ach aisling a raibh ceann tuí uirthi agus í ar breaclasadh faoi dhearglui an lae. Mhair sástacht a anama i meangadh beag gáire i gcúinne a bhéil agus bhuail sé dhá fhód eile go cruinn comair isteach ar éadan na cruaiche.

80 **cúis mórtais** = *a cause of pride*
80 **moll** = *a heap*
80 **bun leathan** = *a broad base*
81 **ag bagairt** = *threatening*
81 **thar dhíon na bothóige** = *over the roof of the cabin*
82 **beatha** = *life*
83 **mar is ar an móin a mhairfidís** = *because it's on the turf they would live*
84 **binn an tí** = *the gable-end*
85 **caraí** = *shafts*
87 **siúinéir** = *a carpenter*
87 **leath-shúileach** = *one-eyed*
88 **a dhealbhaigh na rothaí sin** = *that made those wheels* (dealbhaím = *I shape, sculpture*)
89 **ag déanamh iontais díobh** = *marvelling at them*
90 **ghabhfadh sé an t-asal idir na caraí** = *he would tackle the ass between the shafts*
92 **ag breith na móna ar an margadh** = *taking the turf to the market*
93 **i gcúl a dhoirn** = *tightly in his hand, securely in his possession*
94 **léas feirme a ghlacadh** = *to take a lease on a farm*
94 **léibheann** = *a level area*
96 **agus tig leat na huibheacha a bheith ar an margadh in aon turas leis an trucail mhóna** = *and you can have the eggs at the market in one go with the turf cart*
99 **ag láimhseáil** = *handling*
99 **go grinn gasta** = *accurately and fast*
99 **bhí sé ar mhullach an tsaoil** = *he was on top of the world*
101 **moing** = *swampy land*
101 **á síneadh go crón-lítheach le fána an tsléibhe** = *stretching copper-coloured down the slope of the mountain*
101 **an fraoch fireann faoi thriopall bláth** = *the strong heather under a cluster of flowers*
102 **na linnte portaigh ina luí go dúloinnireach [dúlonrach]** = *the pools on the bog lying with a black shine*
105 **céad-cheonna an fhómhair** = *the first fogs of autumn*
105 **ag sní** = *permeating*
105 **ollghleann** = *great glen*
106 **téann sé rite liom** = *I barely manage*
106 **drithle** = *a sparkle*
106 **ag aithint thar** = *distinguishing*
106 **díle dhiamhair** = *a mysterious flood*
107 **íoghar [fíor] na spéire** = **bun na spéire,** *the horizon*
108 **ag gobadh aníos** = *jutting upwards*
108 **ina gcrotanna dalba dúghorma idir é agus léas lasánta an lae** = *in bold dark-blue shapes between it (the horizon) and the fiery radiance of the day*
109 **órbhuí** = *golden-yellow*
110 **faoi dhraíocht** = *bewitched*
110 **géimneach na mbó** = *the lowing of the cows*
111 **mealltach** = *enticing*
111 **aislingeach** = *dreamlike, magical*
111 **seoladh an fhuaim chuige aníos** = *the sound was wafted up to him*
112 **ag samhlú dó tailte méithe an fhéir agus an chéachta i ngleann an locha** = *conjuring for him rich lands of grass and plough in the valley of the lake* (ag samhlú = *imagining*; méith = *fertile*)
113 **samhlaíodh dó** = *he imagined*
113 **cumhracht na hithreach deargtha** = *the fragrance of the exposed earth* (ithir = *soil, earth*)
114 **cuibhreann diasórga** = *a corn-golden field*
114 **coimín glas faoi bhualtrach bó** = *the green commons under cow-dung* (coimín = *common land*)

80 Ba chúis mórtais aige an moll mór móna sin ag éirí ó bhun leathan aníos nó go raibh sé ag bagairt a chinn thar dhíon na bothóige san aer. Bhí beatha na gréine sna fóda dubha tiorma, agus beatha dó féin agus do Shaidhbhín mar is ar an móin a mhairfidís. Ag binn an tí bhí an trucail nua ina seasamh agus a
85 caraí crochta san aer, dhá roth gona spócaí fúithi—an chéad phéire roth le spócaí dá bhfacthas riamh roimhe ar an Mhoing. Paistín Ó Domhnalláin, siúinéir leath-shúileach ar an mbaile mór, a dhealbhaigh na rothaí sin dó agus is iomaí duine a tháinig ag déanamh iontais díobh. Teacht an gheimhridh,
90 ghabhfadh sé an t-asal idir na caraí, líonfadh sé an trucail de mhóin agus rachadh sé an fiche míle trí dhorchacht na maidine ag breith na móna ar an margadh go Droim na Seanbhoth leis. Faoi cheann cúpla séasúr bheadh a dhóthain airgid i gcúl a dhoirn aige chun léas feirme a ghlacadh thíos uathu ar léibheann
95 an tsléibhe. Ba shin a bhí mar phlean acu.

'Agus rachaidh mise i mbun na gcearc is na lachan,' chuir Saidhbhín leis, 'agus tig leat na huibheacha a bheith ar an margadh in aon turas leis an trucail mhóna.'

Rinne Máirtín na fóda a láimhseáil go grinn gasta thuas. Bhí
100 sé ar mhullach an tsaoil. Thar dhíon na bothóige chonaic sé an mhoing á síneadh go crón-lítheach le fána an tsléibhe, an fraoch fireann faoi thriopall bláth, na linnte portaigh ina luí go dúloinnireach, deatach an tráthnóna ina smúit ghorm os cionn díonta an tsráidbhaile ag an gCrosaire, agus i bhfad thíos bhí
105 céad-cheonna an fhómhair ag sní trí ollghleann Loch Ailín i slí is go rachadh sé rite le duine drithle an uisce a aithint thar dhíle dhiamhair ar cheo. Ar íoghar na spéire thiar bhí sléibhte Shligigh ag gobadh aníos ina gcrotanna dalba dúghorma idir é agus léas lasanta dheireadh an lae. Agus bhí an domhan órbhuí
110 go léir faoi dhraíocht ag géimneach na mbó.

Géimneach na mbó. Go mealltach, aislingeach, seoladh an fhuaim chuige aníos ag samhlú dó tailte méithe an fhéir agus an chéachta i ngleann an locha. Samhlaíodh dó cumhracht na hithreach deargtha, an cuibhreann diasórga, an coimín glas faoi

115 é in aon easair amháin faoi chrúbaí scoilte na mbeithíoch = ***it was one big bedding under the animals' cloven hooves***
116 ag fógairt uair na bleachta = ***announcing milking-time***
117 priocadh focal an fhile i gcuimhne dó = **cuireadh focal an fhile i gcuimhne dó,** ***he was reminded of the word of the poet***
117 síoda na mbó = **rogha na mbó,** ***the best of cows***
118 loilíoch = ***a milch-cow***
118 na húthanna lachtmhara = ***the udders abounding in milk***
119 ag longadán = **ag luascadh,** ***swaying***
120 chuir sé fód isteach de shnap ar fhóir na cruaiche = ***he put in a sod sharply on the edge of the stack***
121 gabhar = ***a goat***
121 ar chuingir i measc an aitinn = ***fettered among the gorse*** **(aiteann** = ***gorse, furze*****)**
123 riabhaichín = **bó riabhach,** ***a brindled cow***
123 áit sheascair ar léibheann an tsléibhe = ***a comfortable place on a level part of the mountain***
125 fothram crúite capaill = ***the noise of horseshoes***
126 marcach = ***a horseman***
126 le díogras ag priocadh an chapaill in éadan an chnoic = ***energetically prodding the horse against the face of the hill***
127 d'fhair Máirtín é = ***Máirtín watched him***
128 giolla stábla = ***a stable-hand***
129 ag gabháil thar bráid = ***going past***
129 mhaolaigh nóiméad ar an ngéarfhuadar a bhí faoi = ***for a minute he lessened the great speed he was going at***
132 ag seifidíl agus ag bacadaíl = ***going weakly and limping***
135 chuimil sé bas [bos] thar allas a mhalaí amhail is dá mba taom laige a bhuail go tobann é = ***he rubbed his palm over the sweat of his brow as if he had been hit suddenly by a fit of weakness*** **(malaí** = ***eyebrows*****)**
137 tar éis teacht i dtír = ***after landing***
139 bacán = ***a bent arm***
140 d'imigh an ghile den tráthnóna uirthi = ***the brightness of the evening went for her***
141 ag stánadh uaidh = ***staring away from him***
141 i gcroí an iarthair = ***into the depths of the west***
142 bladhm dearg = ***a red flare***
144 nuair a bheas [bheidh] an scraith mhullaigh curtha agam ar an gcruach = ***when I have the top scraw (covering scraw) put on the stack*** **(scraith** = ***a scraw, strip of sod*****)**
146 go tromchosach = ***heavy-footed***
147 uaigneas an tsléibhe = ***the loneliness of the mountain***
148 bhí an clapsholas á ídiú = **bhí an clapsholas ag imeacht diaidh ar ndiaidh,** ***the twilight was gradually going away***
149 na haibhleoga dearga = ***the embers***
150 fóda úra = ***fresh sods***
151 léim na lanna buí tine in airde = ***the yellow blades of fire jumped up*** **(lann** = ***a blade*****)**
152 le solas glé geiteach a dhrithligh i súile na gcearc = ***with a bright jumpy light that sparkled in the hens' eyes***

115 bhualtrach bó agus é in aon easair amháin faoi chrúbaí scoilte na mbeithíoch agus ceol a ngéimní ag fógairt uair na bleachta. Priocadh focal an fhile i gcuimhne dó. Síoda na mbó. Géimneach na loilíoch ag filleadh dóibh tráthnóna agus na húthanna lachtmhara ar longadán ó thaobh taobh idir na cosa
120 fúthu. Chuir sé fód isteach de shnap ar fhóir na cruaiche. Dhá ghabhair a bhí aige féin gus iad ar chuingir i measc an aitinn. Ach le cúnamh Dé bheadh sí acu lá eigin, aige féin agus ag Saidhbhín, bheadh an riabhaichín acu, síoda na mbó, agus áit sheascair ar léibheann an tsléibhe.

125 Fothram crúite capaill ar chlocha an bhealaigh. D'ardaigh sé a cheann. Bhí an marcach le díograis ag priocadh an chapaill in éadan an chnoic. D'fhair Máirtín é. Giolla stábla ó Bhéal Átha Ghil. Ag gabháil thar bráid dó mhaolaigh nóiméad ar an ngéarfhuadar a bhí faoi, d'ardaigh a chaipín agus chuir de
130 ghlaoch as—

'Tá do chairde i gCill Ala!'

Phrioc sé an capall agus chuir ag seifidíl agus ag bacadaíl i gcoinne an chnoic arís é.

'Céard deir sé, a Mháirtín?'

135 Chuimil sé bas thar allas a mhalaí amhail is dá mba taom laige a bhuail go tobann é.

'Na Francaigh. Deir sé go bhfuil na Francaigh tar éis teacht i dtír i gCill Ala.'

Baineadh stad de Shaidhbhín, an dá fhód leagtha ar bhacán a
140 láimhe. D'imigh an ghile den tráthnóna uirthi. D'fhéach sí suas ar a fear céile. Bhí sé ag stánadh uaidh i gcroí an iarthair isteach mar a raibh an spéir ina haon bhladhm dhearg amháin.

'Téigh isteach agus déan greim bia a ullmhú. Leanfaidh mise isteach thú nuair a bheas an scraith mhullaigh curtha agam ar an
145 gcruach.'

Chuaigh sí uaidh gan focal a rá, go tromchosach trí pholl dorcha a mbothóige boichte isteach ó uaigneas an tsléibhe.

★

Bhí an clapsholas á ídiú ó pholl an dorais agus Máirtín fós gan teacht isteach ón gcruach. Bhailigh sí na haibhleoga dearga le
150 chéile ar an tinteán le maide briste, dheisigh fóda úra timpeall orthu nó gur léim na lanna buí tine in airde ag líonadh an chuid sin den bhothóg le solas glé geiteach a dhrithligh i súile na

153 mar a raibh siad ar an bhfaradh le fad an bhalla agus gan ach an corrdhíoscán codlatach á chur uathu = *where they were roosting the length of the wall and only the occasional sleepy squeak out of them*
154 bhí an dá ghabhar ag faiteadh na súl = *the two goats were fluttering their eyes*
156 fonn codlata = *a desire to sleep*
157 tuirsiúil = *tiring*
157 ag dréim leis an móin = *struggling with the turf*
158 b'fhada léi = *it seemed long to her*
159 dealg = *a thorn*
159 an uirlis chaol nimhneach = *the terrible slender instrument*
159 i bhfostú = *stuck, entangled*
160 frathacha = *rafters*
161 clann pháistí a thógáil = *to rear a family of children*
161 ba é a rith mar bhrionglóid i gcónaí léi = *that was always her dream*
162 bhí aoibhneas an phósta, mil na giniúna, ina hanam istigh = *the joy of marriage, the sweetness of conception were in her mind* (**mil** = *honey, sweetness*; **giniúint** = *conception*; **anam** = *soul*)
163 mar fhallaing = *as a cloak, protection*
164 féithleogach = *muscular*
164 aduaine = *strangeness*
164 iad beirt ag maireachtáil ar an talamh a bhí mar bheathú acu = *both of them living on the land that was their nourishment* (**ag maireachtáil** = *making a living, surviving*)
165 saibhreas gréine agus talaimh á mheascadh ina bhia agus á mheilt ina bheatha sna cuislí acu = *the wealth of sun and land combining as food and being consumed live in their veins* (**ag meascadh** = *mixing*)
167 agus grá a n-anam dá chéile le corpú agus le hionchollú i gclann pháistí a raibh a ngáire ina bhrionglóid aici i gciúnas an tí de shíor = *and the love of their souls for each other to be made physical and incarnate in a family of children whose laughter was her dream in the quietness of the house always*
169 níor leithne an saol iomlán di ná bothóg Mháirtín = *the whole world was not wider than Máirtín's hut, the hut meant everything to her* (**leathan** = *broad, wide*)
172 pointe géar amháin a bhí ag priocadh a suaimhnis = *one sharp thought that was prodding her peace of mind*
173 lann íogair, múnlaithe ag brionglóid shimplí an fhir, namhaid do bhrionglóid na mná = *a dangerous blade, shaped by the simple dream of the man, an enemy to the dream of the woman* (**íogair** = *sharp, dangerous*; **múnlaithe** = *shaped, moulded*)
176 an tráth sin = an uair sin
176 cogadh ní raibh i gConnachta ná trácht ar chogadh = *there was no war in Connacht or mention of a war*
177 le himeacht chéad-samhradh an phósta i gcumhracht an chéad-tí orthu = *with the passing of the first summer of the marriage in the fragrance of their first house*
179 an gléas troda coimhthíoch sin = *that strange fighting weapon* (**coimhthíoch** = *strange, foreign*)
180 samhail nimhneach = *terrible symbol, image*
181 fite = *woven*

gcearc mar a raibh siad ar an bhfaradh le fad an bhalla agus gan ach an corrhdíoscán codlatach á chur uathu. Bhí an dá ghabhar 155 ag faiteadh na súl agus iad ar théad taobh istigh den doras, agus bhí fonn codlata uirthi féin freisin, mar Shaidhbhín. B'fhada tuirsiúil an lá a bhí curtha isteach aici ag dréim leis an móin. B'fhada léi go dtiocfadh Máirtín isteach ón gcruach.

Ba dhealg i gcroí di an uirlis chaol nimhneach a bhí i bhfostú i 160 bhfrathacha an tí os a cionn.

An mhóin a bhaint agus clann pháistí a thógáil, ba é sin a rith mar bhrionglóid i gcónaí léi. Bhí aoibhneas an phósta, mil na giniúna, ina hanam istigh. Grá fir mar fhallaing uirthi. Corp crua féithleogach an fhir idir í agus aduaine an tsléibhe. Iad beirt 165 ag maireachtáil ar an talamh a bhí mar bheathú acu, saibhreas gréine agus talaimh á mheascadh ina bhia agus á mheilt ina bheatha sna cuislí acu, agus grá a n-anam dá chéile le corpú agus le hionchollú i gclann pháistí a raibh a ngáire ina bhrionglóid aici i gciúnas an tí de shíor. Níor leithne an saol 170 iomlán di ná bothóg Mháirtin Dhuibh Chaomhánaigh ar an Mhoing. B'fhada léi go dtiocfadh sé isteach ón gcruach.

Pointe géar amháin a bhí ag priocadh a suaimhnis. Thuas os a cionn a bhí sé. An píce. Lann íogair, múnlaithe ag brionglóid shimplí an fhir, namhaid do bhrionglóid na mná. I dtús an 175 tsamhraidh a chuir Máirtín i bhfolach ins na frathacha é. Bhí deireadh le brionglóid shimplí an fhir an tráth sin, cogadh ní raibh i gConnachta ná trácht ar chogadh, agus le himeacht chéad-samhradh an phósta i gcumhracht an chéad-tí orthu d'imigh an gléas troda coimhthíoch sin i ndearmad uirthi agus 180 shín sí ar leaba na hoíche gan cuimhneamh go raibh an tsamhail nimhneach sin fite i bhfrathacha an tí os a cionn.

182 ag deireadh thiar = *at last*
182 díoscán = *a squeak*
183 mar ba ghnáth leis = *as was usual for him*
184 giobal éadaigh = *a piece of cloth*
185 chuireas [chuir mé] an scraith uirthi = *I covered it (the stack) with scraws*
186 inchurtha léi = chomh maith léi, *as good as it*
188 coinneal fheaga [feaga] = *a rush candle*
188 blaidhmín solais = *a little flame of light*
189 ag glioscarnach = *shining*
190 cnámhach = *bony*
190 an craiceann scólta ag grian agus ag gaoth = *the skin scorched with sun and wind*
191 na malaí ag gobadh amach = *the eyebrows sticking out*
191 tiubh = *thick*
192 aislingeach = *dreamy*
192 cruanta = dearg
192 ag caitheamh a shéire = ag ithe a bhéile, *eating his meal*
194 chuaigh séidín seirce dó faoina hucht = *a feeling of love for him came into her chest* (searc = grá)
196 líon sí an muga arís de thoradh an ghabhair = *she filled the mug again from the fruit of the goat*
197 ag slaparnach = *slapping*
198 ag scoltarnach gháire = *roaring with laughter*
198 goile = *appetite*
199 lacht = bainne
199 ag dáileadh = ag roinnt, *distributing*
200 torthúlacht = *fruitfulness, richness*
200 slim = *smooth*
200 gangaideach = *bitter, spiteful*
201 aisling = *a vision, dream*
201 a gineadh = *that was conceived*
202 neamhthorthúil = *infertile*
202 d'fhanfadh Máirtín aici féin faoi chuing na torthúlachta = *Máirtín would stay with her under the bond of fruitfulness*
204 teacht an earraigh = *at the coming of spring*
205 is fada liom go mbeidh glaicín ime dár gcuid féin againn agus sinn beag beann ar mo mhaimí [mhamaí] = *it seems long to me (I can't wait) until we have a little handful of butter of our own and independent of my mammy* (beag beann ar = *depending little on, having little concern for*)
206 sin a bhíodh ina ghnáthfocal eatarthu = *that was the normal talk between them*
207 friotal an tinteáin = *talk around the fire, domestic talk*
208 speabhraídí = *fantasies, illusions*
209 ar sise ina hintinn = *said she in her own mind*
211 greamaithe de = *fastened to*
212 léas solais = *a beam of light*
212 ag lonradh = *shining*
213 ag drithliú = *sparkling*
213 bléinfhinne = *whiteness*
213 síodúil = *silky*
213 ba gheal léi i gcónaí breathnú ar an asal agus ar bhó na n-adharc craobhach in aonstábla leis an Máthair Bheannaithe = *she always loved to watch the ass and the cow of the branchy horns in the same stable with the Blessed Mother* (ag breathnú = ag féachaint)
215 chuirtí i gcuimhne di an dá ghabhar = *she used to be reminded of the two goats* (cuirim i gcuimhne = *I remind*)
217 leanbh corpnocht = *a naked child*
219 shleamhnaigh an phaidir faoina hanáil uaithi = *the prayer slipped from under her breath*
220 ní raibh trácht ar chogadh = *there was no talk of war*

Ag deireadh thiar tháinig sé isteach chuici, bhain díoscán as leac an dorais ag scríobadh na mbróg faoi mar ba ghnáth leis, thóg giobal éadaigh chun a lámha a thriomú.

185 'Chuireas an scraith uirthi, a Shaidhbhín. M'anam nach bhfuil cruach mhóna ar Shliabh an Iarainn inchurtha léi.'

Tháinig fríd an gháire chun a béil. Leag sí an suipéar ar an gclár chuige, las coinneall fheaga. Faoin mblaidhmín solais chonaic sí a aghaidh ag glioscarnach ón nglanadh a thug sé di.
190 Aghaidh chnámhach, an craiceann scólta ag grian agus ag gaoth, na malaí ag gobadh amach go tiubh dorcha os cionn na súl aislingeach. Ghabh sé go hocrasach don bhia. Fear cruanta ag caitheamh a shéire tar éis dó bheith ag dréim le hobair an lae. Chuaigh séidín seirce dó faoina hucht. Dhiúg sé siar a raibh sa
195 mhuga in aon tarraingt chinn amháin. Bhris gáire beag aoibhnis uirthi agus líon sí an muga arís de thoradh an ghabhair agus is ag slaparnach a chuaigh an bainne as an gcrúsca amach faoi mar a bheadh sé ag scoltarnach gháire faoi ghoile an fhir. Ba bhreá leis an ógbhean an lacht a dháileadh ar an bhfear. Bhí an
200 torthúlacht ann. Ní raibh sa rud slim gangaideach faoi scáileanna an dín os a gcionn ach aisling a gineadh go fuar in aigne neamhthorthúil an fhir. D'fhanfadh Máirtín aici féin faoi chuing na torthúlachta in aonteach léi, leis na gabhair, leis na cearca.

'Ceannóimid bó teacht an earraigh,' ar seisean.

205 'Is fada liom go mbeidh glaicín ime dár gcuid féin againn agus sinn beag beann ar mo mhaimí,' ar sise. Sin a bhíodh ina ghnáthfhocal eatarthu, friotal an tinteáin. Ní raibh sa rud eile ach speabhraídí. Cogadh ní raibh i gConnachta ná trácht ar chogadh. A Naomh-Mhuire 'Mháthair Dé . . . ar sise ina
210 hintinn féin.

Bhí pictiúr beag den Stábla Beannaithe greamaithe den bhalla. Léas solais ón Leanbh sa Mhainséar ag lonradh ar Mhuire Ógh agus ag drithliú ar bhléinfhinne shíodúil na bó. Ba gheal léi i gcónaí breathnú ar an asal agus ar bhó na n-adharc
215 craobhach in aonstábla leis an Máthair Bheannaithe; chuirtí i gcuimhne di an dá ghabhar ina gcodladh ar urlár a bothóige féin. Agus cárbh fhios nár ghearr go mbeadh leanbh corpnocht ar ghlúin chuici féin ar an urlár céanna. A Naomh-Mhuire 'Mháthair Dé . . . shleamhnaigh an phaidir faoina hanáil
220 uaithi. Ní raibh trácht ar chogadh. Ní bheadh sé ina chogadh i gConnachta. Dúirt an Sagart Mór nach mbeadh.

222 **bronnaim** = ***I bestow***
223 ***Dutchman*** **éigin a dhealbhaigh é** = ***some Dutchman made it*** **(dealbhaím** = ***I shape, mould*****)**
224 **cé chreidfeadh an méid sin uaidh ar an Sliabh?** = ***who on the Mountain would believe that much from him?***
225 **níor bheag de scéalta a bhí cloiste acu faoi na** ***Dutchies*** **agus faoin Rí Billí ach go háirithe** = ***they had heard a lot of stories about the Dutch and especially about King Billy***
226 **nach raibh sé ina rún don phobal gurbh fhada amach ón sórt sin tuiscint a bheith acu den Stábla Beannaithe agus d'ainmhithe beannaithe na Nollag** = ***didn't the people know in their minds that they (the Dutch) were far from having that sort of understanding of the Blessed Stable and the blessed animals of Christmas***
230 **ba mhinic a chuala sí a hathair ag cur síos ar an ídiú a d'imir na** ***Dutchies*** **ar bhólacht Uí Cheallaigh ag Eachdhroim [Eachroim] aimsir an chogaidh mhóir** = ***it was often she had heard her father talking about the destruction the Dutch carried out on the cattle of Ó Ceallaigh at Aughrim at the time of the great war (1691)***
232 **baineadh an ceann glan bán de cholainn an Fhrancaigh sa choimheascar sin** = ***the head was taken clean off the body of the Frenchman (Gen. Saint-Ruth) in that struggle***
234 **urchar ó ghunna mór** = ***a shot from a great gun (cannon)***
236 **d'athlíon sí an muga** = ***she refilled the mug***
236 **dorn donn fireann i ngreim ar chluais an mhuga** = ***a brown masculine fist gripping the handle of the mug***
237 **cuireadh coimhthíos an doirn sin ina luí uirthi** = ***the strangeness of that hand was impressed upon her, dawned on her*** **(coimhthíos** = ***alienation, strangeness*****)**
238 **dorn troda** = ***a fighting fist***
238 **brionglóid mharfach an fhir** = ***the deadly dream of the man***
240 **ógánach** = ***a young man***
241 **ráiteas uafar** = ***a terrible statement***
241 **ráfla** = ***a rumour***
242 **baothchaint** = ***foolish talk***
242 **a bhí le teacht agus le teacht agus gan teacht dóibh go deo** = ***who were to come and to come and who never came at all***
243 **shnaidhm sí a méara ina chéile** = ***she knotted her fingers together***
244 **nár lige an Mháthair Bheannaithe do na Francaigh teacht i dtír** = ***may the Blessed Mother not let the French land***
246 **chuimil Máirtín droim a dhoirn dá bhéal** = ***Máirtín rubbed the back of his fist to his mouth***
248 **a thaisce** = ***my treasure, pet***
252 **ní mé** = **níl a fhios agam,** ***I don't know, I wonder***
252 **ina ráfla gan bunús ar bith** = ***a rumour wihout any foundation***
254 **gan breathnú ar a chéile** = **gan féachaint ar a chéile,** ***without looking at each other***
254 **in ísle a gutha** = ***in a low voice***
255 **í ag iarraidh an fhearg a bhí ag creimeadh a croí a chosc** = ***trying to stop the anger that was gnawing at her heart***
256 **frathacha** = ***rafters***
257 **damnú air mar phíce** = **mallacht air mar phíce,** ***a curse on it for a pike***

A huncail, an Sagart Mór Mistéil, a bhronn an pictiúr orthu. Ó Louvain a thug sé go hÉirinn é tráth bhí sé óg. *Dutchman* éigin a dhealbhaigh é, dúirt sé, ach cé chreidfeadh an méid sin 225 uaidh ar an Sliabh? Níor bheag de scéalta a bhí cloiste acu faoi na *Dutchies* agus faoin Rí Billí ach go háirithe, agus nach raibh sé ina rún don phobal gurbh fhada amach ón sórt sin tuiscint a bheith acu den Stábla Beannaithe agus d'ainmhithe beannaithe na Nollag. Cé nach raibh trácht air sa leabhrán staire a léadh sí 230 do Mháirtín chois tine, ba mhinic a chuala sí a hathair ag cur síos ar an ídiú a d'imir na *Dutchies* ar bhólacht Uí Cheallaigh ag Eachdhroim aimsir an chogaidh mhóir. Baineadh an ceann glan bán de cholainn an Fhrancaigh sa choimheascar sin. Bál iarainn, dúirt Johnny Mistéil, urchar ó ghunna mór. A Naomh-Mhuire 235 'Mháthair Dé . . .

D'athlíon sí an muga dó. Dorn donn fireann i ngreim ar chluais an mhuga. Cuireadh coimhthíos an doirn sin ina luí uirthi. Dorn troda. Brionglóid mharfach an fhir. Ach dúirt an Sagart Mór nach mbeadh sé ina chogadh i gConnachta; bhí 240 deireadh na brionglóide sin caite ag na hógánaigh; ní raibh sa ráiteas uafar a caitheadh chucu tráthnóna ach ráfla eile, an bhaothchaint ba nua faoi na Francaigh a bhí le teacht agus le teacht agus gan teacht dóibh go deo. Shnaidhm sí a méara ina chéile, lig an phaidir os íseal uaithi. Nár lige an Mháthair 245 Bheannaithe do na Francaigh teacht i dtír . . .

Chuimil Máirtín droim a dhoirn dá bhéal, d'éirigh ón gclár bia.

'Rachaidh mé síos chucu, a thaisce.'

'Cá rachaidh tú, a Mháirtín?'

250 'Teach na scoile, cá heile? Beidh na buachaillí ag bailiú.'

'An é go mbeidh sibh ag imeacht?'

'Ní mé. Seans go mbeidh. Seans eile nach bhfuil sé ach ina ráfla gan bunús ar bith.'

D'fhan siad beirt gan breathnú ar a chéile. Labhair sí in ísle a 255 gutha, í ag iarraidh an fhearg a bhí ag creimeadh a croí a chosc. 'Tá an píce mar ar fhág tú é. Sna frathacha thuas.'

'Damnú air mar phíce!'

258 **gualainn** = *shoulder*
258 **ursain** = *a doorpost*
258 **ag stánadh** = *staring*
260 **seordán feirge** = *a wheeze of anger*
260 **tráth bhíomar ag súil leo** = *when we were expecting them*
261 **féach go dtagann siad. I gcúl na bliana. I gConnachta agus in antráth** = *see when they come: at the end of the year; in Connacht, and at the wrong time*
263 **éirí amach** = *a rising, rebellion*
263 **faoi chois** = *put down, repressed*
263 **agus gan de dhíth orainne anseo** = *and we needing nothing here*
264 **ach go ligfí dúinn ár mbeatha a stróiceadh amach tríd an saol** = *but that we would be let drag our lives through this life*
266 **cén fáth a rachadh sibh chun troda más mar sin agaibh é?** = *why would you go to fight if that's how it is with you?*
267 **is cuma sa diabhal** = *it doesn't matter at all*
267 **más fíor** = *if it's true*
269 **in aon bhladhm amháin tine agus dúnmharfa [dúnmharaithe]** = *in one great blaze of fire and murder*
269 **lucht míleata agus Yeos** = *the Militia and the Yeos (Yeomanry)*
271 **mhothaigh sí isteach ar an urlár chuici iad** = *she felt them coming in towards her on the floor*
272 **an t-iarann fuar feanntach** = *the cold, bitter iron*
272 **an t-uamhan a thug sí ón gcliabhán léi, an eagla a mhair ar imeall na haislinge aici ó chuir a máthair céadchogar an fhocail ina cluais: na Yeos** = *the terror she took from the cradle with her, the fear that lived on the edge of that vision of hers since her mother first whispered the word in her ear: the Yeos* (**mairim** = *I live*; **céadchogar** = *first whisper*)
274 **d'fhair sí** = **d'fhéach sí ar**
274 **droim slinneánach** = *broad-shouldered back*
275 **dúghoirme** = *dark-blueness*
276 **is ar an láthair sin a cuireadh go géar i dtuiscint di cinniúint na mban** = *it was there and then that she was bitterly given to understand the destiny of women* (**cuirim i dtuiscint** = *I make it understood*; **cinniúint** = *destiny, fate*)
279 **ní mé** = *I wonder*
280 **ba ghráin léi an dealbh fir a shamhlaigh an t-ainm sin di** = *she despised the image of a man that that name conjured up for her* (**samhlaím** = *I imagine*)
281 **gob gránna** = *ugly face*
282 **tuairim** = *an opinion*
282 **nóiseán** = *a notion*
283 **ógánach** = *a youth, young man*
283 **dúiche** = *countryside*
283 **á mbíogadh aige chun a n-aimhleasa** = *being led astray by him* (**ag bíogadh** = *rousing, stirring*)
284 **mí-ádh** = **tubaiste**, *a misfortune*
284 **fámaire** = *an idler*
284 **mí-lítheach** = *sickly-looking*
285 **dlíodóir** = *a lawyer*
285 **aturnae** = *a solicitor*
286 **fear na haonleapa léi** = *her husband*
287 **múchaim** = *I quench*
287 **mothú feirge** = *a feeling of anger*
287 **cíoch** = *breast*
287 **tá cnaipe nó dhó de dhíth air** = *it needs a button or two*
289 **réidh** = **ullamh**, *ready*
290 **léine bhreise** = *an extra shirt*

Siúd leis gur leag gualainn le hursain an dorais agus d'fhan ag stánadh amach ar an oíche. 'Damnú orthu mar Fhrancaigh!' Bhí
260 seordán feirge ina ghuth. 'Tráth bhíomar ag súil leo níor tháinig siad. Tá deireadh na brionglóide sin caite againn, agus féach go dtagann siad. I gcúl na bliana. I gConnachta agus in antráth. An t-éirí amach faoi chois i Loch Garman agus gan de dhíth orainne anseo ach go ligfí dúinn ár mbeatha a stróiceadh amach
265 tríd an saol.'

'Cén fáth a rachadh sibh chun troda más mar sin agaibh é?'

'Is cuma sa diabhal cé acu rachaimid nó nach rachaimid. Más fíor gur tháinig arm Francach i dtír chugainn, cuirfear an taobh tíre seo in aon bhladhm amháin tine agus dúnmharfa ag lucht
270 míleata agus Yeos.'

Mhothaigh sí isteach ar an urlár chuici iad. Na cótaí dearga, an t-iarann fuar feanntach. An t-uamhan a thug sí ón gcliabhán léi, an eagla a mhair ar imeall na haislinge aici ó chuir a máthair céadchogar an fhocail ina cluais: na Yeos. D'fhair sí droim
275 slinneánach an fhir agus dúghoirme na hoíche thar a ghualainn amuigh. Is ar an láthair sin a cuireadh go géar i dtuiscint di cinniúint na mban.

'Cá huair a bheas sibh ag imeacht?'

'Ní mé. Déanfaidh Robert Craigie gach rud a shocrú.'
280 Ba ghráin léi an dealbh fir a shamhlaigh an t-ainm sin di. An gob gránna Protastúnach. Mac le Craigie Bhéal Átha Ghil. Tuairimí agus nóiseáin nua abhaile leis ó Bhaile Átha Cliath agus ógánaigh na dúiche á mbíogadh aige chun a n-aimhleasa. Cén mí-ádh a thabharfadh d'fhámaire de dhuine mí-lítheach
285 mar Robert Craigie—dlíodóir nó aturnae de shaghas éigin i mBaile Átha Cliath—teacht idir í féin agus fear na haonleapa léi? Mhúch sí an mothú feirge a shéid faoi na cíocha chuici.

'Tá go maith, más mar sin agat é. Fág agam do chóta mór, tá cnaipe nó dhó de dhíth air. Déanfaidh mé réidh cúpla péire
290 stocaí duit agus léine bhreise.'

292 **má éiríonn sé amach ina throid againn is ag Dia amháin atá fhios cén fhaid a leanfaidh sé** = *if it becomes a fight for us God only knows how long it will continue*
294 **chuaigh di cath ná cogadh a shamhlú** = *she failed to imagine a battle or war*
294 **spreabhraídí staire** = *fantasies of history*
295 **seanchas** = *storytelling*
295 **léitheoireacht** = *reading*
296 **tuargaint** = *pounding*
296 **fogha cuthaigh** = *a furious attack* (cuthach = *rage, fury*)
296 **eachlach** = *a horseman*
297 **níor chás léi** = *it was of no concern to her*
297 **go grod** = *promptly*
298 **cóta lachtna** = *a dull grey coat*
298 **dromchla** = *a surface*
299 **teolaí** = *cosy*
299 **caomhaint** = *protection*
300 **d'fhulaing sí pian seirce dó ina hionathar istigh** = *she suffered a pain of love for him deep within her* (fulaingím = *I suffer*; ionathar = *insides*)
303 **sealbhaím** = *I possess*
303 **maighdeanas** = *maidenhood*
304 **nach géar mar chinniúint í ag mná an tsaoil** = *hadn't the women of this world a terrible destiny* (cinniúint = *destiny, fate*)
306 **faoi mar a bheadh sé ag gabháil a leithscéil léi** = *as if he were apologising to her*
307 **buailfidh mé bleid chainte ar Pheadar** = rachaidh mé chun cainte le Peadar, *I will talk to Peadar*
309 **níl sé in aois ná in inmhe don tasc seo againn** = *he's not old enough or able for this task of ours*
311 **(a) fhad a bheas [bheidh] mé féin ar shiúl** = fad a bheidh mé féin imithe, *while I am gone*
312 **rún daingean** = *a definite intention*
313 **fios fátha an scéil** = *the ins and outs of the story*
314 **bhí a chomhairle glactha aige** = *he had reached a decision* (comhairle = *advice*)
315 **i gan [ngan] fhios di** = *without her knowing*
315 **a chuaigh sa bheo inti** = *that pierced her to the quick*
317 **ag labhairt go leithscéalach thar a ghualainn léi** = *talking apologetically to her over his shoulder*
317 **céadchogar an easaontais eatarthu** = *the first whisper of enmity between them* (easaontas = *disunity, enmity*)
321 **leaba chlúimh** = *a feather bed*
322 **sa chlúid** = sa chúinne, *in the corner, in the nook*
323 **tocht** = *a mattress*
323 **spré** = *a dowry*
324 **níor fhéad sí an phaidir a mhealladh go barr a teanga** = *she couldn't coax the prayer to the top of her tongue*
325 **tallan laige** = *a fit of weakness*
325 **taom croí-thinnis** = *a fit of heartbreak*
326 **ucht** = *chest*
326 **ar léinseach bhog na leapa** = *on the soft surface of the bed*
326 **racht goil ag réabadh faoina heasnacha** = *a fit of crying tearing under her ribs* (easna = *rib*)

'Déan, a thaisce. M'anam gur maith an smaoineamh agat é. Sea mhaise, cúpla péire stocaí—má éiríonn sé amach ina throid againn is ag Dia amháin atá fhios cén fhaid a leanfaidh sé.'

Chuaigh di cath ná cogadh a shamhlú. Trí na speabhraídí
295 staire a tháinig chuici ón seanchas agus ón léitheoireacht, tuargaint gunnaí agus fogha cuthaigh na n-eachlach, ní fhaca sí ná níor chás léi ach a fear céile amháin, é ag siúl go grod ina chóta lachtna, na bróga troma á mbualadh faoi ar dhromchla an tsaoil agus a dhá chois go teolaí istigh iontu faoi chaomhaint na
300 stocaí olla a chniotáil sí féin dó. D'fhulaing sí pian seirce dó ina hionathar istigh. Níorbh Fhrancach ná Éireannach a bhí ag gabháil amach chun troda. Ach Máirtín Dubh. An té a shealbhaigh a maighdeanas ar an saol seo. A Chríost, a Thiarna Aingeal, nach géar mar chinniúint í ag mná an tsaoil. Os ard ní
305 dúirt sí ach—'Sea mhaise, déanfaidh mé réidh na stocaí duit.'

'Féach a Shaidhbhín'—faoi mar a bheadh sé ag gabháil a leithscéil léi—'buailfidh mé bleid chainte ar Pheadar seo agaibhse ag Teach an Dá Urlár ar an mbealach dom síos. Fanfaidh seisean sa bhaile, nó níl sé in aois ná in inmhe don tasc
310 seo againn, agus iarrfaidh mé air dul i mbun an mhóin a dhíol dom fhad a bheas mé féin ar shiúl.'

Thuig sí ansin go raibh sé ina rún daingean aige, go raibh sé tar éis a smaointe a dhéanamh ar fhios fátha an scéil go léir le linn dó an scraith a chur ar an gcruach amuigh. Bhí a
315 chomhairle glactha aige i gan fhios di. Ba é sin an smaoineamh a chuaigh sa bheo inti. Agus é ansin anois ag coimeád a dhroma léi agus ag labhairt go leithscéalach thar a ghualainn léi. Céadchogar an easaontais eatarthu.

'Tá sé chomh maith agam bualadh síos chucu, a thaisce.'
320 Bhog sé ón doras faoi dheireadh agus d'imigh leis. Chuaigh sí ar a glúine. Taobh na leapa a chuaigh sí, an leaba chlúimh a bhí sínte ar an talamh sa chlúid; ó Theach an Dá Urlár a tháinig an tocht, cuid den spré a rug sí aníos léi go teach Mháirtín ar an Mhoing. Níor fhéad sí an phaidir a mhealladh go barr a teanga.
325 Tallann laige a thit uirthi, taom croí-thinnis, nó gur bhuail sí ceann agus ucht fúithi ar léinseach bhog na leapa. Racht goil ag réabadh faoina heasnacha.

Staidéar ar an Scéal

I rith na seachtú haoise déag bhí Éire go mór faoi chois. Briseadh ar na Gaeil ag Cath Chionn tSáile i 1690, agus uaidh sin amach bhí na hAngla-Éireannaigh, a raibh na tailte go léir acu, i réim. Bhíodh an-eagla ar na tiarnaí talún a bhí ag rialú na tíre go mbeadh éirí amach ann agus go gcaillfí a dtailte agus a gcumhacht. Sin an fáth gur cuireadh na Péindlíthe i bhfeidhm agus d'fhulaing na Gaeil ansmacht uafásach dá mbarr, mar ní raibh cearta sibhialta dá laghad acu agus ba bheag de thalamh na tíre a bhí acu ach oiread. Maolaíodh ar dhéine na bPéindlíthe ag deireadh na haoise, ach bhí a fhios ag lucht ceannais na tíre go raibh siad i mbaol arís nuair a tháinig rialtas réabhlóideach na Fraince i gcabhair ar na hÉireannaigh Aontaithe. Is cinnte dá n-éireodh le héirí amach go gcuirfí rialtas poblachtach ar bun agus go mbeadh na Gaeil i réim arís.

Baineann an scéal seo le Co. Mhaigh Eo i 1798, 'Bliain na bhFrancach'. Briseadh ar na réabhlóidithe i gCo. Loch Garman, ach tá arm Francach faoin nGinearál Humbert tar éis teacht i dtír i gCill Ala.

Is iontach an léargas a thugtar dúinn sa sliocht seo ar Mháirtín Dubh Caomhánach agus ar a bhean, Saidhbhín. Déantar staidéar doimhin ar mheon na beirte agus ar an dóchas a bhí acu araon i leith an tsaoil.

Ag tosach an scéil tugtar pictiúr dúinn de Mháirtín agus de Shaidhbhín ag cruacháil móna go dian dícheallach. 'Máirtín Dubh' a thug muintir na háite ar Mháirtín, mar, dar leo, ba dhuine dorcha é. Ba dhuine ann féin é 'nach ndéarfadh amach lán a bhéil riamh'. Bhí ionadh ar lucht an tSléibhe nuair a phós Saidhbhín leis, mar bhí a muintir go maith as, teach seascair agus réimse mór de thalamh acu. Maidir le Máirtín, a mhalairt de scéal ar fad a bhí ann. Dílleachta ab ea é, 'gan treibh gan talamh', a chaith a shaol go dtí seo ag sclábhaíocht ar thalamh Craigie, an tiarna talún. Anois bhí sé féin agus Saidhbhín ag maireachtáil ar thalamh bhocht an tSléibhe agus gan de mhaoin an tsaoil acu ach cruach mhóna agus bothán ceann tuí.

Ach bhí an bheirt acu lánsásta leis an saol, mar bhí siad i ndianghrá lena chéile. Bhí dóchas mór iontu. Bhí saibhreas ina saol. Bhí áthas mór ar Mháirtín ar an gcruach móna agus é ag féachaint síos ar an mbothán. Is sa bhothán sin a d'ith siad agus is ann a rinne siad comhrá cois tine. Is ann a mhúin Saidhbhín a litreacha dó, agus is ann a chodail siad le chéile. Ba shamhail dóibh beirt é an bothán seo, aisling álainn. Agus bhí bród mór air as an gcruach móna freisin. Is air a mhairfeadh sé féin agus Saidhbhín. Teacht an gheimhridh rachadh sé ar an margadh leis an móin. Níorbh fhada ansin go mbeadh a dhóthain airgid aige chun talamh mhaith leibhéalta a fháil ar léas. Agus chabhródh Saidhbhín leis, mar bheadh sí i bhfeighil na gcearc is na lachan. Chuala Máirtín géimneach na mbó aníos chuige ón ngleann, agus shamhlaigh sé go mbeadh bó acu féin lá éigin. Is minic a úsáideann an t-údar na focail 'cumhracht' agus 'aisling' nuair a bhíonn sé ag plé le smaointe Mháirtín agus Shaidhbhín, chun a chur in iúl an grá agus an dóchas mór a bhí i gcroí na beirte.

Cuireadh deireadh tobann lena n-aisling, áfach, nuair a tháinig an marcach de ruathar agus dúirt, 'Tá do chairde i gCill Ala.' Ar ndóigh, bhí an marcach ag tagairt don Ghinearál Humbert agus na Francaigh a bhí tar éis teacht i dtír. Baineadh suaitheadh uafásach as Saidhbhín nuair a chuala sí an scéala. Bhí deireadh anois leis na brionglóidí go léir. Deirtear sa scéal: 'Chuaigh sí uaidh gan focal a rá, go tromchosach trí pholl dorcha a mbothóige boichte isteach ó uaigneas an tsléibhe.'

Maidir le Saidhbhín, bhí a haisling féin aici. Bhí sí i ndianghrá le Máirtín agus sásta obair go crua lena thaobh. Ní raibh uaithi ach clannn pháistí a thógáil, agus bhí 'a ngáire ina bhrionglóid aici i gciúnas an tí de shíor.' Ach ó tháinig an marcach ní fhéadfadh sí gan smaoineamh ar an bpíce nimhneach a bhí thuas sna frathacha. Máirtín a rinne é, agus namhaid dá brionglóidí ab ea é. Go dtí seo ní raibh trácht ar chogadh agus bhí sí ar a suaimhneas. Nuair a tháinig Máirtín isteach shuigh sé chun boird. Chuir cúraimí beaga an tí áthas uirthi. Ba bhreá léi a bheith ag féachaint i ndiaidh Mháirtín agus bhain sí taitneamh mór as agus é ag slogadh siar an bhainne, rud beag a athbheodh an aisling ina ceann arís. Nuair a dúirt Máirtín go raibh sé chun bó a cheannach teacht an earraigh, dúirt sí go mbeadh sí in ann beagán ime a dhéanamh.

Sin an sórt cainte ba bhreá léi, agus gan trácht ar chogadh. Chuir an pictiúr den Stábla Beannaithe a bothán féin i gcuimhne di: an dá ghabhar agus na cearca istigh ann. Bhí a fhios aici go raibh a bothán féin agus gach ar bhain leis beannaithe freisin. Ach bhí a smaointe in aimhréidh. Ní raibh ach baothdhóchas inti go gcruthófaí an aisling álainn a bhí aici, go ligfí di féin agus dá fear maireachtáil go suaimhneach agus clann a thógáil.

Rinne sí iarracht a chur in iúl di féin nach mbeadh cogadh ann, go mbeadh gach rud ceart go leor. Deirtear sa scéal: 'A Naomh-Mhuire 'Mháthair Dé . . . shleamhnaigh an phaidir faoina hanáil uaithi. Ní raibh trácht ar chogadh. Ní bheadh sé ina chogadh i gConnachta. Dúirt an Sagart Mór nach mbeadh.' Dar léi, ní raibh sa scéala a thug an marcach dóibh ach ráfla eile faoi na Francaigh. Ach go doimhin ina haigne níor chreid sí seo. Deirtear sa leabhar: 'Shnaidhm sí a méara ina chéile, lig an phaidir os íseal uaithi. Nár lige an Mháthair Bheannaithe do na Francaigh teacht i dtír . . .'

Bhí fearg uirthi le Robert Craigie, mac le Craigie an tiarna talún. Dlíodóir ab ea é agus, dar le Saidhbhín, bhí sé ag cur na fir óga ar a n-aimhleas leis na tuairimí nua a thóg sé abhaile leis ó Bhaile Átha Cliath. Ach thar aon rud eile, bhí fearg uirthi le Máirtín, mar thuig sí go raibh rún aige dul uaithi fad a bhí sé amuigh ar an gcruach. Ach níor chuir sí ina choinne, cé go raibh sí bristechroíoch. Tuigeann sí an scéal, mar tuigeann sí meon a fir. Tugann sí tacaíocht dó, fiú amháin ag rá leis go n-ullmhódh sí a chuid éadaigh dó mar níorbh aon mhaith a bheith leis.

Léirítear go soiléir anseo an méid a d'fhulaing na daoine de bharr imeachtaí polaitiúla, fiú amháin nuair nár mhaith leo baint a bheith acu leo. Chuir Máirtín mallacht ar na Francaigh agus ar an bpíce. Dúirt sé, 'Damnú air mar phíce!' agus 'Damnú orthu mar Fhrancaigh!' Ní raibh uaidh ach go ligfí dó féin agus do Shaidhbhín maireachtáil ar a suaimhneas ar an Sliabh. Ach dúirt sé le Saidhbhín go mbeadh ar na daoine dul chun troda, mar, ó tharla gur tháinig na Francaigh i dtír, go mb'éigean dóibh iad féin a chosaint ar na Yeos, a bheadh ag scriosadh agus ag dunmharú. Na Yeos! Chuir an focal féin creatha fuachta uirthi, mar is iomaí scéal a chuala sí fúthu ó bhí sí ina páiste.

Is é deireadh na mbeart é ná gur fágadh ar a glúine í agus 'racht goil ag réabadh faoina heasnacha'.

Stór Focal

Cuir na nathanna agus na focail seo a leanas in abairtí a léireoidh a gceart-úsáid: *ag cruacháil; go cruinn dícheallach; de réir mar; ag luascadh; go rithimiúil; corrfhocal; leasainm; i measc; staidéarach; cuireadh; tórramh; spré; go seascair; in ainneoin; dílleachta; cosúlacht; limistéar; deaslámhach; ag breathnú; gan amhras; binn an tí; leathshúileach; margadh; in aon turas; ag láimhseáil; íor na spéire; faoi dhraíocht; géimneach; aislingeach; le cúnamh Dé; fothram; ag stánadh; go tromchosach; clapsholas; tinteán; ag faiteadh na súl; fonn codlata; tuirsiúil; b'fhada liom; nimhneach; ag maireachtáil; de shíor; go hocrasach; speabhraídí; cogadh; trácht; ráiteas; ráfla; baothchaint; os íseal; in ísle a gutha; in antráth; i gcúl na bliana; i dtír; go teolaí; rún daingean; fios fátha an scéil; go leithscéalach; easaontas; racht goil.*

Ceisteanna

Cén plean a bhí ag Máirtín i dtaobh na móna?
Cén sórt duine ab ea Máirtín Dubh?
Cén fáth a raibh ionadh ar mhuintir an tSléibhe nuair a phós Saidhbhín le Máirtín Dubh?
Conas a chuir an pictiúr den Stábla Beannaithe a bothán féin i gcuimhne do Shaidhbhín?
Cén fáth a raibh eagla chomh mór sin ar Shaidhbhín roimh na 'Yeos'?
Cén fáth a raibh Máirtín Dubh ag dul síos go teach na scoile?
'Damnú orthu mar Fhrancaigh!' Cén fáth a ndúirt Máirtín Dubh na focail sin?
Cérbh é Robert Craigie? Cén fáth a raibh fuath ag Saidhbhín dó?
Léirigh na cosúlachtaí agus na difríochtaí idir meon Mháirtín agus Shaidhbhín sa sliocht seo.
Léirigh chomh bocht is a bhí Máirtín Dubh agus Saidhbhín agus an dóchas a bhí acu i leith an tsaoil.
'Tá do chairde i gCill Ala.' Léirigh mar a chuaigh an scéala sin i gcion ar Mháirtín agus ar Shaidhbhín, agus inis cad a tharla uaidh sin amach.
Rianaigh conas mar a léirítear an gaol idir Máirtín agus Saidhbhín sa sliocht. An dtagann aon athrú ar an ngaol seo le linn an tsleachta?
An ionann aisling Mháirtín agus aisling Shaidhbhín?
Rianaigh na hathruithe atmasféir agus mothúchán sa chéad chaibidil.
Cén úsáid a bhaintear as na híomhánna seo a leanas sa sliocht: an bothán; an mhóin; an pictiúr; an píce?

Ar fáil freisin

Achoimre ar an bPrós don Ardteistiméireacht

Donncha Ó Riain

Is é atá sa leabhar seo ná achoimre ar an dá ghiota déag den phrós dualgais do dhaltaí Ardteistiméireachta. Tá sé oiriúnach do dhaltaí Gnáthleibhéil. Tá sé leagtha amach mar seo:

Achoimre ar gach giota próis
Foclóir
Focail agus nathanna as an mBurtéacs
Ceisteanna (Gnáthleibhéal)

Staidéar ar na Téacsleabhair don Ardteistiméireacht

Peig
Tóraíocht Dhiarmada agus Ghráinne
Scothscéalta

Donncha Ó Riain

Tá na leabhair seo rí-oiriúnach don chúrsa Ardteistiméireachta. Tá achoimriú mionchruinn ar na téacsleabhair iontu agus mionscrúdú ar na carachtair agus ar na téamaí, chomh maith le ceisteanna scrúdaithe. Tá siad oiriúnach mar leabhair ranga agus tá foclóir iontu a chuireann ar chumas an dalta staidéar fónta a dhéanamh ar na téacsleabhair. Is leabhair lán-chuimsitheacha iad a ullmhaíonn an dalta go hiomlán i gcomhair scrúdaithe.